广播电视编导与播音主持艺术
精品教材译丛

电视节目导演与制作
（第4版）

Directing and Producing for Television:
A Format Approach (Fourth Edition)

[美] 伊万·克里 | 著

韩晓宁 | 译

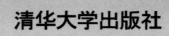

清华大学出版社

北京

Ivan Cury
Directing and Producing for Television: A Format Approach, Fourth Edition
EISBN: 978-0-240-81293-9
Copyright © 2011 by Ivan Cury. All rights reserved.
Tsinghua University Press is authorized to publish and distribute exclusively the Chinese (Simplified Characters) language edition. This edition is authorized for sale throughout Mainland of China. No part of the publication may be reproduced or distributed by any means, or stored in a database or retrieval system, without the prior written permission of the publisher.

本书中文简体翻译版授权由清华大学出版社独家出版并限在中国大陆地区销售。未经出版者书面许可，不得以任何方式复制或发行本书的任何部分。

北京市版权局著作权合同登记号　图字：01-2011-8114

Copies of this book sold without a Taylor & Francis sticker on the cover are unauthorized and illegal.
本书封面贴有Taylor & Francis公司防伪标签，无标签者不得销售。
版权所有，侵权必究。举报：010-62782989，beiqinquan@tup.tsinghua.edu.cn。

图书在版编目(CIP)数据

电视节目导演与制作(第4版)/(美)克里(Cury, I.) 著；韩晓宁 译. —北京：清华大学出版社，2013.2
(2022.1重印)
(广播电视编导与播音主持艺术精品教材译丛)
书名原文：Directing and Producing for Television: A Format Approach, Fourth Edition
ISBN 978-7-302-30942-0

Ⅰ.①电… Ⅱ.①克… ②韩… Ⅲ.①电视节目—导演艺术 ②电视节目—制作 Ⅳ.①G222.3

中国版本图书馆CIP数据核字(2012)第294023号

责任编辑：陈　莉　王佳佳
封面设计：周晓亮
版式设计：思创景点
责任校对：蔡　娟
责任印制：曹婉颖

出版发行：清华大学出版社
　　　网　　址：http://www.tup.com.cn, http://www.wqbook.com
　　　地　　址：北京清华大学学研大厦A座　　邮　编：100084
　　　社　总　机：010-62770175　　　　　　　邮　购：010-62786544
　　　投稿与读者服务：010-62776969, c-service@tup.tsinghua.edu.cn
　　　质　量　反　馈：010-62772015, zhiliang@tup.tsinghua.edu.cn

印　刷　者：北京富博印刷有限公司
装　订　者：北京市密云县京文制本装订厂
经　　销：全国新华书店
开　　本：185mm×260mm　　　印　张：25　　　字　数：503千字
版　　次：2013年2月第1版　　　印　次：2022年1月第11次印刷
定　　价：78.00元

产品编号：043239-03

广播电视编导与播音主持艺术精品教材译丛

编委会

主　任：胡智锋　中国传媒大学
主　编：支庭荣　暨南大学
编　委 (按姓氏音序排列)：
　　　　蔡尚伟　四川大学
　　　　李　幸　华南理工大学
　　　　孟　建　复旦大学
　　　　石长顺　华中科技大学
　　　　谭　天　暨南大学
　　　　俞　虹　北京大学
　　　　钟　新　中国人民大学

丛书总序

"媒介是人体的延伸",著名思想家马歇尔·麦克卢汉这一句名言,简洁而又深刻地阐释了大众传媒对于个人、群体和社会而言,有着怎样的巨大意义。无远弗届的传媒,其影响是如此源远流长而又绵绵不绝,以至于无论怎样夸张似乎都不为过。诸如信息社会、媒介化社会、数字地球等涉及宏大叙事的新鲜语汇,将传播媒介、传播技术与我们这个时代各种最令人惊异的景观,直观而形象地联系在了一起。

另一方面,传媒也是社会的产物。换句话说,传媒不仅有它的技术面目,而且还受到使用者的文化习惯和心理预期的影响。大众媒体从它诞生的那一刻起,就展示了许许多多的可能性,并经历了无数的尝试、再尝试和不断的变迁。多少有点像哈利·波特系列故事中的神奇生物"博格特",它会成为视听用户心中最害怕出现的东西,当然,它也会成为人们心中最希望出现的东西。难道不是吗?我们不愿意看到的灾难事故、环境恶化、暴力冲突或战争,各种人们恐惧厌恶的东西,每每出现在电视荧屏上;我们爱听的新歌、爱看的电影大片、欲罢不能的英美日韩剧、搞笑的视频和脱口秀也常常能够轻松地在互联网站的首页或某个角落里找到。这些因素,使得大众传媒就像阳光和空气,玩伴和闺蜜一样,成为人们日常生活不可或缺的一部分。

换一个视角,即从广播电视研究者、从业者和内容服务提供商的角度看,上述的景象就变成了:首先,传媒具有新闻性,使得它追求真实和快速反应,虽然有时也需要理性的思考和严密的推理,有时也会有各种琐碎精细的信息服务;其次,传媒也具有娱乐性,它要给使用者、观看者带来兴奋、愉悦、刺激等各种精神满足。事实上,所有的传媒都可以看成是信息和娱乐按某种配方而成的混合物。有的媒体,比如电视;有的媒体产品样式,比如电视娱乐节目,可能娱乐的成分多一点,有时甚至可以看做是演艺或表演的代名词,但是综合来看,广播电视还是兼有新闻性和娱乐性的。因此,我们看到很多的新闻是以讲故事的方式呈现的,讲故事就带有娱乐色彩,把故事讲好不仅仅是个体力活,还是个技术活,是一门内涵丰富的学问。

从执业广播电视的历史长短来看，西方发达国家具有某种起点领先的优势，这是不可否认的。与此同时，比如说美国的广播电视业，它虽然也很重视公共利益的原则，有很多规范和底线，但是，它更多地采用了商业运营体制，要求媒体必须在商业上是成功的、受人欢迎的，这使得它在近百年的发展历程中，又积累了很多市场操作上的不二法门，就像好莱坞的各种套路和程式一样，以便尽可能地迎合和满足受众的需求。梳理这些经验的工作理论，对于拿来主义者来说，就是一个有着丰富资源的宝藏。商业化当然也有很多弊端，甚至会陷入悖谬的困境，拿来主义者的任务自然是要注意"弃其糟粕"，"取精用宏"。

西方广播电视业中一个引人注目的现象，是新闻和娱乐节目主持人的明星制。圈内的大牌明星们，比如为中国人所熟知的传奇人物迈克·华莱士、奥普拉·温弗瑞等人，业务精湛，身手不凡，同时又身价不菲，从而成为镇台之宝。他们在巅峰时期的影响力，与体育界、文艺界的天王天后们相比，不遑多让。扛鼎数十年不衰的品牌栏目，动辄数千万乃至上亿的拥趸，令他们的职业生涯光芒万丈、蜚声朝野。因此，传媒行业是一个聚光灯下的行业，也被称为"朝阳行业"，虽然道路也许不乏酸甜苦辣，需要披星戴月，披荆斩棘，而且胜者为王，赢家通吃，突围不易，但是仍有数不清的机会百炼成钢，出类拔萃。

随着旧媒体的背景渐行渐远，以及新媒体的发展一日千里，西方广播电视业同样见证了什么叫潮起潮落，什么叫世代罔替。不仅从业人员是这样，后浪推前浪，媒体本身也如此，绚烂和平淡之间的转换，可能只是俯仰之间的事。以电视业为例，从黑白到彩色，从无线到有线，从卫星电视到互联网电视，从台到网到跨界集团，风云变幻何其迅猛！俗话说，万物皆流。如果说有什么是恒常不变的，那就是基本的法则。比如爱因斯坦说过的成功法则，百分之九十九的汗水加百分之一的灵感。

从20世纪70年代后期开始，中国的广播电视业，终于把握住了时代的机遇，走上市场化运营和文化体制改革的道路，对于市场规律和专业操作方面的理论、知识和技能要领的寻求，变得格外重要和迫切起来。来自欧美一线的各类教材和参考读物，因此而成为他山之玉，被源源不断地引入，琢玉成器。

世界的洪流总是滚滚向前，辛勤的努力总有恰当的回报。而从前人和他人的经验中坚持不懈地学习，就是一种十分经济的发展、张扬自我，适应、改造世界的途径。有鉴于此，我们与清华大学出版社合作，经过两年的共同努力，组织翻译了这一套"广播电视编导与播音主持艺术精品教材译丛"，以飨读者。

期望我们这一次精心的付出，能为有志于在广播电视、戏剧影视和音视频制作领域施展拳脚的高校学生、研究者和从业人员，献上一份珠圆玉润的营养品。

支庭荣
2012年3月

序　言

从第1版说起

从10岁起我就一直在广播、电视、电影和剧场领域工作。许多人在我职业道路上帮助过我——有些人的帮助是在不经意间，比如一位制片人，当时他对我说，我刚才导演某个场景时错失了很多机会，几天之后他就解雇了我。那时候我并没想到这是对我的帮助。从那以后，我就养成了一种工作上的习惯，确保我不会再错失任何机会。我告诉你们这些，是想让你们能够做好准备，避免以后错失机会。

这本书聚焦于多机位拍摄的、需切换或剪辑的电视节目类型。这些节目包括了大多数新闻节目、小组谈话节目、日间电视剧(肥皂剧)，正在发生的比如政治会议、体育赛事、演出项目等"事件"，以及电视购物节目。不管节目的格式是怎样的，本书的重点主要是关注导演的角色，谈及某些节目格式时也会关注制片人的角色。

本书第1版写作时，当时的电视还是一种基于模拟信号的媒体。第2版和第3版谈及了数字革命的出现和发展。这一版更新了数字时代带来的产品的变化。在谈到这些变化的时候，福克斯娱乐集团工程总裁安德鲁·塞托斯(Andrew Setos)简洁地说："我们不再是基于介质的，我们现在是基于(数字)文件的。"这种变动的结果对于节目如何转播和编辑、实际上也就是节目看起来如何，已经产生了深刻的影响。

新的程序、新的软件和新的工作方法必须更新。彩条(color bar)是一个与此相关的很好的例子。虽然它们仍然被用于调整摄像机，但它们不再是节目包的一部分；导演也不再需要先花30秒举起场记板再进行倒计时。制作新闻节目的导演也不再依据脚本进行工作，相反，他们正在放弃过去让嘉宾们一直使用的那种讲词提示机，现在的提词设备能够展示图片以及其他材料。

虽然这些新技术带来了很多东西，但本书里仍然保留了与第1版非常相似的基本内容。一个小组谈话节目需要一些常规的和固定的提问。嘉宾们必须坐在便于工作人员拍摄的地方，而且位置要固定以便于观众理解小组成员相互之间的关系。对于一档戏剧类节目，按比例缩放的平面图(在美国是按照1/4英寸比1英尺的比例尺)和摄像脚本，并不会有大的变化，无论节目是以模拟信号还是数字信号录制。

  本书这个版本努力述及这些新的事物。我同样也增加了我相信应该从一开始就该被包括进来的资料，其中包括了不同脚本格式的案例以及在美国和英国使用的词汇。

目 录

第1章 导言 1
    导演/制片人的工作 1
    电视节目格式 3
        第一种划分 3
        第二种划分 4
    所有节目格式的基本要求 6
        比例缩放平面图 6
        交叉拍摄 14
        180度法则 15
        三分法 15
        一些惯例 15
        发明、创新和趋势 16
        新的惯例 18
    综述和教材规划 19
    本章小结 20

第2章 演播设施 23
    设施的组成部分 24
        演播室 24
        控制室 24
        支持区 26
    演播室 27
        地板 27
        墙壁 30
        灯光架 31

电源插座 …… 34
　　电源线路 …… 34
　　天花板 …… 34
控制室 …… 35
　　音频装置：控制室 …… 35
　　视频装置 …… 37
演播室补充部分 …… 40
　　摄像设备 …… 40
　　音频设备 …… 44
　　舞台设备 …… 46
支持区 …… 52
　　入口和大厅 …… 52
　　办公区 …… 52
　　休息室 …… 53
　　更衣室 …… 53
　　化妆间 …… 54
　　美发间 …… 54
　　服装间 …… 54
　　总控区 …… 55
　　录制区 …… 55
　　信号供给区 …… 56
　　资料室 …… 56
　　电视电影区 …… 57
　　图形区 …… 57
　　观众区 …… 58
　　放映室 …… 58
本章小结 …… 59

第3章　人员 …… 63

前期制作阶段 …… 64
　　行政主管 …… 66
　　制片助理/节目助理 …… 68
　　导演 …… 69
　　制片经理 …… 69
　　运行人员/日程安排人员 …… 70
　　工程人员 …… 74
　　会计师 …… 75
　　布景设计师 …… 75
　　艺术指导/布景装饰师 …… 77

| 灯光设计师 | 79 |
| 可选择的参加者 | 80 |

制作阶段 ... 83
- 接待员 ... 83
- 演播室经理 ... 84
- 工程人员 ... 84
- 舞台经理 ... 89
- 舞台人员 ... 90
- 喷绘人员 ... 91
- 道具人员 ... 91
- 灯光师 ... 92
- 演出人员 ... 93
- 合唱队、临时演员、亲友、动物 ... 93
- 图形师 ... 93
- 化妆师和发型师 ... 94

后期制作阶段 ... 95
- 客户主管/销售 ... 96
- 日程安排人员 ... 96
- 接待员 ... 97
- 资料员 ... 97
- 运输 ... 97
- 编辑人员和编辑工作 ... 97
- 混音师 ... 99

管理服务 ... 99
本章小结 ... 101

第4章 小组谈话节目 ... 105
座位安排 ... 106
座位安排与摄像机涵盖范围 ... 109
- 主持人坐于末端的180度座位安排：优缺点 ... 109
- 主持人坐于末端的180度座位安排的拍摄 ... 111
- 主持人坐于中间的180度座位安排：优缺点 ... 111
- 主持人坐于中间的180度座位安排的拍摄 ... 112
- 主持人被环绕的360度座位安排：优缺点 ... 113
- 主持人被环绕的360度座位安排的拍摄 ... 113

节目规程 ... 114
脚本格式 ... 119
排练程序 ... 132
- 第1项 ... 132

　　　　第2项 132
　　　　第3项 133
　　　　第4项 134
　　　　第5项 134
　　　　第6项 134
　　　　第7项 134
　　　　第8项 135
　　　　第9项 135
　　　　第10项 135
　　拍摄 135
　　本章小结 137

第5章　演示类节目格式 139
　　导演掌控 139
　　展示与讲解素材：创作指南 140
　　　　前期制作 140
　　　　制作 141
　　　　基于理念协调画面 141
　　　　创建节目规程 142
　　　　排练 143
　　　　实际操作 143
　　　　展示区域 145
　　演示过程 145
　　单机位演示类节目 148
　　本章小结 149

第6章　有脚本的节目格式 151
　　电视剧 151
　　惯例 155
　　平面图 157
　　分镜头脚本 158
　　　　铅笔练习 161
　　　　标注舞台调度 162
　　　　标注摄像机 168
　　分镜头清单 176
　　排练室 180
　　演播室走场 180
　　演播室预演 181

录制/直播 182
　　排练日程安排 183
　　　　日间电视剧排练 183
　　　　情景喜剧 183
　　有乐谱的音乐 191
　　舞蹈脚本 192
　　本章小结 193

第7章　音乐节目 197
　　前期制作 197
　　节目规程注意事项 202
　　前期制作：排练 207
　　前期制作：排练厅 207
　　录制步骤 216
　　　　音频 216
　　　　视频 216
　　　　分镜头清单 218
　　　　外景地拍摄日程表 219
　　资料镜头 222
　　　　音乐资料库 222
　　　　视频资料库 222
　　　　未入库素材 223
　　基本拍摄概念 223
　　制作 229
　　　　电视演播室排练和制作 229
　　　　摄像机布置 233
　　　　制作排练 234
　　　　编辑 240
　　本章小结 241

第8章　商业广告和公共服务广告 245
　　相同点和不同点 245
　　前期制作 247
　　成本分析 252
　　专用装置 254
　　　　静物台 254
　　　　柔光帐 254

　　　　　运动图像控制 ··· 254
　　　　　动画 ·· 255
　　　制作 ···256
　　　拍摄 ···257
　　　　　拍摄步骤 ··· 257
　　　　　多机位拍摄 ·· 260
　　　　　加拍镜头以及收工 ·· 261
　　　后期制作 ···262
　　　本章小结 ···263

第9章　新闻节目 ··267
　　　新闻节目特征 ··267
　　　前期制作 ···268
　　　　　导演 ·· 268
　　　　　制片人 ·· 271
　　　规程和流程 ··274
　　　制作/发布 ··280
　　　　　制片人：播出 ·· 280
　　　　　导演 ·· 281
　　　本章小结 ···281

第10章　纪录片和真人秀节目 ····························285
　　　背景 ···285
　　　　　理念 ·· 287
　　　　　格式 ·· 288
　　　前期制作、制作和后期制作 ·····································291
　　　　　纪录片制作计划 ··· 293
　　　　　拍摄 ·· 295
　　　　　浏览 ·· 299
　　　　　编辑 ·· 300
　　　　　一份蒙太奇的制作日志 ····································· 303
　　　真人秀节目 ··309
　　　本章小结 ···312

第11章　多机位远程节目 ··································317
　　　基础知识 ···318
　　　"导演的玩具" ··322

摇臂和升降机 ································· 323
　　　　摇臂 ··· 323
　　　　升降机 ··· 323
　　技术手册 ·· 326
　　表演节目：音乐会、戏剧和表演事件 ········ 329
　　　　舞台 ··· 329
　　　　灯光和声音 ··································· 330
　　　　流行音乐节目：摇滚乐、乡村音乐和爵士乐 ··· 330
　　　　古典音乐节目 ································ 335
　　体育赛事：最真实的节目 ························ 337
　　　　180度法则 ····································· 337
　　　　交叉拍摄 ····································· 338
　　　　摄像机的位置 ································ 338
　　　　线性体育赛事 ································ 339
　　　　环形体育赛事 ································ 339
　　　　硬件设备 ····································· 340
　　　　工作人员 ····································· 340
　　　　导演 ··· 341
　　　　制片人 ··· 341
　　　　场地体育赛事 ································ 341
　　　　比赛规则 ····································· 342
　　新闻和纪录性事件 ································· 342
　　　　前期制作 ····································· 344
　　　　制作 ··· 346
　　　　后期制作 ····································· 346
　　本章小结 ·· 346

附录1　脚本格式化 ···································· 349

附录2　资源和求职 ···································· 355

专业术语和词汇表 ······································ 359

第 1 章

导 言

成为一名导演最重要的事情是拥有这份工作。

——埃立克·冯·斯特劳亨[1]

我引用冯·斯特劳亨的话作为本书的开始，是因为我曾经听说，一个人最先读到的东西会成为他最为坚持的东西。

导演/制片人的工作

为了得到并保住工作，你必须处理好其他事情。我们并非独自工作。导演是一件诠释性工作，而不是一种创造性的艺术。作家、油画师、作曲家、雕塑家和建筑师都是创造性艺术工作者。创造性艺术工作者独自工作。他们在空白的画屏前、纸张前、帆布前独自工作，或用黏土，或雕刻出一个山丘或者其他什么。如果他们是作曲家，最终他们需要音乐家把曲子演奏出来。以同样的方式，剧作者和编剧们需要制片人、导演、演员和剧务等诠释性艺术工作者使他们的产品成为现实。

作为创作者的剧作者首先产生一个故事的想法，里面充满不同的角色，剧作者知道这些角色被设定会做出何种行为。之后，导演对这些角色可能做出不同的诠释，同时向摄制导演解释他的视觉想象。在摄制会议上，一组演员会讲出他们感觉应该如何演绎这些角色，没有一个演员的选择会与导演和摄制导演的想象相同，或者与原作者的想象相同，或者与其他任何演员的想象相同。所有的诠释都基于诠释者的生活和经历。任何两个人都不会有相同的经历。

---

1. 埃立克·冯·斯特劳亨(Eric Von Stroheim)，1885—1957，20世纪初著名德国导演、电影演员。

作为导演/制片人,我们必须选出一个演员,并将他或她关于角色的想法与那些必须进入这一整合作品中的东西网罗在一起。不可避免地,我们对演员的选择不仅基于谁是最好的,还要考虑谁是可选择的,或者说谁是我们能付得起费用的;有时选择是基于友谊和债务。

接下来我们不得不回答一系列关于我们的选择的问题。我们要回答来自摄像师和剧务的问题。我们不得不随时诠释,并让所有人投入我们想做的事情。仅用钱解决不了问题,或者仅用哄骗、欺压、讲理,甚至爱心都行不通。但如果想完成这个项目,我们必须找到方法把这些部分结合在一起。

无论我们是做电视剧还是纪录片,如果我们能尽可能多地预测到可能发生的问题,我们就能有很好的机会把这一切结合在一起。由于知道回答所有的问题是不可能的,我们只能尝试着去回答。一旦对所预测的问题都有了深思熟虑的解决方案,当不可避免的最后一分钟新信息和突发的"停止播发"紧急状况出现时,我们就可以轻易去应对。当需要做出新改变时,我们就拥有了基础去应对任何新的需求。

本书试图让你明白几乎所有的多机位电视摄制和一些单机位电视摄制都需要提前做好功课。重点会围绕"导演/制片人"而不是其他方面,因为这里展示的材料定位于导演的准备工作。制片人也被包括进来,是因为导演和制片人的职能通常是相关联的,同时也因为制片人的决定经常会对导演的工作产生直接的影响。本书不涉及导演的美学、心理或艺术方面的准备工作。

本书也不涉及制片人的商业技能,比如收购版权、完成交易或者管理公司。本教科书的目标在于为一个已经充分就位的项目在开始规划"动手部分"(hands-on part)的产品时所需要的一切提供解答。有时,知道动手部分是什么,会对我们做出声音美学、心理和艺术方面的决定提供帮助。

时间管理是本书没有真正涉及的另一个话题,虽然这是重要的并且需要被解决的。非常多的可以成功或者理应成功的项目最后失败了,就是因为不良的时间管理。对于很多人而言,长时间和深夜工作并不会比正常分配的工作时间更有效率。一件在凌晨两点到四点间完成的工作,如果在早上九点开工则通常只需要半个小时。一个在截止日期前两天才开工,然后在试制、制作、后期制作阶段赶工期的项目完成时,总会存在两类大家都承认的问题:一类是产品固有的问题,一类是因为不良的时间管理才造成的问题。导演/制片人有责任管理好他或她自己的时间,并且有责任尊重并管理好剧组人员的时间。

本书前面几章里介绍的一些信息对所有类型的产品来说都是真理。例如,一个"1/4英寸比1英尺"比例尺平面图在小组谈话节目(panel shows)和电视剧(dramas)中都会用到。第4章中涉及了关于"1/4英寸比1英尺"比例尺平面图的额外资料,小组谈话节目及其拓展的脚本节目类型出现在第6章中。如果你想知道更多关于某一特殊格式节目的准备事宜，比如有脚本的电视剧节目(dramatic programs)，你可以查阅关于那一格式的章节，去找到专门讲述它的相关信息。

有一件事需要提前理解的是，在美国、加拿大、英国等国家，不同的市场对于工作描述和工作程序有不同的规则和定义。一家主要电视网附属机构里的标准操作程序，会与一个小型市场中的地方电视台有所不同。许多任务会是相同的——某些人必须去操作音频控制台——但操作中的很多阶段是不同的。电视网会需要化妆和化妆师，地方电视台可能根本不需要化妆。同样的，在不同的市场中，导演和制片人的职能可能非常不同。在纽约，导演们可能无权切换他们自己的节目，但在主要市场外大多数电视台里那是常见的做法。

甚至在同样的市场中，不同的电视台有不同的合同来要求一个人的工作方式。而不可避免的，一些重要的事情都是相同的，比如在每家电视台里都有用餐休息时间，也都有摄像机、人才和截止时间等。

电视节目格式

在我看来，有十种格式构成了电视节目制作的基础——尽管我们都是有创造力的诠释艺术工作者，不可避免地有人很快会想出第11种格式。或许真人秀节目(reality programs)可以被认为本身就是一种格式而不属于纪录片。不过，这十种格式已经是一个好的开始。游戏节目(game shows)在这本教科书中没有被专门谈论，但是与制作游戏节目相关的技能则在本书关于其他格式的内容中确实都有涉及。体育节目，则在关于远程多机位节目的第11章中被有限地涉及。

本书从最简单的素材和格式开始讲起，然后循序渐进讨论一些较为复杂的素材。当我开始作为导演的工作生涯时，我很幸运能够有一年的时间执导一档夜间新闻，属于小组谈话节目。这是许多导演在电视网和电视台中被"提携"的方式。原因是，一个小组谈话节目经常是两个人坐在一张桌子前面互相交谈。电视剧中也经常有两个人在一张桌子前交谈的情景。在剪辑一档脱口秀节目时培养起来的能力，正是你以后执导有脚本的电视剧时所需要的。

第一种划分

本书呈现的大多数素材都是关于需要切换或编辑的多机位电视节目，但对某些格式来说单机位拍摄则是最主要的。在遇到后一种情况时，本书提供的就是关于单机位电视节目的素材。

第二种划分

虽然有十种风格的格式，但是只有两种最基本的节目类型。第一类是无脚本的节目，这类节目制作时不会预知何人何时讲何内容，但我们作为导演需要做好一切准备，我们要成为好的新闻工作者。这些节目是：

1. 小组谈话节目：《与媒体见面》[2](Meet the Press)等。
2. 演示节目：厨艺秀、电视购物等。
3. 游戏节目：《一掷千金》[3](Deal or Not Deal)、《危险边缘》[4](Jeopardy)、《财富之轮》[5](Wheel of Fortune)、《家庭问答》[6](Family Feud)、《价格竞猜》[7](The Price Is Right)等。英国有《以一敌百》[8](1 Vs. 100)、《百万富翁》[9](Who Wants to be a Millionaire?)等。
4. 现场直播：选举日报道、国情咨文等。
5. 体育：棒球、篮球和足球比赛等。
6. 纪录片：Scared Straight[10]，新闻，杂志式打包节目，还有单机位真人秀节目，如《幸存者》[11](Survivor)等。英国有《老大哥》[12](Big Brother)。

第二类是有脚本的或有乐谱的节目，比如下列节目：

7. 新闻/环绕式新闻节目(wraparound)：关于从早上到深夜的一切新闻"来龙去脉"的节目，比如《60分钟时事杂志》[13](60 Minutes)和《今天》[14](Today)等。

---

2. 美国的新闻访谈节目，1947年NBC首播，译注。
3. 源自荷兰的电视游戏节目，2000年首播，全球有众多版本，译注。
4. 美国的电视智力竞赛节目，1964年NBC首播，译注。
5. 美国的游戏节目，1975年NBC首播，译注。
6. 美国家庭竞赛节目，1976年ABC首播，译注。
7. 美国游戏节目，1972年CBS首播，译注。
8. 电视游戏节目，2000年源自荷兰，全球有众多版本，译注。
9. 电视游戏节目，1998年源自英国，全球有众多版本，译注。
10. 始于1978年的犯罪题材系列纪录片，译注。
11. 美国真人秀电视节目，2000年CBS首播；源自1997年瑞典《鲁滨逊探险》(Expedition Robinson)，译注。
12. 取名于英国作家奥威尔《1984》一书，1997年源自荷兰，英国版本2000年首播，译注。
13. 美国电视新闻杂志节目，1968年CBS首播，译注。
14. 美国晨间新闻节目，1952年NBC首播，译注。

英国有 The One Show[15]、ITV This Morning[16]等。

8. 电视剧(喜剧和悲剧)：情景喜剧，如《欢乐合唱团》[17](Glee)、《办公室》[18](The Office)和《我为喜剧狂》[19](30 Rock)；以及日间电视剧，比如《不安分的青春》[20](The Young and the Restless)等。英国有《外科医生马丁》[21](Doc Martin)、《神秘博士》[22](Dr. Who)、《警察故事》[23](The Bill)等电视剧，还有《东区人》[24](East Enders)、《加冕街》[25](Coronation Street)等日间电视剧。

9. 音乐节目以及变体：《美国偶像》[26](American Idol)、《与星共舞》[27](Dancing with the Stars)和《美国达人》[28](America's Got Talent)等。英国有《X音素》[29](The X Factor)、《英国达人》[30](Britain's Got Talent)等。

10. 表演和动态艺术。

这些节目格式很多都是相互关联的。他们都互相借鉴拍摄技巧和技能，因此从电视剧中看到音乐电视技巧和从新闻中看到纪录片技巧都是平常的事情。例如，医院和警察电视剧从纪录片技巧中借鉴了写实主义电影风格；奥运会的纪录片摄影则充满了音乐电视的图像和编辑技巧。有些节目格式看起来是天然的盟友，它们是：

- 小组谈话节目和演示类节目
- 音乐节目和电视剧

---

15. 英国BBC1台每日播出的杂志风格的新闻节目，2006年首播，译注。
16. 英国ITV(独立电视台)的日间新闻节目，1988年首播，译注。
17. 美国电视青春喜剧，2009年福克斯电视网首播，译注。
18. 美国电视情景喜剧，2005年NBC首播，改编自2001年BBC2台同名电视剧；全球有多个版本，译注。
19. 美国电视情景喜剧，2006年NBC首播，译注。
20. 美国电视肥皂剧，1973年CBS首播，译注。
21. 英国电视喜剧，2004年英国ITV首播，译注。
22. 英国科幻电视剧，1963年BBC首播，2005年重新制作，译注。
23. 英国警察题材电视剧，1984年英国ITV首播，译注。
24. 英国电视肥皂剧，1985年BBC1台首播，译注。
25. 英国电视肥皂剧，1960年英国ITV首播，至2010年已经成为英国电视史上播放时间最长的电视剧，译注。
26. 美国大众歌手选秀比赛电视节目，2002年福克斯电视网首播；源自2001年英国《流行偶像》(Pop Idol)，译注。
27. 美国舞蹈比赛类真人秀电视节目，2005年ABC首播；源自2004年英国BBC《舞动奇迹》(Strictly Come Dancing)，2011年授权至全球35个国家，译注。
28. 美国才艺选秀电视节目，2006年NBC首播；源自2005年英国ITV未能播出的《英国达人》(Paul O'Grady's Got Talent)，译注。
29. 英国歌唱选秀电视节目，2004年英国ITV首播，译注。
30. 英国才艺选秀电视节目，2007年英国ITV首播，译注。

- 公共服务广告和商业广告(可能看起来像电视剧、音乐电视或纪录片)
- 新闻、环绕式节目和纪录片

意识到各种节目格式的相互关联,是很重要的。拍摄两个人围着桌子谈话的技巧,与双人采访节目或日间电视剧中的餐馆场景是一样的。作为导演,在展示电视剧中女主角的订婚戒指时,以及展示儿童音乐纪录片中的中国木琴乐队时,我使用的都是来自演示类节目的同一种基本拍摄技巧。那些演示类节目的基本元素可以在每天晚上的商业广告中看到,广告就是对广告商商品的"演示"。导演无脚本的节目,通常来说是容易的。导演只需要建立一种能够涵盖拍摄任何行动的方法即可万无一失,无论发生什么都拍下来。而新闻节目,即使有脚本,也会经常发生变化,甚至发生在直播过程中。

导演要能够在各种节目格式的执导技巧之间转换,执导常规新闻节目时按照有脚本格式进行工作,当突发新闻发生时则转换成无脚本格式。有些导演确实比其他人更擅长于这种应变。另一方面,有脚本的节目格式对节目策划和视觉效果有更多具体要求。有脚本的节目格式对导演的艺术水准通常会提出更高的要求;后文中我们分析这两类节目制作所需的不同工作时,你就会看到这一点。

所有节目格式的基本要求

不管你要开展工作的是何种类型的节目,下列事项对所有节目格式来说都很重要:

- 比例缩放平面图
- 交叉拍摄
- 180度法则
- 三分法
- 惯例

基于教学目的,本教科书后面几乎所有案例中都会使用三台摄像机。在实际工作中,有些节目制作只使用两台,有时会使用四台或者更多摄像机。

比例缩放平面图

关于布景、演播室的平面图,是一种地图。它是一幅对布景的俯视图,就像制图者从布景上方高处朝正下面俯视那样绘制。布景规划通常以"1/4英寸比1英尺"比例尺绘制，其中1/4英寸等于现实中1英尺[31]。其他一些比例尺如1：50或"1/50th"在英国使用。这种工具也被称为"平面图"、"地面图"或"布景图"。在一些小型电视台和某些学校里几分钟讨论就代替了平面图，但是在所有电视网、排名前一百的电视台，甚至偶尔一些最小型电视台里，阅读平面图和与这种标准工具有关的能力是必需的。在实践中，如果你在一家小型电视台工作，很多年都使用相同的新闻布景和采访布景，也许没有多少机会阅读平面图。然而，一旦要搭建什么东西，阅读按比例缩放的平面图就成为必须要做的事情。1/4英寸比1英尺比例尺平面图是通常的选择。实际上对导演来说，阅读和理解一个平面图的重要性犹如驾驶飞机时阅读和理解飞行地图。虽然对于飞行员来说，在不知道或不懂地图的情况下，天气较好的时候围绕基地机场飞行也是完全可能的，但这就太局限了。

在一些电视台里导演/制片人绘制比例平面图，有时也绘制比例立面图。立面图是从侧面观察的视角，通常用来提醒员工某个位置或者让建筑工人搭建或修改某个布景。在电视网或者大一些的演播设施中，设计师和艺术导演要设计布景并且绘制平面图和立面图。为了理解他们究竟要告诉我们什么，我们必须能够使用他们传递信息所使用的工具。这意味着我们要能够阅读1/4英寸比1英尺比例尺平面图和其他比例的各种图。我们也要能够按比例绘图以便使各种覆盖物都如我们所要的那样具体。

设计墙壁和主要布景部件的布景设计师，以及装饰布景的艺术导演和道具师，都需要知道我们是需要一张三脚桌，还是需要一张四脚桌。他们并不在意我们要哪一个，他们两张都有。在电视网和大部分小型电视台，他们都会把几乎所有东西送来。问题是，你究竟想要的是什么？

幸运的是，拥有缩放平面图的工作是容易的。不幸的是，你自己工作时最初的一些步骤经常是可怕的；你不得不学习它。你只能用一小张纸来展示一个房间或一个大点的区域，所以你需要使用英寸或者毫米来代替英尺或米。一个房间或区域内直线上的每一英尺都可以用1/4英寸来表示。如果一个门口有3英尺宽，它可以用3/4英寸宽的图示来表示。一面12英尺长的墙壁可代换为12个1/4英寸，12个1/4英寸等于3英寸。因此一面12英尺长的墙壁在一个1/4英寸比1英尺比例尺平面图中可以绘成一条3英寸长的线。各墙壁、台阶和主要的家具部件在平面图中都按相同的比例绘制。有时候一些次要部件，比如一部重要的电话或者灯具开关，也可以画出来；但大多数装饰品，比如各种灯具、照片、碟子等，在平面图上不画出来。

如果你不使用比例平面图而使用其他任何形式，比如素描图或手绘图，纸上看起来很好，你会愚弄自己以为找到了解决办法，但当你最终到达布景现场时才会发现根本不管用。

假设你正在执导一部需要新布景的日间电视剧或情景喜剧或与此相关的任何产

---

31. 1英尺等于12英寸。1/4英寸比1英尺的比例尺即1：48，译注。

品。第一件找上门来的事情是脚本和1/4英寸比1英尺比例尺平面图。仔细阅读它有助于你建立起房间内的各种关系。例如，如果图上一个冰箱距离厨房餐桌是1英寸，那意味着冰箱距离餐桌实际是4英尺。根据这一点你能讲出一个演员从冰箱走到餐桌需要两步。事实上，不管什么动作被假设在那个位置发生，你能够知道什么是可行的、什么是不可行的。对一份1/4英寸比1英尺比例尺平面图的仔细阅读，可以告诉你厨房区域有足够的空间让演员从冰箱取出食物放到餐桌上，但是不够空间让三个摄制组成员肩并肩站着。

艺术品商店、建筑用品店、很多大学书店以及办公用品店里都销售1/4英寸表格纸(见图1.1)和家居家具的模板，以及其他家居物品的模板，如洗手池、冰箱等(见图1.2)。

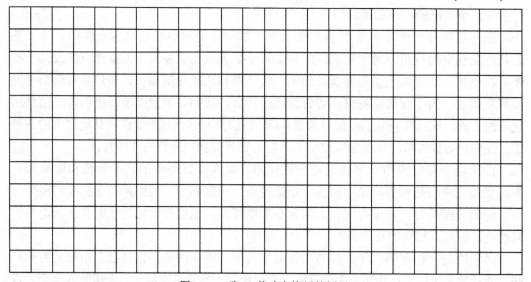

图1.1　一张1/4英寸表格纸的例子

注：每个格子是1/4英寸见方，在1/4英寸比1英尺比例尺平面图中代表1英尺。在平面图上会把这一比例尺标注为"1/4″=1.0′"。

一种方便的简图可以被用来表示平面图上一个区域中的基本元素。平面图显示墙壁、楼梯和其他建筑元素的布局和尺寸；使用各种符号来表示家具和配件，比如椅子、沙发、炉子、洗手池，以及某些重要元素如镜子、电话、栏杆等。图1.3展示的是一个典型客厅布景的几面裸墙。底端的部分被留空，它代表着一面假想的第四面墙。这就是摄像机所在的位置，它们正透过这面假想的第四面墙进行拍摄。因为建筑工人不会搭建它，所以我们不在图上显示它。基于同样的原因，摄像机也不在平面图上显示。最好现在就动手开始测量房间和物品并找出它们的尺寸。你可以数一下天花板吊顶板，通常是12英寸见方或者9英寸见方，来看房间有多大。烤面包机大约是15英寸长。一个男人躺在地上是6英尺长、加减6英寸。

剧场上的门和电视中的门的铰链几乎总是安装在舞台后部(upstage)，朝向舞台开

第1章 导言 • 9

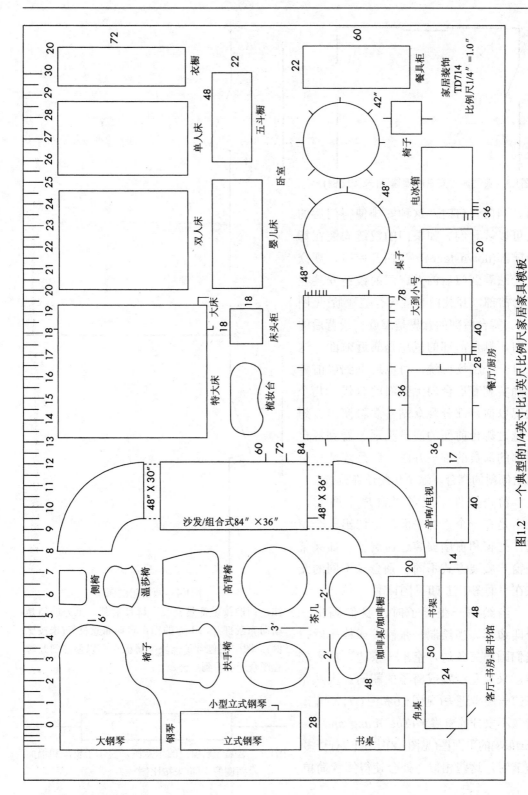

图1.2 一个典型的1/4英寸比1英尺比例尺家居家具模板。这里或类似模板中的家具示意图都是可以便捷使用的。比例尺是1/4″=1.0′。模板侧边有一条刻度尺,以1/4英寸为一个刻度单位。

注:这张图来自Template Designs。尺寸为英寸。

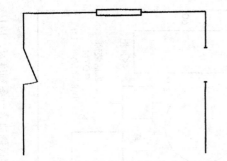

图1.3　典型客厅布景的裸墙图(未按比例)

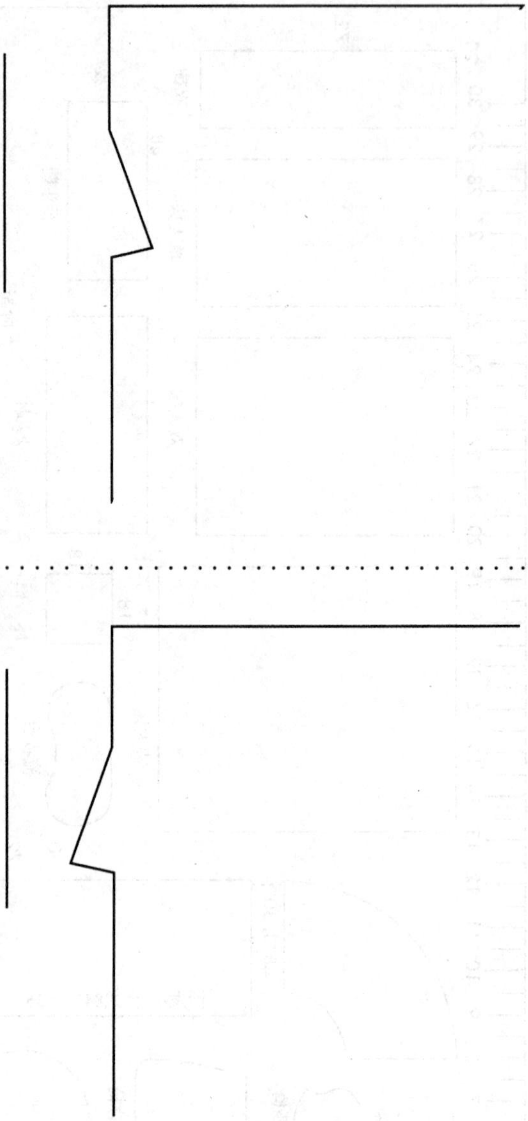

启。当门开启时,这种安排使得门后的人可以被看到。如果门的铰链安装在舞台前部(downstage),当门开启时,观众就无法看到门后的人。门的铰链安装在舞台前部,开关门时就会有些尴尬(见图1.4)。舞台后部的意思是靠近布景背后的方向,舞台前部的意思是靠近前面。这来自一个剧场传统,可以追溯到以前舞台确实朝着后台向上倾斜的时代。几个世纪以前,部分观众站着观看演出。想要越过舞台前面的演员头顶、看到舞台后部的演员的唯一办法,就是建造一个向上倾斜的舞台。这个传统还在延续。

窗户部件,或者"窗户平面",经常是在一个"纯平面"上切出一个窗洞,把窗和窗扇安装进窗洞里。如果某处窗户安装方式不同,则会以不同的画法在平面图中注明(见图1.5)。

当绘制一张桌子时,我们画出一个四边形。当绘制一张沙发或椅子时,我们画出三条边,空出一条边,或者轻描,来显示沙发或椅子的朝向;人从空着的一边坐进去(见图1.6和图1.7)。当节目《不安分的青春》(*The Young and the Restless*)的平面图(见图1.8)比图1.7有更多细节时,这些相似之处会使得阅读简单

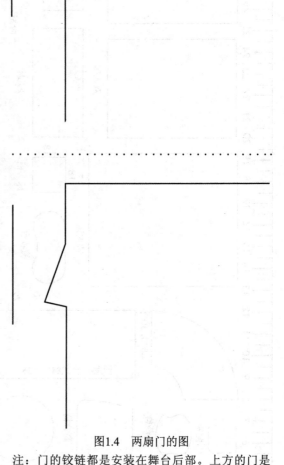

图1.4　两扇门的图

注:门的铰链都是安装在舞台后部。上方的门是朝向布景打开,下方的门市背向布景打开(未按比例)。图中还包含了一块"背板",以便在门开时让观众无法看到后台。

图1.5　这幅一扇窗户的示意图,显示了窗扇和墙面两侧的房间(未按比例)

的平面图和这种更细节的图都很容易。

基于其本质，平面图刻画出居住在布景中的人的一些非常具体的信息。如果是脱口秀节目，我们从开放式的摄像环境就可以推断。如果图上是一间客厅，我们看一下图就可以知道住在里面的人的很多信息。那里有没有衣橱或者茶具车？如果有，那就不可能是一间学生公寓。

在设计布景的时候，首先要考虑的是建筑的合理性。想象一下你之前看到的按照1/4英寸比1英尺比例尺绘制的一间客厅的几面裸墙，后墙是4英寸(16英尺)，两面侧墙都是3英寸(12英尺)，如果每面侧墙上有一扇窗户，观众可能不知道哪里错了，但他们总会觉得有些不对劲。他们可能不会停下来问为什么相对的两面墙上都有窗户，但问题是关于合理性的，答案很简单：这是不可能的。

只有一居室的小木屋或者非常异类的突出于建筑物的房间才可能在相对的两面墙上都有窗户。如果你把它做成布景的一部分，观众虽然可能会接受它，但你是在让他们质

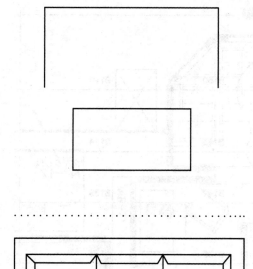
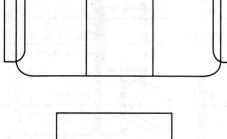

图1.6　一张沙发和一张咖啡桌的两种表示方法
注：上图是下图的简化版(未按比例)。

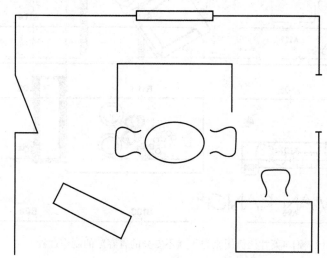

图1.7　这幅平面图显示了一间客厅
注：后面当我们讨论电视剧工作时将会用到它(未按比例)。

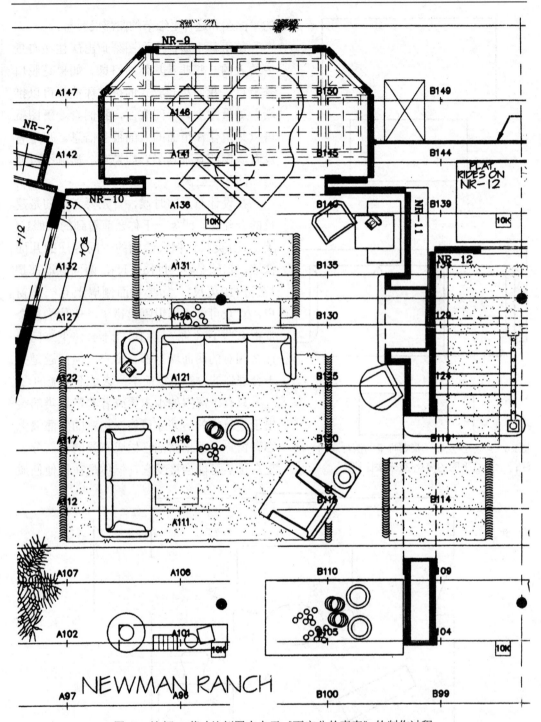

图1.8 这幅1/4英寸比例图来自于《不安分的青春》的制作过程
资料来源：Columbia Pictures。

疑其对现实的感觉。你是在让他们接受一个不合时代的事。它就如同一部旧时西部片中出现一只电子时钟或者阿瑟王的宫廷中出现一本挂历那样不合时宜。

基于同样的标记，一间12英尺长8英尺宽的房间将讲出它自己的故事。房间里是否只有一张沙发和咖啡桌？那会让观众知道这个房间是未完成的。他们想知道更多信息关于为什么房间里只有这么少的家具。它是否是一间学生公寓，里面只有少量家具，因为这都是学生能够负担得起的？或者这是一个相当富有的人新装修的房间？对家具的选择可以告诉我们答案。那意味着，你放入房间什么家具和放到什么位置，会为观众理解角色提供一些信息。

在现实生活中，一对夫妇去寻找公寓；他们找到一处建得不错的公寓，然后很快入住。他们对于怎样装饰公寓和装饰哪里所做出的选择，会告诉我们关于他们是谁和房间里可能会发生什么的一些信息。我们的电视设计也必须反映那些考虑。

让我们考虑一下小组谈话节目。那里是否有一张桌子，一张沙发？一个生产区域，一个乐队区域？如果是，我们知道这不是某人的客厅。这很可能是一档综艺节目/小组谈话节目。桌子后面的墙上是否有海报和三角旗，或者桌子后面是一面展示城市夜景的落地窗？前者可能是一档学生产品或者一档瞄准学生观众的产品，后者则可能是一档电视网节目。

惯例也会影响平面图中的一些部分。有一次当我执导一部日间电视剧的时候，我需要设计剧中一对新婚夫妇进入他们的蜜月婚床。这对夫妇是医生和护士，生活在美国中部的一个中型社区，在工作中结识。我这一集的故事发生在他们婚后新房里的第二个晚上。另一位导演执导了这对夫妇在一起的第一个晚上。他需要决定谁睡在床的哪一侧。我打电话给他想问他是怎样定的，但没打通。我当时正在准备脚本(纸面设计)的过程中，第二天就要执导这出戏。我必须立刻做出一个舞台调度的决定。那个男人应该睡在左边还是右边？这件事中并没有对和错，但我必须做好最后一分钟重新设计的准备，如果另一位导演在第一集中记录了那个男人睡在左边而我选择了右边。

然后我还想起一个不成文的惯例，男人往往睡在靠近门的一侧。这么做似乎是要保护他的妻子免受伤害。这是一个古老的惯例，有点像另一个惯例所说的那样，"在街上绅士做派应该是走在靠近屋檐的一侧(以便使女人不会被从窗口扔出的垃圾击中)"。基于那个老派的原则，总比什么都没有好，我做出了决定。最终证明我是正确的。后来我问那位导演他是否是基于同样的惯例做出选择，他表示确实如此。

我用了很多笔墨，希望是有趣的，来写出平面图上展示的房间有它自己的生活方式。作为导演或制片人，很基础的是能与平面图上展示的东西步调一致。在我的例子中，如果女人比男人睡得更靠近门，可能很少有观众会称之为不寻常，但是对于那对相当老派的夫妇来说，这就是一个不真实的时刻。我认为你能告诉观众多少谎言是有一个限度的。

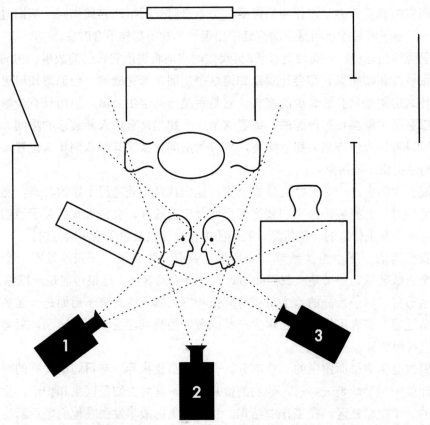

图1.9 这幅客厅平面图并不是"真的"平面图,里面包含了摄像机和人物(未按比例)
注:它们被添加到图里是为了显示哪台摄像机拍摄哪个角色。注意从一号摄像机和三号摄像机画出的线互相交叉了,这被称为交叉拍摄(cross-shooting)。

交叉拍摄

"眼睛是灵魂的镜子。"我们想要看到讲话者眼睛——双眼。传统上,我们从左至右给摄像机编号。最左边的是摄像机1,中间是摄像机2,右边是摄像机3。其余摄像机也尽可能多地从左至右进行编号。这意味着最简单的拍摄两个人的配置是:

摄像机1拍摄右侧的人。
摄像机2拍摄两个人。
摄像机3拍摄左侧的人。

基本上,摄像机1和摄像机3的视线互相交叉——换句话说,它们交叉拍摄。在人像镜头拍摄时不采用其他任何看不到讲话者眼睛的方式。

180度法则

在两个谈话者之间有一条假想的线被叫做"180度线"。观众被这三台摄像机所代表,在拍摄现场必须保持在演员的一侧或者另一侧。更确切地说,我们需要在行动或兴趣点的轴线与观众之间画出一条假想线,然后待在那条轴线的一侧或另一侧。如果你跨越这条线,即使只有一台摄像机,你也会把观众弄得晕头转向。在第4章中我们会讨论更多细节。

三分法

或许关于构图的最常用的规则被叫做"三分法(Rule of Thirds)"。它被摄影师、画家、图像艺术家和电视导演所使用,当他们的画布或者屏幕是4∶3长宽比的时候。基本上,它要求画面或屏幕应当被垂直线和水平线进行三等分,形成一个九宫格。重要的构图元素应被放置在这些假想线上。举个实践的例子,比如当拍摄一个人直接看向镜头时,通常将其正面居中(centered)并置于中间的网格中,让人物的双眼置于或贴近第一条假想线,如图1.10a所示。其他情况下人物不居中(off-center),双眼同样置于或贴近第一条假想线,如图1.10b所示。

图1.10 (a)这位妇女被安置在框架的中心,正对着摄像机或观众讲话;(b)这位妇女不居中安置,正对着右侧的某人讲话

注:如果我们要拍摄正与她交谈的人,我们会把对方与九宫格的关系处理得与她一致,但安置在框架右侧,向左看。

一些惯例

惯例是每个节目格式的一个组成部分,或许在所有剧场活动中也都能找到。在日本歌舞伎剧场里有个习俗,剧务人员身着黑衣,观众则假装看不到他们。身着黑衣的道具搬运人员进出舞台，改变场景，移动和更换道具——如同他们从未出现在那里。

西方电视同样也有习俗和惯例。有时它们会被援引，有时则没有。例如，在我们的视频速写中，一个画面叠加到另一个画面形成的画面溶解(dissolve)，意味着场景或实践的改变。想象一下哭泣的女主角闭上眼睛的画面。当泪滴沿着她的脸颊流下，她闭上了双眼。画面溶解后出现同一位女主角，她正与男主角手牵手在高高的草地上奔跑，此时男主角其实在医院中。那个画面溶解告诉我们，"从前……"。它就像有人说出那些话。溶解可以表示"与此同时"或者"但是想起从前"或者"在世界的另一个地方，这个平行的行为正在发生"。观众已经学会接受这种惯例(见图1.11)。

图1.11 一个图像溶解的例子，切分的屏幕用在同一个镜头中，注意背景看起来在渗出

每个格式中都有一些与其他格式不同的独特惯例。例如，如果同样的溶解被使用在音乐电视中，它不意味着时间或地点的改变；而只不过是从一个镜头转换到另一个镜头的"软方法"。习俗也告诉我们这里并没有正在做出的书面评论。

发明、创新和趋势

一些发明、创新和趋势已经影响到生产的各个领域，对所有格式来说都很重要。简单关注一下那些有历史意义的重要发明、创新和趋势，可以帮助我们理解我们如何到达现在的生产技巧以及在未来我们可以期待什么。

比如最早的纪录片，仅仅是把一台摄像机安置在铁路的铁轨旁边，一列火车驶进画面。就这样，这就是那个事件的"纪录"。多年以来，纪录片电影摄制的本质就是把摄像机镜头固定住放置在正在发生的事的面前。

影视制作历史上最重要的进步之一当然是"云台"的发明，这个装置使摄像机操作者可以在一个水平的平面上平滑地移动摄像机并跟随动作，而不必不得不等待事情在镜头前发生。在后期制作中类似的创新帮助改变了我们看待事物的方式。两个镜头被拼接在一起以便于讲述故事，蒙太奇的思路和它带来的故事讲述方式由此诞生。

技术进展

这里是某些塑造了我们的制作概念的主要技术进展：

轻便廉价的装置。 与视频摄像机不同，胶片摄像机一般都很沉重。胶片摄像机不得不容纳很多移动组件。胶片在整套动态影像系统的镜片后面穿过。摄像机自身需要用一个轻便紧凑的小盒子承载胶片，它还需要承载一个以精确和不变的速度运行的、能够精确对准的、逐帧移动胶片的机械系统。所有这些构成胶片摄像机的东西都比磁带或数码摄像机的轻型芯片电路板要重得多。胶片摄像机操作者在扛着沉重的摄像机的同时，还要透过一个很小的取景器去观察并且恰当地移动镜头。尽管多数视频摄像机确实附带有存储部件，但是存储舱并不是必须与摄像机附着在一起。当我们第一次在月球上行走时，接收器和磁带舱就是在地球上的，而摄像机则在月球上传送回图像。那种便携性带来了非凡的图像，而我们今天则视为理所当然，包括来自月球的和海底的、来自印第安纳波利斯赛道上赛车手座位上的或者来自跳出舱外的跳伞者头盔上的那些实时图像。

胶片与磁带。 低成本、易用的磁带的问世改变了影视制作的基本性质。在磁带到来之前的20世纪50年代晚期，电视观众能够看到正在发生的事情的唯一办法就是通过直播源(现场视频图像)或者通过胶片。直播源的设立需要时间，受到转播线路的接入限制，还进一步受到现场线缆究竟能拉多长的限制。另一方面，胶片不会受到转播或线缆需求的限制，但是看到它却需要时间，因为它必须经过加工和编辑。编辑胶片可能会变得非常复杂，尤其是需要做唇声同步的时候，即我们看到嘴唇动作的同时听到说出的声音。过了一段时间，记录节目的唯一方法变为"显像管摄影(kinescope)"。显像管摄影是指当节目直播的时候用胶片拍摄监视器。这个处理过程迁就了转播所需的525线扫描，但导致画面的顶部和底部被压扁，它们仍然需要像胶片一样去显影和摆弄。然后磁带到来了。人们可以立刻回放它。最初，磁带不能被编辑，但是不必像胶片那样需要经过加工。像胶片一样的是，在没有全国性转播线路的时代，磁带也可以骑自行车环游全国。然而编辑磁带就是另一回事了，在很长一段时间里编辑磁带都很困难。顶多可以说磁带在本质上是严格线性的。第3章里关于编辑人员角色的讨论将概述编辑工作的历史。多种发明和创新，使完成视频磁带编辑工作在某种程度上容易一些了；但是磁带并没有胶片那种可视性的帧，它仍然是一种线性的处理过程，不可能随意移动镜头或者场景。

数字革命。 影视制作领域最伟大的革命之一来自于"数字革命"。音频信息和视频信息都作为数字信息被记录，数字信息使得信息可以被更简便地操作。导演和制片人可以即时随意访问已被记录下来的信息，不再是只能线性访问。

从磁带到硬盘。最新的变化被广告为"无需磁带的(tapeless)"，内容被录制在静态数字硬盘中。除了更便捷的访问以外，数字硬盘对物理存储空间的要求更小，这为主要的播出和制作机构带来巨大便利。

另外，向数字记录和编辑的转变，对生产和编辑设备的价格也带来影响。随着成本的下降，生产设备和编辑程序的可获取性大大提升。由于这种可获取性，大门向更多导演和制片人，以及新的生产方法敞开了。数字革命产生影响的另一条道路源自1997年美国联邦通讯委员会(Federal Communications Commision, FCC)的决定，广电业者被给予更宽的广播频谱，于是他们可以在模拟播出的同时进行数字化传输。数字化和高清传输的好处有：

- 相同带宽内传输更多内容的能力；
- 更清晰画面和声音的能力；
- 互动的可能性。

同时，FCC颁布法令进行数字化播出的缓慢整合，首先开始于前十大市场，然后扩展到前50大市场，最终在2006年实现全部数字化播出。后来这一要求的新的实施时间变为2009年。

高清晰度，4比3与16比9。随着数字电视的问世，新的高清晰度制式成为可能。随着高清晰度电视的问世，更大的电视机变得更触手可及，它们提供出新的美学和创意机会。传统的屏幕比例是长4高3。现在新的屏幕比例是长19高9。导演和制片人发现他们需要生产能够播出的且同时适合于两种比例制式的节目。

新的惯例

现在，在摄像机的移动中，与过去认可的适宜程度相比，出现更多编辑手段。有些是故意的跳跃的剪辑和镜头，以前这被认为是"坏的角度"，等等。这种风格看起来像是为其信息提供一种巨大的紧迫性，以及一种展示内容的新的更自由的方式。或许这可以归因于编辑工具的更高的可获得性和突破传统惯例的需要。事实上，突破惯例性的编辑思想往往会导致创造新的陈述。就像我们正在说，"喂，我们正在打破那些规则。我们是革命性的。这是新的！你们看着！"

一路走来，一种新的编辑语言正在建立。一度，故事按照时间顺序展开的线性编辑方式，是可被接受的。之后，非线性"动态编辑"出现了。非线性编辑，使得讲述故事时通过操作画面来引导观众进入独特的观看视角变得更加容易。新的编辑惯例的接受，使得并列放置(juxtapose)画面、操控蒙太奇的速度、扭曲次序的感觉来制造悬念变得容易。如果我们在一系列快速剪辑中看到一个男人接近一个女人，一把枪，然后一把刀，最终一条绳索出现在他手中，我们会想到某种打斗流血场面将要发生。

还有一些其他惯例。例如，有些画面擦除(wipe)遵循某些使用惯例。在早期的电影制作中，一个分裂(split)的屏幕经常被用于显示同步的行为。一个从中间切分的屏幕曾经被用于演示两个人物角色正在电话中相互交谈(见图1.12)。类似地，一个惯例被援引来显示一个地理方向。在地图上，西在左边，东在右边。一架飞机从屏幕左侧飞到右侧意味着这架飞机正从西向东飞，这与我们阅读地图时采用的惯例相符。

图1.12　一个典型的分裂屏幕的例子

还有最后一个惯例：质量控制(QC)。它的最基本的意思是一个产品在考虑完工之前，总是需要进行一遍最后检查，以确保音频和视频都完全没有小差错，没有意外的错误，产品是值得播出的或做好了上映准备。

综述和教材规划

当你阅读本书余下的章节时，这里概述的基本内部是保持相同的。你将需要读写1/4英寸比1英尺比例尺平面图。你将需要理解交叉拍摄和180度法则。最后你还需要意识到每一种格式都有适合于它特有的惯例；这些惯例在后面的章节中至少会构成内容的一部分。

本章小结

- 执导是一件诠释性工作，而不是一种创造性的艺术。
- 导演技能清单列在高处的是时间管理。导演/制片人有责任管理好他或她自己的时间，并且有责任尊重并管理好剧组人员的时间。
- 不同的市场对于工作描述和工作程序有不同的规则和定义，但不管制作在哪里开展，其任务是相同的。
- 电视产品可以被分为胶片的、记录的和实时的产品。
- 电视产品可以被分为单机位产品或多几位产品。
- 不管单机位还是多机位，所有电视产品都可以被分入一到两个主要的类别：
  1. 那些事件发生在产品制作同时的节目，可以推断导演将会有计划捕捉那个时刻。
     a. 小组谈话节目
     b. 演示节目：厨艺秀、电视购物等
     c. 游戏节目：《危险边缘》、《一掷千金》等
     d. 现场直播：选举、体育等
     e. 多机位纪录片和回放型新闻杂志中的打包节目
  2. 那些有脚本的或配乐的，可以推断导演将会有具体的计划。
     a. 电视剧
     b. 音乐节目
     c. 新闻/环绕式新闻节目
     d. 表演艺术/广告
- 重要的基本规则如下：
  1. 比例缩放的平面图是一种布景或地点的俯视图，图上用小物体来表示大物体。在1/4英寸比1英尺比例尺下，每个1/4英寸代表1英尺。
  2. 小组谈话节目或者电视剧中，摄像机在"外侧"或左端或右端，摄像机的视线互相交叉，以便能够看进人物的眼睛。如果不进行交叉拍摄，它们只能得到侧面镜头。
  3. 180度法则，假想的水平线划在摄像机和人物之间。人物必须处于这条线的他或她自己一侧，摄像机处于另一侧。否则，相互之间发生关联的参与者或角色出现在屏幕上时就会面朝相同的方向。
- 有很多种电视惯例，作为一种视觉速写法：
  1. 舞台后部(upstage)意味着远离摄像机的布景部分，朝向布景背后。舞台前

部(downstage)则朝向摄像机。
2. 画面溶解可以用于显示一种空间或时间的改变。
3. 画面擦除一直用于分裂屏幕和显示这些情景正在同时发生——例如，在电话两端通话的两个人。
4. 黑色被用于预示情景的结束。
5. 飞机从西向东飞的画面被展示为从屏幕左侧飞到右侧，模仿了地图上的东西方向布局。

- 塑造了我们的制作概念的几种主要技术进展：
    1. 轻便廉价的装置；
    2. 磁带取代胶片；
    3. "数字革命"；
    4. 硬盘取代磁带；
    5. FCC为数字广播颁布法令；
    6. 高清晰度；
    7. 16比9取代4比3；
    8. 质量控制(QC)。
- 下列风格变化已经发生：
    1. 在摄像机的移动中，与过去认可的适宜程度相比，出现更多编辑手段。
    2. 编辑惯例：
        a. 画面被并列放置；
        b. 蒙太奇速度被操纵；
        c. 次序的感觉被扭曲以制造悬念。

第 2 章

演播设施

　　了解不同电视节目类型的需求，对于高效率节目制作而言十分重要。了解演播设施与了解协助节目制作的工作人员团队，具有同等的重要性。没有任何两个工作团队和演播设施的构成是相同的，然而，从小组谈话节目到音乐节目，所有的电视节目类型无一例外都需要人员和设备支持。做节目需要现场布景，寻找外景拍摄场地，还少不了灯光；整个过程必须有摄像师、音频技术人员和舞台人员在场，还有更多的职务我们会在第3章人员中进一步讨论。尽管这一章的重点在于演播室节目制作，但绝大多数的内容也适用于外景节目(这一部分将在第11章讨论)。本章和第3章的内容基于最昂贵的顶级节目制作中心和人员团队，这样的高级别配置在第一份工作时或者在学校的设备实习基地都很少碰得到。此外，没有哪个节目在一次制作过程中需要动用本章提到的所有设备，也没有哪一家演播设施能够将本章提到的所有设备和人员涵盖其中。但是，本章内容的某些部分对于所有节目制作过程来说都是必需的。了解所有可供选择的组合方式，也能为节目制作过程中出现的具体问题提供创造性的解决方案。

　　我的一位制片人朋友最近刚刚和他的律师一起完成了节目制作前的准备工作，他提到，优秀制片人的标志之一，不是看他是否对制片过程的所有法律问题都了如指掌，而是看他是否明白何时需要请一名律师。能否在演播室里出色地完成工作并且管理好自己的团队也是同样的道理。你不必懂得如何驾驭摄像机，但你必须明白摄像机能为你做什么，还要知道谁应该去操控它。知道这一点不仅有助于你和团队建立起合理融洽的关系，还能制作出更好的产品。

　　在广播电视网工作的大多数节目导演和制片人都完全不懂得操作自己节目制作过程用到的绝大部分设备。在有工会的电视网及其所属设施，导演和制片人不被允许操作任何装备。但与此相反，在大多数地方电视台，导演和制片人能够操作机器，在实践中也通常是这么做的。但不管是哪种情况，他们都需要了解演播室以及运作。

　　不管你是学生、受雇的制片人，还是自由导演/制片人，在职业生涯中的某些时候需要对演播室条件做出评估。一般情况下,演播室的选择是基于它所提供的可用设备,或是基于节目预算的。仔细审视设备条件和制作需要,可以让你根据现有设备量体裁衣满足需求,从而增加成功的机会。

设施的组成部分

为了评估一个演播室是否适合多机位拍摄的电视制作,导演或制片人应当考察组成任何一套设施的三个区域:

- 物理演播室——摄制节目的区域
- 控制室——传输视频和音频信号的区域,还可能包括灯光控制台
- 支持区——办公场所、资料室和准备区

演播室

演播室可以空空如也,这种演播室被称为"只有四面墙壁的演播室"(见图2.1),这里没有机械设备,也没有手工设备。演播室也可以无所不包,具备最复杂的电视制作所需要的一切设备。

图2.1 空空如也、只有四面墙壁的演播室,既可以用作单机位拍摄,也可以用作多机位拍摄,由一辆转播车作为远程控制室

控制室

电视网和大学里的控制室通常包括电视制作所需要的所有音频和视频设备,包括音频和视频控制系统,有时还拥有灯光控制台(见图2.1、图2.2和图2.3)。控制室可能还为以下某些乃至全部人员提供工作区域:

1. 制片人
2. 导演
3. 副制片人
4. 副导演
5. 联合制片人
6. 技术导演

7. 视频操作员
8. 高级音频技术师
9. 灯光导演
10. 制作经理
11. 电视网高管、教授们
12. 宾客,包括客户、经理、公关人员、媒体代表以及亲朋好友

图2.2　(a) 一个小型大学演播室;(b) 一个电视网运行的控制室

注:(a)最前面是音频板和CD控制台。后面则是主控制台,从左至右分别是:内置磁带舱、摄像机监视器、线路监听器和直播监视器、摄像机控制单元、矢量显示器,以及放置在桌面上的小型切换器(switcher),它的右上方则是两台数码录音机。

图2.3　图2.2(a)控制室中所示切换器的特写

注:尽管体积不大,但它却可以对视频进行叠印、擦除和键控处理,并处理有限的色键制作。

控制室内通常摆放着播放和录制设备。有时多个房间由许多门和滑动面板连接起来,整个区域亦被称为"操作区"。房门的使用使得支持人员(例如视频操作员和灯光导演)不必挤在闹哄哄的房间向他们的下属讲话。然而在某些设备中心,所有功能都在一间房间里实现。

并不是所有的演播室都有一个控制室。有些演播室用作电影拍摄或单机位操作,在这种情况下,控制室以及支持区的很多功能和分区便很可能不存在了。当这种演播

室被用作多机位拍摄时，一辆卡车往往会停在设备中心外面，这辆卡车便会成为远程的控制室。举个例子，当人类登陆月球的时候，虽然镜头位于月球表面，但控制室却远在得克萨斯州的休斯敦市。

支持区

支持区几乎必须包括：

1. 办公区
2. 休息室

它通常还包括：

3. 更衣室
4. 化妆间
5. 场景道具储藏区

有时支持区还会包括以下一个或多个区域：

6. 场景道具建材喷涂区
7. 演员休息室，演员上台前在此候场
8. 观众区
9. 独立的观众休息室
10. 大厅或大群观众等待区
11. 独立的房屋或观众音效灯光控制区
12. 音频和视频信号传送的总控区
13. 接待区
14. 录制和播放数码媒介和磁带的操作室
15. 图像操作室或操作区

如果导演和制片人想要制作出最好的节目，就得了解哪些设施是必需的。节目脚本或节目格式决定了设施需求，不管是否选用，可用设施仍会对产品外观产生重大影响。为了理解设施是如何影响制作的，我们将会详细了解演播室、支持区和控制室，辨明每个演播室都是不同的。辨明，也就是做出谨慎妥协的能力，同样是优秀制作过程的重要一环。

图2.4 一台更大的切换器

注：它能够完成图2.3所示切换器的所有功能，还能完成两个层面间的渲染、溶解和擦除。大型切换器具备更多的效果功能。有些切换器用来编辑，但外观可能与普通切换器相似。

演播室

理解演播室的一个好的起点便是设想一个除了墙面之外空空如也的演播室。在某些设施里，制片人仅仅租下一个空壳——墙体——而用远程卡车充当控制室。一个原本用作电影摄影棚的设施经常被租出去，改头换面成为一个多机位电视摄录演播室。加州大学洛杉矶分校影视学院在扩建电视制作设施时便是这么做的。因为光秃秃的墙壁是元素齐全的演播室的起点，我们就先来看看这种形式上最简单的演播室的特点所在。每一个演播室都有六面：四面墙壁、天花板和地板。在天花板和地板之间，你可能会发现灯光架(灯栅系统)，它可以用来悬挂舞台布景，但在更多情况下还是用来悬挂舞台灯。这里每一种元素对电视制作都有重要意义。

地板

让我们从地板开始。地板是水平的吗？如果节目制作过程需要平滑的追踪摄像，那么光滑的地板就是必需的。如果仅仅需要拍摄桌子上的物体(将在下文描述)，那么地板就不是那么重要了。最常见的演播室地板材料和覆面包括以下几种：

- 木地板
- 漆布
- 瓷砖
- 混凝土

- 地毯

每一种材质都各有优缺点。

木地板

当电视这种形态刚刚起步的时候，演播室建设脱胎于剧院和电影的传统，而电影摄影棚和舞台地板均是木质的。正是基于这个原因，许多早期为电视制作而建造或改造的演播室都是木质地板。有些此类演播室至今仍在使用，配备木质地板的新演播室今天也还在建造。大多数情况下，配备木质地板的新演播室常常是由其他场所开始改造的，如教室和办公室。

先不说别的，木地板看上去就赏心悦目。演员和舞蹈演员对木质地板的质感尤其满意。因为剧院使用木质地板的历史悠久，地方剧院的供应室常常储存了专门的物料，使木地板长久保存，并历久弥新。相对来讲，木地板容易修理。如果布景需要永久保存，便可以使用布景撑杆，以节省搭建设备的时间。如果一个电视节目在音乐厅中拍摄，那么地板就肯定会是木质的。木地板同样是一种绝好的暂时覆面，有好几次我都带上了便携的木地板，大大节省了时间。有一次，一个长时间连续电视节目在铺了地毯的办公室内拍摄，我们就在地毯上面铺了很多块4×8英尺的胶合板，就有了追踪摄像的走道。我还曾在踢踏舞节目中用胶合板为舞蹈演员搭造适宜跳舞的地板，也曾在芭蕾舞节目中用胶合板搭建舞蹈区。我很乐意使用木质地板，因为要使用水泥和混凝土地面，就会产生舞蹈演员的安全问题。事实上，美国电影电视艺术联合会(AFTRA)认为，舞蹈演员在水泥地面上表演是有危险的，如果使用此类地板则需向其支付可能发生危险的额外费用。舞蹈演员在木地板上的表现显然更好。他们喜欢木地板的质感，并对我们能够满足他们的需要而心满意足。他们常常喜欢站在舞台上木质地板的部分，因为这意味着他们能够很容易地被灯光精确捕捉到。

然而，在大部分的室内电视节目制作中，使用木地板均弊大于利。摄像机和线缆在木地板上难以固定，一不留神，摄像装备、布景和道具便可能造成麻烦；木地板有可能剥落，甚至分裂开来，这让地面变得粗糙不平，当摄像机或移动摄影车滑过受损的地面，拍摄画面便会变得颠簸不稳；抛光过的木地板将会严重破坏灯光；如果该设施允许对木地板喷绘涂抹，涂料中的化学物质可能使木地板受损；涂料、螺丝、钉头和胶带几乎对所有地面都会造成损伤，但它们对木地板的破坏是最大的；有时候人们用廉价的灰色布基胶带代替万能胶带(gaffer tape)，但与万能胶带不同的是，布基胶带在揭下时往往会在地板上留下胶质(见图2.5)，这些胶质难以脱落，因此最好在所有演播室都禁用这种布基胶带；涂料造成的破坏来的稍显温和，但经过多年的喷涂，木地板上也必然会出现木屑脱落，这些木屑又经过喷涂，这样地板上很快就布满了高低不平的小山丘，使得追踪摄像难以平滑地进行。

图2.5　左侧是万能胶带，它更加牢固，且承重性能更好，万能胶带呈暗灰色，不会反射光，揭走的时候也不会留下残渣；右侧则是布基胶带，成本仅为万能胶带的1/3甚至更低，但它会反射光，揭下时还会留下残余胶质

漆布地板和瓷砖地板

漆布和瓷砖铺成的地板表面十分光滑，但却比木地板和混凝土地板都更容易遭受凿伤和脱落。此外，漆布和瓷砖对水性的剧场材料吸收不好。但另一方面，瓷砖十分漂亮，能够创造性地加以利用。因为不需要永久固定，它们可以摆成各种各样的图案，每次使用都可以做相应的调整。很多大型音乐节目中都会使用富有光泽的黑色瓷砖，这样便能产生特殊的黑色镜面效果。在彩排中，演职人员都不能穿鞋，只能穿袜子在上面行走。

我工作过的一个演播室曾使用色键蓝色瓷砖来布置虚拟场景。当他们需要转变场景的时候，只需在混凝土地板上铺上一层瓷砖就好了。这样一来，任何色彩、图案和形象都可以显现在地板上。总体上看，瓷砖看起来好看，但它们用在演播室则更易损坏、寿命更短。

此外还有一种材料越来越流行，那便是GAMFLOOR™，这是一种具有自动附着性的乙烯基地板覆面，它48英寸宽，铺开来有50英尺和100英尺两种长度。这种材料拥有各式各样的颜色，并且可以在上面另作喷涂。

混凝土地板

混凝土在新建的演播设施中使用广泛。混凝土地板表面光滑，能够喷涂颜色，容易修复，并且能够抵抗脱落和凿伤。尽管安装这种地板比较昂贵，但维护起来却很简单。然而，它也有木质地板和瓷砖地板的缺点，即喷涂材料和粘贴胶带也会对地板造成损伤(尽管混凝土地板比木地板和瓷砖地板都更经得起颜料的折腾)。舞蹈演员在混凝土地板上跳舞还会出现安全问题。把剧院布景固定在混凝土地板上会对地板构成严重损害。不过，混凝土地板最光滑、吸收涂料效果最好，使用寿命也最长。下面是混凝土，表面覆盖瓷砖或合成材质的地板很可能是最光滑、最为出色的地板。尽管这种地面在繁重使用过后仍需更换，但它还是结合了两种材料的优良属性。

地毯

专门制作新闻和其他不需要摄像机移动的节目的演播室可能会在地板上铺一层地毯。拍摄出来的地毯效果精良，并且在道具、嘉宾、新闻广播员和其他工作人员来来回回的直播拍摄期间，能够保持演播室安静。

无论你使用哪一个演播室，它们所使用的地板类型无非上述几种之一。重要的是将演播室不同方面的特点与节目制作所需结合起来，有些节目使你很想改变演播室的某些方面，但事实是你会发现这样做总是不可能的。

墙壁

对于墙壁应当思考以下几个关键元素：

- 房间的隔音效果和音响效果；
- 弧形幕；
- 舞台入口——线缆和其他外部音视频源的接入口或门。

隔音效果和音响效果

隔音效果和音响效果最为重要和关键。当然，如果仅仅因为拍摄某种产品而使用演播室，隔音效果就不是那么必要；但如果拍摄过程中需要用到声音，那么你就需要有隔音功能的演播室，以阻止外部杂音的干扰。除此以外，有些设备中心还有音响问题，使声音扭曲失真。如果项目简单，大多数此类问题都可以迎刃而解；但如果项目比较复杂——例如音乐节目——并且你对设备并不熟悉，那么就需要请一名工程师对演播室的音响状况做出评估。

弧形幕

有时你需要弧形幕(天幕、半圆形背景幕)，演播室其他再多功能都无法替代它。弧形幕是指将无缝墙壁与无缝地板完美融合在一起的区域，它能够创造无垠的幻境。它经常被用作脱口秀节目、舞蹈表演节目、梦境片段和镜头前解说的背景幕布，既可以由拉紧的软幕布充当(常被叫做"软幕")，又可以用硬木料和塑料制作(又被称作"硬幕")。如果弧形幕由幕布制成，它有时会出现柔软的褶皱，外观呈现另一番感觉。

在地板上靠近弧形幕的地方，很多演播室都有地排和光源隐蔽槽。这种弯曲的装置大约1到2英尺高。灯光设备放置在它们后面，向弧形幕上投射出灯光，照亮整面弧形幕。这样做的目的是希望当灯光设置适宜时，隐蔽槽能够将弧形幕和地板融为一体，隐蔽分界线。导演必须确保地板和弧形幕的过渡自然平滑，并留有充足的地面空间用以拍摄。显而易见的是，较之讲话者站着拍摄的商业广告，舞蹈节目可能需要面积更大的弧形幕和地排。如果你的节目需要特别喷绘的弧形幕,那么就必须了解演播室对于喷绘弧形幕和隐蔽槽的规定。例如,如果需要将乙烯基材料的地板覆面(如GAMFLOOR™)放置在已有的演播室地板上面,并在覆面上喷涂材料,就必须小心谨慎,并在拍摄完后将覆面撤走。如果选择使用灯光在弧形幕上投射不同色彩,就需要确保有足够的灯和滤光板,保证投射到弧形幕和地排上的颜色无缝融合。如果演播室同时提供多种弧形幕材质的组合——例如既有软弧形幕又有硬弧形幕——那么灯光便是制造无缝融合的最实际有效的手段。

图2.6　图中的硬弧形幕位于演播室一角

注:图片显示了弧形幕是如何与地板融合在一起的。画面左侧的帷幕拢在硬弧形幕前方充当软弧形幕。

舞台入口

　　演播室的舞台入口和门廊是另一个需要考虑的区域。用来装载和卸载设备的"大象门"是否足够大?布景是否需要在外面拆分成几部分,然后再在舞台上组装?演播室有没有足够的门能够方便地通往各个部门?在演播室和控制室之间是否有隔音门?演播室的糟糕布局可能会拖延制作时间并花费昂贵。很多演播室提供额外的服务,如通过内置的厨房布景带来流水或特殊的水管引入水源来制作雨的效果,并满足其他用水需求。有的演播室还提供燃气,满足厨房设备的需要或制造火的效果。如果你的节目制作有任何这方面的需求,就要确保演播室能够提供这些服务,并且所用资源应当位于演播室内的某个部分,易于得到。如果演播室不能满足这些需要,就需要提早认识到问题的重要性,并找出克服这些障碍的方法。

灯光架

　　尽管导演和制片人不一定必须懂得灯栅系统的全部知识,但他们必须明白灯具悬挂、聚焦和控制的一些基本方式。他们还需要知道演播室是否拥有照明配套设施和电源，以及如果没有电源，灯光设施的电力将如何供应：是否需要发电机？怎么为用电付费？

在电影摄制中，灯可以安置在落地支架上。但是在大多数的多机位电视节目摄制中，这种方法都是不可行的。落地支架上的灯可能会挡住摄像机的移动路线，因此灯必须被悬挂起来。灯光架与地板和天花板之间的距离关系十分重要，过低的灯光架不能为投射光提供足够畅通无阻的空间，灯光的投射角度和强度过大都会使画面受损；而悬挂过高的灯光架则会形成严重的阴影，为避免产生阴影，需要垂直吊装金属杆，使得每一个灯具能够贴近地板和明星。有时灯光架十分靠近天花板，由其他用途的房屋(如教室和办公室)改造的演播室尤其如此。在这种情况下，灯光会导致天花板过热，从而使得演播室整体过热。但不管在什么情况下，大多数电影摄影棚和电视演播室都有悬挂灯具的规定。用以悬挂和聚焦灯光设备的系统有很多，因为悬挂和聚焦工作比较耗时，一个优良的系统可以事半功倍。灯光架的基本类型有两种，一种是固定的，一种可以移动。

固定灯光架

固定的灯光架包括一系列从天花板垂悬下来和从墙面上延展开来的金属杆(见图2.7)。这些吊杆安置在特定的高度，用来承载灯具设备，并能够负载灯光固定设备和线缆的重量。确保演播室拥有足够数量的金属杆，使得灯具能够以最高效的方式悬挂。摄制中可能还需要梯子和电子升降器，使用固定灯光架可能比其他系统更费时间。

(a)

(b)

图2.7 (a)一种固定灯光架，部分装置已经就位；(b)用来调整固定灯光架上悬挂灯具的典型演播室带轮手梯

注：(b)中踏上梯子的第一层便会自动启动刹车装置，使梯子固定下来；从梯子上走下来以后，刹车装置自动放开，可以再次定位。

移动吊挂系统

可移动的灯光设备吊挂系统成本较高,但效率也更高。在这种系统中,吊杆可能被安置在手工操作(大多数有些年头的剧院里便是如此)或电子操作的滑轮上。可移动系统使吊杆既能够被降低至地板高度,也能上升到工作高度,在后一高度上可以方便地安装灯光设备。灯光设备能够在舞台地板上方下降或上升,调整到聚焦良好的高度。

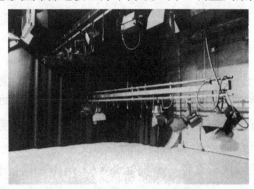

图2.8　吊杆降下时的移动灯光架

注:吊杆受电子滑轮系统控制,能够停在适宜安装灯光设备的工作高度。

附加吊挂系统

电影工业中悬挂灯具的系统被称作"温床系统(green bed)"。从本质上讲,这一系统是安置在演播室地板上方的木质狭窄通道,灯便悬挂在通道上(见图2.9)。随着电视节目制作开始采用这类设施,人们已经对其做出了很多调整。在有些情况下,音频吊杆被安置在狭窄通道上。还有一种系统脱胎于此,主要用于演唱会和体育赛事(如拳击比赛),在此类系统中,标准化的桁架预先悬挂就位,在活动中不断抬升,并根据被摄物的具体位置微调。

图2.9　图中温床系统是电影摄影棚的一部分,狭窄通道围绕在布景外沿,另一条通道位于演播室中央上方

电源插座

该设施最好有数量足够且使用方便的电源插座为灯具设备供电。如果没有足够的电源插座，就需要租借线缆、超硬延长线和被称作配电盘或工盒的连接器，以满足节目制作之需。这会导致额外的开支或超出预算。

电源线路

充足的电源线路十分重要，这包括了可调暗电路和不可调暗电路。一旦没有足够的电源线路，就不得不做出妥协。例如，如果你只有一条电路，但有很多插座，那么你别无选择，要么把灯全部打开，要么全部关上。可调暗电路除了开关之外还能够调整灯光亮度，将灯光调暗时会影响到灯的开尔文温度——即色温。如果白炽灯被调暗，灯光的色彩就会更倾向于红色。小幅度调暗(大约10%)通常不会带来明显的影响，但如果调暗幅度超过10%，那么影响就变得清晰可辨。然而，布景在更暗的灯光条件下也能实现白平衡，将灯光调暗通常比把布景里的每一种灯具都盖上透明幕来得简单。如金属卤素灯等电灯都有可调暗幅度的限制范围，通常为全部强度的50%，或使用可调整的F值光圈。LED灯具拥有一套自己的控制系统，和设备中心的其他设施一样，确保节目需要和可利用的灯光单元相互匹配十分重要。

天花板

导演和制片人一般都不关心设施的天花板和顶棚，但它们还是十分重要的。例如，锡制的顶棚遇上下雨天就会带来声音问题。另外，有一些天花板更容易吸热，这既会对硬件设备产生影响，还会破坏工作人员和明星的情绪。最后，空调系统和加热系统管道的铺设可能会对灯光单元的悬挂产生影响。这时你就需要考虑一下加热和空调系统，它们是不是必需的呢？

有时气流制造的噪音太大，需要消除和转移。唯一的解决办法是在每次摄制的间歇期开关空调和加热系统。你可能还需要对最初的拍摄预案做出妥协，从而在拍摄间隙为演播室降温或加热。在你开始拍摄之前，最好明白所有可能遇到的问题和必须做出的妥协。一旦面临选择，最明智的做法是要求节目的灯光师和工程人员进行一次技术试验，以评估设备状况。即使是在预算最高的节目制作中，大多数情况下你的选择都极为有限。当你需要某间演播室的时候很可能却没法使用，这会给你的节目制作带来不小的麻烦；此外还有更多需要机动调整的因素。问题的关键并不是你是不是需要做出妥协，而是你应当做出什么样的妥协。

控制室

如果你需要带有控制室的演播室和一整套演播室设备，你不必了解当前或过去市场上每一种项目的配置，但必须明确自己所需要的东西。研究一下你的剧本或者日程安排，就能大概了解都需要什么了。明确演播室需求，要求你对节目制作的每一个细节都了然于心，日程安排规定了最宽泛的框架，而剧本则可能包含最详细的信息。大多数演播室至少拥有最低限度的配置，你或演播室也可以购买、租赁和临时借用具体所需的设备。

控制室通常都很小，还频繁出现小故障。里面可能没有铅笔刀，没有衣帽架，有时甚至还没有时钟；放置终端机的编辑台往往就没有时钟。然而在地方电视台和电视网，时钟都是十分重要的一部分。所有控制室都有两三个控制板和音视频监视系统，包括以下所列举的这些：

- 音频控制台
- 视频控制台，或切换器
- 有时还有摄像机控制单元

监视器：

- 电视监视器
- 音频扬声器
- 各种显示信号状态的示波器或监视器
- 计算机终端

音频装置：控制室

有些音频设备要放在演播室地板上，有一些则放置在控制室里。本章后半部分将会介绍放在演播室的那一部分。控制室设施包括音频板以及演播室与摄像机(有时还包括化妆间、道具间和其他远程站点)相链接的公共对讲系统(public-address talk-back system)。可能出现的音频录制和播放设备包括如下：

- 数字音频录音机或卡式录音机
- CD播放器
- 唱片转盘
- 盘式录音机(1/4英寸磁带录音机)
- 极少情况下，还有老式可提示广播设备，外观像八声道盒式磁带录音机可能还有：

- 与iPod或其他设备相连的连接装置
- 计算机生成的声音源
- 计算机编辑设备

此外，控制室可能还有各种各样的音频和视频监视源。你会碰到达到演播室质量的话筒，还可能遇到小型廉价的扬声器/监视器，后者模拟出的声音如同坐在家里电视机前听到的一样。控制室里还会有视频播放设备。

看起来最为重要的设备很可能是音频控制台(见图2.10)，几乎其他所有音频部门所需要的硬件设备都可以很容易借到和安装。音频控制台(又称作音频控制板)的功能是采集和混合音频源，并将混合后的声音传送给其他目的终端。下面来具体看看它是如何工作的。每一种音频源(同时工作的音频源可能超过一种，如麦克风和CD播放机)被分别插入独立的输送通道或音频容器，后者可以控制音量。控制室还能控制音频源的高音、中音和低音。这些属性的控制被称为EQ，即平衡校正。控制台随后便可将经过或未经平衡校正的一个或多个音频通道连接到多种接收器上，接收器可以是音频磁带、视频录像带、硬盘，甚至是传送现场立体声广播的广播电台。音频控制台最简化的使用流程为：从不同声源采集多种声音，改变声音特性(有时)，将各种声音混合在一起，最后完成声音录制或现场播出。

导演和制片人的任务是判断已有的音频控制台和控制设备是否满足节目制作的需要。有时做出这样的判断并不需要科学程序。如果节目制作仅仅需要一个播音员和CD播放器，而音频控制板上又有很多各种各样的按键和滑键，那么很有可能这样的控制板就能够满足所需。如果节目制作复杂，需要处理很多声音源，就要明确传达你的需求，询问演播室和总工程师，了解控制台是否能够完成节目制作任务。记得预留充足的时间，时刻注意自己的需要，这样其他的硬件设备就能借来使用，为现有的音频设备增光添彩。不过，当你需要其他硬件的时候并不总是能够借到，而且成本也需要加入到节目预算里。

图2.10　立体声演播室的音频板

视频装置

作为补充，演播室的视频设备包括摄像机、摄像机基座和安装摄像机的云台。视频设备还可能包括视频放映系统、字符图形发生器，在控制室可能还会有视频混编台。

视频混编台

视频混编台(或切换器)的功能是将不同的视频源整合到同一幅画面中，并传递混合后的图像。使用切换器制造出色效果的一个绝好例子是晚间新闻。为制作同时显示新闻播报员和新闻播报员姓名的图像，就需要三种材料：新闻播报员的画面、字符发生器或智能卡制作的新闻播报员姓名图像，以及将图像覆盖在画面之上的设备。混合后的画面既可以直播播出，也能够转录到录像带或硬盘上。视频混编台能够完成所有这些功能。当你走进演播室，首先就可能被这个庞然大物震撼——尤其是大型切换器。但不管是大是小，视频混编台操作起来都很简单。

在早期的电视节目制作中，切换器十分简单：解释当时简易的切换器有助于理解现代的设备。基本的演播室构造都有两台摄像机和一个黑场发生器，导演将一台摄像机由黑场淡入，之后溶解到另一台摄像机上。

从黑场淡入出现在大多数的电视节目和商业广告中，而溶解到另一台摄像机上则意味着使这台摄像机处于直播状态。这在电影术语中被称作"剪辑"，在大多数电视剧产品中，人们都是经由黑场淡入才看到第一个镜头的，之后图像才会被溶解到下一个镜头和其他后续镜头上。

当演播室只有两台摄像机时，导演能做的就是在两台摄像机之间来回切换并相互溶解(dissolve)。溶解手法意味着你能渐次看到第二幅画面，直到它完全占据了画框。有时为了制作某种特效，切换器会在溶解过程之中暂停，直播画面中便会出现一前一后两幅画面，这种状态被称作叠印或叠加(superimposition)，即一幅画面被叠加在另一幅画面上。从本质上讲，这种手法在电影摄制中被称作双重曝光(double exposure)。这种特效十分魔幻，在音乐秀节目中尤其光彩熠熠，直到今天仍在使用(见图7.6)。在早期的电视节目制作中，节目结束时的唯一特效便是淡出到黑场，现在还被广泛使用。

一个小小的切换器就能完成这些基本的操作。早期的切换器有两套开关和按键，中间隔着一个电阻器。视频切换器上的电阻器极像是在剧场中使灯光逐渐变亮的开关，只是电阻器逐渐点亮的不是灯光而是画面罢了——它通常使得画面由黑场逐渐变亮。在节目最后，导演会将画面变得越来越暗，直到完全淡出到黑场。今天，即使是设计最为精良复杂的切换器也不过是承担这一工作而已。尽管现代切换器的可选效果更多，但对于白天上演的戏剧和情景喜剧而言，它们所需要的不过是传统的功能。

对简单叠印效果最突出的一项改进在于键控(key)的引入。使用键控抠像可以使一个视频源叠加在另一个之上，人名用白色字体，出现在人像画面下方三分之一处便是这样实现的(见图2.11)。在起用这一技术之前的效果中，人名被叠印在画面上方时，人们能够透过人名的白色字体看到播报员的衣着。起用了键控以后，字体就像是被放置在衣服上方了。随着切换器越来越先进，白色字体可以换成其他各种颜色。

图2.11　运用键控使"我保证"这句话与签名置于画面之上，如果字体采用叠印，就会更加透明，边缘会更加柔化
资料来源：The Men's Wearhouse。

更加复杂的切换器使导演能够在两个视频源之间来回擦除，并在擦除到一半时暂停，这样就能够制造出屏幕分裂的效果。这在早期的实践中十分流行，常常用来描绘在电话两端讲话的两个人(见图1.12)。

图2.12　视频工程师用以判定视频信号各种参数的某些示波器

切换器不断升级，能够以更多种多样的方式混合更多的视频源。现在的视频均已数码化，画面可以在屏幕的任何部分飘动，也可以任意扭曲，折叠成一本书的形状。新型的切换器可以对预先设定的画面不同部分推拉焦距(zoom in and out)，高亮显示画

面的一部分，并同时处理多种视频源。

然而，切换器最基本的作用是在大量的视频源(包括摄像镜头、硬盘、录像带、远程信号、图像等)中选择特定的一个(如某一摄像机)或多个(如叠印了远程信号的某一摄像机)源信息。它将所有视频源混合到同一画面中，并把混合画面输送到不同的接收器中，包括直播输出、硬盘、录像带和远程信号输出。

作为导演或制片人，你需要明确节目制作所需要的东西。如果你觉得现有的切换器不够用，你必须有一套备选方案。导演和制片人经常遇到这样那样的麻烦，很多时候就是因为要求一个简单的切换器去完成做不到的工作。为了防止这种情况发生，你必须十分明确自己要做的事情。例如，你可能会说，"我需要一个能够处理观众画面和叠印图像，并使画面在叠印图像下方不断溶解为其他图像的切换器。我需要将图像溶解到远程输出，并需要键控的功能。"想象一下你想要出现的画面，并把画面的每一部分大声描述出来，便能把每一项具体需求都明确无误地表达出来了。如果切换器不能满足你的需求，那么就要换一个新切换器或者改变原有计划。为了练习，试着在每一条新闻播报中找出所有的视频事件；关掉声音来做会更好。

视频

视频操作曾经是所有节目制作的一部分，但随着数码摄像机和数码处理的流行，不间断的手动视频操作就不那么需要了。但在某些节目制作中，视频操作仍然十分关键，例如在户外体育赛事中，画面对比度就会发生突然改变。在视频操作仍然很重要的节目制作中，这一功能会在中心的其他部分完成，并不在演播室和控制室内；而在其他节目中，视频操作已经完全不存在了。视频操作同样需要一台视频混编台或切换器，以控制视频的不同元素。一名视频工程师被很多设备围绕其中，这些设备用来评估视频的各个部分、处理画面并将画面传送到切换器(见图2.12)。本质上讲，视频操作员的工作便是通过施加不同的控制手段增强画质。举个例子讲，视频操作员增加或降低将要被输送到切换器的视频源(摄像镜头、影片和远程供给等)中某一色彩的数量和饱和度。他打开或关闭摄像机的镜头光圈，以增加或减少抵达画面晶片和电子管的光的强度。某种程度上讲，对画面进行这类操作目的在于平衡来自不同视频源的信号。视频源可能因为很多原因而看上去不太一样，比如某一台摄像机相对旧一些或者摄像机使用的镜头不同，都会对画面产生影响。每一台摄像机或视频源提供的相同画面甚至都会有所差异，视频操作则能够抵消这种差异。

在今天电荷耦合图像传感器(CCD, charged couple device)大行其道之前，演播室的所有摄像机在每天的拍摄之前都要在不同的图表中排序，人工选择适当的机器进行搭配。而现在，很多摄像机输出信息的搭配工作都由数码技术完成，视频源的匹配更是几乎全部借助数码技术。通常情况下，这些操作的目的在于确保观看者不会察觉到不同视频源之间的差异，使得在不同摄像机镜头之间以及直播视频与播放视频之间切换时保证一贯不变的画面质量。

但有时视频操作员会被要求做相反的工作，即通过某种方式使画面扭曲失真，以增强某种特效。在我导演一部商业片的过程中，我们改动了某一阴影部分的红色色调，因为一名在背景中走过的女士身穿了一件十分鲜亮的红裙子，但她本该是背景的一部分。系统因此就被要求将红色部分的阴影显示为暗紫红色，这位女士便重新成为背景的一部分了。

演播室补充部分

一个多机位演播室通常包括拍摄所需要的电子设备和剧场设备。电子设备包括音频和视频设备(包括摄像机)，话筒吊杆，麦克风，音频、视频和灯光线缆，控制室与演播室人员以及包括化妆间在内的其他设施之间的对讲系统，还有安置在地板上的收音话筒。剧场设备则包括道具和灯具所需的所有材料，有时还包括涂料和建材。

摄像设备

摄像机大小各异，多种多样，但所有摄像机都包括以下三部分：

1. 镜头(lens)
2. 机身，在这里光穿过镜片转为电子信号
3. 取景系统

镜头

镜头形态各异。广角镜头拥有鱼眼镜头的特性，取景角度很广；长焦镜头能够拍摄到远方树上鸟的特写镜头，甚至还能拍摄月球表面。镜头分为定焦镜头和变焦镜头两种，每一种镜头都具有不同的特性，这对于最后成像画面的特点而言意义重大。然而，所有镜头都具有某些共同的性质，它们都传递光，决定可见视野大小，并改变前景与背景之间的视角关系。

变焦镜头。 演播室电视摄像机通常安装的是变焦镜头，变焦镜头使摄像师无需移动位置便可以拉近或推远与被摄物之间的距离。变焦镜头可以手动操作，摄像师转动变焦环即可改变焦距；另外可以由伺服系统(Servo mechanism)控制，伺服系统与手动变焦时的双手功能相同。因为它能够对电子伺服装置这一变焦镜头重要组成部分做出反

应，通常比手动变焦更加平滑。

定焦镜头。定焦镜头有三种基本形式。而在这三种基本形式之中，还有很多种不同的焦段，每种焦段拍摄的画面都有所差异：

1. 广角镜头。宽视角，可被理解为外围视野。
2. 普通视角镜头。成像与肉眼成像相似，无广角视野。
3. 长焦镜头。能够拉近远处的物体。

机身

摄像机机身中装有电子系统和芯片。在老式摄像机中，机身里装有传递视频信息的传输管。

取景系统

两种取景系统分别为外场取景系统和演播室取景系统。

外场配置。室外使用的取景系统装有接目镜，摄像师需要直接把头部放在取景系统前面。它屏蔽了所有会给观察过程造成困难的多余光线。除非整套装置安装在能够支撑摄像师的升降架上，并配备推进器，否则使用接目镜式的取景器时想要平滑移动摄像机会受到很多限制。然而，外场配置的取景器能够满足从一个位置到另一位置间的简单切换，并能摇动、倾斜和推拉镜头。这类取景系统在演播室内并不适用(见图2.13)。

图2.13 适用于外场作业的索尼摄录像机

演播室配置。在演播室配置中，一个小型监视器取代了接目镜，大多数野外使用的新型数码摄像机都采用了这种取景系统。在演播室内使用这一系统时，摄像师首先把摄像机安装在基座或升降架上，他需要在直播过程中完成平滑的镜头移动，考虑到一旦摄像师的眼睛被固定在取景器上便无法完成这一动作，他便使用监视器观察画面，监视器对于摄像机来说必不可少(见图2.14)。

图2.14　安置在云顿(Vinten)基座和云台上的索尼高清晰演播室摄像机

摄像机基座

摄像机基座(或支架)的用处在于保证摄像机被固定在某一位置,并在需要时帮助摄像机完成平稳移动。基座使摄像机能够上下跟拍(倾斜拍摄)和左右跟拍(摇动拍摄),所有演播室摄像机基座最关键的三个组成部分分别为滑轮、架体和云台。不同的摄像机基座适用于不同的摄像机。重量更大的摄像机显然应当使用载重性能更好的基座,而重量较轻的摄像机在大型基座上也显得十分笨拙。摄像机基座从上到下的三部分分别为(见图2.15):

最上面是摄像机、镜头和取景器
简易的弹簧式或摩擦式云台
架放在三脚架上
三个独立的滑轮

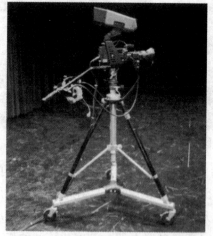

图2.15　最简易的滑轮摄像机基座

滑轮和三脚架能够帮助摄像机能够从一个地方移动到另一处。在直播过程中，通常并不用带滑轮的基座。弹簧控制的云台使得上下拍摄和左右摇动成为可能，但它们也易受损坏、表面不平。

更昂贵的摄像机基座配备了绞盘滑轮。这种配置帮助摄像机像海底的螃蟹一样在演播室地板上移动(见图2.16)，摄像师调好中心设置，所有的滑轮便能面向同一个方向，使这种移动成为可能。它保证摄像师不费大力气就能让摄像机全方位移动，平衡支架或液压支架使摄像师能够自由上下移动摄像机。这种基座多采用液压云台，上下和左右摇动更为平滑。整个系统自动平衡，无论摄像机多重，拍摄起来都毫不费力。这种基座比大多数家庭用车都要昂贵，但确实能够保证平滑移动。不过在需要大量移动的场景中，悬臂(jib)就大有用武之处了。

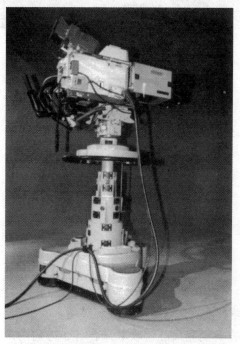

图2.16　更为专业、售价更高的基座和云台

本质上讲，悬臂是一种长杆，一端悬挂摄像机，另一端则安放自动调整重量的装置使之自动平衡。悬臂安装在基座上面，使得摄像师能够完成圆弧形摇动，不仅能够完成高低拍摄，还能执行大幅度横面拍摄。它最重要的功能是能在悬架的自动平衡器一端完成操作，常常与伺服系统一同使用。具体的悬臂类型将会在第7章和第11章进一步讨论(见图2.17)。

在越来越多的电视市场里，摄像机全都是机器单元，它们不需要技术高超的摄像师操作，一名人员可以在任何地方操作一台或多台摄像机。操作系统通常被放置在控制室里，还有可能放在演播室地板上或邻近地板的某个地方。它们的功能日益精良，尽管它们比需要摄像师控制的摄像机局限更多，但既能够完成静止图像拍摄，又能够创造性地拍摄运动画面。它们的局限体现在操作幅度不足和个别移动不平滑两个方面。

图2.17　演播室悬臂

音频设备

正如控制室内有与之适应的音频设备，演播室也有自己的音频设备。演播室音频设备包括：

- 麦克风
- 扬声器系统
- 线缆和特殊装置

麦克风

麦克风既有单向的，只能收取来自单一方向的声音；又有全方向的，能够收取来自各个方向的声音。这两种麦克风各有其长处和弊端。

全方向麦克风。全方向麦克风能够收取来自各个方向的声音。它能够用于录制来自同一声源的管弦乐，也能够有效帮助技术不精的学生听到演播室发生的事情。这种麦克风除了收取需要的声音之外，还可收取大量的周围环境声音，这些环境声音有时有用，有时无用。

单方向麦克风。单方向麦克风只能够收取特定角度和区域的声音，技术精湛的人员制作音频时常常使用这类麦克风。单方向麦克风能够排除特定轴线以外的各种声音，因此便能排斥收录周围的环境噪音。

另外还有第三种麦克风，即双向麦克风。这种麦克风是一种特殊的单方向麦克风，它能够收取两个方向的声音，这两个方向常常是相对的。双向麦克风在无线电中经常使用，使得演员可以不受背后乐队的干扰对唱。这种麦克风可以在面对面访谈时使用，也可用在双人歌唱录制中。

麦克风的基本佩戴方式有以下几种：

- 领夹式。小型全方向麦克风，常常夹在嘉宾的衣服上，有时还会夹在头发中。主要在多人谈话节目中使用。
- 手持式或落地式。他们能够放置在地板和桌子上，还能安装在悬臂上。
- 长筒式。通常是安装在悬臂上的单方向麦克风，有时还可安装在摄像机上。
- 抛物面式。通常在户外使用的单方向麦克风，用来录制远方发出的声音，如体育赛事和喧闹的现场，有时还会在纪录片中使用。

大多数演播室使用的麦克风都是硬线连接的，即麦克风与接收设备、音频板之间的连线是永久性的。

有时会使用无线麦克风和射频(RF)麦克风。这种麦克风形状多种多样，通常为领夹式和手持式，它们通过使用无线电频率向接收者传递信号，接收者的输出端与音频板之间用线连接。因为射频麦克风无需线缆，可使运动更加自由。然而，他们易于受到干扰，如果没有仔细维护则会在关键时刻出现电池电量耗尽的情况。

对讲系统

演播室音响设备还包括对讲系统，方便节目制作人员之间相互交流。在节目制作过程中，对讲系统可以将以下人员相连：

1. 导演
2. 场景、道具和灯光人员
3. 灯光导演与灯光人员之间的独立分线
4. 音频导演与悬臂操作员、音频人员之间的独立分线(通常分别传送音源，一侧耳机传入节目的声音，另一侧耳机可切入音频导演的声音)
5. 视频操作员
6. 摄像师
7. 舞台经理

新建的演播室可能还会有演员与制片人之间特殊的对讲系统(IFB)，即中断返送系统。

另外，演播室通常还会提供使导演和制片人在控制室便可指挥演播室的扬声器系统。同一套系统还可帮助音频从音响传递到演播室；还能用于舞蹈节目中，为演播室提供音乐。

线缆和特殊装置

演播室通常都有足够的音频线缆，但如果在一个节目制作中需要的音频源格外多，那么就需要额外的线缆了。特定的音频需求需要专门的考虑，例如，如果嘉宾分别位于两个大陆，那么就需要特殊的连接线克服电子传递延迟的问题。

摄像师有时紧挨着发出巨大声响的乐队工作，他们此时需要特殊的头戴式耳机，以隔绝噪音并听清导演的安排。这种头戴式耳机并不是标准配备，制片人或项目经理必须知道此类不常用设备应当专门要求或提供。

对紧急事件最好的防范措施便是提早将节目制作中具体的技术需求沟通明确。解释清楚需要什么，才可能获得恰当的设备。通常情况下，演播室手头的设备远远超过了一个节目制作所需，这种灵活性使得演播室能够为多种多样的节目制作提供服务。

电话

有些节目制作把电话通讯作为节目不可或缺的一部分。在这些节目中，有特殊的设备帮助打进电话的人的声音能够被演播室里的主持人、嘉宾和现场观众听到，当然还有坐在家里的观众。这种节目被称作"电话连线节目"，能够连接全球各地的嘉宾，他们所需要的就是一部电话而已。

舞台设备

舞台设备包括用于以下目的的所有硬件设施：

1. 舞台本身，包括布景、推车、索具装置等；
2. 灯光设备，包括悬挂和控制灯具所需的仪器和用具；
3. 道具，包括在节目制作中需要用到的所有道具器材。

舞台设备还包括用来维护舞台节目基本零件的所需物品，不仅仅包括布景，还包括用来控制布景零件的工具，这些工具常被当做理所当然有的，比如：

4. 将布景和较重的零件运上运下舞台的推车；
5. 将布景固定在适当地方、制造某种特殊效果的索具装置；
6. 手持和电动工具；
7. 粘贴物品、清理痕迹、有时制造特殊效果的各种化学制剂；
8. 卷尺、粉笔、纸巾和其他消耗品。

有时布景的建造工作是由这些设施完成的，尽管除了电视网、主要市场的电视台和大学之外很难发现哪家设施在人员、空间和物资领域会投入大量资金。多数情况下，布景是在设施外面建造完成后才被装车运到演播室里面。

制景

一套布景的设计和审核程序将在第3章介绍，并将讨论节目制作过程中所需要的人员。在本章中，布景本身更为重要。尽管这里使用的模型是商业广播电视节目制作中的，但使用剧院或传播院系布景店制作的大学节目在建造布景时也需要同样的材料。

只要涉及布景工作，那么不管是在室内还是室外，是在小型电视台还是大型电视网，日程安排都是最重要的。有时候布景是在布景店里完成建造和喷涂的，就必须安排好组建和分拆布景的时间，此外还必须为装运零件和在舞台上组装零件预留出时间。

不管是在室内还是室外，布景店都必须有足够大的空间和足够多的工具来组建布景，它需要有足够的空间放置4×8英尺、1/4或3/4英寸厚的胶合板，还能放置更长的木材。布景店无疑需要有数量充足、类型丰富的锯、钻孔机和打磨工具，还需要数量可观的小型电动工具，包括用来手工钻孔和打磨的磨具切割机及电钻。同时还需要有大量的手工工具和固定工具，包括钉子、螺栓、装书钉和电线。

导演和制片人无需知道如何组装一套布景，但必须会读比例尺为1/4英寸比1英尺的平面图或草图，这一点在第1章已经做过介绍。导演和制片人必须迅速识别平面图反映出来的任何结果；他们在拍摄过程中要与布景打交道，必须事先预警并做好准备。例如，假定一幅1/4英寸比1英尺比例尺的平面图上标出了一间房间，这间房在左侧墙壁上有一扇前门，在右侧墙壁上有一扇后门，如果夹在前后墙壁之间的这面墙在平面图中的长度为7.5英寸，那么导演就需要知道这间房间的长度为30英尺。布景店会依照平面图的标示建造布景。看一眼草图，导演和制片人就应该意识到：如果需要同时将两扇门都拍摄进画面，那就要超广角拍摄。

建造一套新的布景总是一项充满挑战性的工作。布景人员建造出基本的框架，安装人员随后将它组装在舞台上的适宜位置，再由喷涂人员对其润色补漆，最后一步则是装饰。每一套布景看上去都拥有自身独特的特点，因此在布景使用过程中，没人能够预测出可能出现的问题。唯一确定的是，你肯定会在使用之中做出一些微小的改动。

关于布景我有一个绝好的建议，那便是在建造过程中就造访布景店，了解布景在建造和喷涂全部完成之前的模样。不管之前的平面图、立体图和简图看起来多么完美，布景在建造过程中总是显现出另一副面貌。有时在平面图中通过审核的物体在实景中看起来很不一样，这时候最好要做出改变。在建造阶段做出的任何改变可能都会造价昂贵，但如果不在此时做出必需的改变，那么最后的后果可能是成本进一步升高。

大多数布景喷涂工作都在店里完成，只有润色和补漆的工作将会等到演播室进行。小型舞台垂幕(如城市景观和窗台外的花园景观)通常都在店里喷绘，有时演播室也有这类布景的库存。大型垂幕(通常是租借的)需要放置在油漆框架上,这种框架体型庞大,有时能有几层楼高,这些设备在演播室设备中心并不多见(见图2.18)。

图2.18　该油漆框架长37英尺,宽12英尺

注:在这张照片中,它固定了一张4×8英尺的平板。

　　整套布景被运到演播室之前,首先需要在地板上用胶带标记出应该放置的区域。其次,将灯光架上的金属杆降低至一个固定的高度——大约在地板上方4英尺——适宜悬挂灯具(一个最低的金属杆悬挂位置)。灯光设备之后被安置在金属杆的适当位置上,然后升高至需要的高度。布景在此之后被运到演播室,在地板上完成组装,布景墙被补妆。布匹、地毯和家具随后运到演播室。最后,还需要为灯光人员摆放梯子留出足够的空间,这样他们便可以把灯光设备调整到正确的焦距,并悬挂其他之前没有安装的特殊零件。灯光悬挂和调适完毕后,梯子和可移动脚手架被撤出演播室,整套布景便宣告完成。

　　布景装饰包括道具和家具。对布景最主要的补充物品包括小块地毯、窗帘、床具等,另外还有墙上的壁画、假电灯开关等其他小细节。道具装饰主要针对那些人们日常的手头工具,包括电话、器皿、餐具、桌上用品等。如果演出涉及不间断的生活表演,那么整套布景、零部件和手持道具就应当在演播室附近妥善保管。

　　有时你可以租借演播室库存的布景。事实上,有一些设备中心什么都不提供,只有库存的布景而已。最常被租借的布景是厨房,但起居室、浴室、法庭、监狱、餐厅和飞机内部装饰也常常被租借出去。图2.19展示了可租借的建筑物外景。图2.20则是空置的楼层,适于改造为舞蹈演播室和老式灯光操作区。精明的导演和制片人会尽量定做或改装库存的布景,以免观众对熟悉的布景感到厌烦,这样做的方法是以独特的方式喷绘和装饰布景。当然,这么做会增加预算,因为除了对它们进行改装,还需要在节目制作完毕后恢复原样,这两项都需要花钱。

　　有些演播室专门制作商业广告片。因此在这样的设施里,可能不会有如此齐全的布景——例如监狱或者宿舍布景——但他们可能能够提供一套设计上佳并可以实际使用的厨房。专供商业广告拍摄出租的演播室通常还能提供绝妙的如教堂圆顶壁画"迷失域"(limbo)般的外观效果。"迷失域"是弧形幕造成的一种无边无垠的外观效果。当弧形幕被照亮时,便会产生所谓的"迷失域"外观。弧形幕上所有的灯关闭后出现的黑暗外观有时也被称作"迷失域",但通常会被称作"浮雕幕"或"浮雕黑幕"[1](cameo black)。最后,商业广告制作演播室通常能够提供两种商业广告片中常用的道具:静物台(sweep table)和挂在天花板上的柔光帐(light tent)。

图2.19　可租借的建筑物外景
资料来源:洛杉矶Stephen Blum。

图2.20　空置的楼层
资料来源:洛杉矶Stephen Blum。

静物台最常见的外观是一张长桌,大约30英寸高,8英尺长,4英尺宽,上面用来放置产品(见图2.21、图2.22和图2.23)。桌子有时全部覆盖着一层白纸或织物,从桌子表面一直延伸到摄像机镜头顶端。有些静物台表面覆盖有机玻璃,使得产品能够从下方照亮。产品看起来就像是漂浮在无边无际的领域里,商业广告中汽油罐、牙膏以及所有形式的盒装及罐装产品都是在静物台上完成拍摄的。

图2.21　处于运输状态的有机玻璃静物台

图2.22　静物台的一端已经被抬高

---

1. 因聚光灯照上去后可以使人物从该幕布的黑色背景中如浮雕般突显出来而得名,译注。

图2.23　放在静物台上的产品，在拍摄过程中，产品被照亮，因为桌面是由透明合成树脂制成的，产品的上方和下方都可以照亮

柔光帐是纸质或布质的幕布制成，产品经常被放在柔光帐里面——有时放在磨砂玻璃做成的桌子上。幕布上面有一个孔，摄像机镜头可以穿过孔进行拍摄。被拍摄产品的六个侧面随后被照亮，这样能够消除光源的所有反射，产品看上去就像从内部发出亮光。

灯光设备

看演播室的灯光设备，首先应该看看灯具本身。灯具的种类有很多，尽管导演不需要知道灯具的所有种类和每一种灯具的功能，但了解电视节目中的灯光运用还是十分重要的。不管使用哪种灯具，都需要固定、通电并与调光台连接。调光台是在演出中使用的所有灯具的交流站，它使得电工能够控制从每个地方接入电路的灯源。每一个灯具组合都需要调整焦距，它们可以联动工作，也可以独立工作。例如，如果需要营造一盏灯打开的错觉，灯光导演便会打开同一个调光器上的两盏或三盏灯，它们会同时点亮，增强了只有单一灯源开启的错觉。灯光师还需要连接其他灯光装置，例如：

- **灯光支架和C架**[2]。这些装备用来支撑灯具。硬件设备——如柔光罩、黑板、黑色遮光箔、挡光布——可以被安装在这些支架上以控制灯光。
- **柔光罩**。柔光罩由玻璃纤维制成，通常为白色或不透明色，是一种柔化材料。曾经这类材料也可以用石棉制成，新型的材料现在也已经投入使用，但这一表达一直沿袭下来。它被用来柔化光的强度，通常被安置在金属架上。
- **光漫射器**。也是一种柔化材料，通常是一面黑色的网或者金属筛，用来漫反射光。
- **黑板**。黑板通常是正方形或者椭圆形的，表面覆盖了用来修整光束的黑色、厚

---

2. C架，C-Stand，得名于早期电影业使用的"Century"支架，用于支撑灯具、遮光板等，译注。

实的布料。有时灯光和舞台人员也会将黑色天鹅绒或羽绒制成的背景屏作为黑板使用。
- **黑色遮光箔**。一种黑色不透明铝箔，用来修补泄露出的光线，或者用来制作生成阴影、挡光板和其他道具。
- **挡光布**。布制或金属制的小块材料，用来修整光束边缘。
- **反射器**。反射光的装置。
- **挡光板**。金属制成的挡光板，放置在灯具前面，看上去和真正的谷仓门很相像。被用来修整光束边缘。
- **剪影板**。这些金属或木制模板被放置在灯具前面来创造影子图案，经常是云团或树叶的影子。
- **扶梯**。在灯光设备中用到的扶梯有时会安装有滑轮。

灯光设备中使用的消耗性材料还包括用来柔滑灯光的彩色滤光板和半透明滤光板、绝缘胶带、万能胶带和黑色遮光箔。灯光的运用为电影放映员、画家、艺术评论家和许许多多在电影电视产业工作的人所关注。尽管导演和制片人个人不会负责操作某一节目中的灯光操作，甚至也无需操作某一具体场景的灯光，但他(她)必须知道最基本的知识。最基本的照明布置被称作"三点布光"，包括以下三个方面：

1. 主光源，功能是照亮被摄物体；
2. 辅助光，功能是照亮由于单一主光源形成的阴影；
3. 背光，功能是将被拍摄物体与后墙区别开来。

其他比较重要的灯光设备还有能够为布景自身提供照明的灯光。

关于灯光我能给出的最好建议为：先关上所有灯，再打开需要的灯。

道具

两种最基本的道具是布景道具和手持道具，这些道具可买可租，还可以自己制作。布景道具是装饰布景用的，例如自动点唱机、床和沙发；手持道具是演员拿在手中使用的，如公文包、手枪、钢笔和电话。道具还可以进一步分为消耗性道具和可重复使用道具。消耗道具包括食品、香烟、气球等；可重复使用道具能够在节目制作过程中反复使用，例如独行侠的银子弹、医生的听诊器、警官的警徽以及在谈话节目中主讲人在镜头中用来记笔记的色彩协调的文件夹。当它们没有在镜头中使用时，必须维护好并存放在安全的区域。

大多数的节目都需要用到一系列的布景道具和手持道具，要确保演出中需要用到的道具存放合理，并在拍摄需要时方便取出。尽管大型演播室都配有少量的标准道具，如电话、桌具和厨房用品等，最好也还是带上自己的道具。否则就可能出现这样的窘境：演出中需要黑色翻盖手机，但演播室却只能提供白色触屏手机。

支持区

导演和制片人需要用到的主要区域便是演播室和控制室，但尽管如此，支持区还是同样重要。因为还有其他部门需要工作区，并且如果节目制作过程循规蹈矩，那么就有可能发生至少几个最后时刻的小灾难，一两个较严重的事故也很可能难以避免。例如，突然你可能需要将某一桥段多拍三遍，化妆人员和餐饮供应者(或外卖比萨饼)需要一个提供服务的地方，演员也需要有一个安静的地方复习剧本。当现场更加繁忙的时候，可能需要打很多紧急电话。乐队可能需要一名新的鼓手，而歌手需要温习歌曲的地方。当然，在你最初考虑一个演播室的时候，肯定不会想到这么多琐碎繁杂的小麻烦。但是一个考虑周全的演播室肯定会有一个处理各种需求的支持区。

为了弄明白一个典型演播室支持区的模样，可以想象一下全新的电视网设施。当然，并不是每一个制片设施都能拥有下面列出来的这个电视台演播室的便利设施，但不管是在大型电视网还是州立大学的演播室，很多区域和需求都是相同的。

入口和大厅

当嘉宾抵达节目录制现场时，他们需要明白应该先去哪儿。有时可能因为有节目正在录制，他们需要在演播室外面等上一会儿。团队规模较大的表演者——例如乐队或舞蹈团队——可能需要在类似等候区的地方等待，稍晚一会儿观众也会使用这个等候区。如果碰上下雨天或者非常炎热的天气，或者需要同时将设备移交给一个大型团队，那么最好选择能够容纳大量人群的设施。通常情况下大厅便可以满足需要，但必须事先把这些计划通知给演播室。如果演播室外只有走廊，那么明智的做法便是提前准备好椅子和凳子，并事先在剧组中安排一名工作人员负责照顾节目的嘉宾。如果需要演播室的工作人员帮忙，那就应当提前一段时间将计划告知给他们，使其有充足的时间做好准备。

办公区

节目制作过程中肯定需要打电话。尽管手边就有手机，但很多时候被迫需要使用演播室里的固定电话。这是因为演播室可能会屏蔽信号，手机便无法正常使用了。你可能会发现自己除了使用演播室外的付费电话之外别无选择，如果是这样的话，在你到达演播室之前就应当搞清楚这点，并随身携带大量零钱。大多数演播室都有多条私人电话线路，使用时需要付费；另外还会有一两部付费的公用电话。

除了要考虑电话之外，还需要其他的空间来储存小型道具、撰写提词卡并讨论在节目制作过程中要做出的变动，因此远离舞台的安静区域便十分重要。办公区通常不靠近演播室，适合从事以上这些活动。

休息室

休息室(墙壁可能涂成绿色)紧邻舞台，离得尽可能近。休息室是演员登台之前的候场区，也是制片人、节目助理或舞台经理与演员会面并将他们护送至舞台布景的地方。术语"休息室"(Green Room，绿色房间)这一说法起源于一种模糊不清的剧院传统。一种说法认为休息室的演员们马上就要登台亮相，他们可能会感到怯场或紧张，因此他们会稍显脸色苍白。这一区域应当隔音效果良好，这样休息室里的谈话嬉笑声就不会传到正在拍摄中的舞台上了。休息室应当足够大，容纳得下节目的访客和嘉宾，可能包括一整支足球队、一个儿童唱诗班或瓦格纳歌剧中的合唱团。有时休息室里家具齐全，但有些设施的休息室里只有几个凳子而已。休息室应当配备全身长的镜子，因为这是演员和嘉宾登台前最后一次检查自己形象的机会。这里同样还应该有废纸篓，用来装湿纸巾(化妆时使用过的或是擦过眼泪的)。有饮水机和冰箱就更好了。如果演员很多、彩排时间很长，那么附近最好有自动售卖机。然而，并不是所有的休息室都能接待数量庞大的人群。

更衣室

更衣室有三种基本形式：

1. 合唱团更衣室，供人数众多的团队使用；
2. 明星更衣室，通常会附有淋浴室；
3. 舞台快速更衣室(这种更衣室可能就是三叠屏风或者一对两叠的背景屏，构成了小型的私密空间，当演员离场时可迅速更衣)。

除了快速更衣室，所有的更衣室都应该配有座椅、放化妆品的壁架、有光照的镜子，最好与舞台上灯光色温相近。更衣室内还需要有存放衣物和个人物品的区域。演员、嘉宾和参赛者都希望有一面全身长的镜子。地毯尤其受人欢迎，这样换衣服、换鞋、换袜子的时候就不用站在冷冰冰的水泥或瓷砖地板上了。

化妆间

　　化妆人员需要工作场所，配有足够的座椅和灯光。化妆间应当靠近更衣室和舞台，有时它需要接待整个男声合唱团，有时仅仅为简单的两人谈话节目服务，节目需求决定了什么是最重要的。通常情况下，演播室都配有两三把椅子的嘉宾单人化妆间，以及供配角们使用的稍大型化妆间。面向座椅的大镜子使得化妆师即使后退到稍远的距离也能看到自己的工作成果。投射到座椅上灯光的色温应当与照在舞台布景上的相同。化妆人员还需要自来水清洗化妆棉、刷子和其他工具，有时还需用自来水调和复杂的化学制剂。尽管化妆间里经常使用导演用的高椅子，但要是有理发椅就更为方便了。椅子的高度很重要，化妆师不能弯腰为演员化妆。再加上放服装的衣架和检查最后效果的全身长镜子，化妆间的装备就齐全了。图2.24展示了一个装备齐全的电视网化妆间。

图2.24　规模不大但设备齐全的化妆间，并备有洗手盆

美发间

　　如果还需要对头发进行更为精细的处理，那么既通热水又通凉水的洗手盆和一把向后倾斜方便洗头的椅子就显得尤为重要了。存放假发和能够装饰假发的泡沫或木头模特也是必需的。这里可能还有站立式头发烘干机和手持吹风机。

服装间

　　大型的演播室会配有专门的衣柜区，用来修整服装尺寸、给服装镶边、缝制衣服、存放服装和熨烫衣服。这里还会有装有三向镜子的试衣间，里面有小型支架，以便别住衣摆和裤边。服装间应当有存放服装的衣架、熨衣板、熨斗和蒸汽熨斗。服装间工作人员可能会带上自己的工具和消耗品，包括针、大头钉、各种丝线、剪刀等。

化妆、美发和换装同样需要安排好时间表，以免对彩排和录制造成不利影响。前面所述的几个类别是为了给嘉宾和明星的妆容好上加好，但演播室支持系统的另一个区域则需要服务于舞台区域。

总控区

大多数演播室都有用来控制视频音频直播信号、存放中心服务器和录像带仓的区域。在电视台，预先录制的和现场录制的节目以及商业广告都是通过总控区传送，将要播出的节目将会被传送到转播设施，并在那里播出。

附近常常设有视频和音频资料室。总控区或录像间的中心区域为演播室的控制室，这里的字符发生器生成节目图形，如嘉宾姓名、摄制人员名单等，这里也可能会有一个独立的"图形区"。更为复杂的图形从艺术部门传送到演播室，或经由总控区再传送到演播室。除了一两台模拟播放机器，现在几乎所有的演播室都是数字的。

录制区

在电影制作中，35毫米和16毫米的胶片多年来都是标准格式。现在几乎电视节目制作的各个流程中，数码介质都已经取代了传统的录像带。节目可以由很多种录像带和硬盘格式录制，并且无带化操作很快便将成为行业标准。在过去，数码格式包括Digital Betacam、DV Cam和DVC Pro。设施里还可能会有用于商业广告片制作的卡带式机器，以及用于浏览的支持Betacam SP录像带、1英寸和3/4英寸U-Matic录像带、VHS录像带和SVHS录像带的机器。

有些节目把播出内容或播出内容的片段同时录制在母带和保护带上。另外一些节目独立录制各台摄像机的输出结果(被称为独立信号)，随后再对节目进行编辑。有些节目既把所有摄像机的输出信号独立录制，同时又录制经过切换的信号。

音频录音机也是必要的，因此录像操作区需要一台服务器、一个数字音频录音机，甚至盘式录音机或卡式录音机。音频设备中会有与之相配套的计算机系统，用来处理数字音频信号。在后期制作中，如果需要某种特定的设备，必须事先提出要求。唯一确定的事情是，没有什么设备是理所当然应该有的。

信号供给区

外部信号供给可能来自于电话线、微波或卫星。如果需要外部供给,就必须及时做出安排。大多数情况下,导演和制片人都不会亲自负责此事,而是要求工程人员负责处理这类事宜。

资料室

视频、胶卷和音频资料室通常被设置在邻近控制区的地方,如果存放得近,那么找到所需的材料将会十分方便。此外,资料室中存放录像带和胶卷的温度要求近似于录像操作区。另一方面,服务器的体积比资料室小得多,可以放在设备中心内外的任何地方。然而仍然需要对老式录像带的资料室好好维护,因为档案资料经常需要用到。这一点对于新闻节目制作尤其重要,因为新闻消息可能会反复使用。一旦遇到值得连续多天播报的全国性灾难的报道,精确的档案汇编就变得十分重要了,特别是当消息中某一特定的部分在几周或者几个月之后需要用到时。

在录像带盛行的时代,对录像带进行条形编码是行业惯例,并根据房间和架子的布局存放录像带。随着硬盘时代的到来,所有材料很容易就能被找到,但是找出某一条具体的消息仍然是很有挑战性的工作。

有一次我刚刚完成了一部商业广告片的拍摄,便在那家编辑设施的资料室里发现,尽管标签贴得一清二楚,但还是有人把我们最近刚拍完的素材当作库存素材拿了出去打算用于另一个节目。在那家设施公司里,重复使用库存商业广告片的做法很常见,他们关于控制素材流出并被重复使用的控制系统很糟糕,如果有这个系统的话。不用说,我们以后再也没去用过那家设施公司。

资料室的保护措施还应当扩展到保护你的素材的隐私。如果你正在为福特公司拍广告,那你肯定不希望雪佛兰接触到其竞争者的最新的广告活动。

最后一点,建造资料室或地下仓库需要防范可能发生的火灾和其他自然灾害。毫无疑问,你必须明白所有保护措施都不可能没有局限。需要储藏的材料包括数字介质、盘式录音带、胶片、录像带和电脑数据,有时还包括幻灯片。图2.25展示了设计得当的录像带资料室。

图2.25 装有滑动搁板的录像带资料室,可储存大量的录像带资料

电视电影区

对于需要投影的视频源，如胶片和幻灯片，它们需要先转换格式才能整合到视频节目中。电视电影区便是完成这一工作的区域。这些素材通过直接扫描、投影到阴极射线管、由旋转摄像机逐行扫描等方式传送到色彩校正单元，这种方法可以校正色彩、色相、对比度和亮度，有时校正帧框架本身。校正工作进行的同时进行格式转换。商业广告制作中通过这一程序对图像进行微调，每个场景都能得到分析和优化，但电视台节目制作时，则更倾向于找到通用水平的参数并使用。

图形区

电子字符发生器和数字图形设备可能仅仅被用作在画面上叠加名字，但实际上它们还有更大的用处。字符发生器通常用来制作不同字体、字号、位置和颜色的文字以及控制打印字符，而图形发生器则被用来制作整幅具有艺术效果的画面，这些画面通常从外部资源或计算机生成的媒介内容中扫描或传输而来。

许多节目都需要采取某些制作技巧使观众知道讲话者的名字。通常的做法是，电视节目都在画面下方三分之一处添加白色字母，用来提示观众讲话者的名字、所处地点、是否为直播信号或外景拍摄等。这些文字采用键控的方法，叠印在讲话者形象上。在很多电视台，特别是新闻节目制作中，这些文字被称作"标示符"或"定位符"，由字符发生器制作。字符发生器并不是完全相同的，有些字符发生器调整字体更容易，有些则只能制作有限的字体，有些老式节目中只能存储有限的图形页面。明智的做法是尽早说明节目制作的需要，并在现有设备中选择最适用的。

在艺术制作部门往往能够见到代表最新水平的图形植入设备，他们具备更为复杂高深的图形处理能力。这些硬件和软件通常由Silicon Graphics公司、Discrete Logic公司、Avid公司和Quantel公司生产，具体名称包括"Henry"、"Flame"、"Deko"和"Inferno"等。Adobe公司的Photoshop软件和Illustrator软件也能够处理图形，使用也更加广泛。艺术制作部门不仅仅负责制作在直播中出现的图形，还负责设计节目标识、电视台系列文具、促销材料和报纸广告。他们制作的视频图形属于电视台日常播出的一部分，例如播放节目预告的静止公告板和为了各种商业利益而播放的预告片。通常在电视新闻节目中的部分则会用符号标明。举个例子而言，点着的火、婴儿床上的婴儿和手铐等图像示意会在新闻播报员后方叠印或擦除。图形将会由与演播室和画面存储设备相连的字符发生器制作，之后传送到总控室或演播室，最后经过技术导演的切换器整合到节目之中。

例如，小组谈话节目中的嘉宾数码相片等图形则会以文件形式提供给设施，之后再整合到节目之中,文件可由CD光盘甚至是电子邮件传递。然而,最好事先确保文件质量符合电视台的播出要求。

观众区

并不是所有的节目都需要观众参与,但是需要观众的节目就必须具备提供给观众的支持区域。在进入观众席之前,他们需要在一个场所集合,还需要与后台相互独立的休息室,以及避开演职人员。和灯光人员一样,他们所在的区域需要有良好的视线。他们可能还需要独立的音响系统,以便听清舞台上发生的事情。因为摄像机、麦克风悬臂和演职人员常常挡住观众的视线,这里最好还能提供一台电视显示器便于观众观看正在录制的节目。有的节目可能还需要"鼓掌"提示牌,如果需要就必须提前确认设施是否提供或自己制作。

有些设施还有接待人员,负责在彩排期间接听舞台上的电话,也可充当观众的领座员。

作为导演或制片人,需要确保设施内能够提供设备完善的观众区,硬件齐全,并帮助观众以积极的方式对节目做出反应;如果没有的话,就可能看不到激动人心的时刻。我曾经导演过一个音乐节目,歌星要求现场观众在他演唱的过程中一起打节拍,但观众并没有这样做,我们马上明白是观众音响系统的故障,这个系统糟糕透了,以至于观众完全没有听到歌星的要求。当时我们就意识到需要对节目需要的设备做出改动,最后也这样做了。

放映室

有时设施会配备一些放映室,它可能是办公室、会议室或小剧场。能够在放映室浏览素材而不受干扰是很有益处的,这实在是导演和制片人的红利。同样,如果能有为客户提供的独立放映室就更好了,客户能和嘉宾一起观看节目,而不会打扰到工作人员。

到此为止,对于导演和制片人而言最重要的三大区域(控制室、演播室和支持区)就介绍完毕了。仔细审视节目的需要,创造性地利用设施里能够提供的设备,能够营造出色的工作环境,并为最后的节目制作增色不少。

本章小结

- 每个设备中心都是由三大部分组成的：演播室、控制室和支持区。
- 每个演播室都有六面：四面墙壁、地板和天花板。
- 地板可由以下材料制成：
    1. 木地板——外观和质感出色，但易受损坏
    2. 漆布——表面平滑，功能多样，但十分容易受损
    3. 瓷砖——表面平滑，功能多样，但十分容易受损
    4. 混凝土——标明平滑，使用寿命长，但成本较高，不受演员欢迎
    5. 地毯——外观精美，无噪音，但摄像机移动困难
- 考察演播室墙壁的关键因素包括：
    1. 房间的隔音效果和音响效果
    2. 弧形幕
    3. 舞台入口——线缆和其他外部音视频源的接入口或门
- 灯光架的基本类型有两种，一种是固定的，一种可以移动。
- 控制室包括：
    1. 音频控制台
    2. 视频控制台或切换器
    3. 视频、音频和信号状态监视器等
    4. 摄像机控制单元
- 控制室内的音频设备包括：
    1. 音频板
    2. 演播室和摄像机(有时还包括化妆间、道具间和其他远程定点)相连的对讲系统
    3. 数字音频录音机或卡式录音机
    4. CD播放器
    5. 唱片转盘
    6. 盘式录音机
- 可能还包括：
    7. 计算机生成的声音源
    8. 计算机编辑设备
    9. 各种音视频信号源监看器，如唱片机、iPod等
- 视频设备：
    1. 控制室内视频混编台

2. 摄像机，包括：
   a. 镜头(通常为变焦镜头)
   b. 机身
   c. 取景系统
3. 摄像机基座或悬臂，包括：
   a. 云台
   b. 底座
   c. 滑轮
4. 摄像机云台，包括：
   a. 固定台
   b. 左右摇动与上下移动装置
- 视频设备可能还包括：
   5. 视频投影系统
   6. 字符发生器
   7. 图像发生器
- 演播室音频设备包括：
   1. 麦克风，包括单方向麦克风、全方向麦克风和双向麦克风，有线和无线两种形式。基本佩戴方式包括：
      a. 领夹式
      b. 手持式或落地式
      c. 长筒式
      d. 抛物面式
   2. 扬声器系统
   3. 线缆和特殊装置
- 舞台设备包括用于以下目的的所有硬件设施：
   1. 舞台本身
      a. 推车
      b. 索具装置
      c. 手持和电动工具
      d. 粘贴物品、清理痕迹、有时制造特殊效果的各种化学制剂
      e. 卷尺、粉笔、纸巾和其他消耗品
   2. 灯光设备
   3. 道具
- 灯光设备包括：

1. 灯具
2. 灯泡
3. 线缆
4. 灯光支架和C架
5. 柔光罩
6. 光漫射器
7. 黑板
8. 挡光布
9. 反射器
10. 挡光板
11. 剪影板
12. 扶梯
13. 插座
14. 消耗品

- 最基本的照明布置被称作"三点布光",包括主光源、辅助光和背光。
- 两种最基本的道具是布景道具和手持道具。
- 更衣室有三种基本形式:
  1. 明星更衣室,一到两人使用
  2. 合唱团更衣室,多人使用
  3. 舞台快速更衣室
- 支持区可能会包括以下几种或全部设施:
  1. 入口和大厅
  2. 办公区
  3. 休息室
  4. 更衣室
  5. 化妆间
  6. 美发间
  7. 服装间
  8. 音视频信号转播总控区
  9. 资料室
  10. 电视电影区
  11. 图形区
  12. 观众区
  13. 放映室

第 3 章

人 员

本章介绍制作电视节目需要的工作岗位和相关人员,此部分内容不会涵盖所有电视台的所有工作,但是相比制作任何一期节目所需要的人员,这里涉及的人员类型会更加多样。其中一些人员,比如摄像师、录音师、导演和制片人,在每一个电视媒体中都不可或缺。

制作不同水平的节目需要不同水平的技能,但一些基本技能在制作任何节目中都是非常重要的。校园媒体制作一期内容产品需要的一些岗位、技能和人员,与一场花费上百万元、远程播出的摇滚音乐会是一样的,不同之处是工作过程中所需要的技能、创造力水准是有层次差别的。

本章我们只介绍在节目前期制作、制作、后期制作中,跟导演或制片人有直接联系的人员;其他一些在电视商业中占有重要地位的人员的工作,比如销售人员、市场营销人员、公共关系人员、广告人员等都不会包含在本章中。

为了清晰地说明节目制作工作和相关责任,我们可以了解一下导演或者制片人的"最终制片会议"。虽然并非所有的节目都有这样一个会议,但这是一个普遍情况,也是一个很好的方式来确定谁愿意在节目制作中做哪一项工作。有时候在一些特殊情况下,工作进程和策略会在中途发生变化。比如,当我在哥伦比亚广播公司做制片人/导演的时候,一个音乐监制就忽然转变成音乐指挥,因为就在一场古典圣诞演唱会即将开始直播的前一分钟,音乐指挥突发心脏病,音乐监制不得不承担音乐指挥的工作。当然,大部分的人员转变都不会这样富有戏剧性,然而时常有导演或者其他工作人员直到最后一刻被指派工作,根本不能做事前的准备。导演只能尽自己最大的努力处理好这样的事情。下面内容涉及的都是正常情况下的情形。

前期制作阶段

一旦一个节目设想被通过，它必须有一个明确的定位，是音乐剧、情景喜剧还是竞猜节目。节目前期的工作从这个时候就要开始着手，团队开始工作，在最终制片会议召开之前，准备工作比较繁忙，其间将会电话不断、小会不断。最终制片会议将会涉及制作团队对节目的期望效果和他们所要传导的理念。甚至反复制作的节目——比如情景喜剧、日间电视剧、脱口秀节目等——也是至少每周要召开一次这样的会议。当会议召开时，导演和制片人需要做到几乎能够回答出所有参与制作者的相关问题。这种会议的价值体现在每个人都能听到其他人的想法和计划，因而可能及时发现音频工作需要额外增加一名员工；它的另一个价值则是其中存在的问题会被提出来并且在公开的讨论中得到解决，它就像一个公共的论坛供制作人员讨论、定位一个特殊的产品。即使在一个精密性要求不是很高的节目，比如有线电视节目、校园节目当中，召开最终制片会议来确认大家的想法也是很好的。

下面的人员是在进行某个电视网节目制作的准备工作，虽然地方性的节目需要的人员比较少，但是工作的功能和作用却是一样的。

1. 产品执行人(相当于总策划)
2. 制片人或者节目运作人
    a. 副制片人/助理制片人
    b. 制片助理(可能有)
3. 导演及其团队，包括：
    a. 副导演(可能有)
    b. 舞台经理(前提是这个节目对舞台安排有特殊的需求——不同寻常的舞台效果，如一场魔术表演。其他情况下，舞台经理通常是不参加会议的。)
4. 单元主管
5. 运行人员
6. 工程人员，以总工程师为代表
7. 会计(有时有)
8. 布景设计师
9. 艺术指导/布景装饰人员(有时有)
10. 灯光设计师/电工
11. 图形师(有时有)
12. 化妆师/发型师(有时有)
13. 服装师(有时有)

14. 演出人员(有时有)
15. 音响师(有时有)
16. 特效人员(有时有)
17. 相关嘉宾，比如：
    a. 驯兽师
    b. 司机
    c. 炸药专家
    d. 追星族俱乐部代表
    e. 环保人士
    f. 武术专家
    g. 安保人员

一般的电视网或者地方电视台，几乎包括上述所有人员，但是独立的节目内容制作公司的情况有所不同。他们主要是同时租用场地和人员，对于人员可能是全员租用，也可能只是租用一些关键性的，比如杰出的导演、制片人以及他们的团队，有时候还可能包括一些设计师。制作节目的支出一般分"线下费用"和"线上费用"两类，这些费用既包括实体道具和硬件的费用，也包括人员费用。

- **线下人员**，他们的工作通常是技术性的，其薪水从设备预算中支出。"线下费用"一般包括建筑费用、硬件费用、车辆费用和其他设备费用。
- **线上人员**，他们的收入在节目预算中被支付，他们经常被认为是具有艺术天赋的。他们中的大多数人都是自由职业者，并同时为不同委托人和制片人的多种项目工作，主要是剧作家、演出人员、布景设计师、图形师等。除了电视台内部的远程工作人员，其他远程工作人员几乎都是自由职业者(线上费用还包括咨询费、租金和其他零星杂项费用)。

下面介绍在最终制片会议上有显著地位的每一位工作人员的工作概况，当然也会介绍一些虽然没有参加会议，但是对节目的制作也很重要的人员的工作情况，比如那些行政主管们——副总裁、节目主管或者联播经理(syndicator)。

这里也许会产生一些疑惑：为什么节目制作的要求没有变化，但是人员称号却在发生改变？这没有什么影响，比如不论是"执行制片人"还是"播出线制片人"，不论是节目运作人还是演员协调人，他们都在为一系列的节目寻找表演者，如果一个演员在节目开始录制前一个小时打电话解释不能出场，那么这场表演就要被替换。此时，什么称号的人来做是没有关系的，执行制片人也许会建议一个替换方案，也许会留给制片人或者演员协调人来处理，但是替换工作都是要迅速执行的。

行政主管

　　行政主管是连接节目产品商业效益和创意追求的桥梁，他们对自己所代表的组织负责。虽然他们明白节目以创意吸引观众，但仍倾向选择对组织最有利益的方式来运作整个制作过程。这其中，最好的情况是节目产品的管理、创意以及其他各个方面都处于一个平衡的状态，最坏的情况是人员之间的互动存在多管闲事或者破坏消极的现象，其实这跟其他任何形式的"关系"是一样的。最后，目标是让产品执行人、副总裁、执行制片人、节目运作人、电视台经理、联播经理或专家教授帮助节目更好的制作，这样的节目能够展示整个团队的优秀和卓越。赚钱、吸引或挽留观众，或教导学生，对于一个节目来说同样重要。

执行制片人

　　执行制片人(executive producer)一般需要销售节目，电视网或者电视台也会让他们监制某个特殊节目或者系列节目。他们的主要职责是洽谈节目交易，设定销售价格参数，也可能对员工招聘有最终的决定权。此外，执行制片人还可以对特殊的设备和人员等提出自己的推荐和建议。

制片人

　　制片人(producer)，无论是执行制片人、电视系列剧制片人(series producer)、播出线制片人(line producer)或是节目运作人(show runner)，其职责是保证节目制作的顺利完成。在一些组织中，电视系列剧制片人行使执行制片人的工作职能。

产品执行人

　　产品执行人(production executive/executive in charge of production)与节目财政状况的联系最为紧密。在有些情况下，他们需要同时具备律师、会计和制片人的技能，甚至要求更广。产品执行人主要是从事协调租金和签订合约，他们通常有大量的流动资源，也能够为节目制作中产生的问题提供创造性的解决方案。

播出线制片人/节目运作人

　　播出线制片人或节目运作人，为制片人、执行制片人以及产品执行人排忧解难，他/她负责解决每日出现的操作问题，在日常工作与执行制片人之间担任桥梁的角色。如果一个节目的播出周期是日播，那么一个制片经理需要监管周一的节目，并且在周二负责它的后期制作；同时，另一个制片经理需要监管周二的节目。如果是一个周播的节目，两个制片经理可以轮流承担工作；或者，其中一个人完全承担演播室内的事务，而另一个人处理所有的官方或者行政上的任务。节目运作人这个术语主要用于情景喜剧，而制片经理更多的与剧集作品联系在一起，但这并没有硬性规定。

副制片人/助理制片人

在学术界，助理教授和副教授的头衔意味着级别的不同。在商业电视领域，副制片人和助理制片人(AP)并非这样。相反，他们指向的是不同种类的角色，且完全由节目组任意决定。

实际上，有时候为了显示完成了某些特殊工作，或者作为一种安慰自尊的方式，或者为衬垫简历，AP这种头衔会被给予剧组成员、编辑或是作者。更常见的是，副制片人帮助制片人制作节目的某些特殊部分，前者的工作是对后者工作的补充。助理制片人和副制片人可能被要求在一开始电话联系或者通过调研来寻找节目所需要的特定人物。他们迎接嘉宾并且将其交给舞台经理，舞台经理再带领嘉宾前往化妆间。

化妆间的分配通常在咨询过制片人或者其职员之后确定，这样的话，舞台经理和演员能互相认识，舞台经理和制片人也会知道能在哪里找到演员。美国导演协会(DGA)要求在工作合同中要明确舞台经理与嘉宾打交道的职能。

副制片人经常需要负责确认各种合同是否已被履行，文书写作是否被完成并归档。此外，为了帮助制作某期节目，他们需要联系业内人士。很多自由职业界的副制片人仅仅参与节目的后期制作，其他人则专业化到记录财政支出，并与单元节目主管一起工作。

当我在哥伦比亚广播公司的时候，我在一档脱口秀节目工作，类似奥普拉的脱口秀；该节目每周五天在同一时间直播。我们节目使用副制片人的方式是这一类节目的代表和典范：在每周一次的选题会上，副制片人们提出他们认为可行的选题，并解释该选题具有时效性的原因、他们已经联系了哪些人、节目凭借哪些因素可以变得更加有趣，这些因素可以包括明星嘉宾、免费电影镜头、表演环节等，节目组的其他人员会给他们提供帮助。如果一个选题通过了，该节目的制作期限将会确定下来，副制片人则需要预约嘉宾、列出采访提纲，并把这些打包给制片人，由制片人给出建议和指导。最后，副制片人在制片人的帮助下，将最终的策划提交给老总。这份策划需要包括剧本、背景提示、节目特定的兴趣点等。当节目开播的时候，副制片人需要向嘉宾简要介绍节目概况，并且保证他负责的部分已做好录播准备。其他时候，他则需要忙于下一个节目的准备工作或者产出更多关于节目设置的想法。

在各种不同的节目中，副制片人可能需要预先联系嘉宾(尽管这更多的时候是属于演员协调人的工作)、帮助设计节目的播出安排、处理签约事宜、监督节目特定部分的摄制(这本来是分配给制片人的任务)、通过提示语来支援制片助理，以及完成其他任何他们能够帮得上忙的事情，甚至是去药店购买阿司匹林。

制片助理/节目助理

制片助理(PA)的两种最主要的类型是制片初级助理(Runner)和控制室制片助理(Booth PA)。

制片初级助理

这种类型的制片助理通常处于入门级的位置，他们属于制作团队中的"其他类别"。他们的工作主要有对节目的播出安排、脚本、预算和工作进度表等进行复制留底，准备咖啡，为节目组或是制片人外出办事。有时，他们被称为"Gofer"，如同"取咖啡的人"或"搬运办公用品的人"。他们可以为节目制作做相关调研。工作过程中，他们学习从什么地方可以找到与节目制作有关的重要工具，比如复印机、咖啡机、阿司匹林以及找到演播设施的图形区域、编辑区域等。他们还需要了解节目制作的不同部分的具体负责人是谁、他们都做些什么、最好以怎样的方式与他们合作。在他们为节目制作工作"跑腿"的时候，他们对于节目制作和相关工作人员将会变得非常了解，这有助于他们被赋予下一种类型的制片助理工作。

控制室制片助理

通常来说，这是制片初级助理在职位上的第一次提升。控制室制片助理在摄制的过程中记录镜头，并记录下与后期编辑工作有关的笔记。当一个制片初级助理被赋予这种任务和责任时，他通常对于这个特定的节目是如何拼在一起的已经有了一个清晰的了解。控制室制片助理主要被用于节目后期编辑环节解释那些笔记(比如，"豪尔说我们应该保留4号镜头的第一部分，然后切回1号；他当时说的这个1号是什么意思？是说1号镜头，还是1号机器？")，这其中，与工作相关的各种参数是随着节目本身的层级而变化的。在电视网的工作职责设定中，控制室制片助理的主要职责是按照美国导演协会或者其他工会组织的规定执行的。一个由自由业者制作的联播节目可能对制片助理要求更多，薪水更少，但是提供学习和锻炼的机会更多。

控制室制片助理最高的发展，是作为"脚本人员"，即场记，为编辑工作做仔细的记录。他们被指望留意看似微不足道但却极有可能在编辑中引发很大问题的事物。一个典型的问题就是，一个演员在广角拍摄中用左手拿起杯子，稍后这个杯子却在一个中景镜头中出现在了他的右手中，这有可能就会成为要再花钱的镜头。

制片助理参加制片会议并记录下在会议上做出的决定。然后，制片助理需要弄清楚分给各位工作人员的任务，同时收集有用的信息以便在出现不可避免的突发情况时发挥作用。制片助理通常在此类会议中不参与发言。事实上，他们很快就会发现，当发生危机时中间出现一个不够了解情况的声音是一件多么不受欢迎的事。

导演

制作人的职责包括在其参与到的内容中所牵扯到的人员及其费用，而电视导演的职责在于保持节目的"形象"。在一个节目制作，一个向导插曲制作中，导演们为其形象的投入将被探索。无论案件，网络系统或地方台，公开讨论小组或种种，导演将致力于让他们看上去很好并保持进度。接下来的关乎对于任何制作来说都是最基本的要求。

在第一次制作会议前，导演已经和制作人及其部下就一个节目中所有制作问题开了无数的会议。导演应该已经讨论了节目的流程草案、演职员、场地、灯光等事项。节目前期制作阶段的所有规划也都已经被导演过了一遍。这些规划通常包括设备道具装卸入场、喷漆、灯光和布景装饰等。他或她参加制作会议以便和那些他们只在电话中交流过的人熟悉起来，以此来确保所有可预见的事件都能被规划到，并且解决任何在人事或设备方面出现的冲突。在实际节目制作开始后导演将会为每个镜头喊开拍。

制片经理

制片经理(production manager)，有时也被称作单元制片经理，其职责在于追踪成本，确保供应商得到报酬。他/她还负责向制片人报告成本和开支的更新情况。在任何节目制作中，都会有真实的经济支出和书面费用或转移费用；同时还有预期支出和实际支出，后者需要保持现金流。

- **线下费用**：电视台会有持续的费用发生，比如硬件和工作人员。建筑物要分期还贷，工作人员无论工作与否都将得到工资。为了弥补这些费用，节目制作要被收费。节目的制作预算必须反映出这些运营开支。这些线下费用有时被称为转移费用或书面费用；这对于室内节目来说是最重要的，因为并没有发生真正的转账。
- **线上费用**：租用演播设施的制片人必须将演播室及其员工规划入线上费用或实际费用，因为制片人将实际支付这些费用。实际费用是真实费用并反映真实的支付情况：支付给演员、版权方、演播室以及员工，以及从其他任何团体处取得的服务或素材。

制片经理，有时是助理制片人或副制片人，必须持续追踪全部开支，这一工作通过制作预算的方法来完成，预算中标示着每个项目的预期花费。随着制作的进展，预算花费将和实际花费进行对比。

制片经理可能会用到多种标准的制片预算模板，为了有效，它们应该非常的全面。软件Movie Magic、Production Pro Budgeting和Gorilla提供了受欢迎的拍摄及录制预算程序。有时人们也使用Excel表单来完成同样的任务。独立商业制片人协会(AICP)的网站也提供一些日程表软件及预算软件的供应商的联系方式。很多类似的网站会提供一个试用包。图3.1A和 图3.1B来自Gorilla软件。

到了制片会议时间,制片经理已经很熟悉节目并且基本上在会议上见了所有人。制片经理要确保隐性的费用不会在不经意间出现。他/她还要负责在预算中做上可讨价还价的交易内容,以便节目有机会获得特别项目,最理想的是以牺牲其他项目开支为代价;一个典型的交易是"我可以让你使用一天演播室升降机(Chapman Crane),但你必须放弃主持人桌上的鲜花并用一个室内道具来代替"。导演或者制作人可以决定接受或拒绝这一交易。

运行人员/日程安排人员

在一个电视网或地方电视台,运行部门负责分配物理形式的演播室和硬件设备,同时由工程师和舞台工作人员使用它们。他们需要知道你的节目需求并借此为找到最好的演播室和工作人员。如果你在制作一个简单的小组访谈节目,你将有可能不会被分配到最大的音响舞台或一个因能够做出最高水平灯光效果而出名的灯光指导。在一个租来的演播设施里,运行部门倾向于提供演播室、演播室经理及一个熟悉设施的现场工程师,同时由制作公司雇佣这些工作人员。

无论你在哪里拍摄,一旦你选中拍摄日期或者更好的是提供给你一系列可选的日子,你就将与运行部门开始对话。很多演播设施的运行室看起来就像是好莱坞版本的战地指挥室,军队指挥官们冒着头顶敌机轰炸的危险在策划下一步要怎么办。有很多种不同的处理日程表的方法,常见的是日程安排人员使用电脑中的程序进行安排,比如软件ScheduleAll。此类程序取代了那些传统的做记号的白板或油性笔书写板。演播设施、演播室和编辑台的标记将被置于一个叠加了日历的模板中;当工作和设施进驻时它的信息将分别用不同的颜色进行更新。不同颜色通常对应着工作的不同舞台,例如,"某月4日、星期一, X公司使用1号演播室,接下来由Y公司使用;某月4日星期一到6日星期三,Z公司使用2号演播室。"

当你给演播设施的运行人员打电话时,他们需要知道:

1. 节目的性质、节目制作的格式。
2. 你想要的日期以及哪些日期是可选的。
3. 你的产品需要使用他们的哪个演播室,大型的拥有硬质舞台背景幕的演播室,还是有时用来做新闻采访的小型嵌入式舞台。
4. 你的节目制作将占用演播室多少小时,包括搭建、录制和拆除时间。

2006年3月23日
首页

预算：测试		：
预算名称：测试预算		：
测试项目		：
		：
		：
	此报告中出现的子组别：	

账目	类别名称	总计
	线上项目	
101-00	故事版权及花费	
102-00	剧情	
104-00	制片人	
106-00	导演	
110-00	演职人员	
111-00	其他	
		小计
	制作	
112-00	制作	
114-00	艺术指导	
115-00	布景建设	
116-00	布景运行	
117-00	第二单元和插入内容[1]	
118-00	摄像	
119-00	音响	
120-00	电子	
121-00	机械效果	
122-00	布料	
123-00	布景装饰	
124-00	动物/行动设备	
125-00	女装	
126-00	男装	
127-00	化妆和发型	
128-00	程序	
131-00	道具	
140-00	录制和实验室	
141-00	剧照	
147-00	交通	
148-00	试样	
160-00	地点开支	
170-00	杂物开支	
178-00	分期偿付	
179-00	租赁费用和手续费	
		小计

图3.1A 一张典型的制作费用预算首页

注：这是一张来自Gorilla的样品节目的首页。用于为整个预算中的费用做出摘要。可能会有上百种项目行用于容纳特定需求。该程序的演示版软件可以在其网站http://www.junglesoftware.com上找到。

---

1. 插入内容(Inserts)，如片花、动画、节目预告等插入节目的内容，译注。

2006年3月23日
账目预算报告

预算：测试	
预算名称：测试预算	
测试项目	
	此报告中出现的子组别：

账目	类别	账目名称	总计
	线上费用		
101-00	故事版权及花费		
	101-01	故事版权	
	101-03	特许权使用费	
	101-05	特许权使用费	
	101-07	弃用故事费用	
	101-09	因弃用产生的附加费	
	101-59	分期系列偿付支出	
			小计
102-00	剧情		
	102-01	作家	
	102-02	秘书	
	102-03	故事执行顾问	
	102-08	脚本速记/打印	
	102-09	脚本摄影	
	102-10	作家的旅行	
	102-59	分期系列偿付	
			小计
104-00	制片人		
	104-01	执行制片人	
	104-02	制片监督	
	104-03	副制片人	
	104-04	制片人秘书	
	104-10	制片人的旅行	
	104-59	分期系列偿付支出	
			小计
106-00	导演		
	106-01	导演	
	106-02	第二单元导演	
	106-03	对话导演	
	106-04	导演秘书	
	106-10	导演的旅行	
	106-59	分期系列偿付	
			小计

图3.1B 这是一张Gorilla提供的同一份测试预算的账目级别预算表

注：这只是被填入细节的很多表格当中的一页。在这个例子中，小标题"导演"这一项，在图3.1 A中被归总为单一开支项106-00，在这里实际上则包含六行项目：分别是106-01导演、106-02第二单元导演、106-03对话导演、106-04导演秘书、106-10导演的旅行和106-59分期系列偿付。

然后，在一个地方台、一个电视网或者一个提供工作人员的设施，你需要知道：

1. 与工作人员的电话内容：
   a. 与节目制作人员相对照，你需要搭建人员工作多少小时？
   b. 负责喷绘及灯光的工作人员何时进场？设计师？其他人员？

在这时，运行部门将会开始设计一个基于你所描述的节目制作需求的计划。其工作人员会考虑你搭建布景、彩排、录制所需演播室的时间以及拆除布景、使演播室回到它正常状况所需的时间。

运行人员遵照演播设施的条例和规章来安排日程表。不同的节目制作组织有不同的要求。一个职业的节目制作加入了某种工会的演播室会按照一些指导原则来运作，而学生节目制作则会按照其他一些规则。在使用演播室时，学生要受制于学校的一些规章，受制于别人帮助他们的意愿，有时还会受制于周围是否有一家比萨店能够开到很晚或者提供外卖服务。没有加入工会的演播设施有他们自己制定的员工准则。但在任何地方，要完成的大多数任务都是同样的。代表着舞台工作人员和工程师们的三家最大的电视节目制作人员工会是：

- 国际戏剧舞台雇员联盟(IATSE)
- 国际电子业工人兄弟会(IBEW)
- 全国广播电视雇员和技术员协会(NABET)

所有加入工会的演播设施和很多非工会的演播设施，都会保持合同上规定的标准。一个简单的例子是，这些标准都考虑到了用餐。基本上，工作人员用餐不早于工作开始后2小时，同时不晚于工作开始后6小时。第二次用餐不晚于第一次用餐完成后5小时。这些规则用来保证管理层不会占工作人员的便宜，使工作人员吃到工作餐的机会不受影响。当我曾经还是名普通工作人员时，有一次遇到一场通宵的录制，我很喜爱这个规定。后来，我成为了导演/制片人，我则希望能有更多的灵活性。

考虑完运行人员，接下来我们要讨论舞台工作人员和工程人员。为了随时都能有足够的工作人员待命，安排午餐时间会变得相当有挑战性。作为一名导演，你应当敏锐地意识到你每天到底能使用他们多长时间，每天10小时的工作日并没有真正给你10个小时。大多数演播室(基于共识)要求你每小时提供5分钟休息时间。每天10次5分钟休息就是50分钟，那么留给录制的时间只剩下9小时10分钟。每天失去1小时用餐时间，剩下8小时10分钟。每天工作开始时工程人员打卡并把设备架起来要花半小时，用餐后又要花半小时；这样你的10小时工作日就只剩下7小时10分钟。甚至于这样一个日程表只在一切顺利时才有效。再算上半小时的收工打包时间，在10小时工作日里留给你的导演和制片工作的时间实际上只剩下6小时40分钟。显然，即使工作得非常有效率，也很难避免昂贵的超时。

另外一条似乎一直在改变的规则：限制任何一个人每次转换工位所能从事的工作的数目。例如，原本控制混音的音响控制人员，可以进行一个为期8小时的工位转换，换去控制音效，但是在转换期间不能再转换他去其他工位，甚至不能让他返回原工位。最近的合同允许更多的工位变化，只要此变化发生在方便的时间，例如在录制停止时或用餐休息中。这类与合同相关的职责由演播设施运行经理负责，他必须为演播室及其工作人员做好安排，并能够掌握好每一个节目在制片会议上提出的专门需求。在会议上，大家就各种细节达成一致意见，并指出任何潜在的合同方面的问题。这类问题通常会出现在一些看上去简单的旁白里，比如"如果你不小心点，第二次工作餐将会非常贵。你必须在晚上8点到午夜之间安排它。"

其他的制作团队成员可以通过提供建议的机会参与进来。他们确保没有任何地方被忽略。他们或许需要为工作中的一件任务花费更多时间，而另一任务花费时间少一些。例如，布景工作人员可能会要求更多时间悬挂出一些特别效果。同时灯光指导可能会解释道，上一场节目录制后在灯具上留下了一些蓝色滤光板，如果你拍摄时可以用蓝色背景，那么可以用较少时间完成灯具安装。

工程人员

无论你在哪里工作，你都很可能会获得一位了解演播设施的工程师：设施总工程师(EIC)。每个设施都有自己的特点，总工程师基于对设施及其工作人员的了解，总能为你提供一些便利。即使你带进来了自己的团队，你租赁的演播设施也希望你能使用他们至少一个人员并支付工资。他们会提供一位室内工作人员，通晓设施的长处短处，以及设施的装置、人员及工程政策的特殊之处。

在制片会议之前，导演/制片人和单元经理(unit manager)通常会和设施总工程师聚在一起并概括出节目制作的需求。总工程师需要看一下节目纲要，以便能够根据日程表给出建议，同时能有足够时间分析出任何不寻常的硬件需求或技术需求。通过了解节目制作需求,总工程师可以在制片会议之前联系运行人员，为下一步分配工作人员提出建议。例如，如果你的节目需要使用演播室升降机完成复杂的运动拍摄，或者需要一个摇臂操作人员，总工程师可能会给你提供演播设施工作人员的第一阵容，远比第二阵容有效率得多。

在节目制作过程中，总工程师是工程装置、员工和管理层之间的链接。总工程师帮助解决最后一分钟提出的要求，并可能对制作过程中浮现的问题提供解决方案。在一些难以避免的工程方面的拖延或"停机(downtime)"中，总工程师可能会被请来与技术指导(TD)一起仲裁出现的问题。停机可以指任何因不可预料的事件影响到节目制作的时间段。工程停机通常与工程设备的不能正常工作有关。

会计师

会计师很少出现在制片会议上，除非出现一些节目制作的不寻常方面。一个可能非常需要用到会计的例子是热线电话问答节目，比如电视购物节目，演播设施的使用费可能会基于节目的观众回复情况。

布景设计师

布景设计师几乎总是会出现在制片会议上。布景设计师在会上通常提供产品的"外观"，尽管这项职能有时会由布景装饰师或艺术指导来行使。在最基本的水平上，布景设计师会提供一个在其中制作节目的场地的外壳。布景设计师需要考虑的问题之一是分配足够的时间搭建和装饰布景。布景的外观以及安装就位时间，会对制作团队的其他成员有影响。例如，灯光设计师需要知道布景放在哪里，以便可以利用背景幕，甚至可以用到之前录影时挂好的灯具。布景设计师还需与其他设计师协商，比如服装师和图形师，讨论颜色搭配和风格问题。

布景设计师偶尔也会从演播设施的布景库存里拿出一些组件并排列它们。尽管如此，提前的讨论仍然非常重要。在演播设施里现场进行这些对话是很有益的，因为可以精确地看到节目制作中涉及的所有东西。要设计一档节目，导演/制片人应该与设计师见很多次面，以便有足够的时间反复讨论脚本或大纲，讨论风格、截止日期和项目费用等问题。

向设计师提供一些你对这个项目的感觉的意见，也是必要的。作为一个新手导演，我曾经不知道怎样和设计师合作；我实质上自己设计布景，给设计师留下不大的工作空间。在与几个优秀设计师合作之后，我逐渐明白了将项目的设计部分留给他们是多么重要。从那以后，我集中精力描述我对布景的需求，以便帮助布景设计师的工作。精确的语言是帮助设计师提供出最合适的布景的关键。我发现精确地定义将要录制的到底是什么类型的节目非常重要，以及节目制作有什么物理需求，如何将设计放入一个更大的社会背景中。例如，假如我正在导演并制作一部情景喜剧的预告片，我不会仅仅说我们需要一个客厅和厨房的布景。我还会描述，你将怎样从客厅走到前门，走到楼上的房间需要走多少步，以及必须有一个走廊通向厨房，进而想到实际使用时厨房还需要个后门。我还会描述此布景应当唤起的联想，比如，20世纪60年代城市下层中产阶级的生活环境。我可能还要交代设计师，由于人物角色不能看上去是来自"嬉皮士家庭"，使用一些用旧的装饰更容易被接受。如果有可能，我会提供一些类似的布景或房间的照片，也许还会提供一些包含有我想要的场所外观的电影、视频或网页链接给设计师。

双方达成一致意见之后，设计师会展示其设计的布景的概念。这些展示可能包括比例模型、绘画、平面图和立面图(见图3.2到图3.5)。

最终，设计方案确定后开始招标制作商。招标完成后，通常都会做一些布景调整以便不超出预算范围。了解场景各部分的价钱是很重要的，以便达成一些不可避免的妥协。一旦这些工作结束，设计图将被送到布景店，并规定完成期限以及送货要求等。制片经理或制片人要与演播设施工作人员一起确保场景到时候能够被搭建起来，同时安排好工作人员到时能够接收送货并搭建。

在之前的制片会议上，设计师展示了画在代表演播室的方格纸上的1/4英寸比1英尺比例尺平面图；也可能展示高程图，以及比例模型或布景绘图。同时讨论将被用到的各种颜色和颜色样品，还包括来自灯光或服装方面的特别需求。艺术指导或布景装饰师可以接手布景设计师放下的工作继续往下进行。

图3.2　一个剧院场景布置模型，电视节目场景模型与此很相似

· 资料来源：Glendale Way-Agel。

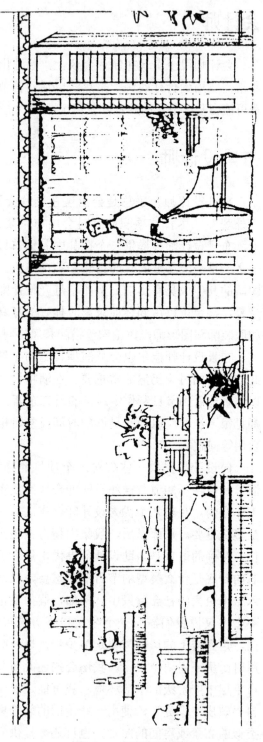

图3.3　一幅脱口秀草图

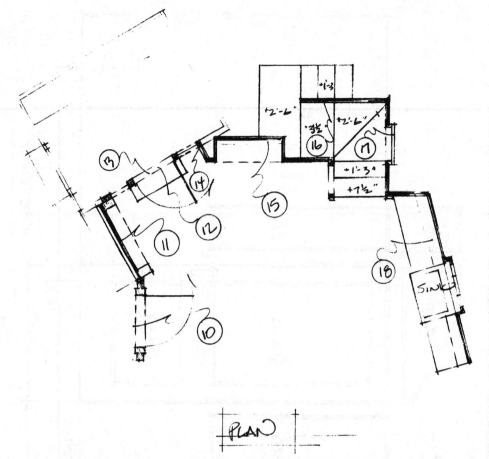

图3.4 这幅1/4英寸比1英尺比例尺平面图提供了一种布景俯视图，标注出了主要元素的顶部和摆放位置

艺术指导/布景装饰师

在某些演播设施，艺术指导的头衔属于负责图形的那个人，而不是与布景相关的其他人。在其他演播设施，艺术指导的工作是装饰布景。有时布景装饰师和艺术指导一起合作，有时他们为场景设计师工作。名称和头衔并不是那么重要，重要的是有一个人必须负责营造出项目的环境。布景设计师设计出一个布景，然后这个布景被放置上椅桌、电灯开关、电话和其他道具及饰品。或者是由布景设计师做所有的工作，或者由其他什么人来做装饰工作。

通常，布景装饰师同时也是道具的"设计师"和摆放者。在此身份下，他们和场景设计师合作来找出是否需要独特的道具或场地所需的其他物件。例如，他们会发现"那个非常特别的四角沙发"将被用在门廊场景中，或者沃尔玛出售的塑料眼镜将被用在野餐场景中，或者华登峰水晶器皿将被用在另一个野餐场景中。布景装饰师的选择会

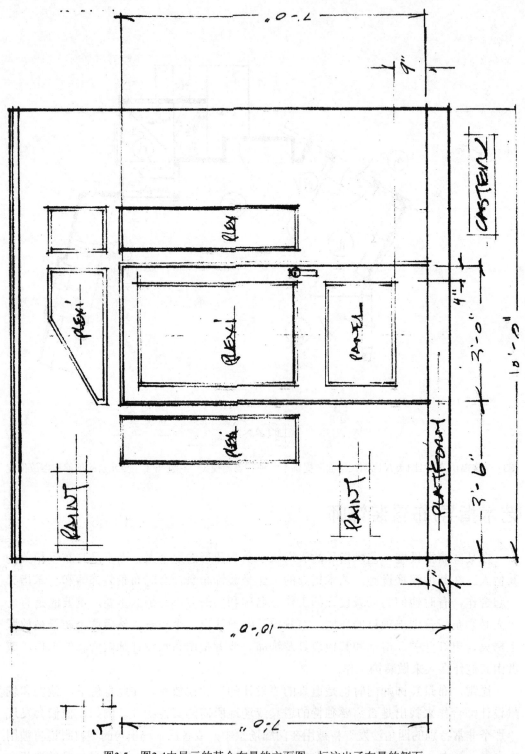

图3.5 图3.4中显示的某个布景的立面图，标注出了布景的侧面

使节目拥有自身的特征。因此布景装饰师的品位和能力对节目的整个感觉有很大影响。由于这些原因，布景装饰师需要在节目前期制作过程中尽早拿到剧本。跟设计师一样，他们需要和导演进行沟通来找到对节目制作的感觉。他们需要充足的时间来看脚本和他们的笔记、制作道具列表、打电话、网上咨询，以及对特定物品进行个人搜寻定位。一个拍摄进度表能够帮助他们衡量道具的租赁和归还时间，提高开支的效率。

灯光设计师

灯光设计师(LD)为节目制作设计和实施灯光，他们还做以下工作：

1. 规划灯具的摆放地点；
2. 明确灯具的种类和瓦数；
3. 提供与灯光有关的注解。

一旦灯具摆放好了，灯光设计师需要检查灯光的聚焦情况。电工负责人要监督以下事项：

1. 灯具管道的悬挂；
2. 灯具的悬挂；
3. 灯具的饰片；
4. 必要时为灯具提供透明滤光板或者彩色滤光板。

透明滤光板(scrim)是可以使光线漫射的材料。彩色滤光板(gel)是放在灯具前面的有色材料，以改变灯光的色彩。比如，月光可以是蓝光，夜店为制作效果可能有多种颜色的灯光。

在前期制作会议之前，灯光设计师会从导演那里收到一份做上标注的脚本和平面图。根据平面图，灯光设计师就能够进行灯光设计并让灯光工作人员做好相应的辅助工作。做上标注的平面图是为了标出所有演员的站位(如图6.3)，做上标注的脚本是为了标出所有需要准备的灯光效果。这可能包括，卧室中的实际灯光、壁炉中闪动的火光、闪电以及池塘反射的波光。有时候灯光设计师会在同一地点做两套灯光安排，以便在同一区域实现两种灯光效果，或者设置两套灯光方案以防潜在问题的产生。

在前期制作会议上，灯光指导会列出节目中需要灯光照明的时长。一旦场地划好标记，选择和安装灯具的基本灯光准备过程就开始了，如果需要的话悬挂好灯具管道，再把各种灯具设置到位。当布景搭建好，摆放到位并且喷绘完成后(但是要在家具进场之前)，工作人员爬上梯子把灯具调好方向并聚焦。有些灯光工作在布景准备的时候就可以同时进行：剪切彩色滤光板并将其放到支架中，或者悬挂特效灯具。此类协调工作需要在制片会议前就通过电话进行初步确定,然后可能在会议上最终定夺。

可选择的参加者

其他可能参加制片会议的人是和一些特殊领域有关。图形师就是一个很好的例子。一个来自图形部门的人不太可能会出席日间电视剧或情景喜剧的制片会议。那是因为这类产品不会用到多少图形。然而,一个图形师可能出席一个用到很多图形的节目的会议,例如游戏类节目、体育/新闻回放节目或者一个图形起到重要作用的广告片。

图形师

如果一个栏目需要考虑做特殊的图形,那么一个图形设计师出现在制片会议上就是情理之中的事情了。在一个游戏节目或竞选特辑中,比如,即时电脑图形很可能会被用到。一个图形部门的代表出席制片会议并且概括出他/她可能有的问题和特殊需求的解决方案。在其他时间,专家们,比如来自专门从事快速电脑图形业务的公司的代表,可能被聘用并出席会议。

化妆师和发型师

几乎所有的节目都需要用到化妆。这有可能只是一个"想象的"需求,但仍然十分重要。在最基本的水平上,化妆可能只是上点粉底以便让他们看上去像是在演播室外一样,只是多了一点人工电视灯光。在另一个水平上,化妆是一种独特的正面的体验。在化妆间里,嘉宾就是明星。在一个小组访谈节目或其他类似的不复杂的节目格式中,化妆师和发型师不参加制片会议,尽管这种情况可能会慢慢地在更精心制作的节目中发生改变。如果有特殊的设施或者时间要求,比如一个需要给盛装合唱团化妆的节目中,化妆师和发型师是应该出席的。让化妆师们确定额外需要多少时间是明智的,他们的需求可能会影响整个节目制作的进度。这同样适用于需要化装术的工作,比如安装假鼻子、制作伤疤等,以及假发和其他与毛发有关的事项;这类工作需要提前安排会面为演员量身定做并得到导演/制片人的批准。

服装师

在演员阵容庞大的节目制作过程中需要对特殊的服装需求做出专门考虑。这类服装需求如果用到不常见的或特定的服装,这类服装需求就会出现,比如古代服装或特定时代服装,以及破碎的服装、特制服装等。与化妆师和发型师的例子一样,他们也需要量身定做和得到批准。因此,最好事先和服装设计师或服装工作人员商量一下以确定他们是否需要参加制片会议。

演员

一般来说，出镜演员不需要参与制片会议。但是当演员在片中要表演一些诸如魔术、杂技等特殊技艺时，可能需要参加制片会议的讨论，以便各位负责人核查设备以满足特殊的节目录制需求。理想的情况是，导演/制片人事先将演员推给正确的负责人，让他们先进行接洽。

音响师

如果节目本身就是音乐类的，譬如一场音乐会、一场音乐商业广告或者是任何需要音乐元素的节目，无论是直播或录播，比如摇滚乐队或旅行爵士乐队的音乐指导或乐队旅途经理(road manager)，也需要参加制片会议的讨论。音乐指导或旅途经理能够回答关于乐队的各种问题，比如乐手的站位、乐器摆放所需的时间、需要的麦克风种类、观众扬声器以及监听系统(foldback)等。监听系统能够让演奏者听到其演奏的乐器之外的声音，比如，鼓手能够避开鼓点的声音而听清演唱。这对于电视表演经验不足的音乐艺人们来说是十分重要的。我曾经费了好大劲去说服那些习惯夜店演奏环境的表演者相信他们那一套是不适用于电视的。特别地，他们非常不情愿重新设置能够满足电视制作所需的干净声道以及演奏现场观众所需的特殊音效的双重需求的音频传送系统。这意味着在后期制作的"优化(sweetening)"过程中将无法得到一个干净的声道。在音频后期制作过程中，混音是一个必须的步骤，多重声道将被运用，一个声音可以被加强到覆盖另一个或者是覆盖音乐主声道。特定乐器、特定声道的声音可以被加强，混音、延迟等效果都可以被添加进去。演员自己的音响效果面向演播室内的观众是可以的，但是对电视机的小型扬声器前的观众来说就是"混乱"和不合适的了。如果音乐是事先录制好的并需要现场重放，那么还要考虑回答重放格式的问题。前期制作会议是讨论后期制作优化过程相关问题的理想场合。

特效师

特效有五种基本形态：机械的、电子的、化学的、光学的以及数码的。

- **机械特效**是现场表演的一部分，包括任何当场破碎的道具，比如椅子、床、车等。机械特效还包括人工造风、雨、雾、雪、云等。除此之外，粉碎玻璃、操纵技巧等也被包括在内，比如能够让人倾斜90度站立的鞋、让演员飞行进出布景的设备。

- **电子特效**是任何用到电力而不用到灯光设备的特技效果。在我执导节目《医生》(The Doctors)的时候，有一场戏需要展示由于线路短路引燃了大火，所以特效师使用了一个仿制的线路盒在恰当的时机短路引发火花。还有一个关于电子特效的例子是使用遥控启动器工作，当启动器触发一个翻转板的时候，一些小项目就能够在此时触发，比如一阵浓雾。闪光罐能够完成视觉上的爆炸效果，然后音频人员添加音效。

- **化学特效**包括火、烟，能改变颜色、产生幻象的化学物品等。
- **光学特效**常被误认为是摄影效果，其实是用镜子、特殊滤光镜以及透镜等达到的特殊效果。
- **数码特效**是用数码手段得到的特殊效果，常被用于后期制作。数码特效可能用于把演员、道具和布景放置在不同的背景中，或者用于改变或加强视频或音频。

节目制作中还存在很多其他专业化的效果，比如武器、火、使用汽油、下雨的效果等，可能需要有执照的人员操作。这些特技提高了现场的安全问题，同时还有制片公司和设施的责任。当需要这些效果的时候，非常有必要告知演播设施和制片经理或总工程师。特效工作人员或部门需要被邀请参加制片会议，并且解答关于所用特效要注意的相关问题。制片人需要同特效工作人员进行预先沟通并且需要跟相关工作部门进行协调合作。

嘉宾

其他受邀出席制片会议的相关嘉宾如下：

1. 驯兽师
2. 司机
3. 炸药专家
4. 追星族俱乐部代表
5. 环保人士
6. 武术专家
7. 安保人员

制片会议不是可以发现那些时间紧迫、又有关键作用的节目制作问题的一个好时机，特别是对于那些需要长时间、专业性讨论或者是需要跟外部资源进行沟通和协商的问题。因此，制片团队的全体人员都必须走出制片会议，在实际的制作过程中清楚地了解自己的职责是什么。为了保证这一点，制片人必须确保邀请到了正确的与会者，以保证没有重要事项被遗漏，使关键性问题在前期制作会议前就能够被全部解答。这样，这场会议才能够达到让所有部门对节目制作的所有元素都能有概括性了解的目的。

制作阶段

前期制作会议结束之后,布景搭建好,所有的电话以及花样迭出、虚张声势的警报都一一处理稳妥后,真正开始节目制作的这天终于到来了。许多新的人员都加入到工作中来,为了了解制片人与他们的互动状况如何,让我们来设想一下我们是在租赁的演播设施里进行工作,我们假设这是一家装备完好的地方电视台。无论录制现场是在大学校园里还是电视网旗舰演播室,跟我们一起工作的人员都担当相同的工作。

节目制作工作往往涉及以下领域的工作人员(括号中是学校演播室的情况):

1. 接待员(办公室职员、朋友或者学校员工)
2. 演播室经理(学校技术人员)
3. 工程师(学校员工)
4. 技术指导(学校员工)
5. 摄像师(学校员工)
6. 视频人员(学校里的职员或员工)
7. 音频人员(学校员工)
8. 舞台经理(学校员工)
9. 道具人员(学校员工)
10. 舞台人员(学校员工——有时是导演/制片人)
11. 灯光师(学校员工——有时是导演/制片人)
12. 喷绘人员(学校员工——有时是导演/制片人)
13. 演员,包括合唱、临时演员等
14. 图形师(学校员工)
15. 化妆师/发型师(学校员工,有时是导演/制片人,或者擅长此道的朋友)

接待员

嘉宾们最先与你这个制片组进行接触的就是前台接待员。这里是他们了解应该去哪个演播室还是去工作前的休息处。有时接待区域也是接收电话留言的渠道。无论你是需要租借演播设施还是需要专业人员的帮助,给接待处留一张写有工作人员名称和电话的名单都是明智的做法,说明谁是演员、谁是工作人员。一张按首字母排序的人员名单会给接待员的工作省事不少,特别是当演员、员工直接出现在前台或者是有电话要找人的时候。如果有特殊的要求,比如"我们在等一个联邦快递的包裹,包裹一到就请您通知我",你就务必要留一张字条给接待处。在午饭或是休息时间,工作的接替者就能够准确无误地过来接班。最好让制片助理事先知道什么时候倒班以便他们确认特殊指令。跟接待处的员工建立良好的关系通常会让你的嘉宾、演员在刚到此处的时候就建立一个正面、良好的印象。

演播室经理

通常会有一个专门负责维护物理设施的演播室经理。租用的演播设施一般会包括从安保、卫生服务到接待以及付款的全部服务。在地方电视台或者学校，这些工作就会由其他人来完成。在租借的演播设施和电视台里，如果节目制作过程中造成任何破坏，演播室经理代表的是演播设施的利益，与此同时演播室经理也会监督设备的任何"出借"，打个比方，如果制片公司需要对地板喷漆，演播室经理就是那个负责雇用喷绘人员、安排涂料放置区域以及租借电风扇来让油漆干得更快这类事情的人。通常来说，演播室经理对于演播设施可谓了如指掌，而且通常他们手中掌握着对制片方大有用处的人脉资源名单。大多数时候，他们并不能够参与到制片会议当中来，因为他们同时还要监督其他的制片工作。基于他们的强大作用，你最好在节目制作过程中为演播室经理随时提供更新的信息。

工程人员

总工程师是连接管理层和工程人员，以及工程人员和制片团队的重要纽带。总工程师详细说明合同责任，并在整个制片过程中代表着管理层在工程方面的利益。尽管他们是演播设施的员工，但在遇到工程方面的问题时，我发现总工程师总是努力去寻找解决方法并且用公正、诚实的方式判断问题。技术指导是节目组员工和导演之间在工程方面沟通的直接桥梁，典型的演播室工程人员团队通常由下列人员组成：

1. 一位技术指导
2. 两位、三位或者四位摄像机(或自动摄像机)操作员
3. 一位混音师

有时也存在以下几种组合：

1. 一位节目录制人员/播放操作员
2. 一到两位麦克风吊杆的操作员
3. 一到两位麦克风的音量操作员
4. 一位音效控制员

5. 一到四位公共设施负责人(如有线电视、水、电、电话)
6. 一位演播室升降机操作员
7. 一位演播室升降机收音器操作员
8. 一位摇臂操作员/摇臂摄像机操作员
9. 一位视频操作员

下面介绍这些工作人员最主要的前四项工作。

技术指导

在有些电视台,特别是在地方市场上,导演充当的其实是技术指导(TD)的角色。在主要市场中,技术指导是一个员工职位,并对全体员工负责。技术指导监督着整个制片过程的质量,维持工程标准。技术指导通常坐在导演旁边,操作特效发生器或切换器。技术指导将来自摄像机、图形设备、回放设备或远程信号源的信号和镜头、擦除或溶解指令等进行排序切换。导演或者副导演在拍摄或直播前让所有镜头或信号源都准备就绪,意味着提醒所有员工要进入下一个环节。那么接下来,技术指导的实际工作就是按下操作按钮,使信号源开始直播或录制到磁带或磁盘上。同时他们也通过切换器来负责片子的特效。他们插入键控抠像,包括亮度键控和色度键控,以及控制擦除、渐变和溶解等特殊效果。如果有数码效果设备,他们还能够实现视频的定位进出、飞行进出、旋转以及制作五花八门的我们曾在新闻节目和音乐电视中看到的光学/电子特效。技术指导通常还是提醒导演该让员工休息的那个人。技术指导应当锻炼出对开拍时机是否合适的正确判断能力。有时,当拍摄工作进入白热化时,导演可能在还未一切就绪时叫开拍;或者应该开拍时,但摄影师还没对焦或对准了错误的拍摄对象。如果直播时拍出了模糊的画面,那就是技术指导的问题;但如果他没听从导演的指令,那么错误也在他。在更广的意义上,在这种情况下技术指导应该如何做,并没有对和错。理想情况下,当混乱时刻过去,逻辑和理性会为正确的事实站出来说话;但无疑这种情况很少是这样的。专业地说,作为员工,不应该被要求做这种决定。开拍前,导演应当询问技术指导,是否一切就绪,需要安排好的是否都已经安排好了。

摄像师

摄像师负责对准焦点、推拉摇移画面、调高调低音量以及移动摄像机。在普通环境下,摄像师的专业性操作是不需要助手的。在有脚本或拍摄路线的拍摄中,摄像师根据自己的"分镜头清单"(shot list)工作,表单上列出了分配给这台摄像机的镜头(如图3.6和图3.7),这些内容我们在第6章中会谈到。制片人总希望摄像师能够在彩排、录制或直播时拍摄到或抓取到相同的画面。好的摄像师能够在根据简洁的指示拍摄出更好的画面；他们通过从高低不同的角度拍摄、运动拍摄以及解释性的摄像工作来达到这样的效果。比如说，如果一个演员进入了房间，路过一张桌子，摄像师会被要求跟拍"路过桌子"的镜头，有的摄像师会摇动镜头跟拍，有的摄像师会移动机器跟拍。移动机器跟拍的方法会让摄像机和机器底座从布景的一侧移动到另一侧，这样能够加强目标在镜头前移动的感觉。这两种都是可取的拍摄"路过桌子"的方法，但后者是一种更让观众兴奋的拍摄方法(一个明智的导演会要求移动机器并事先解释如何移动，而不是仅仅对摄像师说跟拍"路过桌子")。

图3.6 摄像机上安置有固定分镜头清单的夹子
资料来源：Chapman公司。

图3.7 把3×5英寸的卡片粘贴在摄像机上，是另一种简单的固定分镜头清单的方式

在一个没有脚本或拍摄路线的节目中，摄像师被期望能够理解导演需要什么样的镜头，并且为导演捕捉到这样的镜头。尽管如此，每台摄像机也需要有自己的分工。在录制小组访谈节目时，导演或许会安排1号摄像机对准主持人，2号摄像机负责全景，同时3号摄像机拍摄"周围"任何一个在说话的人。3号机器不会在下一个人一说话的时候马上就把镜头摇过去，相应地，这名摄像师要等演播室信号灯离开自己的机器后再把镜头摇过去。演播室信号灯是在摄像机顶端和取景器中的红灯。当操作特效发生器的技术指导(TD)选定了特定摄像机的画面时，那台摄像机的演播室信号灯就会亮起来，标志着"正在录制"本机信号。至少，摄像师不要匆忙摇动镜头或者拉出镜头以拍到正在说话的人。

混音师

音频部门负责声音，这就意味着音频部门的工作人员负责选择将要用到的音乐，除非导演或者制片人对某种音乐有特殊的偏好。音频人员负责安放麦克和铺设音频线缆的工作，要把线缆装饰覆盖好以免它们分散人们的注意力。在拍摄电视剧的时候，音频人员规划在哪里放置收音器前必须要把灯光因素考虑在内，尽可能使收音器的影子减少到最小。在一场拍摄中，至少要用到两台收音器，确保在一个场景中演员可以走动离开其中一个收音器而仍然能保持"在麦克风范围内"。在音乐节目制作中，音频部门负责为不同的乐器选择不同的麦克风支架以及不同种类的麦克风，同时也要决定是否有必要设置能够限制麦克风可收音量的吸音板。在实际节目制作过程中，混音师操作音频控制台(调音台)或混音器，为正在录制或直播的节目提供音频信号，或为后期制作和优化过程传送要被录制的最高质量的音频信号。可能需要一位工作人员为节目操作混音器，如果遇到复杂的节目则需再加一位工作人员；特别是当节目包含特别多的音乐或声音效果时。

在拍摄日间电视剧或是情景喜剧这样的戏剧性节目时，需要多位控制麦克风的收音器操作员。这里用到的收音器拥有带轮的支架和麦克风延长杆，可以随时把麦克风伸向演员，并能调整麦克风使之处于轴线上的位置以便收录到演员的最佳声音。通常操作员会坐在收音器支架上工作。还需要一个推动收音器的工作人员，负责拍摄期间调整收音器的位置以及把收音器从一个布景推到另一个布景。

视频操作员

视频操作员为画面的视觉质量负责。为保证画面质量的稳定性，电影和电视工程师协会(SMPTE)为我们现在所看到的电视画面设置了质量标准。在数码介质出现之前，录制在录像带上的画面必须在节目开始前满足以下要求：

1. 留出一分钟作为预卷带(wraparound)
2. 至少30秒"色条和音调(bars and tone)"，用来校准色彩和声音
3. 在最初的上述片段后留出黑场
4. 显示场记板
5. 倒计时，从10倒数到3，为节目真正开始前预留出最后几秒音视频准备空间
6. 两秒黑场，避免倒计时的最后几个数字被意外播出
7. 节目本身

自从节目录制数字化以来，这些要求都改变了。"色条和音调"始终被保留着但已经不是服务于播出，现在是用于摄像机和音频控制。

———————————

"色条和音调"中的每一条颜色都是不同的，代表着电视上原色和合成色。彩条信号是由符合SEPTE标准的色条发生器创建发出的。视频操作员可以根据彩条信号调整摄像机设置以保证画面色彩的一致性。"音调"，即声音的标准电平/参考电平，模拟格式下在标准音量表(VU表)中被记录为0VU；在

数码格式下，参考电平为-12db(FinalCut软件使用的是-12db，这已成为一种标准；不同国家或国际演播设施里也有使用一些地方标准的，比如-13db或其他数值)。为了最终编辑的目的，声音参考电平用来指导录制标准。在数码环境下，节目包装的形式与文本文件一样；节目文件被命名；节目在做好播出准备时，其音频、视频质量应合乎播出标准；没有引带或倒数计秒。对于音视频所需要进行的校正工作都必须在录制和编辑阶段完成。对于大多数节目来说，与节目有关的数据资料必须保证在服务器端是可读取的、但不能伴随节目播出。因此，这就必须提前回放节目以验证是否将要播出的文件。尽管如此，可见的节目场记板内容还是能在一些节目的开头被找到，播出这些节目的电视台就能够验证这确实是他们要播出的那一集。在录制过程中，视频操作员操控摄像机，以对视频的录制进行调整。理想情况下，所有摄像机的画面都在其最高水平上被录制下来，所有的摄像机看上去也应匹配得很好。作为一名制片人/导演，你不需要知道如何去具体操作这些，但是你必须确保在节目录制过程中有某个人正在监督质量控制，通常是视频操作员监督视频和音频工程师监督音频。

尽管具备等离子或LED数码显示器比老式显像管模拟显示器更少产生色差，但控制室的显示器不能完全精准地显示出实际录制的颜色。通常只有在视频操作员的工作台上才会有最精确传递的图像和颜色。画面的质量是节目制作中需要相当大信任度的一个领域，因为不是所有的监视器都能完全匹配，比如有些显示器比其他的要旧一些，有些显示器的某个零件烧得比其他监视器要快一些。

有一次，我在一个商业广告节目组里工作，一名广告业务高管走进了一间联席编辑室。他把手里的一瓶粉红色胃药"佩托比斯摩"(Pepto-Bismol)放在了他的编辑员的显示器上面。他说："这就是佩托比斯摩的颜色。我希望我的产品出现的时候电视就显示出这种颜色。"工程人员设法按照要求在显示器中显示了那种颜色，但那间编辑室是这座设施内唯一显示出这种粉红色的房间，因为不是每一台显示器都是匹配的，这座大楼的其他显示器显示出的都是另一种不同的粉红色。当然，每一台观众家中的电视显示出的也都是它自己版本的粉红色。你希望能够录下最高质量的画面并把它转播出去。但是导演/制片人没有更多的选择，只能相信视频操作员的显示器真正显示了录制下来的画面和颜色。

舞台经理

舞台经理(或舞台监督，stage manager)是导演在舞台上的代表。他们的职责是确保演员和工作人员在需要时各就各位，他们必须做好连接舞台和控制室的纽带，同时舞台经理也要充当管理层的桥梁。在大型节目制作中，舞台经理的工作通常被细分开来，因此需要第一、第二、第三或者更多的舞台经理。以颁奖典礼节目为例，舞台经理有：

1. 负责抵达接待的舞台经理
2. 负责舞台左侧的首席舞台经理
3. 负责舞台右侧的舞台经理
4. 负责后台更衣室、公共关系区域的舞台经理

特别的，舞台经理负责同四个群体打交道：导演/制片人及其下属、舞台和技术人员、演员，以及管理层。

1. 制片人群体。按照规定，舞台经理是为导演服务的，将导演的指令下达给基层工作人员并且负责与舞台人员、技术人员、演员和管理层的互动。尽管如此，舞台经理有效工作的能力往往取决于他/她为谁工作；一旦指令链条断开，其工作将变得非常困难。

打个比方，如果制片人或者投资方直接与演员交涉而跳过了舞台经理或者导演这一环，往往就会出现问题。如果演员按照制片人或者投资方的指示去表演，混乱就会发生。制片人或者投资方在制造出这种情况时往往还不知道他们的指示的后果。制片人或者投资方根本不知道图形师、音频人员往往同时有其他许多工作，更不要说摄像师，对于任何一点新的调整都要花费相当多的时间。因此，最好确保一条唯一的指令下达链条并且严格遵守。最保险的做法是导演把指令下达给舞台经理，然后舞台经理再通知到各个人员。这些指令也许最初就是制片人、投资方或者其他什么人下达的，但至少导演可以随时就位，并为可能发生的情况作出预先准备。

2. 舞台、技术和工程人员。舞台人员由下列舞台工作人员(stagehands)和工程人员构成：

- 舞台人员，要负责卸货、搭建和运行布景的所有操作和效果。此人还负责演出的运行，比如说在《歌剧魅影》(*Phantom of the Opera*)的演出中控制吊放水晶吊灯，或者为踢踏舞者拉动背景幕。在需要布景转换的舞台上，当演员或歌手在台上时，他们要上台手动更换整个舞台设置。某些组织中，负责布景搭建的人员可能与负责运行的人员不是同一批人。
- 喷绘或建设部门，负责布景的视觉效果和正常工作。其工作还包括补漆润色和

修补布景，以及在需要的时候添加新的材料，比如当布景的某个部位突然需要额外支撑时马上安装支架。
- 道具师，负责布景道具和手持道具。
- 电工部门，负责灯光以及布景中任何部分的电力供给，包括从带功放的乐器到实用电子设备和特效的电源线的一切东西。
- 特效人员，负责机械特效、化学特效、光学特效以及电子特效工作。

工程人员可能也要向舞台经理报告工作，尽管多数情况下技术指导才是同工程人员保持接触的人。当舞台经理在空闲时，或者当嘉宾们或外请艺术家们正在场地内忙着摆弄一些技术设备时，比如在演出期间台上的表演需要技术人员随时添加音乐或数码音效时，舞台经理往往会被叫进来参与工作。

3. 演员。根据美国导演协会(DGA)的合同，舞台经理负责安排化妆间，这样做是为了让演员(艺人)更快地各就各位。由于舞台经理的职责之一是在演员上台前提醒演员，因此舞台经理必须保证在需要演员的时候马上就能够联系到他。

4. 管理层。一名出色的舞台经理需要了解规范演播设施操作的各种规章。很久以前我在纽约的WNET做舞台经理时，我的职责之一就是催促嘉宾在节目录制结束后马上结束对话。与我相反，舞台工作人员必须在演播室完全清场后才能够离开演播设施。嘉宾喜欢在节目录制结束后继续闲谈，但这会使工作人员为等待他们结束谈话而超时使用设施，造成数千美元的损失。相似的，舞台经理可以提醒一个访问制片人员注意即将到来的休息时段，以便让他更好地规划利用这段时间。

在任何情况下，舞台经理都应该是一个机智善于应变同时立场坚定的人，他需要时刻了解制片过程中发生了什么，即使是最简单的指令转达也需要相当程度的机敏。导演的指令"告诉那个傻瓜马上坐下"，最好转达为"先生，请您落座好么"。

有时候舞台经理的紧急提示甚至能够挽救一整场演出，比如说有一次舞台经理紧急提示我说刚才已经预报了的一名马上要上台献唱的歌手有些喝多了并且没有拉上裤子拉链。于是我们只拍摄了他腰以上的部位，这样他看起来不但没有喝醉，而且好像被他所唱的歌词感动而更加深沉。

在整个制片过程中，舞台经理都要时刻注意演员、工作人员、制片团队和管理层的特殊需求。

舞台人员

舞台人员(stage crew)要负责节目运行时所有的运行事宜、卸货运入和搭建布景。这意味着他们要接收布景、阅读平面图、在地板上做标记——通常是在场景设计师的监督下,然后在地板上给定的位置重新搭建起布景。他们帮助实现布景搭建时需要进行的细微校正工作。布景搭好后他们负责运行,这意味着要仔细查看属于布景的任何效果,比如在"办公过道"布景中检查其中电梯门的开启和关闭是否正常。

有时候关于布景的效果还会产生一些权责上的问题。当我还是纽约当地电视台的一名员工时,由于权责问题我们不能使用新的电控机械两用场记板,问题在于这一场记板是应该归为电子设备并交由NABET/IBEW员工操作呢,还是归为机械设备并交由负责机械设备的IATSE员工操作呢?(因此我们数年来一直使用粉笔写字的场记板。)

员工的数量规模,可以由演播室所需的最低人手数量所决定,但更多数情况下,是由节目使用舞台工作人员数量最多的那个时刻所决定的。曾经在一个彩车游行的拍摄现场,一名制片人抱怨他被迫使用最大数量的工作人员;他所说的时刻是在该事件直播的30秒休息时间里,需要大量工作人员抬起一辆汽车并且搬开。大多数工作人员在此时刻前后的工作量都很小,但为了那个简短的时刻却不得不雇用他们。

喷绘人员

喷绘人员(paint crew)一般附属于场景建设部门。电视网可能会雇佣油漆工或艺术师,但是大多数电视节目并没有固定常驻的喷绘人员,这开销太大了。当布景刚刚从喷绘店搬出来的时候,一般会安排一名场景艺术师(scenic artist)随时应招修补,这是因为布景画从喷绘店到演播室的运输途中很难保证没有磕碰,这个时候油漆工就会被叫来给布景补漆润色。

在纽约和洛杉矶工作的时候,我跟许多场景艺术师一起工作,他们非常擅长把布景表面画成像大理石、陶土或是许多树木纹路的图案。可想而知,聘请优秀的美术人员是非常昂贵的,但最终他们对于整个节目的贡献是显而易见的,因此聪明的导演和制片人手中都有一张自由职业美术家的名册——既包括技艺娴熟的人,也包括经常出问题的人。

道具人员

一般来说,道具人员(prop crew)包括一个道具主管和有必要时相当数量的助理作为工作人员。他们维护着特定的、有时使用的道具和一般的常用道具(比如电话和文件夹),他们为节目所需收购和寻找特殊道具。他们还负责烹制镜头中所需的食物,尽管这与重新加热咖啡厅的饭菜没多大区别。

有时候同时需要外勤和内勤的道具人员。外勤人员负责演播室以外的房屋租赁和与供货商打交道,内勤人员则负责节目的运行。城里的制片公司和剧院公司的道具部门往往随时追踪留意古董店、二手商店和特殊物品商店，因为常常需要从那里为舞台剧、电视和电影租借道具，同时这些商店也能够帮忙寻找特殊道具。

大多数情况下，"外部打包供应商"会派出他们自己的道具负责人与演播室人员合作。节目组的导演和制片人与被外部打包供应商指派来的人员一起工作。在这种情况下，与分配演播室和工作人员的操作人员建立良好的关系就显得尤为重要，这能使特定员工负责的演员占有优势。好的道具主管希望尽可能早的读到剧本，把剧本中读到的东西马上转译成所需道具的列表。他们拥有丰富的资源并且常常提出有效的建议。有些道具人员还是某个领域的专家，当有人能够对你的节目需求非常敏感时将会对你有很大帮助。

灯光师

灯光设计师为节目设计灯光效果。灯光师要为一份1/4英寸比例尺平面图叠加注释上一层灯光设计，内容包括：

1. 需要用到的灯具种类
    a. Fresnel: 菲涅尔灯，行业标准用灯，作为聚光灯或泛光灯。
    b. Ellipsoidal Reflector: 聚光灯(比如Liko等)，一种用于照亮鲜明轮廓的灯具，修整照亮精细的区域；与金属切片(cutouts/cukoloris)一起使用可制造出阴影，比如经常用到云和树叶的模板。
    c. Scoop: 泛光灯，一种产生柔和光线的照明灯，一般用于照亮布景。
    d. Softlight: 柔光灯，一种大型灯具，提供柔和的、散射的、无影的灯光。
    e. LED多源强光灯：射程短，用于摄像效果极佳。在背景幕上混色效果好。宣称能效高，无热损耗。
    f. Fluorescent荧光灯：柔光，散射，但不易控制。
2. 每件灯具的瓦数
3. 每件灯具在金属杆上所悬挂的位置
4. 每件灯具悬挂之后的照射方向
5. 每件灯具的功能(有时候省略)

首席电工或者灯光控制板操作人员负责安排灯具的各种附件或插头。

一旦基础布景摆放就位，各种灯具也悬挂完毕时，灯光人员就开始为灯具调焦。首先，一个灯具的聚光点被设置在它照亮的布景特定区域的中心，然后光线的照亮范围扩散到灯光师认可的合适程度。灯光的边缘由遮光板来修整，遮光板是一种金属配件，切除光柱的整体的边缘；此类光线通常会用在门、窗户或者是布景的某个边缘，以便使这些特定区域实现其现实中本来的光照效果。灯具还可以通过网眼纱布(一种用于柔化和散射光线的玻璃纤维材料)或含有金属的滤光屏进行滤光。过滤过程降低了照射到布景上的光线的英尺烛光(照明单位，指每英尺距离内之照度)，而又不损失色值。过于明亮的光线在经过过滤之后，可以避免在演员身上或者布景上制造出强光点(不自然的明亮区域)。制造影子的金属切片或者模板，可以在此阶段加进来制造阴影；比如远方的云朵影子、窗外的树叶影子、百叶窗影子等。多数情况下，多机位电视节目中的导演/制作人与这个制片阶段并无太大关系。但在某些市场中，导演/制作人要亲自操作灯光。

演出人员

摄像机内外的表演者都被称作演出人员(或艺人，talent)，比如说男女演员、歌手、音乐家、杂技演员、特技演员、主持人、旁白、教授、群众演员，甚至是训练有素的海豹等，这里仅仅列举一小部分。但是对于嘉宾(guest)和选手(contestant)，我们一般不把他们称为演出人员，而是保持"嘉宾"、"选手"的称呼。

由于他们与节目密切相关，因此在不必上场时他们需要一个地方休息。舞台经理需要知道如何安置他们。作为演出人员和制片公司之间的纽带，舞台经理必须容纳制片方可能提出的任何要求，包括对演出人员的特殊安置，舞台经理必须应对自如。但是导演和制片人也必须知道，有时候艺人提出的过分要求超出了舞台经理能合理提供的范围。

合唱队、临时演员、亲友、动物……

除了上面提到的几种类型之外，舞台经理还必须和其他许多人打交道，包括经纪人和经理人；还有其他不熟悉演播室要求的人，包括演出人员的家人和朋友、各种检查员以及驯兽师和他们的动物(从狼蛛到大象)、合唱队员、社会团体、宗教团体以及群众演员。当导演知道这类人要来访时，最好尽早通知舞台经理去做好准备。要知道，这些人需要的准备时间往往比那些早已熟悉电视节目制作流程的人要多得多。

图形师

图形艺术师，或者说是"图像编辑"，为节目或事件的图标、标识制作图像。他们有时候还为视频制作时的叠印工作创建类型样式，叠印是为了给视频提供基本信息。一般这种样式是用于标明演出人员的名字或者告知观众此节目是现场直播还是稍早前录制的。一般在节目制作过程中，图形艺术师或是字符发生器操作人员被要求要么在演播室现场，要么随时应招。新节目一般会被分配有常规的图形艺术师以及字符发生器操作人员。他们也可能会使用内建在编辑软件包里面的图形程序。

图形艺术师或字符发生器操作员需要尽可能及时地获得一份所需图形的清单，包括姓名、头衔或插图原件。他们输入信息或插图、标识或图标，然后在节目开始制作前认真检查；理想状况是不要给他们时间压力，尽管这在新闻节目制播中很难做到。

关于节目结尾的演职人员名单(end-credits)，最好是由制片人明确这些图形和文字出现的顺序，以及哪些内容应同时出现在屏幕内。相反，导演和编剧的姓名和头衔应获得一个全屏展示。通常，导演的姓名和头衔要么出现在片头的最后一个画面，要么出现在片尾的第一个画面。其他与节目制作有关的人的姓名和头衔可以共享一屏画面，或者作为上下滚动或左右滚动字幕的一部分。这些信息越早被得到，这件工作就会越容易做得精确。无论什么时候，所有图形和文字在播出之前都要被检查和再次复查以确保无误。我曾经负责使用"下三分之一叠印"(lower-thirds super)的方式在画面下侧三分之一处添加图形和文字，当时标注了一位来自纽约的参议员雅各布·贾维茨为民主党员。但事实上他是共和党员，作为一名导演，我应该事先就发现这个错误。

化妆师和发型师

化妆最常见的功能是让演出人员看上去符合"常态"，但事实上，演出人员是在非常态的场合中被众人审视。与布景灯光、电视制作过程(二维、镜头扭曲等)以及表演或采访的现实情况等打交道，一点都不符合"常态"。至少，化妆粉会遮盖住肌肤在自然状态下产生的油光，这种油光会在强光和特写镜头下显得尤为明显。

然而，化妆常常会超过使人看上去符合常态这个程度，而是加强了演出人员或者嘉宾的外貌。但化妆不是整形手术，对于什么能做、什么不能做是有一个限度的。有些人通过化妆能够强调自己的天生特点，有的人却不能。导演/制片人更希望让化妆师放手去操作，这样他们对于做出的妆容就能有更明确的想法；但如果这样，导演与化妆师、发型师的讨论就显得非常重要了。至少导演/制片人需要知道如何建立一个时间表以确保艺人按时到场。我认为如果没有特殊要求，女性一般需要30～60分钟化妆，男性需要10～20分钟化妆。如果对于妆容有特殊要求，比如涉及假体部件——安装假鼻子、假伤疤、史波克先生[1]加长的假耳朵等，化妆就需要更长的时间，化妆师和嘉宾就要做出相应的调整。

---

2. 史波克先生(Mr. Spock)，美国科幻电视系列剧《星际迷航》中的人物，译注。

化妆间对于演出人员来讲通常是个非常安静的地方。在化妆过程中艺人不能说话，因为脸部的动作会影响化妆的过程。化妆间也是个减压的场所，但是有的时候导演或制片人却不得不打破这种宁静，进来下达关于节目的一些指令，比如说"你在节目的第二阶段出场。在广告时段，舞台经理迈克尔会从休息室里陪你过去。"

许多名人会要求使用自己的指定化妆师并且要求制片方为此买单，有时候这种做法是好的，但有时却不是。名人的私人化妆师更了解怎样更好地为这位名人服务，而且熟悉的面孔会让名人感到放松和舒适，这两个方面都会间接使节目达到更好的效果。但是如果名人的私人化妆师不愿意按照节目的要求工作，就会产生问题。使用哪位化妆师这样的问题在最初邀请演出人员的时候就应当谈妥。

后期制作阶段

如果节目需要被编辑，通常节目的主体部分一旦拍摄结束，就要进入后期制作的步骤。早在后期制作真正开始之前，导演/制片人就要进行后期制作的思考。然而，某些节目格式，比如商业广告片，导演并不参与编辑阶段的工作。不同形式的电视节目的后期制作也各不相同：电视剧跟纪录片不同、单机位与多机位不同，等等。这些差异对拍摄的方式有很大影响。比如，在单机位格式的拍摄中，摄像师和导演/制片人在每个镜头的开头和结尾处留出足够多的长度，以便在创建剪接进出点的时候有足够的选择。对于多机位的拍摄，就没有进或出那么简单，在节目的开头和结尾处都必须倍加谨慎，需要拍出多组旁跳镜头(cutaways)以供编辑过程使用；这就意味着，比如，要注意拍摄谈话节目中点头赞同的人(第10章中会讨论到)，音乐节目中鼓掌的镜头，新闻和纪录片中的旁跳镜头或报道镜头。这本书的其他章节讲到了不同格式的电视节目后期制作需要注意的各个方面。

以下是涉及后期制作的几类人员：

- 客户主管/销售
- 日程安排
- 接待
- 资料
- 运输
- 编辑、图形师、助理
- 混音师

客户主管/销售

如果导演/制片从事的是室内(in-house)工作的话——"室内工作"可以指从电视网节目制作到高中学校演播设施的任何工作——一般不会有专门负责节目销售的部门。导演/制片人最多会跟设施的运行人员或工程人员进行协商，而不会以客户服务型的关系形式与自己的同事进行互动。学生—教师式的关系，同样也不同于销售员—顾客式的关系。

后期制作设施的销售代表或客户主管会试图让导演/制片人意识到在他们这个设施工作比在其他地方能够有更多的好处。他们会指出自己设施的优点，包括费率、特殊装置，以及特殊员工。

由于诸多的不可控因素，在众多设施中选择后期制作设施变成了一件非常困难的事情。比如各家设施的租用费率从来都不是基于同一个功能包来计算的。比如，一家制片设施会把图形设备作为编辑设备包的一部分，但另一家设施则对此设备单独收费。有的设施提供的是最新最好的切换器，而另一家设施提供的是去年产的设备。这些因素都或多或少影响租用费率。通常是制片人，而不是导演，根据不同节目的不同需求对此作出最终的决定。当节目需求都已明确，选择后期编辑的时间和地点就要容易解决得多。如果一家设施无法做出某种画面擦除效果或特殊效果，但你还想继续使用这家设施，那么你会想出一个有创意的方法来解决问题的。

客户主管、销售代表或他们的员工会对去哪里寻找他们无法提供的设施或人员等相关问题提出建议。比如，如果他们没有图形制作室，他们会向你建议一个。他们会尽可能地帮忙，但是除了提供建议之外，他们的帮助就仅限于让你使用办公设备，比如电话、复印机或是一台为客户提供饮料的冰箱。如果你在电视网、电视台或其他任何情况工作时，遇到确实有设施的员工在帮你做实际的动手编辑工作，那么这位编辑就是设施提供帮助的主要来源。

日程安排人员

编辑环节需要日程安排工作。日程安排人员需要知道你进行编辑的具体日期和时间。也许某个时间段并不能使用编辑设施，因此最好记住几个可替换的备选时间和日期。日程安排人员需要知道你打算用到哪些设施以及工作时长，也许你一整天都需要使用一套完整的编辑设备包，但其他设施只在下半天使用。有些设施的图形设备使用费是用多少付多少，而有些设施则把该部分费用包括在了整套设备包中。知道你将以怎样的方式付款，能让你以最经济的方式安排整套设备包的使用时间。

接待员

因为在制片设施内工作,因此最好为设施的前台接待区提供一份名单,把跟你一起从事编辑工作的人员姓名列在上面。

资料员

如果你的节目制作过程中有大量的素材需要编辑或运送,或者需要大量获取素材,那么资料员的作用就非常巨大了。一项节目制片工作通常在开始时只有三盘Beta母带,但实际情况是逐渐需要增加大量的素材,比如不同视角的副本、音频剪辑带、合成带和各种图形文件等,这些材料或多或少会在当前的制作工作中马上用到。你能给资料员提供的帮助就是赞赏他的工作,这样的赞赏往往会让资料员全部、持续、精确地完成贴标签的工作,包括姓名、编码和日期。

运输

一份打印好的运输清单和运输信息能让你节目制作的运输工作运行顺畅,这些信息包括你公司的空运账单号(这会使设施替你发出的相关运输物品计入你的账单)或操作指南。最好是提供包含有相同信息的电子文件或者光盘,但请确保你所提供的内容格式能够与制片设施的运输部门的系统相兼容。

编辑人员和编辑工作

编辑工作的历史

这本书主要是关于多机位拍摄的节目制作。大多数节目制作部分并不需要编辑或只需要很少的编辑工作。尽管如此,导演和制片还是要进行编辑工作。下面这段简短的历史也许能帮助解答我们为何要这样做编辑工作的原因。

最初的电视节目是直播。第一种录制电视节目的方法是把视频监视器内的影像录制在胶片上,被称作显像管电视(kinescope)。显像管电视节目通过邮件来运输,使国家不同地方能够看到这就是电视节目。录像带的出现是在1957年,这大大提升了播放的质量。录像带编辑工作来源于传统的录音带编辑工作。2英寸宽的录像带的剪切、连接和处理工作与1/4英寸宽的录音带基本相同。但是录像带最大的复杂性是声音和图像有半秒钟的不同步,也就是7.5英寸长的录像带长度。一种不是很精确的机械式录像带计数器被用来追踪录像带的位置。

编辑工作第一次进步是通过播放来重新创建一个母带。通过辅助磁道(cue track)上的音调来找到可重复的编辑点。第一次进步的代表是1967年问世的编辑设备Editec，它能够允许编辑人员控制编辑点上的帧的切换。

1967年，电影和电视工程师协会(SMPTE)为编辑工作设定了"30帧标准"(30 frame code)，这让在录像带上进行特定位置定位和持续地进行当时流行的线性编辑成为了可能，同时，这也成为了计算机编辑的行业标准。

由于数字媒体的出现，编辑工作发生了根本性的改变。运用数字媒体，编辑能够在节目音频和视频的任何一处进行编辑。视频、音频上的任何部分都能被即时寻获和进行编辑。影像能被改变尺寸、改变颜色、重新排列次序或者替换。声音可以清除、优化和替换，并且精确到每一帧。录像带正在渐渐被硬盘驱动器或者固态硬盘媒介所取代。

编辑人员

编辑人员曾经是为制片设施工作的。事实上，一名或者几名优秀的编辑才是真正吸引客户租赁后期制作设施的主要原因。每一家后期制作设施都会提供两项服务——设施硬件设备的使用权，包括最新的切换器、最先进的胶片-磁带转换系统；最重要的是第二项，设施的编辑人员、播放操作员、设备维护员、计算机图形师(CG)或图形操作员。提供全套编辑服务的设施很常见，但也有很多能为不同设施进行编辑工作的自由职业编辑人员，可以在客户的办公室或者自己家里工作。

不论在哪里做编辑工作、谁做编辑工作，工作流程都是十分相似的。以U盘、DV-Cam、DVC-Pro、蓝光光盘等介质存储的素材被传送(或录制、推送、接收)到接收站的服务器里，然后被编辑人员作为文档开始处理。这个过程并不都是固态存储的，但是越来越无带化。

作为一名导演/制片人，你有可能亲自编辑，或者与你自己的编辑、设施指派的编辑或者临时雇用的自由职业编辑一起从事编辑工作。在开始编辑工作前，你要确保已经准备好了编辑过程中要用到的所有素材。你可以用核查素材是否到位来作为编辑工作的第一个步骤。在开始实际编辑前，从编辑那里取得帮助也许不像你想象的那么顺利。如果编辑正在忙着做别人的工作，虽然他可以通过电话免提功能来听取你的工作安排，但这样子他就没办法认真参与到关于你的编辑工作细节的即时讨论中了。你需要准备好包括下列几项在内的所有与编辑工作有关的东西：

1. 原始素材，以U盘、DV-Cam、DVC-Pro、蓝光光盘等形式提交到服务器；
2. 媒体中可以被编辑系统找到的音轨；

3. 媒体中可以被编辑系统找到的图形素材；
4. 一份决策清单，写清楚基于原始素材的、每一个剪接的进出编辑点；
5. 一份工作人员名单，按照展示顺序进行安排，标出屏幕规划以及哪些已完成姓名拼写检查，如果编辑过程中要加入这份名单的话。

混音师

混音师负责节目最终的音频。对于某些节目格式来说，比如只有一个同步音轨和一个音乐或音效音轨的时候，这项工作很容易完成。如果是这种情况，那么这一节目或广告片在编辑过程中就可以直接完成混音。如果需要进行大量的混音，那么就有必要进行一个优化处理过程。

在这种情况下，所有的音频元素和相关附注都应该在混音环节前进行汇总。混音环节开始，音频会被导入一台多音轨录音器或电脑，每个音频元素都要按照数码录音的标准设置逐一导入。接下来进行第二遍处理，依次设置需要强调的某个音频元素。最后主音频被完成混音处理，再放回到母带音轨中。

管理服务

除了涉及前期制作、制作和后期制作的人员之外，导演/制片人还会遇到其他许多类人：

1. 经纪人和经理人(你自己的或者代表你雇佣的演出人员的)
2. 会计师和律师(你的或者你的演出人员的)
3. 公关人员、宣传人员和广告主管

作为一名导演/制片人，你是在媒体中工作，你不仅代表自己，还代表节目和节目中涉及的演出人员们。

4. 音乐版权人员(music licensing personnel)。在音乐版权事务中，你会同帮助你找到特定音乐的人、获取特定音乐使用权授权的人一起工作；这两者也许是同一个人。其中最基本的问题是，如果你的作品打算公开播出，你必须取得节目中所用音乐的使用权。这需要获得作曲者、演唱者或者版权所有人的许可。
5. 库存影像版权人员(stock footage licensing personnel)。在这里，同样要获得与音乐版权相同的许可。大多数库存影像公司会对查阅影像收费，以及根据不同用途对被使用的影像素材以秒为单位收费。比如，针对全国播放的商业广告片的费率就要比针对地方电视台的费率高。一些与库存影像相关的问题会第7章中提到。

6. **餐饮供应商(caterer)**。多数时候，你使用的设施会跟一家餐饮供应商有约定，餐饮供应商一般会有自己的厨房或者提供菜单并从附近的餐馆提供送餐服务。在电视网或者地方电视台中，作为员工的导演、制片人以及其他工作人员在休息时自己去给自己买饭。拍节目时，如果有外聘的演出人员或者外景拍摄，需要制定一项预算来提供午餐或晚餐。在大多数学生自制节目中，演出人员和员工的餐费是一项基本的开销。

7. **运输人员**。如果需要进行运输工作，比如运输布景部件、灯具、吊装设备等，你就需要雇佣工会货车司机了。制片工作也需要使用面包车来帮助制片助理从宾馆接送演出人员或把工作人员送到外景地。

8. **外景地服务人员**。外景服务人员负责安排与拍摄工作相关的部分或者全部服务，包括：

    a. 外景地搜寻和保障工作。一些房东或外景地每天要收一大笔钱。场地的日租费从数百美元到数千美元不等(不论价格如何，外景地拥有者对于拍摄后的场地状况非常挑剔)

    b. 外景地安全

    c. 取得许可

    d. 餐饮安排

    e. 往返外景地的交通、住宿安排

    f. 外景地内的交通、住宿安排

    g. 离开外景地时的清洁工作(这一点非常重要，需要特别明确外景服务内容中是否提供此项。每个服务阶段的费用细节都很关键)

9. **保险经纪人和他们的员工**。拍摄的保险费可能非常昂贵。大量不寻常的装置进出拍摄场地、地上遍布电缆、发热的灯具环绕着拍摄区域，事故随时都可能发生。拍摄场地成为高风险区域，高昂的保险费用反映了对这种场地工作的顾虑。

10. **工会、行会成员**。如果你的节目制作工作涉及一些代表你的员工的工会或行业协会，那么就要询问设施或者单元制片经理关于可能影响到制作时间安排的具体合同责任。在事情可能发生前就做好预计并安排好工作。

在完成节目制作的过程中，导演\制片人会跟许多人员一同工作，每个人对节目都有着独特的贡献。发现他们的特定需求、通过给予他们所需的信息和时间来帮助他们工作，是保证高质量节目制作的关键。

本章小结

前期制作阶段

涉及电视制作的相关人员：

1. 产品执行人：对节目或电视系列剧负最终责任
2. 制片人和播出线制片人：运行每日节目
3. 副制片人/助理制片人：辅助制片人/播出线制片人
4. 制片助理：记录笔记，帮助制片人
5. 导演：对节目制作负责，包括规划和喊开拍
6. 副导演：使拍摄准备就绪，负责计时
7. 舞台经理：导演在前台和后台的传声筒
8. 单元主管：追踪成本，确保为供货商付款
9. 运行人员：分配设施，有时分派人员
10. 工程人员，以主管工程师为代表：负责设施的所有工程需求，包括硬件和软件
11. 会计(有时)
12. 布景设计师：设计布景，有时装饰布景
13. 艺术指导/布景装饰人员(有时)：装饰布景
14. 灯光设计师/电工
15. 图形师
16. 化妆师/发型师
17. 服装师
18. 演出人员
19. 音响师
20. 特效人员
21. 舞台人员
22. 喷绘人员
23. 道具人员
24. 驯兽师
25. 司机
26. 炸药专家
27. 追星族俱乐部代表
28. 环保人士

29. 武术专家
30. 安保人员

制作阶段

节目制作费用被分为线下费用和线上费用。节目制作通常涉及负责以下领域的工作人员：

- 一位技术指导：负责员工、视频和工程标准
- 两位、三位、四位或更多摄像师(包括自动摄像机操作人员)
- 一位混音师：负责所有声音

有时候，以下几种组合方式也是存在的：

1. 一位音效师
2. 一到四位公共设施负责人
3. 一位演播室升降机操作员
4. 一位演播室升降机收音器操作员
5. 一位摇臂操作员/摇臂摄像机操作员
6. 舞台经理：导演在片场的代表。他们同四个不同的群体打交道：
    a. 制片人群体(导演/制片人还有他们的员工)
    b. 舞台和技术人员(工程、布景、喷绘、道具、电工以及特效人员)
    c. 演出人员
    d. 管理层
7. 道具人员：道具人员负责获取或制作道具，并为节目操作道具
8. 舞台人员：负责布景
9. 灯光人员：灯光设计师设计整场演出。灯光设计师为节目设计灯光效果。灯光师要为一份1/4英寸比例尺平面图叠加注释上一层灯光设计，内容包括：
    a. 灯具种类——Fresnel、Liko、Scoop等
    b. 每件灯具的瓦数
    c. 每件灯具在金属杆上所悬挂的位置
    d. 每件灯具悬挂之后的照射方向
    e. 每件灯具的功能(有时候省略)
10. 喷绘人员
11. 演出人员：包括合唱团员、临时演员等
12. 图形师

13. 化妆师/发型师

注意在实际节目开场时往往可以看到场记板。写好数据的场记板总会出现。对于系列节目来说使用可以看到的场记板是个好主意，便于负责播出节目的人验证这确实是他们要播出的那一集。

后期制作阶段

后期制作涉及的人员如下：

1. 客户主管/销售
2. 日程安排
3. 接待
4. 资料
5. 运输
6. 编辑、图形师、助理
7. 混音师

编辑工作的历史

- 源于传统的录音带编辑工作。2英寸宽的录像带的剪切、连接和处理工作与1/4英寸宽的录音带基本相同。机械式录像带计数器用来追踪录像带的位置。
- 编辑工作第一次进步是通过辅助磁道上的音调来找到可重复的编辑点。
- 编辑设备Editec能够允许编辑人员控制编辑点上的帧的切换。
- 电影和电视工程师协会(SMPTE)为编辑工作设定了"30帧标准"。
- 数码录像：视频、音频上的任何部分都能被即时寻获和编辑。影像能被改变尺寸、改变颜色、重新排列次序或者替换。声音可以清除、优化和替换，并且精确到每一帧。

除了涉及前期制作、制作和后期制作的人员之外，导演/制片人还会遇到其他许多类人：

1. 经纪人和经理人
2. 会计师和律师
3. 公关人员、宣传人员和广告主管
4. 音乐版权人员

5. 库存影像版权人员
6. 餐饮供应商
7. 运输人员
8. 外景地服务人员
    a. 外景地搜寻和保障工作
    b. 外景地安全
    c. 取得许可
    d. 餐饮安排
    e. 往返外景地的交通、住宿安排
    f. 外景地内的交通、住宿安排
    g. 离开外景地时的清洁工作
9. 保险经纪人和他们的员工
10. 工会、行会成员

第 4 章

小组谈话节目

许多人是从执导小组谈话节目开始他们的电视导演职业之路的。这一类经常被称为"头部特写"的节目，是周日早上电视网或是公共频道里播出节目的主要组成部分。它们有可能是最受欢迎的且制作成本最低的节目。了解怎么拍摄好它们会使其他节目格式的工作更加容易。尽管其他节目格式的准备工作存在差异，但统领着小组谈话节目的那些惯例，对于摄制任何种类谈话或讨论都是同样有效的。这些惯例可以应用于电视剧、情景喜剧当中的讨论，或是简单的夜间谈话或综艺节目中的调侃。以下是你准备制作小组谈话节目时必须知道的一些要素：

1. 前期制作：规程或流程
2. 平面图和设置
3. 座位安排：180度还是360度，具体如：
   a. 一位主持人加一位嘉宾
   b. 一位主持人加多位嘉宾
4. 制作：排练
   a. 排练一档小组访谈节目的程序
   b. 为节目计时
   c. 拍摄的选项
5. 后期制作，编辑：整理谈话文本

前期制作阶段开始于拟定流程、设计平面图和设置。做好谈话节目的最简单的方法是想象只有一位主持人和一位嘉宾坐在半圆形背景幕构成的"迷失域"中，半圆形背景幕或"浮雕黑"背景幕，在低预算的各种电视谈话节目制作中非常流行。这种节目通常由两个或两个以上的人坐在演播室中，由黑色的幕布(浮雕黑幕)围绕，或者由彩色背景幕、通常是粉或蓝色(迷失域)幕布环绕。

历史上，半圆形背景幕是用在剧院中用来产生天空幻想的。如今，无论是剧院中还是在电视上，"cyc"可以指一面很大的墙或者幕布，墙或幕布的颜色通常是白色的，以便可以照亮，当然也可以是黑色的。一般被用作中立的背景。

有时候两个术语"迷失域"(limbo)与"浮雕幕"(cameo)是可以通用的。不管是使用哪一个术语，目的都是为了创建一个尽可能中立的背景。偶尔，背景幕上会使用浅色斜线或悬挂美术作品来为背景增添腔调。

通常情况下，三台摄像机被用来拍摄参与者。一般来说，一台摄像机拍摄主持人，一台摄像机拍摄嘉宾，中间一台摄像机则拍摄广角。图4.1显示平面图的样子。当人们就坐后，他们的眼睛大概距离地面3.5英尺。

一个站着的拍摄者需要弯腰以保持摄像机镜头与坐在演播室地面椅子上的节目参与者的视线是在同一条线上。

镜头与节目参与者视线处于同一水平是非常重要的，因为眼睛是真情流露的窗口，而我们通常以此与其他人交谈。弯腰拍摄对于持摄像机者来说就不那么舒服了。不可避免地，摄像机总是会被提升到一个便于拍摄的高度而不是固定于方便沟通的最佳角度。这个问题最常见的解决方法是先铺设一个平台，再在平台上摆放椅子，这样人物的眼睛就被提升到了便于拍摄的位置。正因为如此，大多谈话节目是在一英尺高的提升板上进行拍摄的。平面图也因此而随之调整，图中包括进一个1英尺高的提升板，如图4.2。

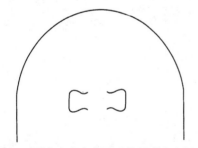 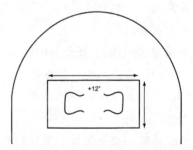

图4.1　两个人坐在半圆形背景幕的布景中(未按比例)的典型平面图　　图4.2　这幅图基本上与图4.1是同一幅平面图，不过这幅图中，增加了一块1英尺高的提升板或平台，以使嘉宾的视线提升到与镜头在同一水平线上，这一信息通过图片中围住两把椅子的矩形和"+12"体现出来(未按比例)

座位安排

两个座位时安排通常是180度，这样节目参与者是坐在一条直的或者稍稍弯曲的线上，或是360度做成一圈。如果有两个以上的节目参与者，他们有四种就坐方式：180度——主持人坐在末端(在节目参与者的左侧或右侧)；180度——主持人在中间；360度——主持人坐在观众一侧；360度，主持人被节目参与者环绕就坐。

每一种就坐方式都有优缺点。选择180度的话可以让节目参与者位于在一个假想轴的一侧而摄像机在另一侧。当这种位置关系固定以后，观众可以对节目每个拍摄主体的位置都非常清晰。这个假想轴被称作180度线(见图4.3至图4.11)。

平面图和小组谈话节目的典型画面

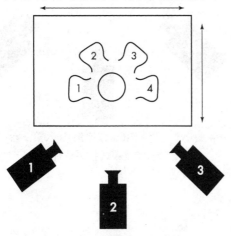

图4.3 小组谈话节目的平面图
注：这一小组谈话节目的平面图(非按比例)显示了利用180度线这一原理进行拍摄时的摄像机布局。通常，摄像机及其布局不会在平面图中出现，也不会显示椅子数量。一个"+12"的标记会以图4.14的显示方式出现在所有平面图上。

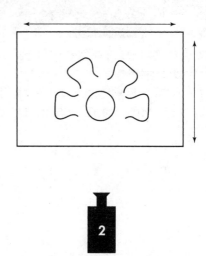

图4.4 这一平面图(非按比例)显示了2号摄像机的位置

图4.5 这一图片显示了平面图中从2号摄像机的位置所拍摄到的场景

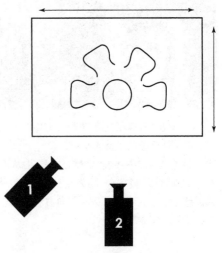

图4.6 这一平面图(非按比例)显示了1号摄像机和2号摄像机的位置

图4.7 这一图片显示了平面图中从1号摄像机可以看到的景象

注：在这种情况下，摄像机穿过一条线拍到双人镜头，主持人坐在4号椅子上，与坐在1号椅子上的女性交谈。

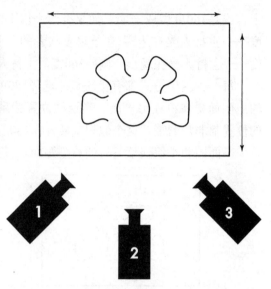

图4.8 这一平面图(非按比例)加入第三台摄像机以传统180度模式拍摄节目

图4.9 坐在1号椅子的女性看上去像是在与坐在4号椅子的主持人交谈

注：注意图4.7中主持人看上去像是从右向左看；而在这张图片中，因为维持了180度线的一致，这位女性回看她，是从左向右看。

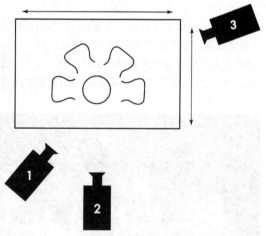

图4.10 在这一平面图(非按比例)中，3号摄像机打乱了拍摄线

注：它位于180度线的舞台后部，这条线是穿过舞台前部人物的假想线。

图4.11　这张图片呈现了3号摄像机处于平面图中位置时所拍到的画面

注：因为摄像机越过了180度线造成越轴，主持人(如图4.7中所示)和嘉宾(如此图示)面向同一个方向，这与2号摄像机中呈现给观众的画面是完全不同的。

如果制片人没有保持180度关系的完整性，节目参与者的屏幕信息就会混乱，观众就会看到谈话者的特写镜头是对着其他人的背面而不是正面进行交谈。

想象一下，在一间教室中，教师站在教室前面，指着他/她右边的门。对于所有学生来说，老师是出现在所指方向的左侧。如果学生站起来并且走到老师背后，那么他们会认为门是在右侧的。如果180度线被打破，镜头就会显示出画面突然从老师的前面跳转到背后。观众就会分不清老师到底是从左向右看还是从右向左看。由于拍摄是从一条线突然跳至另一条线，屏幕信息也会因此发生混乱。

座位安排与摄像机涵盖范围

主持人坐于末端的180度座位安排：优缺点

当主持人坐在小组的末端时，参与者回答主持人提出的问题时常常需要看向末端。从这个角度拍摄常常产生正面镜头。假设我们正在运用图4.12中显示的平面图，尽管椅子的号码在平面图中没有标出，但对于制片人与摄像师来说非常容易分辨出椅子号码是1到4从左到右排列。在这一系统中，坐在椅子上的人的名字或角色都是不重要的。对于这样的节目，主持人正好是在4号椅子上，嘉宾则是在1号椅子到3号椅上。

这样的平面图对于用180度法则拍摄的几乎所有的夜间谈话或综艺节目都是必备的。主持人，无论是大卫·莱特曼还是杰伊·雷诺，亦或是乔·卡尔森、杰克·皮尔还是斯蒂文·艾伦，通常是坐在小组的末端。所不同的是，这里椅子位置是从1号到3号，然而，不管有多少人参与节目拍摄，他们通常是坐在沙发上，主持人则在桌子(4号椅子)旁。嘉宾被邀请入座后会先闲谈一会儿，然后每一个人往后挪一点以便让下一位嘉宾可以更近距离地与主持人对话。这一入座安排可以让主持人保持对节目的掌控。同时坐在前端的嘉宾可以一起回应主持人。在最流行的谈话节目或综艺节目中，主持人的"基地区域"是位于观众左侧的舞台一侧，由1号摄像机进行拍摄。这也意味着，最后一台从闲谈场景或"基地区域"移开并转到"制作区域"的摄像机是用于拍摄主持人的1号摄像机。当1号摄像机的镜头对准主持人时，他/她可以说，"现在，有请下一位嘉宾。"

3号摄像机通常跳过闲谈场面，早就在制作区域(一般在观众右侧)做好拍摄准备，以第一时间拍摄到"下一位嘉宾"。1号摄像机最先也最容易在节目闲谈场面拍摄完毕后将镜头切回到主持人。

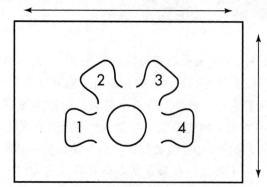

图4.12　这一平面图(非按比例)显示了就座安排的次序

小组谈话节目中每一台摄像机都发挥自己专有的功能。导演向观众展示正在交谈的嘉宾的一些特写镜头，这通常是通过位于右侧远端的3号摄像机完成的。强调嘉宾之间的关系或是展现现场任何正在发生的事情的广角镜头也是非常重要的，这通常是通过处于中间位置的2号摄像机完成。比如说嘉宾之间谈笑风生，或是站起来跳舞，再或是其他值得记录下来的动作场面。这个广角镜头又被称作"涵盖镜头/定场镜头"，因为它涵盖了全部动作。当明星坐在车里时，给明星一个特写也算是涵盖镜头。不管发生什么，我们都想看到这场深夜节目中主持人的反应，这通常是通过1号摄像机拍摄完成的。在交响乐团节目中，对于乐团的广角镜头或是对指挥的特写也都算涵盖镜头。在小组谈话节目或是谈话/综艺类节目的小组部分，摄像机摆放和拍摄模式通常是这样分工的：

- 1号摄像机对主持人进行特写拍摄。假设主持人是一位明星，或代表观众，那么1号摄像机对主持人的切换镜头可以作为涵盖镜头。然而，1号摄像机同样可以用于单独挑出拍摄过程中出于某种原因突然与主持人背道而驰的立场强硬的小组成员。有时小组成员会自行提问，或直接回答小组中某人或观众提出的问题。当这种情况发生时，2号摄像机的涵盖镜头就变得非常重要。
- 2号摄像机进行广角涵盖拍摄，这样的话我们可以看到所有情况。

- 3号摄像机拍摄回应主持人的人。

主持人坐于末端的180度座位安排的拍摄

典型的拍摄方案可按以下步骤进行：

- 当主持人提问时，1号摄像机播出。
- 当第一个小组成员进行回应时，2号摄像机的涵盖镜头上线，不管回应者是谁；为3号摄像机留出时间找出是哪一个小组成员在讲话并对其进行拍摄。
- 当一句话或是一个短语结束时，导演应切掉2号摄像机的涵盖镜头，让3号摄像机上线；这时3号摄像机已经有时间完成发现拍摄对象、对焦和调整好画面。

有创造力的导演会寻求使用其他的拍摄方案，比如同样是5人小组访谈，有另外一种拍摄方案：

- 1号摄像机给主持人一个单人镜头，同时准备好拉出镜头给主持人一个广角镜头，让主持人处于镜头远端。
- 2号摄像机对准正中间的两个人进行拍摄。
- 3号摄像机对准摄像机左侧布景一端的两个人进行拍摄。
- 主持人提问一个问题，1号摄像机镜头拉出、给一个涵盖镜头。然后切到2号摄像机或3号摄像机的双人镜头，再推进镜头拍摄正在说话的小组成员。
- 整个后续过程可以通过对准讲话者的双人镜头间的切换来录制完成。

"双人镜头"是有两个人在内的画面。有时候是一个"平面"的双人镜头。一个平面的双人镜头通常显示出两个人的侧面像，就好像两个人正围着桌子下棋而你站在桌子中间。另一种双人镜头是"交叉两人镜头"，有时被称作是"过肩镜头"，它重点突出两个人中的一个人；这就像你站在正在下棋的两个人其中一人身后看另一个人。如果整个节目完全按脚本进行，导演规划了每一个镜头，那么理想的状态就是选择最佳的镜头进行播出。

主持人坐于中间的180度座位安排：优缺点

在第二种座位安排中，主持人坐在中间成为被突出的对象，嘉宾在主持人两侧坐成一条线(见图4.13)。这种就座方案被用于很多政治辩论中。在这种安排下，嘉宾会更有"展示"的感觉；当他们回应主持人时，他们也会被拍成侧面像。

主持人坐于中间的180度座位安排的拍摄

2号摄像机对坐于3号椅子上的主持人给予特写镜头，或者它也可以先对包括主持人在内的场景进行拍摄广角镜头。假设主持人是一位明星，或代表观众，那么2号摄像机对主持人的切换镜头就可以作为节目的涵盖镜头。2号摄像机也可以用于单独挑出某个小组成员，但通常情况下，它只是限于对主持人进行涵盖拍摄或是对主持人在内的场景进行广角拍摄。

1号摄像机或3号摄像机在轴线下方从各自一侧对嘉宾进行广角的涵盖拍摄。这些摄像机对正在说话的人拍摄单人镜头或双人镜头。1号摄像机涵盖拍摄摄像机右侧的小组成员(4号椅子和5号椅子)，3号摄像机涵盖拍摄摄像机左侧的小组成员(1号椅子和2号椅子)。

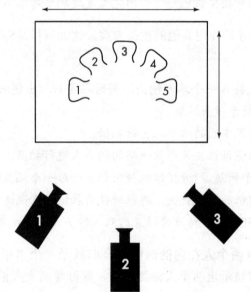

图4.13　这幅平面图(未按比例)是1位主持人与4位嘉宾情况下的座位安排平面图
注：主持人坐在中间的3号椅子上，嘉宾回答问题时容易看向舞台后部。与主持人坐在任何一侧末端的安排相比，这种安排会拍摄到嘉宾更多的侧面像。

当节目有一位主持人和四位嘉宾时，典型的拍摄方案可按以下步骤进行：

- 2号摄像机与提问的主持人位于同一条线上，可以较方便地拉出镜头拍摄广角的双人镜头，或是切换镜头至：
- 在主持人右侧拍摄双人镜头的1号摄像机；
- 在主持人左侧拍摄双人镜头的3号摄像机。

还有一套完全不同的拍摄方案：

- 切换至1号摄像机或3号摄像机的广角镜头，然后要么推近镜头拍摄正在说话的人，要么切换到另一台的单人镜头。
- 一旦某台摄像机正在拍摄某小组成员的特写镜头，其余两台中的一台摄像机就必须进行广角拍摄，最后那一台摄像机则拍摄单人镜头。

主持人被环绕的360度座位安排：优缺点

摄像机环绕进行拍摄(见图4.14)可以在嘉宾之间创造出一种更加亲密的气氛，没有谁如明星般特别突出，坐着的每个人看上去都是平等的，而且嘉宾可能不会意识到摄像机拍摄的存在，因此在节目录制中交谈时会更加收放自如。当然，摄像机其实仍在拍摄，并且导演仍会"厚此薄彼"突出某一位小组成员或是主持人。然而，嘉宾环绕而坐所带来的自在感会使意见交换更加顺畅，交谈过程也更多互动。这种座位安排往往会迫使导演出现打破180度线的情况，比如从一个特写镜头切到另一个特写镜头时，嘉宾看上去像是在对着另一位嘉宾的后脑勺说话。如果这在访谈中出现得较早，观众通常会接受这一习惯而不会介意视觉上的一些异常效果。

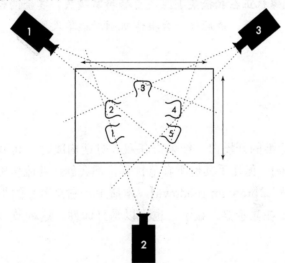

图4.14　以上是主持人坐在中央位置3号椅子上的小组谈话节目片段的平面图(非按比例)
注：在这种情况下进行360度座位安排拍摄时，摄像机位置如上图示。这样布置1号椅子和5号椅子可以正面面对主持人，但是涵盖拍摄的效果可能不太好。

主持人被环绕的360度座位安排的拍摄

2号摄像机对准主持人进行特写拍摄，同时也可以对包括主持人、所有靠近舞台前部的嘉宾(1号椅子和5号椅子)、没有被舞台前部嘉宾挡住的另两位嘉宾在内的场景进行广角拍摄。同其他场景一样，我们可以假设主持人是一位明星，或是代表我们，这样2号摄像机的切换镜头对于节目来说就是涵盖镜头。2号摄像机同样可以用于突出某一位小组成员，但是大部分情况下它还是主要对准主持人或是进行广角拍摄。

1号摄像机可以对嘉宾4或嘉宾5拍摄单人镜头或双人镜头，3号摄像机则可以对嘉宾1或嘉宾2拍摄单人镜头或双人镜头。1号摄像机和3号摄像机都可以进行广角拍摄。针对这种座位安排的典型的拍摄方案类似于主持人坐在中间的拍摄，大致有以下几个步骤：

- 2号摄像机与提问的主持人处于同一条线上，可以较方便地拉开镜头至一个广角的双人镜头，或是切换镜头至：
- 在主持人右侧拍摄双人镜头的1号摄像机；
- 在主持人左侧拍摄双人镜头的3号摄像机。

还有一套完全不同的拍摄方案：

- 切换至1号摄像机或3号摄像机进行广角拍摄，然后推近镜头对准正在说话的人进行拍摄或是利用其余的未拍主持人的摄像机拍摄单人镜头。
- 一旦某台摄像机正在拍摄某小组成员的特写镜头，其余两台中的一台摄像机就必须进行广角拍摄，最后那一台摄像机则拍摄单人镜头。

节目规程

当一档节目由标准的开场白、结束语和双人对话构成时，其节目制作可能没有什么固定的规程(routine)。但几乎其他所有节目制作都会创造并流传出一套工作规程，有时被称作"节目流程"(program rundown)，本质上，它是节目的主干框架，可以以文本文档的形式呈现，在显示器上显示，也可以是打印件。这种节目规程主要包括以下六个重要方面：

1. 节目片段顺序号
2. 谁会出现在这个片段中
3. 这一片段的主要内容
4. 这一片段的发生地点
5. 这一片段的时间长度：运行时间(running time)
6. 片段结束时整个节目的播出时间：累计时间(cumulative time)

以下是一个简要的节目规程范例，以及对制作过程中设计的主要因素的分析。过去，某些业内术语与今天有些不同，比如将要播出的素材可能是从磁带舱中或电视电影设备中"滚动进入"(roll in)。磁带会被标记上VTPB(播出带,videotape playback),胶片会被标记上SOF(带音轨的胶片,sound on film)。如今,将要播出的新型素材是作为文档从一台服务器中传送过来。不过,"传送系统"的变化,如何传送片头、片尾、内部节目包等方面的变化,并不影响导演或制片人构建、排练及拍摄节目的方式。

节目名称—日期—期数#

#	描述&位置	运行时间	累计时间
1. 片花介绍(档位1@主控区;叠加主持人旁白@基地)		:30	
2. 档位2—节目片头动画@主控区		:30	1:00
3. 主持人和3位嘉宾,"白宫内部"@基地		7:00	8:00
汤姆·琼斯:新闻秘书			
迈克·史密斯:《星报》记者			
凯特·朗:妇女选民联盟			
4. 商业广告1@主控区		2:00	10:00
5. 主持人和4位嘉宾,"白宫内部"@基地		6:30	16:30
加入 简·莫里:来自Gotham News			
6. 商业广告2@主控区		2:00	18:30
7. 主持人和2位嘉宾,"回应:儿童与新闻"@制作区		6:30	25:00
梅约翰 博士			
艾丽斯·梅 博士			
8. 商业广告3@主控区		2:00	27:00
9. 收尾及片花@主控区		:30	27:30
10. 节目组职员名单—图形覆盖在制作区画面上		1:00	28:30

以下是关于这一典型的节目规程的注解,以解释一些衍生问题。

#	描述&位置	运行时间	累计时间
1. 片花介绍(档位1@主控区;叠加主持人旁白@基地)		:30	

这意味着,第一项是一条节目的片花,用来抓住电视观众的眼球,保持他们对节目的关注。"描述&位置"一栏表明将会突出来自基地区域的主持人的声音。声音将会叠加在来自主控区服务器的画面上出现(即旁白,VO,是voice-over的缩写)。从运行时间我们可以得知节目片段持续时间为30秒,因为这是规程中的第一项,所以没有累计时间。

#	描述&位置	运行时间	累计时间
2. 档位2 节目片头动画@主控区		:30	1:00

第二项由档位2组成,这是一条片头动画并且来自主控区;尽管它实际上是从我们

的控制室出发并经由切换器播出。运行时间一栏显示，开篇动画时间为30秒，与前面预告的30秒加在一起累计时间为1分钟。几乎所有的电视台都会把片头转换成一个文档文件，在节目录制时将其直接从服务器上插入；在这个例子中片头是一个动画。

#	描述&位置	运行时间	累计时间
3.	主持人和3位嘉宾，"白宫内部"@基地	7:00	8:00
	汤姆·琼斯：新闻秘书		
	迈克·史密斯：《星报》记者		
	凯特·朗：妇女选民联盟		

第三项，节目内容是一位主持人和三位嘉宾谈论一些白宫内幕。三位嘉宾在节目规程中都已编好号，经由导演的指示依次入座于基地区域。主持人的座位及嘉宾的入座安排也是节目制作惯例的一部分——例如，如同这是在《今夜秀》(The Tonight Show)节目中一样，哪一位嘉宾坐在哪里、需要特别指定。通常这种入座安排会基于一份草图或者节目排练时舞台经理所获得的信息。这一片段会持续7分钟时间。

这个片段结束后，整档节目播出8分钟。

在很多电视台中，副导演(AD)负责对节目计时。在地方电视台中，导演在执导节目过程中承担这件任务。如果这是一档上午9点播出的早间节目，副导演可能会用一只秒表或是时钟对节目进行计时。如果用的是时钟，副导演会知道在9点整的时候时长30秒钟的片头动画将开始播出。在9点零8分，第一个谈话片段播完。为了做到这一点，副导演会给主持人时间提示。在这个案例中这件任务比较容易完成，尤其是副导演进行倒计时提示的话。

如果片段3的播完时间为：

9:08:00(9时零8分)，那么

在9:07:30(9时7分30秒)，主持人会看到剩余"30秒"的提示。

在9:07:00(9时零7分)，主持人会看到"1分钟"提示。

在9:06:00(9时零6分)，主持人会看到"2分钟"提示。如此等等。

舞台经理，有时也称作是场地监督，具体执行给主持人时间提示。舞台经理通过导演或副导演的手势得到该片段剩余时间的信息，有时时间卡片也可以代替手势，卡片上印有"3"、"2"、"1"、":30"，以及"切"和"结束"等字样。通常只有片段的最后三分钟允许演员超时。在节目录制过程中，副导演可以与制片人讨论用时问题。

由于要负责摄像工作，导演通常不会参与用时问题的讨论。制片人根据节目进展情况看是否需要变动时间。当节目正在播出或录制时，副导演则需要随情况不断进行时间调整。这就意味着可能变动其他片段的时间以适应这一片段的缩短或是延长。副导演获得制片人关于调整片段时长的批准后,让舞台经理为主持人提供新的时间提示。

#	描述&位置	运行时间	累计时间
4. 商业广告1@主控区		2:00	10:00

这是第一次插播广告的休息时间。广告在主控区被插入。如果这档节目是为电视网或是联播组织提供的,控制室会在两分钟的广告档位中插入一个"节目LOGO图形"画面;任何直播该节目的主控区插播各自广告时,必须使用此图形覆盖在广告画面上。此处"档位"通常是节目中滚动或插入的商业广告或公益服务声明;它们在节目设置好的"广告档位"或是"广告时隙"中播出。

#	描述&位置	运行时间	累计时间
5. 主持人和4位嘉宾,"白宫内部"@基地		6:30	16:30
加入 简·莫里:来自Gotham News			

这一项通常在基地区域进行。原本三个人的小组访谈会再加进一个人,也就是说这时节目就会有四位嘉宾与一位主持人。她可能会在广告休息时间被安排坐到小组末端。

#	描述&位置	运行时间	累计时间
6. 商业广告2 @主控区		2:00	18:30

这一项的操作跟商业广告1一样。在这一广告休息时间,摄像机会被搬到制作区域架设起来准备下一片段的拍摄。

#	描述&位置	运行时间	累计时间
7.主持人和2位嘉宾,"回应:儿童与新闻"@制作区		6:30	25:00
梅约翰 博士			
艾丽斯·梅 博士			

第7项,摄像机会处于新的位置。主持人的座位安排是制作区域节目惯例中的一部分。与第三项内容相同,嘉宾的座位会在排练中明确。

#	描述&位置	运行时间	累计时间
8. 商业广告3@主控区		2:00	27:00

这一商业广告的操作与其他广告相同。

#	描述&位置	运行时间	累计时间
9. 收尾及片花@主控区		:30	27:30
没有返回基地区域，主持人直接在完成最后一个访谈的制作区域内作总结。			

#	描述&位置	运行时间	累计时间
10. 节目组人员名单：图形覆盖在制作区画面上		1:00	28:30

节目组人员名单的画面会叠印在制作区域的画面上，更恰当地说，通过键控。各种协议规定的名单出现方式都必须遵守。如果一个电视台与美国导演工会签署了协议，那么，比如导演的头衔和姓名就必须出现在片头的最后一个全屏，或者片尾的第一个全屏。

制片人与助理们会使用这一节目规程来安排嘉宾的抵达时间。他们要把开拍前最后一刻的前期制作会议以及其他一些制作期间的日常需求纳入考虑范围。比如女性化妆时间比男性要长一些，这就会影响到嘉宾抵达时间的安排。

发型和化妆部门都要知道谁需要第一个化妆。本例中，他们需要知道参与"白宫内幕"那一片段的几位嘉宾需要比参与"儿童与新闻"那一片段的人先化完妆。任何最后关头出现的比如需要熨烫衣服或其他与服装有关的修补工作都需要服装师待命配合。舞台经理负责分配更衣室。这一过程需要与制片人联合工作，以便每个人都能知晓在哪里能找到每位嘉宾。明智的导演/制片人会尽可能早的把嘉宾介绍给舞台经理。这样的话，如果节目开播之后嘉宾有什么需求，而此时导演/制片人正忙着工作，嘉宾知道他的联系人是舞台经理。舞台经理也需要及时将嘉宾带去化妆和带进演播现场。因此舞台经理需要知道每个人谁是谁、在哪里。图形师也会用到这一节目规程，以及一份相应的图形清单，以便确认每个人的身份以及名字是否拼写正确。音频工作人员则需要知道在每一个区域需要摆放多少个麦克风，并提前判断在第二次广告休息时间出场的第四位嘉宾简·莫里入座后他应该做些什么。

道具人员要知道每个区域需摆放多少张椅子，并注意舞台经理给出的关于广告休息时间即将到来的提示，到时需要再添加一把椅子。在节目录制过程中，副导演应提醒舞台经理关于要添加椅子的事情，如果必要的话，副导演可以在节目规程关于广告的那一页上做一个笔记作为提醒。灯光师要被告知哪一个区域需要照亮，什么时候照亮，是否用到各种延长臂。延长臂会影响灯光效果，因为它们会有影子，这样就需要使用不同的灯光方案。

在节目运行过程中，副导演使用此节目规程来确认给主持人的剩余时间提示。在节目片段运行过程中，副导演与制片人商讨并决定是否需要缩短或延长某片段时间。比如，假设片段3进展顺利，可以将其从7分钟延长到7分30秒；这样的话，另外一个片段则需要缩短30秒。最后，导演需要知道这些改变的流程，以迅速知道谁在哪个片段、每个片段在哪一区域进行和每个片段的大概时长。

脚本格式

现在大多数纸质脚本都被电脑终端所替代，导演和员工们根据显示在这些终端上的文档进行工作。提纲与新闻组织所用的类似。典型的计算机生成的新闻提纲如图9.1与图9.2所示，这些节目的导演会利用台词提示器，这一装置现在可显示图形指示，以方便切换节目。不管一个人是用纸质版还是计算机生成的提纲或是脚本，要求是一样的。接下来讲的是关于纸质脚本的一些规则。

下面是一些关于多机位节目制作的脚本格式规则：

1. 所有的多机位电视剧本都是写在8.5×11英寸的纸上。
2. 所有的脚本左侧都有一个1英寸的空白以便需要时对脚本进行装订。
3. 所有的脚本右侧都有3到4英寸的空白以便于导演或是其他人员做笔记。

其他一些特点是工作标准：

4. 一个脚本通常是由大写字母和小写字母写成，除非属于"指示"内容(这一情况下多为大写字母)。
5. 页面通常是已编好了号，号码一般位于右上方。
6. 脚本的每一页都会装订到节目规程中。项目编号在页面左上方或是中央。
7. 脚本一般都是两倍行距的。
8. 修订版本都使用标明了日期与具体时间的新的纸张来印刷。每一份新的修订版本都会用不同颜色的纸张印刷。业界并没有关于修订版本的统一颜色代码，脚本的颜色与修订版本的标准由各电视节目制作组织自行制定。
9. 对颜色进行编码，已经被Academy Awards广电机构、大多数电视网新闻节目、CNN以及许多独立节目制作组织所采用。
10. 下面是美国制片人协会的关于修订版本的颜色代码：
    a. 白色(广告用蓝色)
    b. 粉红色
    c. 黄色
    d. 绿色
    e. 金菊色(Goldenrod)
    f. 鲑肉色(Salmon)
    g. 灰褐色(Taupe)
    h. 青色(Cyan)

下面的脚本与平面图(见图4.15)是基于前面提到的节目规程。脚本内容的右侧方括号内对术语与缩写进行了解释,实际脚本中不会出现。

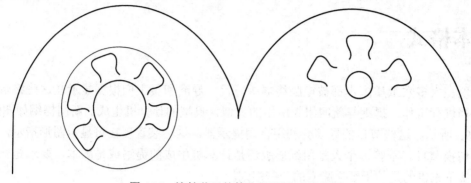

图4.15 这档节目的简化平面图(未按比例)

节目名称—日期—期数#　　　　　　　　　　　　　　　　　　　　　　　　第1页

第1项 30秒

主持人(旁白)
作为美国的象征,白宫为全世界所熟知。白宫画面的分量与言论的权威性对于我们来说都是非常重要的。

档位1—(MOS)白宫镜头30秒
(MOS,意思是无声音。它是"minus optical sound"或是"mit out sound"的缩写。后一种定义更为人们所熟知,由一个不太知名的电影编辑所创。它或许来自关于20世纪30年代德国电影导演埃立克·冯·斯特劳亨的一个玩笑。但SOF是"sound on film"的缩写。)

我们认为检验一下新闻是如何从白宫报道出来的是非常明智的,以及新闻界是如何被操控的。如果只是被提供经过管制的新闻,对公众来说会出现什么后果?

Video-OUT-Q(视频淡出)
白宫静止画面,渐变为黑场。
(Black简写为blk。)
(OUT-Q是一个片段中最后看到或听到的内容。它作为下一片段开始的提示。)

第2项 30秒 档位2(主控区)(主控区Master Control缩写为MC)　　　　　　　　　　第2页

节目片头动画　　　　　　　　　　　　档位1—(无声)白宫镜头30秒

音频淡出　　　　　　　　　　　　　　视频淡出
　　　　　　　　　　　　　　　　　　国会大厦画面,渐变为黑场。

第3项7分钟(基地区)   第3页

白宫内部

主持人：

当播音员说"现在是白宫传来的消息"或是说"从白宫方面得知……"的时候，我们会准备去听。白宫的分量是显而易见的，重大事件一般发生在这里，我们也相信这里发生的事情通常是十分重大的。那么白宫方面的报道是准确的吗？准确度有多高呢？

我们把一些对该问题有确切见解的人聚在一起。

汤姆·琼斯曾经做过三年的白宫新闻秘书。这之前，他曾经在《华盛顿鹰报》做过五年的专栏作家。凭借他在《华盛顿鹰报》5年"参议院"专版的写作经历，他有着丰富的政治经验。

迈克·史密斯目前是《星报》的一名国家新闻记者，之前他曾经   第4页
报道华盛顿新闻将近20年。他的周末广播秀在整个美国300多个
电台都会播送。

凯特·朗是美国妇女选民联盟的主席。她曾经写过如何从事实背后获取新闻事实的文章，现如今在写一本记者如何在白宫做调查性报道的小说。

访谈

1. 根据《星报》的文章，我们是被白宫愚弄了。
2. 这是真的吗？
3. 这是怎么发生的？
4. 如果选民没有得到真实的信息，那么分歧在哪里？
5. 新闻界与新闻秘书之间的关系是怎么样的？
6. 这一关系是怎么影响我们所得到的消息的？
7. 白宫如何准备新闻发布会？
8. 关于新闻泄密的评论是怎么样的？新闻泄密是如何发生的？
9. 阐释一下他们是如何操控局面的？

淡出

主持人：谢谢……稍后回来我们会请出一位神秘嘉宾。

第4项 2分钟 商业广告1(主控区)　　　　　　　　　　　　　　　　　　　　　第5页

第5项 6分30秒(基地区)

白宫内部

主持人：

现在加入我们的是在我们这座城市一位在新闻方面的见解有着长久影响力的作家，现在是 *Gotham News* 的资深编辑，她就是简·莫里。莫里女士曾因她对低俗新闻与少年违法犯罪之间关系的报道而荣获普利策新闻奖。

访谈：

1. 一个资深编辑如何发现新闻界真正有影响力的事件？
2. 资深编辑如何对待错误消息与欺骗性信息？
3. 他们如何掌控派驻在外地的记者？
4. 复述在前期制作阶段采访得知的问题：某些简得知的荒诞故事。
5. 记者对于自己与总部编辑关系的评价。
6. 你能抓住真的新闻吗？
7. 虚假新闻是否总在发出？如何发出？举例说明。

淡出

主持人：谢谢！稍后回来，孩子们在思考些什么？

第6项 2分钟 商业广告2(主控区)　　　　　　　　　　　　　　　　　第7页

第7项 6分30秒(制作区)　　　　　　　　　　　　　　　　　　　　　　第8页

回应：儿童与新闻

主持人：我们倾向于认为，新闻事件的发生及其报道对孩子没有影响。我们两位嘉宾对此提出异议。

梅·约翰博士是一个见习的儿童心理学家。他目前在纽约市立医院的儿童心理科做高级医生。

他的妻子艾丽斯·梅是纽约市立医院的儿童心理部门的负责人。

艾丽斯与丈夫都是《儿童真理报》的撰稿人，这一报纸致力于引导儿童对现实世界认知。

访谈

1. 在媒体事实与儿童心理问题关系上是否有相关文档证明？如果有的话，这一关系是怎么样的？
2. 你们最近完成了一个看电视对孩子行为的影响的研究，可以具体说明一下在新闻报道与孩子行为之间关系方面你们的发现是什么吗？
3. 如果是来自白宫之类的地方的新闻报道，对于孩子行为的负面影响是否有所降低？
4. 有没有孩子们可以观看的纯净内容提供者？如果有的话，是什么？在哪里观看？家长如何参与其中进行合理引导？
5. 对于家长如何处理新闻报道的一些事实，你们有何意见？观看电视？通过报纸还是另外其他方法？

第9页

淡出：

主持人：谢谢……一些信息过后我们马上回来。

第8项 2分钟 商业广告3(主控区) 第10页

第9项 30秒(制作区)　　　　　　　　　　　　　　　　　　第11页

收尾及片花

主持人：

好了，以上就是今天的节目。希望观众朋友享受今天节目中不同观点碰撞的过程。我们期待下期节目与您再会。

明天，我们将会探析在新千禧年中的友情。有谚语说："朋友是赐给自己的礼物。"你最近给自己这一礼物了吗？我们有没有自欺欺人？友情的重要性一直没有改变过吗？在如今的社会，是否有真正的朋友？看完明天的节目中的一些故事后，我们会问："我们敢不敢去深入了解一下我的邻居？"

观众朋友，明天见。

第10项 1分钟(图形覆盖在制作区画面上) 第12页

1.
我们的城市
_____

2.
主持
帕特·托马斯
_____

3.
导演
汉克·菲尔兹
_____

4.
技术指导
马特·加特林
_____

5.
摄像
埃里克·菲尔德
迈克·格林
罗德·穆诺兹
_____

6.
音频
杜鲁·丹尼尔
视频
托米·伊利奇
_____

第10项 (续)1分钟(图形覆盖在制作区画面上)　　　　　　　　　　第13页

7.
舞台经理
亚里克斯·戈罗代茨基
图形
彼得·B.库里

8.
副制片
詹姆斯·奥威尔
乔安娜·哈里斯

9.
制片助理
南茜·卡兹
伊丽莎白·哈里斯
米歇尔·皮高特

10.　　　　　　　　　　　　　　　　　　　　　　　　　　　　第14页
制片
芭芭拉·哈里斯

11.
某电视台出品

每一个片段都有至少一页的专门说明。有些片段需要的不仅仅只有一页，会连续好几页，比如片段3和片段10。脚本用这种格式写作以保持片段之间相连接。当节目播出时，已播过的片段的页面就可以扔掉，这样导演在开始每一个新片段时都可以面对一张干净的页面。一旦制作完成节目规程和脚本，复印件就会传送到每位需要它的人手中。

脚本的复印件可以分发出去，或者把脚本和节目规程一起作为文档在显示器上显示，主要传送到下列地方：

a. 主持人
b. 制片人
c. 导演
d. 法律事务部门或操作标准部门(在某些电视台)
e. 电视台存档

下列地方仅传送节目规程即可：

f. 技术指导
g. 播放岗位
h. 音频负责人
i. 舞台经理
j. 图形部门
k. 道具负责人
l. 灯光负责人
m. 化妆部门
n. 发型部门
o. 服装部门

如果有脚本的复印件时，导演通常会将自己的一份做上标注，标出哪个位置哪台摄像机的信号在什么时间播出。由于这种格式的内容具有自发性，导演所做的标注作用是有限的。不过，导演仍然可以在排练时利用脚本和流程完成一些工作。他/她需要确认片花的播放(或文档)是否准备完毕，片花的时长为30秒，视频淡出时间是非常精确的。在节目开播之前将各个部分事先预览一遍是个好主意。如果这些是在计算机环境下进行，就不会有标注过的脚本，但是台词提示器的精准性需要反复检查，各项片段的操作方式不变。

排练程序

终于进入到启动演播设施进行排练的时间,这时被称作FACS(有时拼作FAX)排练时间,此时的排练将用到全套设施(FACS是full facilities的缩写)。在排练中,以下一些事情必须安排好:

- 制片人和主持人都需要简单了解一下嘉宾。
- 化妆师需要时间给嘉宾化妆。
- 导演要看一下嘉宾上镜的外貌情况及他们带到演播室的服装。
- 任何时候,只要有可能,将脚本所安排好的节目各部分完整地操练一次都是非常好的,操练中嘉宾可以实际参与其中,也可以只是找替身代替。

排练会有专门的备忘录。每一个工作人员都需要确认他或她所负责的部分准备完毕。当制片人查看节目内容并与嘉宾进行交流时,导演有一个不同的、更有技术含量的备忘录。以下是按照节目规程中的项目编号所列的导演在节目排练时所持的备忘录。

第1项

导演需要知道主持人的麦克风是否设置好并可以正常工作。导演要检查所有参与到节目中的元素。技术指导对于正确的服务器或是播放资源是否有控制权?计时是否正确,事先是否检测过?片花结尾是否有"衬垫",或者说它是视频淡出还是突然切出?片花结尾状况是否与提示内容一致?片花的这个副本是否合适节目要求?片花淡入后是否需要立即提示主持人,或者让片花节目包先播出一段时间?(淡入或渐显,是指画面从黑场中逐渐显现的景象,几乎所有的节目与商业广告都是从黑场中淡入,结束时再溶解入黑场。)音频是否在节目包中?是否有背景音乐?(背景音乐,是一首贯穿整个节目片段的音乐。它会在旁白或主音轨之下若隐若现,但会一直存在。)或许某首曲子最合适,如果确实如此,能否获取到它?

第2项

如果这是一档常规播出的节目,导演会对片头动画十分熟悉。可能它来源于电子文件,也可能是服务器,再或是一个指定的播放装置。通过按下按钮,文件开始播放。当胶片渐渐不再被视作是广电业的一部分时,嘉宾仍然会带来一些老式胶片短片,学生电影节也会常规放映,但导演需要意识到胶片渐渐退出广电业这一问题,并且适应这一趋势对这些胶片素材进行合理安排。首先可以考虑的是将这些胶片转换格式保存到服务器，然后从服务器中调用。

在任何胶片将被用到的地方，导演都需要确认技术指导对于电视电影播放设备(film chain,一种用于放映16毫米或35毫米胶片或幻灯片的播放设备)，正确的胶片被装载入正确的片盒中，胶片片头向外，让片头内容显示在预览显示器中。"片头向外"(heads out)指的是胶片在卷片时是卷向片芯或者说片轴。当胶片片头向外时，电影的开头处于片芯或片轴的开头位置，已经为播出做好准备。如果这时片尾向外，那么影片的末尾是最先通过放映机的。在胶片被放映后，胶片是片尾向外的，需要将胶片倒卷。如果胶片将要播出，导演需要确认片窗是清晰的，不会出现"头发挂在片窗上"的状况，这种情况指的是胶片感光乳剂或灰尘堆积在了投影窗口上；在这种情况下胶片放映时，屏幕上总好像有一根头发在晃动。最后，还要有人再确认一下从电视电影设备输出的声音是否正常。

第3项

主持人阅读一遍嘉宾介绍，如果有问题的话，嘉宾本人或是替身都可以在问题发生之前发现一些。现在我们知道主持人的麦克风是可以正常工作的，接下来检测其他人的麦克风。在阅读嘉宾介绍时，摄像师可以知道谁将在何时坐哪一张椅子。如果摄像师需要多次移动摄像机，他们可以借此机会了解每次移动大概需要多长时间。当你在看到坐着的嘉宾替身时，花一点时间考虑一下灯光问题，确认没有异常的阴影(通常来自延长臂)或是强光点。

我们知道，主持人是坐在1号摄像机所对着的5号椅子上，第一个被介绍的是坐在1号椅子上的汤姆·琼斯。比较简单的介绍方法是将对着1号椅子的3号摄像机，在介绍下一位嘉宾时将镜头右摇。当最后一位嘉宾介绍完毕，导演把镜头切换到2号摄像机上的定场镜头(establishing shot)时，观众可以看到小组成员之间的关系。

以下是一个节奏更快的拍摄方案，它需要摄影师知道每一个镜头大概应该设定多长时间。在这一场景里，当主持人(在5号椅子，由1号摄像机负责拍摄)介绍完第一位嘉宾后，导演切向3号摄像机对准1号椅子上的嘉宾。过一会，3号摄像机对准3号椅子。在适当的时间，播出3号摄像机的画面，2号摄像机则对准4号椅子上的嘉宾。最后，2号摄像机可以进行广角拍摄，或者3号摄像机拍摄一个广角的定场镜头。排练的目的之一在于给摄影师了解将要用于嘉宾介绍的整个系统的机会，同时导演和灯光师也可以确认一下灯光是否都布置合理。如果你没有事先检查好灯光布置，后面的拍摄中你会发现很多事先可以避免的问题。我在导演一个小组谈话节目时曾经历过一次小事故，因为我没有看到摄像机前的一位女士，她的发型在头顶挽得很高。我是在节目直播开始时才看到她，她的头发直接在主持人脸上投下一道阴影，当时我意识过来却无能为力！

一般情况下，排练时不会涉及主持人的提问。通常，问题可以由主持人、制片人、嘉宾一起商讨，但最终的问题措辞还是会保留到录制时，以保留其自发性。

排练时最后要做的是看片段的淡出点是按写好的进行还是即兴发挥。这看上去像一件小事，但是如果主持人的结束语不明确，可能会出现一些问题，比如，"稍后回来……不要走开……更多精彩内容……锁定频道"，这其中任何一个或是几个听上去都像是最后一句。最糟糕的是主持人说了"稍后回来"之后停顿，导演也许就会将画面切换为片段结束时才会有的黑场，画面开始淡出变黑，这时候主持人才开始说"不要走开……更多精彩内容……"之类的话。导演需要一个非常清晰明确的语句作为淡出点。

第4项

在第4项的商业广告播出过程中，新嘉宾会被请入现场。嘉宾们会混坐在一起，这个并不需要排练。但是事先要确认一下每个人是否都对新加入的嘉宾的座位安排无异议。舞台经理是否准备就绪？是否有一个舞台工作人员已经把椅子拿在手里待命？是否有一个音频助理拿着领夹式麦克风站在一旁准备帮忙？(领夹式麦克风是一种比较隐蔽的麦克风；但当嘉宾们坐着时，它经常会滑落到衣服边缘。)

第5项

此时，导演要确认新加入嘉宾的椅子已经就位，麦克风正常工作。根据编好的脚本，导演要"走一遍"看看拍摄效果。从第4项的广告休息中回来，第一个镜头由1号摄像机拍摄坐在5号椅子上的主持人，主持人介绍简·莫里，莫里女士介绍完毕后，导演把画面切到对准最后一张椅子的3号摄像机。然后，由于重新安排了就座顺序，最好再切到2号摄像机的广角镜头。片段末尾，导演再次检查淡出点。

第6项

在播放商业广告2期间，导演将在制作区域再次安排摄像机的位置，以确认在两分钟的商业广告后摄像机能抵达正确的拍摄点。

第7项

这个片段的操作与其他访谈一样，检查一下灯光和音频，确认淡出点。

第8项

又一次广告休息时间。

第9项

这一片段需要过一遍,因为它的计时对节目能否精确地在28分30秒结束具有决定性作用。

第10项

这一片段是节目组人员名单。一分钟的人员名字列表可能确实有点冗长,但是在一些节目中是可以被接受的。最后一项通常是灵活设计的,摄制组人员名单可以快播或慢播。有时候备用的简短的节目组人员名单可以在节目严重超时的情况下派上用场。设计播出时长为1分钟的节目组人员名单应该留有正负5秒钟的出入,也就是说可以是55秒播完也可以是1分5秒播完。导演负责操作摄制组人员名单,确认没有人被遗漏,顺序正确,拼写无误。

拍摄

排练结束后,工作人员收拾现场准备节目录制。首先,用较短时间核查所有的最后变动是否都已经落实。这些变动可能是扩展谈话内容或增加一个在与嘉宾最后会面后发现的相关度更高的问题。这段时间内可以补一下妆,检查不同的图形或者剧本内容的增减。同时,全体工作人员最后一次与主控区签到,确认他们都能够收到演播室信号,确认演播设施在节目进行的整个时间段内能够维持运行。

一旦节目开始直播,导演的工作与节目的视觉效果有关。制片人也会考虑视觉效果,但他更关心的是节目的内容。比如是否可以提问与脚本不同的问题?如果是,可能会直接通过主持人所带的耳机传达或是经由舞台经理递上一张便条。如果这些信息会影响节目执导,制片人会通知导演;典型的通知内容是:"主持人将要问坐4号椅子的嘉宾一个具有杀伤性的问题。"

在主要电视台和电视网,节目片段运行时间内的变动对于导演来说并不重要;因为制片人、副导演和舞台经理才是负责这一问题的人。然而,在多数电视台里,导演在拍摄节目的同时还需要负责时间提示工作。

即使有副导演协助导演工作，导演仍然需要听到发送给主持人的时间提示。比如，刚开始启动一套精心安排的镜头组合，对准主持人的摄像机拉开拍摄了一个广角镜头，却突然发现访谈只剩30秒时间，这种情况是非常糟糕的。不管由导演还是副导演追踪时间，倒计时方法都是一样的。通过在节目运行期间提供剩余时间提示，来进行倒计时，以确保节目能够在精确的时间点结束。在节目片段运行期间，这意味着让每一个片段都在分配给它的时间里完成。在节目最后，则意味着让节目准时结束。在节目结尾时听到导演或副导演进行倒计时是不足为奇的，比如"倒数30秒，剩6屏(节目组人员名单)；25秒，剩5屏"，等等。

下面是一个利用倒计时使节目顺畅结束的例子。这是纽约13频道的一档夜间新闻杂志节目。这档节目被设计为随着音乐的淡出而结束。为了实现这一效果，我让音频工程师在节目结束前3分28秒开始播放乐曲，但是将音量调至零，3分28秒是这首乐曲的总时长。大约在乐曲开播3分钟后，主持人退出，节目组人员名单开始播放，这时我们让剩余部分的乐曲淡入。当音乐播放完毕时，即乐曲开始播放3分28秒时，节目伴随着乐曲完美的后退计时和淡出而结束。

许多小组谈话节目并不需要进行编辑，如果真要编辑的话，所有相关人员聚在一起创建编辑日志。这通常需要下列人员参与：

- 导演
- 制片人
- 负责笔记的人员(比如制片助理)
- 负责为用过的磁带做日志或者操作编辑环节的人员(一般是副导演)
- 其专长为创建精确编辑日志所需的任何人(可能是节目中出现的专家或是配乐所需的音乐家)

当素材新鲜出炉时，最好尽可能早地来完成这件事。如果编辑工作量较大，就需要把谈话小组成员们即兴发言的内容全文先整理出来。

在几乎所有编辑工作的情境中，可能会用到一些数学知识。电视节目制作在时间问题上会用到数学。时间是60进制，而不是像美元或是美分一样为10进制。这意味着我们处理这一问题时需要注意一秒钟为30帧，一分钟为60秒，一小时为60分钟，一天为24小时。此事"做起来容易读起来难"。

有时候一些节目片段不可避免过于冗长，这样，节目中其他一些部分就需要删除以保证时长。这时制片人会说"这一片段将音乐算作总时长为7分12秒，我们可以将音乐删掉，这样减去2分43秒，剩下有多长？"

进行时间计算时相对美元或美分的计算难度在于，在秒数的数字上，有时一个六十进制的大数要被一个小数减，比如：

7：12——片段的时长
-2：43——需要减去的音乐时长

我所发现的比较容易的方法是改变被减数的首位数字。比如在这个例子里，我从首位数字7那里借1分钟，将首位数字变为6，再将所借的1分钟移动到秒数位上，给秒数位加进60秒，变成72秒，这样就比较容易计算：

　6：72——片段的时长
-2：43——需要减去的音乐时长

当节目结束时，制片人或一部分他/她的助手，离开控制室感谢谈话小组成员并护送他们离开演播室。当那一部分制片人员参与送行时，其他人则去记录编辑日志。与此同时，技术指导对刚才录制的磁带或文件进行技术质量检查。舞台人员收拾摄像机电缆，收拾演播室，包括灯光和道具。

本章小结

- 小组谈话节目的拍摄，要么遵从180度线法则，要么360度环绕拍摄。
- 许多小组谈话节目都是让嘉宾坐在平台上进行拍摄的，以使他们的眼睛与站着的摄像师视线在同一水平线上。
- 最为简易的拍摄方案包括以下几个方面：
    1. 左侧摄像机拍摄右侧的特写镜头
    2. 中间摄像机拍摄广角镜头
    3. 右侧摄像机拍摄左侧的特写镜头
- 另一种典型的拍摄顺序是先拍摄"双人镜头"，两个人可以同时在镜头中被看到，然后摄像机把镜头推近到正在说话的人进行拍摄。
- 几乎所有的节目都会有工作规程，有时也称为"节目流程"，是一档节目的主干框架。在制作节目时，不同部门的参与者都会用到节目规程。

不管是用电脑复印件还是用纸质文本，节目的每个独立元素都会包括以下内容：

- 节目片段顺序号
- 谁会出现在这个片段中
- 这一片段的主要内容
- 这一片段的发生地点
- 这一片段的时间长度：运行时间
- 片段结束时整个节目的播出时间：累计时间

在一个典型的电视网或联播组织的有全套人员的小组谈话节目中，节目规程或节目流程会被做成文本文档展示在显示器上或者做成纸质版本分发给下列人员：

a. 主持人
b. 制片人
c. 导演
d. 法律事务部门或操作标准部门(在某些电视台)
e. 电视台存档
f. 技术指导
g. 播放岗位
h. 音频负责人
i. 舞台经理
j. 图形部门
k. 道具负责人
l. 灯光负责人
m. 化妆部门
n. 发型部门
o. 服装部门

- 现在大多数纸质脚本都被电脑终端所替代，导演和员工们根据显示在这些终端上的文档进行工作。
- 当要用到纸质版本脚本时，专门的脚本格式规则影响到多机位节目制作的脚本准备工作：
    1. 所有的多机位电视剧本都是写在8.5×11英寸的纸上。
    2. 所有的脚本左侧都有一个1英寸的空白以便需要时对脚本进行装订。
    3. 所有的脚本右侧都有3到4英寸的空白以便导演或是其他人员做笔记。
    4. 一个脚本通常是由大写字母和小写字母写成，除非属于"指示"内容(这一情况下多为大写字母)。
    5. 页面通常是已编好了号，号码一般位于右上方。
    6. 脚本的每一页都会装订到节目规程中。项目编号在页面左上方或是中央。
    7. 脚本一般都是两倍行距的。
    8. 修订版本使用颜色编码或者至少使用标明了日期与具体时间的新的纸张来印刷。
- 每个片段都用至少一页来显示。
- 在进行节目排练时，导演要检查所有能检查的元素，实际就是看或听每个元素是否都与节目流程或脚本中的一致。

第 5 章

演示类节目格式

演示类节目，作为一种"展示与讲解"(show and tell)的节目内容，在电视诞生之初就成为电视节目的一部分。它既包括美食频道中所播放的"展示与讲解"如何烹饪的节目，也包括午夜电视节目中主持人展示音乐专辑封面、趣味图片、趣味新闻头条的栏目。许多企业的产品宣传视频也都是采用演示类节目格式制作。在Google中搜索"how to"会出来超过10亿条搜索结果。所有关于"如何做"的节目，本质上就是"展示与讲解"，节目意图非常直白。它们会讲述一个有着开头、中间及结尾的故事。如讲解食谱的节目，节目中会说："这些是需要准备的食材。接下来是利用这些食材的步骤。最后这就是做完之后的样子。"烹饪的每一个步骤中，导演或制片人都会在合适的时候安排观众看一下相关食材，时间长度也刚好够讲解完。

只有当真正参与到节目的实际制作中，你才会发现这些镜头看起来很容易拍摄，实则相反。事实上，如果不是在前期制作阶段对每一个细节都特别关注，这些镜头是很难顺利拍摄的。正因为看起来很容易，实际操作过程中很多问题会浮现出来。这类节目正是细节决定成败的典型例子。事先对节目中的每个步骤都进行排练、确认每个细节，看起来似乎有点多余，但却是非常关键的。无论你是在小型设施中拍摄小型题材，还是在主流设施中拍摄主流节目，注重细节都是非常必要的。

导演掌控

首先明确的第一条法则是，无论任何时候，导演都需保持对全局的掌控。这条法则看上去有些侵略性而且不太礼貌，但它非常重要。掌控全局意味着导演需要对整个制作过程负责，并要找到使节目成功的最佳途径。这并非"专制"或是"友善"的问题。事实上，当导演们只是想做成某件事情时，他们往往会失败。只有当他们以一种最直来直去的方式去推动某件事情发生，他们才会获得成功。如果导演能清楚知道接来下何事需要发生，并控制好它，节目成功的概率就会大大增加。

掌控全局的重要性也是当我自己执导一个节目之后才深刻意识到。当时，一个嘉宾要使用幻灯片讲述自己的一次旅行(如果是现在他可能使用带有PowerPoint软件的电脑)。他在现场自己操作幻灯机，我则指挥摄像机对着幕布拍摄，观众可以看到嘉宾认为最佳的图片。最后节目严重超时，说得好听一点是他如此喜欢这些幻灯片以至于我和他都忘记了时间。自那以后，我一直坚持说，要展示幻灯片的嘉宾必须事先与我核对一下时间，然后嘉宾要将幻灯片交给我，我再交给幻灯机负责人员，同时提供给嘉宾一个专门展示幻灯片的显示器。当我认为故事需要下一幅画面时，我就会变换幻灯片。幻灯片放映速度加快，观众的兴趣点也会随之发生变化。无论是用幻灯机还是用PowerPoint软件，导演都需要掌控一切行动。当然，在大多数的午夜节目中，是由明星控制展示项目的节奏。幸运的是，大多数明星都有高度发达的时间观念。

在演示类节目中，对"展示环节"保持控制是非常重要的。最可怕的失控时刻，常发生于某个嘉宾拿出一些需要特写镜头的小型物品时。嘉宾往往会将小型物品举起来并向四周挥动展示，此时绝望的摄像师只能拼命地去聚焦，以试图拍到特写镜头。大多数负责演示类节目的导演们或名人们，会提前在现场指定一个摆放展示物品的特定位置。这样做的话，负责拍摄特写镜头的摄像机可以在物品被摆放到那个定点之前，提前将镜头推近找到焦点。

无论这是一档节目还是某个节目的一个片段，导演和制片人都需要花一些时间来完整讨论一遍节目制作过程中将要发生的内容。如果这是一档演示类节目，那么会有节目规程或节目流程来大致列出将要演示的内容、何时演示以及每个片段的播出时长。也许并非每个片段的素材都会在节目规程中被书面写出来，但大致的组成部分都会提供，这样就可以让你清楚地了解到每项演示的内容、地点和时间。这也能帮助导演/制片人拍到更好的广角镜头以呈现所有行动，以及非常具体的特写镜头。

展示与讲解素材：创作指南

以下是一些创作展示与讲解素材的综合指南：

前期制作

1. 基于某些理念协调画面。
2. 创建一份节目规程：
    a. 一份书面的针对整个节目的长篇幅规程。
    b. 一份关于各个片段所展示内容的短篇幅规程或纲要。应当基于某些最重要的理念：建构顺序、时间顺序、所展示物体的尺码顺序等。
3. 在家里或是办公室排练，然后再在演播室排练。
    a. 创建一个关于被展示素材的展示方式的模板，排练演示过程。不要走捷径——把全部过程都演示一遍！
4. 尽可能使用实物，或者使用与实物十分相近的道具。
5. 发掘特殊需求：
    a. 摄像机：镜头、滤光镜
    b. 音频：声音效果、音乐
    c. 舞台：道具、图形

制作

1. 限定物品展示区域。
2. 创建有力的时间提示。
3. 控制好拍摄嘉宾的焦点——比如，"看3号摄像机镜头，向2号摄像机展示"。
4. 如果将小型物品举向空中，摄像师很难精准对焦，所以应该按以下方法展示预先安排好的物品：
    a. 平摇拍摄：展示预先安排好的物品时，镜头从左移到右(或是从右移到左)拍摄。
    b. 定点拍摄：在"标记好的"的定点展示物品。拍完之后再用下一个要展示的物品换下先前的物品。

基于理念协调画面

故事的讲述是演示类节目中最为关键的部分。讲述是非常重要的，而展示是为了让讲述更精彩。组织素材，先理念，再阐释。即使展示的物品非常棒，但主题联系太少，那么节目观看起来也会很枯燥。

我曾经执导纽约的国家教育电视频道的一档节目《新泽西自述》(*New Jersey Speaks for itself*)，每星期一拍摄三期。这档节目的目的是让生活在都市里的人们知晓整个新泽西州最近发生了些什么。显而易见，这类节目一般会邀请一位嘉宾，由他来向我们讲解一些东西。如果嘉宾没有做好准备，即使是时长只有半个小时的节目也会面临"无米之炊"的窘境。我在做这档节目时遇到的各种问题，在我以后做这类格式的节目时总是会再次浮现，无论是做电视导购节目、游戏展示节目的片段，还是学生节目。

我的节目所邀请的嘉宾体现了噩梦般的素质，有人带来了与要讲解的话题相关的全部他所拥有的东西。有人带来了整车的素材，而供他讲解的片段最多只有12分钟。他们对于如何展示素材、说些什么内容、如何摆放等没有任何主意。而且，他们还经常迟到，因此无法进行排练。他们也总是很忙，甚至没有时间回电话商讨节目事宜。还有一种令人不快的是，嘉宾不仅迟到，没有做准备，而且只带来不超过6张未装裱的竖幅照片，根本填充不了预设的12分钟讲述。

显然，先有最好的嘉宾，然后才会有最好的节目；这样的嘉宾事先与节目制作组有充分的沟通并做了大量准备工作。好的嘉宾会带来一些与主题相关的物品进行展示，以帮助观众更好地理解他所讲的故事。

如果故事是关于"如何做"的内容，那么展示出来的每一项都要基于前项。这时，仅仅事先讨论一遍是不够的，必须排练一遍，看一下实施的视觉效果。如果节目是关于同一类事物的多样化展示——比如说手工雕刻的鸭子——制片人需要找到一个统一的主题来用一条逻辑线索把每个项目连接起来，比如"这是来自东海岸的鸭雕刻，这是来自西海岸的鸭雕刻"，或者说"这里是大型鸭雕刻，这里是小型鸭雕刻"。节目制片人也可以选择其他逻辑来组织素材，比如来自不同的艺术家，不同的雕刻技法流派，不同的作品年代。只要能够把理念与画面协调好就可以。

创建节目规程

无论是执导一个节目片段还是整档节目，你都需要创建一份节目规程。想象一下你正跟着我在为WNET做一档节目，手工鸭雕刻就是节目的"展示与讲解"或演示片段中的内容。在这一期节目中，我有机会与嘉宾进行一次前期制作的会面。我们安排好按照作品年代来展示这些鸭雕刻，从最早的雕刻到最现代的雕刻；并且由于作品众多，我们还进一步按照不同的雕刻艺术家对作品进行组织。这期节目的规程如下：

新泽西自述—日期—期数#

#	描述&位置	运行时间	累计时间
1.	片头动画@主控区	:30	
2.	主持人与鲍勃·泽尔，回应：新泽西选举新闻@基地	7:00	7:30
3.	主持人引入公共服务广告(PSA)@基地	:30	8:00
4.	PSA画面@主控区	1:00	9:00
5.	主持人与鸭雕刻嘉宾@基地	1:00	10:00
6.	鸭雕刻展示@展示区域	7:00	17:00
7.	主持人致谢，下期片花@基地	1:00	18:00
8.	PSA画面@基地	1:00	19:00
9.	主持人与4位嘉宾，回应：夏日乐趣@基地 安娜贝尔与朱利安·克里 比伊与马克思·戈罗杰茨	7:30	26:30
10.	主持人收尾@基地	1:30	28:00
11.	节目组职员名单——图形覆盖在鸭雕刻展示画面上	:30	28:30

排练

  规程中的第1项至第5项都是标准化的，可以参照上一章小组谈话节目中排练的例子。第6项，即鸭雕刻的展示，只是简单地将其列于规程中；还需要再同嘉宾一起创建一个关于展示环节的子规程。子规程应当是关于如何展示物品的完整且可重复操作的纲要。

  在创建规程的过程中，首先要考虑的是时间问题。第6项虽然设定的时间是7分钟，但还应该进行细分。下面提供一个有用的方法：首先你告诉学生们，本案例中是告诉观众们，他们将要看到什么，然后你将物品展示给他们看，最后你再告诉他们现在看到的是什么。如果你采用这一方法，那么就需要安排30秒的时间向观众介绍下面将要看到鸭雕刻，最后还需要30秒钟总结刚才所看到的东西。这样，7分钟扣除这两个半分钟后剩下的只有6分钟。如果每只鸭雕刻只预留15秒钟的观摩讨论时间，那么观众每一分钟就可以看到4只鸭雕刻。总共时间是6分钟，如果一分钟展示4只鸭雕刻的话，6分钟最多可以展示24只鸭雕刻。但最好多准备几个"备用"的鸭雕刻，因为很难确保每一个嘉宾在讲解过程中都遵循时间安排——不过也没有时间展示更多，一旦你打断某位嘉宾，他/她便会开始根据节目需要来安排素材。

  通过我们的初步讨论，嘉宾们认可了按照作品年代顺序展示鸭雕刻最为合理。展示每个选定艺术家的一到两件作品，从20世纪初的古董开始介绍。

  嘉宾们参加完准备会议，他们就能动手对各自负责讲解的内容做具体准备了。最好建议他们回家后将要讲解的每个步骤都规划和演练好，用上他们打算在节目中使用的各种道具。我们更希望嘉宾在讲解过程中采用一种非常自然的方式，告诉我们应该知道些什么，而非撰写并死记硬背一份脚本。他们之后再来演播室或办公室时会带上相关素材以便进行排练。

实际操作

  我曾导演一档日间电视剧，要进行实况录制。在开始录制之前10分钟，我被告知节目时长稍短，至少需要再增加2分钟内容。故事的线索是一些常住居民即将离开他们的老家迁徙到新的住处。我建议舞台工作人员在一个箱子里装进一些旧的道具，如旧的溜冰鞋、听诊器或是灯之类的，然后并将箱子封好。演出时演员先打开箱子把里面的道具收拾出来，以填补那2分钟时间。由于时间非常紧，这一新增情节没有时间进行排练。

  于是在节目录制时，我们才第一次尝试这个方案。很自然地，现实打击了我。其他一切过程都进展顺利，除了箱子的包装纸之外；每次演员碰到包装纸，它发出的声音就像是森林火灾。如果有时间提前排练一下的话，我一定会抛弃使用包装纸。通常，一些看上去无关紧要的细节只有在实际操作过程中，问题才会显现出来，在演示类节目中尤其如此。

当然，家里、办公室、演播室，这三个不同的地方进行排练是有很大差别的。即使嘉宾非常勤奋，私下进行排练，他们仍然需要在演播室排练一次，以熟知演播室中设备的任何小的变化；如果桌子变动的话，他们工作的空间也可能会变动。另外，除了他们自己在节目中参与的部分外，他们还需要知道整个节目是如何进行的，如在节目播出或是商业广告播出过程中，他们需不需要从讨论区域走到制作区域？哪里是制作区域？他们如何知道节目什么时候开始？展示区域是怎样的？他们的道具放在哪里储存？在家排练时，他们可能会发现节目讲解过程中他们需要的某些东西，但事先使用实际场地和道具会使节目效果大大改进。技术人员在这里也许派不上用场，但他们可以提供一些对节目非常有用的道具，比如一块蓝布盖住灰色桌面，从而与灰色的鸭雕刻形成对比。

演播室中，工作人员需陪同并引导嘉宾。排练应该设定足够的时间，提供给嘉宾一份节目规程的复印件以使他们知道如何融入节目中。嘉宾要事先看一下基地区域的设备和制作区域，然后再确定他们需要哪些演示道具。当嘉宾在展示区域展示和讲解时，你可以阐释一下节目中的具体操作方式。之后嘉宾在与主持人交谈完后会被邀请到展示区域去展示一些已经提前摆设好的鸭雕刻案例作品。

一旦展示区域摆设好，你就可以开始小型的排练。导演需要安排从一个区域移向另一个区域的方式。此时有很多很明显的事情你可能认为无需都讲清楚，但"墨菲第一定律"总会发挥作用，"事情如果有变坏的可能，它总会发生。"不要把任何事情想作是理所当然的，每一件事都需要事先跟嘉宾说清楚。嘉宾的主动性空间越少，节目看起来才越专业。

节目在基地区域启动，嘉宾开始他们所应做的。录制过程中，主持人会邀请嘉宾展示鸭雕刻。在嘉宾起身走向展示区域的过程中，主持人仍会与他/她交谈。在排练中，导演会给嘉宾设定一条行走路线，以保证不会干扰到对主持人的拍摄。一旦嘉宾走到了展示区域，舞台经理就会给主持人某种"一切就绪"的提示，主持人看到提示后就可以说，"好，让我们看一下您会带给我们哪些精彩内容。"之后，嘉宾就会开始展示，这一过程中无需更多提示。让主持人给嘉宾提供相关行动的提示语，比让嘉宾从舞台经理那里获取提示更为合适，因为这对嘉宾来说更为自然。

有一次，我导演节目时遭遇了一个糟糕的时刻。当时舞台经理已给嘉宾"开始"的提示，嘉宾却当场对着摄像机轻声问，"现在？"

有时候，嘉宾们会对一些看上去很简单的事情很尴尬地不知所措，比如做某个行动可以花多长时间。他们可能会因此对你产生错误的看法，以为你认为他们拿不准或是你觉得他们非常愚蠢——这种情况是要尽力避免的。如果主持人一直在旁边等着他们，他们会感到很尴尬。因此在排练时主持人可以回避，以创造出一种气氛，让嘉宾觉得"这就是电视中会呈现的场景。"一旦排练开始，由导演来设定这个导入行动的提示语，确保嘉宾们都能理解并将其作为"开始"提示；确保主持人将来会准确说出这个提示语。嘉宾需要排练足够长的时间以适应他们身边将发生的所有新鲜事物。再次排练，这时主持人才加入，让嘉宾适应由主持人代替导演传递提示语。

展示区域

《新泽西自述》的展示区域实际是一张特制的带有轮子的桌子。它看上去非常像一些电视网脱口秀节目中主持人用到的桌子。这种桌子很常见，它们经常会被推进制作区域以展示一些小型物品，比如最新的小工具或是正在烹饪的电饭锅。这种桌子通常是36英寸高、18英寸宽、48英寸长；高度最为关键，最好是可以达到腰部以上，这样展示东西更加方便；摄像机对碗中物品进行拍摄或是对摆放在桌面上的首饰等进行拍摄时，桌子也不会过高。桌子虽只有18英寸宽，但是我们准备了一个更大的可以覆盖在桌子上面的木板以备不时之需。但如果以这种方式加宽，它可能就不太好用。桌子前面是被挡住的。桌子底下安装有储物架，可以在桌面之下提供一个18英寸宽的储物空间。如果道具过大，我们可以另外再加一张备用的桌子，比如桥牌桌、带轮子的打字桌，甚至是演播室里供嘉宾休息时使用的小茶几。

演示过程

展示东西可以通过两种不同的方法。在与嘉宾首次商讨时，我经常为他们选择其中一种用于家中的排练。之所以创作出两种展示东西的方法是为了保证嘉宾拿在手上的文稿不会在节目播出时暴露在观众眼前。摄像师在固定位置进行拍摄，更容易找到静态物品的焦点。

1. 平摇拍摄：要讲解的文稿应事先按次序放置在桌子上，嘉宾可以依次用到。在只有很少的东西要展示时，或是要展示某个过程的不同阶段时，再或是当平摇镜头比将镜头切回到嘉宾身上更为合适时，拍摄特写的摄像机将镜头从左摇到右是一种非常有用的方法。
2. 定点拍摄：展示区域的桌子上标有记号，每一个要展示的物品都定点摆放。当镜头中出现有人用手去挪动它们的画面时，导演就会切到广角拍摄。物品的移走与拿出都是在广角镜头中完成的。一个物品被另一个所替代后，导演再切回特写镜头，进行特写拍摄的摄像师则事先通过一些无伤大雅的记号进行对焦，如白色的线或是铅笔做的记号。对准焦点后就可静等下一个物品被移到这一区域[见图5.1(a)至(d)]。

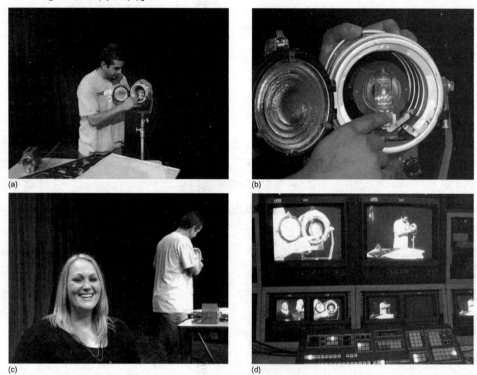

图5.1　(a)在这一演示类节目中,讲解人对着3号摄像机讲话,所展示的物品用灯具照亮并通过2号摄像机拍摄特写镜头;(b)这是2号摄像机所拍摄到的;(c)这是从1号摄像机的位置拍摄到的画面,里面包括了主持人以及从讨论区域所看到的演示画面;(d)这是主控区的监视器中所看到的演示过程,1号摄像机拍摄主持人和演示画面,2号摄像机进行特写拍摄,这两台摄像机拍摄的画面正出现在预览监视器中,3号摄像机则处于播出状态

所有的午夜节目中,主持人在展示图片、新闻头条、歌曲专辑封面等时都会用到这一方法:主持人将即将展示的东西放在"展示与讲解"的标记处。这种方式更便于对嘉宾进行解释,而大多数嘉宾也很乐意遵循(当然不排除一些嘉宾不乐意)。有些嘉宾虽然理解了商讨过程中的提到的做法,但到了实际操作时,他们还是可能将之前所听到的忘得一干二净。比如他们直接走到展示区域,将物品拿起来并在空中晃动,此时摄像师要对焦就十分困难。排练看上去无关紧要,实则对演示过程非常重要,它提供给导演一个与嘉宾共事的机会。

假设我们决定播出鸭雕刻这档节目,第一只要展示的鸭雕刻已被摆放在标记处,其他的都在展示区域底部的架子上从左到右按出场顺序悬列着,展示区域的右侧放置一张桥牌桌,嘉宾在展示完后将鸭雕刻放在桥牌桌上。

在提前演练期间,导演会在任何问题出现时进行干预。在执导鸭雕刻这一期节目时,我意识到排练中使用的桌布是灰色的,鸭雕刻放在上面之后,颜色对比在黑白电视中并不突出，甚至在彩色电视中也不显著，所以我们换了一块不同颜色的布以增强观众的视觉对比，然后继续排练。注意不要使用印花图案的桌布，因为它可能带来容易混淆的画面。

颜色对比对于展示物品来说是非常重要的。在导演《新泽西自述》几年之后，我接手拍摄一档日间电视剧。这档节目有一个场景是一个男子戴着黑色手套，穿着黑色宽松运动衫，手里还拿着一把黑色的手枪。由于颜色对比不强，枪不能很好地突显出来。我想起了我在做"展示与讲解"节目时的情景，于是将手套改为浅色以与黑色宽松运动衫形成对比。做了这些改动之后，黑色手枪在画面中就非常醒目了。

"展示与讲解"区域设置好之后，嘉宾开始讲述。此时导演可以发现一些稍后可能出现的意外问题，如是否需要特殊的摄像机镜头？是否需要加进一张桌子？是否需要在现场加进一些比较有用的图形？是否需要加进音乐或是音效以增强讲述的效果？导演观看嘉宾讲述时可能会回想起自己的媒体知识，将其用于改善嘉宾的讲述效果，让节目更对观众的胃口——以上都是在实际场地中排练的好处。

在《新泽西自述》中有一段是鸭雕刻的特写镜头，这时微距镜头就非常有用。微距镜头是对摄像机功能的一个补充，非常容易上手，只需知道什么时候切换镜头然后什么时候切换回来就可以。当我们排练讲解环节的时候，嘉宾明显对于运行时间是没有概念的，所以我们要安排舞台经理给嘉宾一些时间提示。因为节目通常邀请的是一些业余的嘉宾，我们在给时间提示时需要采取专门的预防措施。我们用的是8×10英寸的纸板卡片，上面写有5，3，2，1，30之类的数字或是"结束"(注意不是"切掉")，我们用卡片而不是手势。在排练之前，我一般会建议嘉宾以一种比较"柔和"的方式结束他们的讲解。他们可以说任何他们想说的结束语，如"好，这就是我带给大家的内容，希望大家喜欢""谢谢观赏"之类的话，只要简短就可以。以前导演节目我曾遭遇节目戛然而止的窘境。当时我给嘉宾一个"切断"的手势，结果他话说到一半就直接停下来了。我要强调，以"谢谢观赏"作为结束的提示语是非常重要的。在没有明确结束提示语的情况下，我们在结尾时不知遭遇了多少错误。

舞台经理在排练时需练习一下时间提示，嘉宾也需对其熟悉一下。这样，如果导演或是制片人不在舞台时，嘉宾还可以从舞台经理那里得到一些指令。嘉宾演练讲述时，现场没有主持人或是摄像机，只有舞台经理会给时间提示卡片，并告诉嘉宾多久将出现第一张卡片。多数嘉宾在实际操作过程中会对时间设定不太适应，有些嘉宾觉得时间太短，结束得太突兀，有些嘉宾则觉得时间太长——还剩5分钟，还剩3分钟，然后2分钟，1分钟，30秒——终于出现"结束"的卡片。

7分钟的片段排练需要半个小时。前5分钟用于把场地设置好。再用5分钟向嘉宾介绍一些他们需要知道的电视制作术语。嘉宾需要学会对着3号摄像机讲话，并向拍摄特写的2号摄像机展示物品。我常会提供给嘉宾一个监视器，监视器上只显示鸭雕刻的特写(2号摄像机所拍摄)而不是嘉宾的特写。我不会对嘉宾解释特写画面背后的原因,让嘉宾把它当作是电视制作中的一个秘密就好。事实上,在显示器中看到自己的图像一定会导致分心,业余的嘉宾可能会忘掉刚接受的训练而变得无所适从。

每一次进行脱离常规的尝试,我们都会向嘉宾反复讲解以使嘉宾适应。在与主持人和摄像机一起排练之前,我们仅能将鸭雕刻展示与讲解的全程排练一遍。尽管对于这档节目的谈话片段和其他片段,我只想快速过一遍,仅排练每个片段的"进"和"出";但对于"讲解与展示"片段,我还是期望能够进行一遍实时全程排练。

排练鸭雕刻这一片段时,如果加进主持人或是其他对演示类节目格式比较熟悉的人,所花时间会相应减少。而一档单纯的展示与讲解的节目可能需要花费更多的排练时间。一档关于烹饪的节目所用时长取决于烹饪所花的时间和演播室的具体情况。如果烹饪节目是以美食为中心,那么最好准备好充足的食材,至少足以提供节目一次演练、一次带妆彩排以及一到两次录制中所需的食材数量。

单机位演示类节目

目前为止我们所看到的素材都是多机位格式制作的,但大量的演示类节目是单机位格式制作的。事实上,单机位与多机位制作的关键步骤是一样的,都需要前期制作、制作、后期制作三个阶段。

无论是单机位还是多机位制作,以下几个步骤都是非常关键的:

1. 创建一份纲要
2. 制作一份脚本
3. 列出制作所需 —— 嘉宾、地点、道具、设备等
4. 制作一个时间表,要有截止时间
5. 编列预算

不过脚本格式也是存在差异的,以下几种情况需要采用不同的脚本格式:

1. 多机位电视节目
2. 单机位电影或电视节目
3. 音视频商业广告
4. 剧场舞台节目

附录1提供了这些脚本格式的案例。

在一个多机位拍摄的节目中,导演/制片人的工作就是合理安排素材,把嘉宾的所

有言谈举动全部涵盖在内。在一个有脚本的单机位节目中，我们知道接下来什么内容会被讲到，我们力求能够具体选择让观众看到什么、何时看到。因此，有脚本的单机位节目的制作和后期制作，遵循的是有脚本的节目格式中使用的步骤，可以让我们有更具体的选择。理想状态下，不管是单机位还是多机位制作，导演与制片人都应该对节目演示过程中要消耗的物品有充足的预估——比如说食物、液体、泥土之类的——只要是排练、录制以及拾取镜头(pickups)中会用到的都应包含在内。拾取镜头，是节目中重复某个特定事件的镜头或后续镜头。在如何做炒鸡蛋的节目中，如果在录制时最初那个鸡蛋弄得现场一团糟，那么一个鸡蛋被打破的特写镜头就可以成为一个拾取镜头。

最后，我必须承认，还有一些节目无法适用任何一种"标准模板"。但大多数节目确实遵循着类似的方案进行制作，因为这是工作效率最高的方式。

本章小结

1. 导演必须尽可能掌控节目全局。
2. 画面与故事讲述应当协调。
3. 找到一条故事主线。
4. 为节目创建一个规程，并为演示过程创建一个子规程。
5. 即使嘉宾对素材很熟悉，嘉宾在进入演播室之前也要排练一遍。排练中尽可能使用与节目录制时使用的相同道具或是合适的替代物。
6. 在演播室内排练时要注意发掘任何特殊需要，比如滤光镜、音乐、道具或图形等。
7. 通过以下方式演示事项：
    a. 定点拍摄：将物品放在事先标记好的地方。
    b. 平摇拍摄：将物品排列有序并摇镜头拍摄。
8. 排练时告诉嘉宾不要将物品举起晃动。如出现这种情况，摄像师难以对焦拍摄。
9. 考虑所要展示素材的背景，确保背景能够有助于演示过程。最佳选择是两者颜色形成对比，无论在黑白电视还是彩色电视中看起来都很鲜明。注意避免使用印花图案。
10. 如果节目展示的素材有扩充需求，如烹饪节目中的美食，那么明智的做法是准备充足的备用品，至少足以提供一次演练、一次带妆彩排以及一到两次录制中所需的数量。

- 以下几种情况需要采用不同的脚本格式：
    1. 多机位电视节目
    2. 单机位电影或电视节目
    3. 音视频商业广告
    4. 剧场舞台节目
- 节目制作之前需要创建以下内容：
    1. 纲要
    2. 脚本
    3. 制作需求清单
    4. 带有截止时间的时间表
    5. 预算

第 6 章

有脚本的节目格式

我们现在用于摄制多机位电视节目的诸多惯例，来自于早年的直播电视时代，最初的导演们都是从戏剧圈子里转入到电视领域的。当他们有机会参与播出电视剧或配乐音乐剧时，他们在剧场里锻炼来的技能就起到效果了。他们发现舞台经理的"提词本"(prompt book)特别有价值(见图6.1A、图6.1B)。事实上，如今我们在剪切一部日间电视剧、情景喜剧、古典音乐、歌剧、芭蕾和剧场电视节目时的工作步骤和脚本标注方法，跟剧院里的舞台经理所使用的标记符号是非常类似的。

在剧院里，导演的职能和制片人的职能是相当不同的。很难找到一个能够涵盖所有节目的例子，但是对大多数节目来说，制片人处理的更多是与法律和管理相关的事务，导演则与剧务们一起与脚本、演员和音乐元素打交道。

电视剧

如果你执导任何一种类型的电视剧，那么你就要跟演员打交道。有大量的图书和理论涉及导演与演员之间的工作关系。我所找到的最有帮助作用的书是康斯坦丁·斯坦尼斯拉夫斯基(Constantine Stanislavski)写的《演员的自我修养》(*An Actor Prepares*)和《一个角色的塑造》(*Building a Character*)，以及拉和斯·恩格里(Lajos Egri)的《戏剧写作的艺术》(*The Art of Dramatic Writing*)。几乎所有讲述如何与演员一起工作的书，都会强调建立宽松关系、在场景内集中精力、在给定的环境下应被剧组接纳、每一幕场景都应有清晰的剪接目标；它们还会强调部分导演与演员之间的信任和忠诚，它们为演员和导演提供一些技巧帮助其与剧目建立内在联系。

"内窥法"或许对于导演角色来说是最困难的部分。它需要具备心理学分析师一般的洞察力，以及仁慈暴君式的人格特质。《戏剧写作的艺术》特别有助于分析一出戏的构建和意图。尽管这些内容对于导演的工作来说也是最基本的组成部分，但不是本书要涉及的。本章的内容主要涉及演员(电视演员、音乐家、舞蹈演员等)、剧务和导演/制片人之间工作关系的机制问题。上述因素往往会使导演/制片人所做的艺术选择变化多姿。

　　如果你假设一位演出者可能已经被定为某种类型演员，就容易了解导演工作的机制。事实上，对大多数节目来说，整天进行的都是"类型演出"。通常情况下，一位演员之所以被雇佣，是因为他们被认为"是"节目的一部分。这就使得演员和导演的工作减少了复杂性。在大多数电视网和主要电视台，导演不对如何表演做最终决定，通常也没有充足的排练时间"与演员在一起工作"。类型演出减少了大多数表演问题。但在处理日间电视剧或情景喜剧等脚本节目的细节方面时，还是令人生畏的；当然这或许也正是最有趣的地方。最难的部分是它需要高度集中精力和精心组织，使所有的元素都在每期节目那既短促又昂贵的时间内聚拢在一起。

　　如果一部节目需要一个最好的导演拍摄八小时，那么这就是全部的可用时间。花更多时间就是浪费钱。预留较少时间则意味着这个项目无法完成。导演们知道，大家除了关注节目本身之外，也都在盯着时钟和预算。导演正是处于播出线上来实现这一切。如果你能够承担这项工作并出色地完成它，你必然能够感受到它带来的成就感和乐趣。

　　一场60分钟的日间电视剧(肥皂剧)实际上只需要拍摄差不多44分钟的内容。其他的一些时间被各种商业广告、电视台插播信息和节目组人员名单所填满。我们在一个工作日里最多只有12小时的时间可以用来拍摄这些内容。一个一小时长度的节目很容易就会达到500到600个镜头。一集22分钟内容的情景喜剧会被做成一档30分钟节目；排练一个星期，拍摄200到400个镜头。多机位、有脚本的情景喜剧的镜头数受限于实际拍摄可以使用的时间长度，因为它需要在现场观众面前进行，需要实时表演。有时候，两次或者更多分别进行的表演会被编辑在一起，比如穿着演出服的彩排和实际临场表演在后期可以编辑到一起。经常出现的一种情况是，一场电视节目或者一集情景剧拍摄时长受到限制的原因是，剧中有儿童参与演出。法律对于儿童工作时长的限制是非常严格的，对他们的排练和拍摄次数有专门的规定。

　　最好的做法就是，把一场有儿童参与的拍摄在一个8小时工作日内完成。负责脚本内容的导演必须要尽可能做好各项准备。以下三项东西可以帮助导演更好完成这一任务：惯例、平面图和分镜头脚本。

> **镜中的骑士**
> 看，你看到他了吗？一个打扮的好像去参加化装舞会一样的疯男人！
> （堂吉诃德挣扎着想要逃走，但是发现自己又面对着另一扇镜子）
>
> 看看，堂吉诃德！看看他到底是个什么样儿吧！看看这个乡下人！小丑堂吉诃德！成天沉浸于照镜子。深深地陷入——深深地——化装舞会结束了！
> （堂吉诃德把头埋进双膝）
>
> 承认吧！你的夫人是个淫妇！你的梦想只不过是那个混乱大脑所想象出的噩梦！
>
> **堂吉诃德**
> （晕眩着，陷入了绝望）
> 我是堂吉诃德，来自拉曼查的漂泊骑士，我的女主人是达奚妮夫人……我是堂吉诃德……漂泊的骑士，我的女主人是……我的女主人……
> （堂吉诃德倒在地上静默了）
>
> **镜中的骑士**
> （从他头上取下头盔）
> 结束了！
>
> **桑丘**
> （震惊状）
> 主人！是卡拉斯科医生！只有桑松·卡拉斯科一个人！
>
> **卡拉斯科医生**
> 请原谅我，尊敬的昆加纳先生，这是唯一的办法。
> （灯光重新打回监牢。宗教裁判所的上尉走了进来）
>
> **上尉**
> 塞万提斯！准备好接受传唤！
>
> **塞万提斯**
> 被谁传唤？
>
> **上尉**
> 宗教裁判所的法官们。

图6.1A　音乐剧《梦幻骑士》(*Man of La Mancha*)提词本中的一页

注：上面显示的提示，如同舞台经理手中的脚本中的提示。提词本中的提示，标明的是当一个特定的语句或可视化效果结束之后，舞台经理要提示某个事件的发生。以同样的方式，在一个电视导演标注过的脚本中的指示，要标明何时何地某个指令要下达。本书对《梦幻骑士》的引用，得到了作者的允许。版权所有，Dale Wasserman，1966年。

镜中的骑士
看，你看到他了吗？一个打扮的好像去参加化装舞会一样的疯男人！

(堂吉诃德挣扎着想要逃走，但是发现自己又面对着另一扇镜子)

看看，堂吉诃德！看看他到底是个什么样儿吧！看看这个乡下人！小丑堂吉诃德！成天沉浸于照镜子。深深地陷入——深深地——化装舞会结束了！

(堂吉诃德把头埋进双膝)

承认吧！你的夫人是个淫妇！你的梦想只不过是那个混乱大脑所想象出的噩梦！

堂吉诃德
(晕眩着，陷入了绝望)

我是堂吉诃德，来自拉曼查的漂泊骑士，我的女主人是达奚妮夫人……我是堂吉诃德……漂泊的骑士，我的女主人是……我的女主人……

(堂吉诃德倒在地上静默了)

镜中的骑士
(从他头上取下头盔)

结束了！

桑丘
(震惊状)

主人！是卡拉斯科医生！只有桑松·卡拉斯科一个人！

卡拉斯科医生
请原谅我，尊敬的昆加纳先生，这是唯一的办法。

(灯光重新打回监牢。宗教裁判所的上尉走了进来)

上尉
塞万提斯！准备好接受传唤！

塞万提斯
被谁传唤？

上尉
宗教裁判所的法官们。

图6.1B 这一页与图6.1A相同，区别是灯光指导删掉了66号和67号提示

注：舞台经理在数字序列中留下了一些数字空位，剩余的提示没有发生改变。电视领域也如此操作。

惯例

　　剧院表演的基础是假想中的四面墙。演员们想象自己身处封闭的墙当中,自己的所作所为都在墙的掩护下。这样的假想意味着外面不会有观众在观看他们并因此而发笑。观众们也都遵循着演员们这样的假想,我们都暗示自己我们因为某种魔力而看穿了墙壁。这就是一个约定俗成的惯例。电视观众,以及其他形式节目的观众都接受这种惯例。在电视节目中,从一个场景溶解到另一个就意味着地点或时间发生了转变。如果一对情侣相互拥抱然后镜头摇下来,摇进旁边的壁炉,我们就会认为他们接下来将继续拥抱,而我们打算给他们一点私人空间。一类最传统的惯例是,先从一个定场镜头开始,随着行动变得激烈,摄像机会推进镜头。上述这些以及其他惯例,有些与文化有关,对于分镜头脚本的创作非常重要。

　　惯例是我们文化遗产的一部分,比如在进门时或敬酒碰杯时的"女士优先"等,都会成为我们呈现内容的方式的一部分。但也有些例外的情况,如果更仔细地观察电视处理惯例的做法,我们不难发现破坏惯例的做法也时有出现。哪些惯例将被颠覆和为什么要颠覆,大多数时间取决于导演的考虑。有时候某些对于惯例的打破,意味着某些特别事件的重要时刻。这就好像是导演在说:"你看看,这个时刻是多么重要啊,以至于我都来不及把摄像机摆平来让你看到!"(这可能就是抖动拍摄的起源吧。)"我们从一个电话机的特写镜头开始,不让观众看到能涵盖正讲话的主角希瑟的广角镜头,因为电话真的是这一场景的关键。毕竟我们都知道,布莱德可能会在任何时间给希瑟打电话……,或者,根本不会。"

　　在WNET,纽约一家公共广播电视台,我们以不同的身体位置来定义镜头画面景别。一个叫做"从头到脚"的镜头,是指画面包括从头顶稍上方到脚趾稍下方;"膝盖"镜头,意味着画面包括从头顶稍上方到膝盖;还有腰部、胸部、肩部和下颚等镜头景别名称。

　　在其他一些电视台,常用一些不太精确的术语,比如广角镜头、特写镜头等。在使用不太精确的术语时,很重要的是要分清楚某一广角或特写镜头到底要拍什么。易出问题的地方是,"特写镜头"在某个演播室可能指的是胸部镜头,在另一个演播室指的是肩部镜头。图6.2显示了一个做过标注的分镜头脚本的案例(在第7章中你可以看到一个做过标注的音乐节目脚本)。

　　其他一些惯例为演员的活动提供了指导(指舞台调度),也为镜头的组合提供了指导。大多数节目需要某些动作的表现。当日间电视剧第一次走上电视屏幕的时候,很少设计舞台调度。一个角色进入厨房,他们的对话和行为可能仅限于交流下列内容:"嗨,麦奇,我很高兴你能来,快坐下来喝杯咖啡,我们可以聊聊,艾雪丽和布赖恩最近似乎遇上了什么可怕的麻烦。"然后,他们坐下来聊天。

#6030

PROLOGUE - SCENE TWO
NICK/SHARON HOUSE - NIGHT

• Tablecloth 1/2 on desk, desk cleared off
• Food not out yet
• Bar table SR

P - 3.

② 238 Pan tablecloth to calender folo it up to Sharon

(OPEN TIGHT ON A DECEMBER CALENDAR AS FEMALE HAND COMES INTO PICTURE, DRAWING A RED X THRU THE SQUARE FOR DEC 31. *turn it up* PULL BACK TO REVEAL A REFLECTIVE SHARON, STARING THOUGHTFULLY AT THE CALENDAR AS SHE AND WE HEAR NICK'S VOICE)

[NOTE: LIVING ROOM IS DECORATED FOR PARTY]

    NICK (O.C.)
   at stairs
Why so serious?

39 ③ Xsh Nick

(SHE LOOKS UP TO SEE NICK AS)

    SHARON
Nick! I was just thinking.

40 ① Sh + calender

    NICK
  x in a bit
Obviously not happy thoughts.

41 ③ H folo

    SHARON
 Put calender in drawer *pull tablecloth on desk*
No, no. That's not true. I'm just thinking back, because it's the last day of the year.

42 ② Sh + desk
see biz

    NICK
I can't believe it. A few more hours and ~~this year~~ 1996 is history.

43 ③ 2° Nick/Sh

    SHARON
 turn to him
(WARM, REFLECTIVE SMILE AS SHE REACHES OUT, TAKES HIS HANDS)

44 ① BS Sh folo
Tx

It's been quite a year for us, hasn't it?

45 ③ Tx Nick

    NICK
The best year of my life.

46 ① H

图6.2 电视剧《不安分的青春》分镜头脚本中的一页

注：此处导演的标记与用在其他节目中的标记类似。其中，字母"H"代表"hold(保持)"，表示这个镜头和前面的镜头一样。在页面顶端的手写笔记是给舞台工作人员的指示。对话中的其他一些记号，如"at stairs(在楼梯上)"、"x in a bit(走近一些)"，是为演员提供的舞台指导。在分镜头脚本中，它们出现在某个动作要被演出的那个时刻的位置。本图的复制和使用得到Columbia Pictures Television公司许可。

现在不再是过去那样了。今天我们需要的日间电视剧和情景喜剧需要戏剧一样的外表，通过对话和主人公行为表现而自然发展出一些冲突。每一场景的舞台调度必须从情境的内在冲突中产生。因为日间电视剧需要每天都拍摄，一些能够影响舞台调度的惯例会在每一节目形成中都发生作用。例如，有一段时间一些日间电视剧总是以一个广角镜头作为开场，之后会有一些非常近距离的特写镜头。这种惯例经常用来拍摄，是因为以非常近距离的特写镜头拍摄演员通常能够营造一种极度戏剧化的错觉。这样也意味着舞台调度可以更少，排练和拍摄次数可以更少，摄像机画面出现错误的可能性也会越小。

这种惯例会持续发生作用。在一连串近距离特写之后，我们将可能看到的是在一个中等距离镜头中或者腰部镜头中有人兴趣盎然地走近，形成一个新的双人镜头，然后转身回应……在一个新的特写镜头里。从那里开始，按照同样的惯例，将会是更近的特写直到出现下一个真相披露或者情绪危机。其他的惯例可以帮助处理摄像机在切换或编辑时的问题。一般来说，摄像机或镜头的推拉变焦或任何运动都必须有触发的动机。关于镜头推拉变焦，有三个经典的动机，CAD这个词可以帮助你记忆：

- C=Curtain，幕布，一个场景的开始或结束。推拉变焦在这里就是作为场景的"幕布"，它对场景起到设定作用。如果一个场景是以电话的特写开始，然后变焦拉开看到"主角"正盯着电话，我们就知道一些与这部电话有关的重要事件将要发生，或者刚刚发生。在一个场景结束时，女主角一怒之下离开，我们可以预计到镜头将会推进到男主角的脸，看到他的下巴在一咬一合。
- A=Action，行动，发生在屏幕上的行动。一个男孩进入房间，腰部镜头，走向一张桌子，这时我们看到还有一位女孩在房间里。她正坐在桌子旁边的椅子上。为了让男孩一直保持在镜头当中，摄像机会跟随男孩的行走而摇动，然后对准男孩镜头拉开，从单人镜头变成同时能够能看到女孩的双人镜头。接下来我们会看到许多这种场景。
- D=Drama，戏剧，场景中戏剧性的时刻。在一部日间电视剧中，这种"推近"镜头经常是每一场景至少出现一次。这是一种强调的标记，就好像在说："你觉得那个怎么样？"一旦某位演员的舞台调度被设定好了，用一种可复制的手段写出各种镜头就是实现高效拍摄的关键因素。这就是平面图和分镜头脚本不可或缺的时候了。

平面图

平面图是指布景的1/4英寸比1英尺比例尺图。导演依据这张图来决定怎么摆设布景内的物品，并利用它与其他工作人员沟通。它以很清楚的方式标明了布景当中不同元素之间的确切关系。在实践中，它帮助导演了解一个人物角色从一处走向另一处的过程中需要走出多少步，同时也为导演和其他工作人员指明了关键的景观元素或道具元素的位置。

布景工作人员利用平面图来进行场地布置，把主要的道具放置好。道具人员则根据平面图上的注释来设置布景部件。灯光人员使用平面图来指出哪些区域需要照亮和如何照亮。如果需要改动布置，可以在平面图上标出各种改动，所有的布景元素就可在短时间内重新布置。总是有些原因使得需要在最后一分钟对布景做细微的变动，平面图是非常有用的。

在排练之前，导演会为灯光指导复制一份平面图（见图6.3）。灯光指导需要知道主角将在哪个区域说话，他们将面朝哪个方向，或者他们是站着还是坐着。此外，灯光指导还会在平面图上做上注释，每个场景各需要何种有特殊要求的灯光。典型的需考虑的问题还会包括场景的需求，如卧室灯光要同生活实际一样。导演决定行动——即"工作"，比如在这一场景的剧情中卧室灯将要被打开。那么灯光指导就知道可能需要瓦数更大、更明亮的台灯，因为这样才能在明亮的布景灯光下看到床头的台灯。有时候还可能需要一些特殊的灯具制造视觉错觉，比如由于卧室灯被打开而造成室内照明情况发生变化。

导演可能为了营造某种情调而对灯光有所要求，比如医院长廊往往十分明亮。有时候图中的注释数量非常多。例如一位灯光指导的平面图上可能标注着导演想要使用一个回拉镜头来开始第四场景，镜头要拍摄蓝色的月影从厨房的窗户透进来并落在厨房的地板上；在镜头拉回的过程中，一个小偷的影子需要被拍摄进来，等等。灯光指导将会把平面图上导演标注的信息整合进整个节目的灯光计划中。

分镜头脚本

如果你能够提前计划好你想象中的画面，拍摄过程将会比与即兴发挥更加精确。显然，一个可重复使用的计划更能符合这一要求。分镜头脚本是使得拍摄计划可重复且更可靠的最重要的单一因素。它在很多方面与对白脚本不同。最初的对白脚本可能包括脚本内容和一些指导建议。首先，脚本作者可以按照他所选择的任何方式去写它；尽管它可能交代了地点，但并没有包含任何镜头，因此它还不能成为分镜头脚本。而分镜头脚本是要遵循严格的格式来创作的。下面是多机位电视节目的一些格式要求，现场直播或录播均适用。电影和剧场节目制作所使用的脚本格式会略有差异，详情可参见附录1。

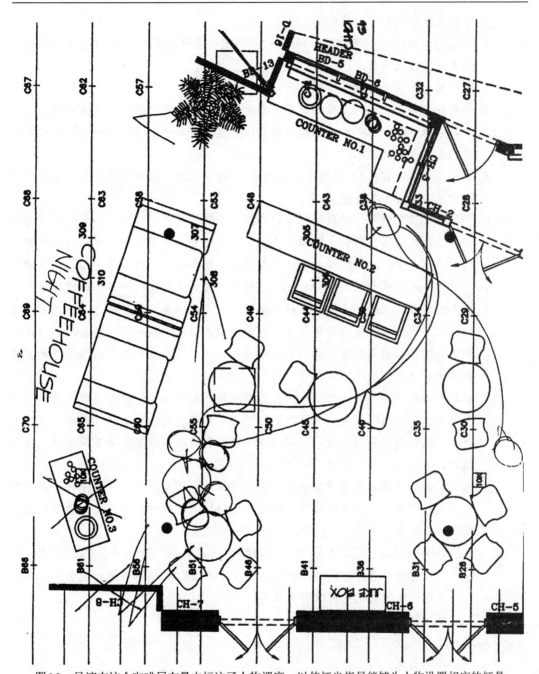

图6.3　导演在这个咖啡屋布景中标注了人物调度，以使灯光指导能够为人物设置相应的灯具

注：注意平面图中标明了"夜晚"。还要注意这幅图并不是按照1/4英寸比1英尺比例尺绘制的。感谢Columbia Pictures供图。

1. 它总是复印或打印出来的。
2. 它总是使用8.5×11英寸规格的纸张(而不使用其他标准尺寸)。这样更易放进文件夹中，方便携带。
3. 所有页面在右上角标明页码。
4. 所有修订版都必须做上日期标签，有时甚至精确到修改时间。常用的做法是将不同的修订版本用不同颜色的纸张复印，这样有助于制作团队确定他们正在阅读的是最新版的文本。
5. 页面左侧总是留出1英寸边距，右侧至少3英寸边距。导演正是要在页面右侧留出的空白中标出各个镜头。
6. 单机位节目制作中，对白使用单倍行距。多机位节目制作中，脚本总是使用双倍行距，在页面上留出空间以利于编辑，方便随时手写进去临时的更改内容。对白文本既使用大写字母也使用小写字母；指令全部是用大写字母，角色的名字也是如此。这种做法使得在拍摄过程中更容易区别对白和写作者的指令。
7. 脚本中的舞台左右侧是按照在摄像机镜头中看见的方位标注的，而不是演员实际的左右侧。当演员们在舞台上面对着观众或摄像机的时候，演员的舞台左侧和舞台右侧指的是演员自身的右侧和左侧。演员的左侧和右侧与摄像机的左侧和右侧是正好相反的。
8. 台词务必在一页纸的底部结束，尽量不要转接到下一页；很少出现从某页底部开始对白，然后转接到下一页顶端的情况。只有特别长的演说才允许出现跨页现象。这种做法目的是使导演可以在不需要翻页的情况下在每页顶端找到镜头提示。
9. 为文本做标注的方式在所有的节目格式中保持一致是很有必要的。每一位导演或节目可能有自己独特的风格，但这种独特性是相对的。无论是谁来做导演，一些关键的元素依然是一致的。这些关键的元素如下：
    a. 镜头如何被呈现，默认为"拍摄"，或者剪接。镜头在呈现时可能以淡入、溶解或者擦除的效果出现。除了"拍摄"之外，其他的镜头变化都需要包含这种变化的持续时长信息。
    b. 摄像机
    c. 镜头编号
    d. 人物角色
    e. 取景
    f. 镜头的发展
10. 导演最好用铅笔在脚本上做标记，因为总会有不可避免的变化，而铅笔的标记更容易修改。在电视网日间电视剧或者是情景喜剧中，这些被铅笔标记过的脚本会被复印。对于一些短的脚本，副导演会重新标记脚本以便依照导演的意思进行修改。

铅笔练习

下面介绍的是在传统节目制作过程中使用的方式，如"直播"中的拍摄和编辑，被称为"线切"(line cut，直播切换)。这些工作也可以通过其他一些方式，这部分内容将在本章中稍后讨论到。

一些在电视剧中出现的典型问题被纳入了下面的"铅笔练习"。在你看完它之后，你可以比较下其中的记号与图6.2节选自《不安分的青春》的脚本记号的不同之处。

艾伦·弗莱彻(Allen Fletcher)，卡内基-梅隆大学表演和导演专业教授，后来成为位于旧金山的美国戏剧学院(American Conservatory Theater, ACT)的董事之一，他认为这个练习来自于莫斯科艺术剧院(Moscow Arts Theater)的斯坦尼斯拉夫斯基(Stanislavski)。这个练习起初或许是对学生开的一个玩笑，但由于其效果很好所以直到现在都在使用。其中的台词几乎无需改动。一个令人兴奋的脚本总是因其文字的变化和意义的关联而使人无法集中精力。因此，这种练习的目的是，自己补充情节并将其设置到练习当中的每行台词中去。

铅笔练习的完整脚本
铅笔练习/场景一/第一幕
淡入
场景：你想让它是哪里都行
　男孩：
我在找我的铅笔。
　女孩：
嗯。
　男孩：
我把它弄丢了。
　女孩：
嗯。
　男孩：
你有见到它么？
　女孩：
没有。
　男孩：
我想我把它落在这里了。
　女孩：
没有。

标注舞台调度

在我设计的情节中,这个男孩走进房间里寻找自己的铅笔。而这个已经坐在房间里一张凳子上的女孩已经知道他出现了,但是没有注意他。最后,她回答了他的问话并告诉他铅笔就别在他的耳朵后面。

为了达到练习的目的,我们首先从图6.4所示的起居室平面图说起。左侧墙一扇门朝布景内部上端打开,男孩就是从那儿进入房间。他穿过布景走近那位坐在舞台前部右侧桌旁的女孩。舞台左下(摄像机左侧)是一小型吧台(舞台前部靠近摄像机,舞台后部靠近后墙或者背景幕)。

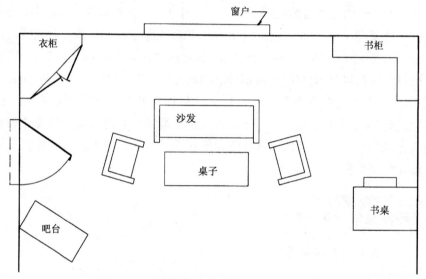

图6.4 一名设计师为铅笔练习制作的平面图
资料来源:经G.Shizuko Herrero许可复制此图。

导演要做的第一件事就是在脚本上标记出所有角色的舞台调度。我用一只彩色铅笔(通常红色)来表示人物的动作,或舞台调度。这些记号应该放在脚本中调度会发生的精确位置。红色铅笔在排练舞台调度时比较醒目,易于找到各种指示。我常用字母"x"来表示"cross(穿行)"一词。有时它指演员的调度:"B x to G"代表"男孩穿行到女孩处。"其他时候"x"指的是摄像机的方向:"这是一个'x2',或是一个'cross two-shot(过肩镜头)'"。

为了做这个练习,我们假设第一个要调度的是那个从左边的门走出来穿行到女孩那里的男生(见图6.5)。通常首先设计所有演员的调度,然后设计机位调度。按照事件自然发生的过程设计后续的调度就变得很容易。

下面是第一部分演员调度的外观效果以及怎样被标记(见铅笔练习II)。

I.演员的舞台调度和舞台监督提示　　　　　　注意：没有摄像机调度

铅笔练习/场景一/第一幕

淡入

场景：你想让它是哪里都行

BxTOG

　　　　　　男孩：

我在找我的铅笔。

Q Boy

图6.5 这是镜头#1的取景

注：男孩处于腰部镜头中，准备穿行布景。他的舞台调度是"B x to G(男孩穿行到女孩处)"；关于他入场的提示，也被标注在脚本中。沿着脚本的一侧，从上到下划出一条线，让镜头需要迅速就位时，这条线帮助定位镜头。第一个标记是舞台监督开始动作的提示。舞台监督给男孩的提示必须在场景开始前发生，这样当场景淡入时男孩才能够已经在行动中。

演员的调度可能是最先被写好的，因为我们先设计演员，然后才是摄像机。脚本上真实的标记被写在动作发生的地方。我用彩色铅笔标记出动作，使其在页面上突出，以避免与其他任何指示相混淆。红色标记指的是人物的调度，黑色铅笔指的是摄像机。彩色铅笔的标记并不是行业标准。

II.铅笔练习/场景一/第一幕

淡入

场景：你想让它是哪里都行

男孩：

我在找我的铅笔。

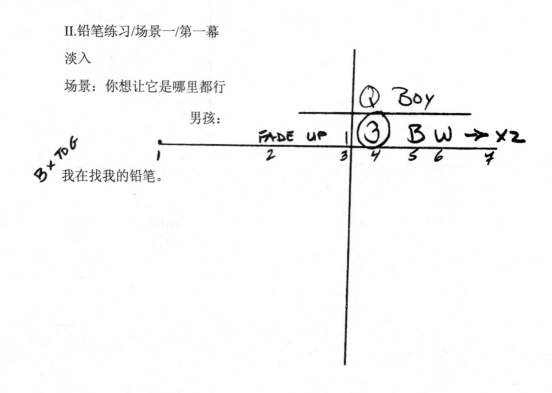

铅笔练习II显示了在已经标注了演员调度的脚本中如何添加摄像机镜头。

1. 什么时候镜头被拍摄(在本案例中没有提示而直接切换拍摄)
2. 镜头怎样被呈现(它会淡入)
3. 镜头编号
4. 摄像机
5. 人物角色
6. 取景
7. 镜头内的发展

关于镜头的一切信息都写在分镜头脚本中，分镜头脚就如同是构成整个场景的每个事件的地图或者时间线。导演的所有镜头选择必须表明七项信息：

1. **什么时候镜头被拍摄**。在本案例中镜头是"淡入"而非直接"拍摄"。惯例是当动作或台词开始时场景刚好淡入，场景的播出与动作的开始是同时的。我们不想看到在场景淡入时某个演员还原地不动等待提示。因此，演员在淡入开始前就得到提示；导演盯着监视器以确保演员的动作在"淡入"指令下达之前已经开始。
2. **镜头被播出时如何呈现**。通常如果没有标记，代表镜头是直接切换拍摄。如果打算从一个画面(或者黑场)淡入、擦除或溶解到另一个画面，脚本中就会做上标注。如果没有任何记号，就可以推断是直接切换拍摄。
3. **镜头编号**。每个镜头都有编号。不同的人使用一组镜头编号来掌握它们在脚本中的位置。
    a. **副导演**。副导演的职责很像剧场里的舞台经理。副导演们负责准备就绪即将发生的事件，比如下一个镜头、一个灯光提示、一个道具提示、一个声音效果，等等。他们通过一个内部对讲系统完成这些任务，这个对讲系统连接了控制室、摄像机，以及其他指定地点：音频控制室、灯光控制室、音效，等等。有时候副导演带一个头戴式耳机，有时候控制室有一个开放的麦克风。耳机用于在节目现场内佩戴。在指定的位置，工作人员可以根据需要使用耳机或者扬声器。被编号的镜头有助于副导演和技术人员处于脚本中要求的正确位置。在电视节目制作中，这项职能被分配给一位副导演。在电影制作中，导演和助理导演一起工作。助理导演可以执行一些与副导演相似的任务，但是助理导演在电影制作中工作时，基本不涉及设定镜头的工作。取而代之的是，他们主要充当连接导演、演员、工作人员同管理层，尤其是单元制片经理之间的桥梁。
    b. **技术指导(TD)**。技术指导负责节目的技术方面，在导演的命令下按下按钮或者推动控制手柄，让摄像机"上线"。虽然技术指导既要听副导演的"准备"，又要听导演的"开拍"，技术指导有时也会利用手里被编号的脚本提前准备好一两个步骤。在某些合同下，技术指导不能得到脚本，而只能根据副导演和导演的命令工作。

相反，在某些合同下导演不能和工作人员直接沟通。导演通过分镜头脚本来让技术指导知道将要做的事情；因此技术指导工作起来就好像是一个电影风格的镜头的摄影指导。在这种方式下，技术指导才是准备好每个镜头的人；在真实的制片中导演仅仅下命令开拍。在本章后面我们会讨论节目录制过程中更传统的控制室运作。

  c. **摄像师**。摄像师用镜头编号来掌握每个镜头的情况。每个摄像师都有一个分镜头清单，列出来一系列他或她自己要拍摄的镜头。某种程度上，这是针对每个摄像机工作的个性化脚本。

  d. **编辑岗位**。此外，在编辑节目时也会用到镜头编号。在工作时，说"第三个镜头使用镜头#320"，比说"第三个镜头使用第四幕第二个场景中男孩穿行到女孩处说'我在找我的铅笔'的那个镜头"，要容易得多。

4. **将要用到的摄像机**。在脚本中，将要用到的摄像机的编号会被圈出来，或者写得比其他文字更大，以使它突显出来。摄像机编号必须写得很明显，因为导演可能正在看监视器、思考标注，或者在考虑节目中的其他问题并且需要快速回顾脚本。明显写得更大的摄像机编号能够帮助导演、副导演和技术指导在脚本中迅速找到它们。

5. **谁会在初始取景中出现**。这个记号用于规定当镜头开始播出时何人或者何事应该出现在镜头中。这是镜头开拍前摄像师在取景器中应该看到的内容。在本案例中，第一个镜头应该只包括男孩。稍后，我们才会看到女孩。

6. **他们如何被看到**。在我们的例子中，摄像师知道最初的镜头是男孩的。这个男孩如何被看到，也就是取景，是非常重要的；比如它是一个从头到脚的镜头，一个腰部镜头还是一个脸部镜头。这一信息在分镜头脚本中应该被标明，并且应该是每个摄像机分镜头清单上记号的一部分。当导演说"开拍"，摄像师应该按照方案提供出排练好的正确取景的镜头。镜头播出之后，它可能因人物动作而改变，但在导演下达开拍命令、或切换至该镜头之前的瞬间，导演希望看到镜头是按照计划取景的。在第一个例子中，镜头从男孩的腰部镜头开始，然后在女孩进入画面时发生出现。

7. **镜头中会有什么发展**。摄像师应当维持导演的取景要求。如果人物角色移动，但脚本中没有标注取景的改变，那么镜头就会保持拍摄。然而有时候是不可能维持取景的。在我们的例子中，如果男孩穿行到距离女孩很近的位置，保持男

II.演员调度和舞台经理提示　　　　　注意：没有摄像机调度

*铅笔练习/场景一/第一幕

淡入

场景：你想让它是哪里都行

男孩：　FADE UP　｜　③　Ⓠ BOY
　　　　　　　　　　　　　BW → X2

BX TO G

我在找我的铅笔。

孩的腰部镜头是不可能的。因为这样就会导致一个非常差的镜头，在这个镜头的底部只看得见女孩的半个头。如果导演希望取景改变，或者知道必须出现一个新的取景，那么就应该为摄像机做上标注。在我们的例子里，男孩首先出现在腰部镜头中，然后镜头将改变成一个过肩双人镜头。伴随着男孩的移动，逐渐拉开镜头；摄像师会继续保持对男孩的镜头，然后将女孩包括进来，并始终保持焦点。摄像师应当知道惯例并能理解仅当女孩出现在取景器中时才会出现过肩双人镜头。焦点仍能被保持，是因为镜头取景变宽了，自动增加了景深和明显的焦深。

标注摄像机

因为摄像机通常按数字顺序定位在地板上，我们可以假设他们会按照1号摄像机在左边、2号摄像机在中间、3号摄像机在右边(以观众视角观察，非演员视角)进行排列。因为当男孩从舞台后部的门进入，他会面对3号摄像机；3号摄像机可能是第一个镜头最好的选择。一旦女孩进入视线，镜头会被拉宽并且变成一个过肩镜头，所以她会被包括在取景器内(见图6.6和图6.7)。

图6.6　镜头#1的一部分，男孩正穿行走向女孩，镜头正在变成一个双人镜头　　图6.7　镜头#1的最后取景，男孩已经抵达女孩的书桌

在早期电视节目中，2号摄像机可能会被用来给我们一个广角的定场镜头。当场景开始时它应该是广角镜头，演员在屏幕上看起来很小。男孩有三种进入并说话的方式：(1)他可以先说话然后穿行到女孩处，(2)他可以边走边说，或者(3)他可以先穿行再说话。

决定哪种方式是最佳的，涉及一个关于处理摄像机调度的基本问题。通过一个淘汰的选择过程，第三种选择是最佳选择。原因如下。如果我们选择第一种，他先说话然后穿过，穿行过程就变成了"舞台冷场"。观众想知道他在向谁说话和发生了什么。如果你不能立即提供回答，观众会丧失兴趣，除非第一句台词能够充分吊起观众的胃口。此外，如果观众等待他穿行，他们在他穿行的时候将会看到整个房间，之后他们才会看到那个女孩的背部或者侧面，女孩将处在3号摄像机的镜头前景中。此时，观众们需要一点时间来认清还有一个人在房间里的事实。他们会看到这是个女孩，但现在他们想知道她是谁。她和男孩的关系是什么？他是来威胁这个女孩还是爱这个女孩？她是一个老女人吗？她是他的妈妈还是女朋友？一个画面能够讲述很多信息，虽然这些问题读起来很长，但用镜头回答起来所用的时间要少很多。由于男孩已经讲完话了，我们没有给观众留下足够的时间来消化这些关于房间和女孩的信息，因为我们需要立刻切换到女孩身上来拍摄她的回应。即使最好的情况下，也会让人感觉一切都

III. 铅笔红习/场景一/第一幕*(女孩的镜头#2)

淡入

场景：你想让它是哪里都行

男孩

我在找我的铅笔

女孩

嗯

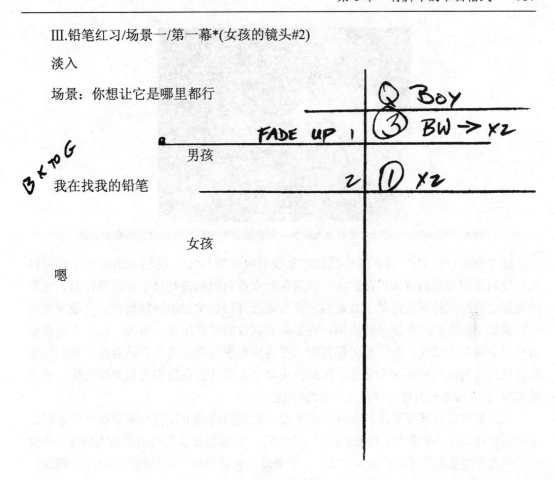

很仓促。

　　相似的问题可能会在男孩边走边说的第二种选择中出现。第三种选择是最佳的，男孩穿行，观众在感觉不到冷场的情况下和没有其他动作同时发生的情况下看到整个房间。同时，他们可能对男孩产生疑问。他是谁？他要到哪里去？然后观众看到女孩并最终听到女孩的回答。这时，我们已经准备好了下一个镜头，不会让人感觉到镜头很仓促。

　　现在让我们假设一下，如果我们想在女孩开始讲台词的同时看到女孩(见图6.8)。那么男孩结束台词就是开拍这个镜头的提示。如果我们选择1号摄像机开始拍摄镜头#2，我们会在女孩说话时(见铅笔练习III)看到她的画面。在男孩说话结束时(当时是3号摄像机)，我们可以假设女孩会回应男孩的进入。现在她正在看着男孩。而3号摄像机此时正在拍摄男孩的特写镜头，如果我们想看到女孩，3号摄像机就是最差的选择。我们只剩下2号摄像机或1号摄像机可选。1号摄像机能够拍到女孩最好的画面，并且代表了男孩的视角，所以我们选择它。我们可能会说，"用1号"，这里的"1号"指1号摄像机。

图6.8　镜头#2,这是一个过肩双人镜头,从该镜头中我们可以越过男孩看到女孩

　　这个镜头的取景,部分由男孩靠近女孩的位置所决定。我们必须用一个过肩镜头,使画面中男孩的身体挡在前面,以避免对女孩的脸部进行过于贴近的特写。过早出现贴近的脸部特写通常是不合适的,因为还没有什么重要的事情发生,一般来说这种镜头要被保留到一个场景的后期,在最高戏剧性的时刻出现。再者,由于之前的镜头在过肩镜头中结束;为了与之相匹配,在这出戏的初期保持中立的观感,我们想要从同样的过肩镜头看到这个女孩。因此镜头#2会在男孩台词结束之后立即发生。这个镜头将由1号摄像机拍摄,并且是一个过肩镜头。

　　双人镜头的取景惯例是,在看起来不会不舒服的情况下让两个人尽可能的靠近。出现例外情况时,导演会专门要求"一个和半个",意思是让舞台前部的人出现半个身体,或者专门要求"宽松的双人镜头"。如果这个场景要求一个特别广角的双人镜头,导演会在画面中寻找一些元素作为取景的参照——例如,"取景从桌边到门口"。

　　接下来,这个场景可以有很多种选择;因为这只是一次练习,我们可以拍出多种选择。其中一个选择是,在1号摄像机中女孩回答完第一个"嗯"时,立刻给男孩特写。一开始,可能有人认为是时候给男孩一个特写镜头了,但是能做此事的只有3号摄像机;3号摄像机上次结束拍摄之后发生的情节仅仅是女孩回答了一声"嗯"。在此之前,3号摄像机是以一个过肩镜头来结束的;男孩从门口走进来径直穿过房间,3号摄像机一直将焦点对准男孩,随着男孩的前行,不断将镜头拉宽;拉宽之后可以通过广角镜头提供更大的景深。如果我们此时想用3号摄像机给男孩一个特写镜头,我们会发现摄像师根本来不及为这个特写镜头重新调焦(见铅笔练习V中有关实施这些决定的记号)。我们可以选择3号摄像机拍摄与先前一样的过肩镜头,或者我们可以使用2号摄像机。2号摄像机拍摄的是男孩的侧面。我决定使用2号摄像机给他们一个平视双人镜头而非过肩镜头,拍摄男孩穿行到左下侧的吧台然后说话的这个过程。

　　这个镜头开始于一个双人镜头(见图6.9),取景于男孩膝部以上,男孩向左下方穿行时女孩逐渐从画面中退出。我会很用心地让这个双人镜头变成宽松的双人镜头,使

Ⅳ.男孩对女孩的第一次回应。镜头#3将男孩带到吧台

铅笔练习/场景一/第一幕

淡入

场景：你想让它是哪里都行

```
                                    ① BOY
              FADE UP    1  ③  B W ⇒ X2
        男孩
3 X TO 6
  我在找我的铅笔         2  ①  X2
        女孩
  嗯                    3  ②  2 SHOT ⇒ HOLD BOY
        男孩
X TO BAR
  我把它弄丢了
```

其看起来有别于1号和3号摄像机的过肩镜头(见铅笔练习Ⅳ和图6.7至图6.10)。这种做法也会使得2号摄像机更容易抓取男孩的穿行过程。

图6.9　镜头#3的初始取景：从2号机位看过去，男孩与女孩处于平视双人镜头中

图6.10　镜头#3的发展方式，2号摄像机一直跟拍男孩，同一个双人镜头会持续一段时间，然后我们会看到它变成男孩的单人镜头

V. 增加镜头#4＝女孩的过肩镜头。男孩在吧台

铅笔练习/场景一/第一幕

淡入

场景：你想让它是哪里都行

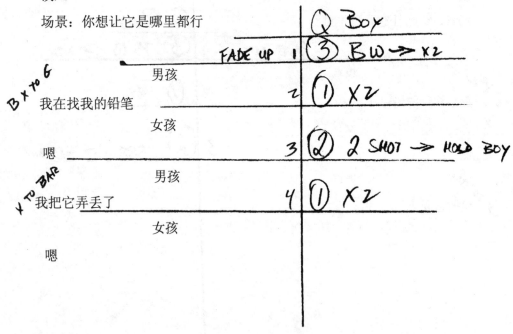

现在男孩站在吧台旁边，我们需要让观众重新了解下房间里的地理情况。观众们需要知道这两个人之间的距离到底有多远。男孩是否已经距离女孩很远，且无法接触到女孩？女孩是否与男孩和吧台距离很近，以至于可以用她的威慑性眼神阻止男孩再次靠近她？他们和房间里的其他物品的关系又是怎样？所以，这里需要一个双人特写镜头。她位于布景的右侧，相对于男孩来说处于他的左侧。1号摄像机拍摄她的视角最适合，这正是为她准备的摄像机，而且能够获得一个角度绝佳的过肩双人镜头。

图6.11　镜头#4，这是由1号摄像机拍摄的一个过肩镜头，我们可以从中看到男孩正在吧台上寻找自己的铅笔

Ⅵ.男孩的调度和镜头#5。将男孩带回到女孩处如同镜头#1

铅笔练习/场景一/第一幕

淡入

场景：你想让它是哪里都行

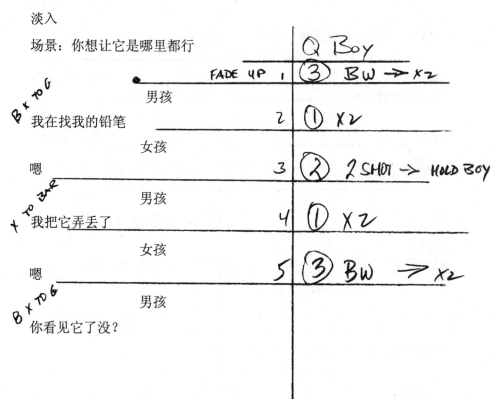

现在该拍摄男孩走向女孩的情景了。从本质上说，这里所用到的惯例与前面镜头#1当中我们拍摄男孩走进房门的情景时使用的是一样的(见图6.12和图6.13)。先在男孩的穿行动作发生的地方用铅笔标出该动作，然后再记上镜头(见铅笔练习Ⅵ)。

图6.12 镜头#5最初的取景：男孩在吧台边上，由3号机位摄像机拍摄

图6.13 镜头#5的发展变化。拍摄一直持续，男孩走向女孩，类似于镜头#1的结尾

VII. 镜头 #6。这是一个平视双人镜头

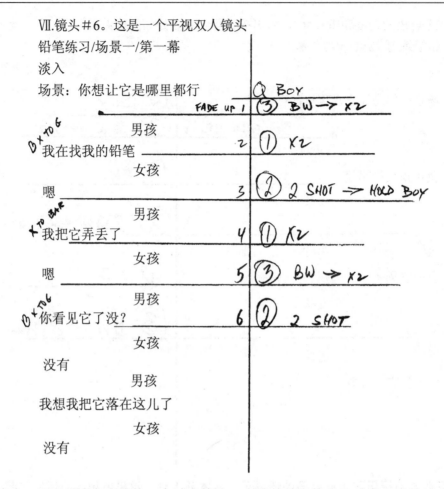

镜头#6可以是面向女孩的一个过肩镜头，女孩的单人镜头，或者双人镜头(见铅笔练习VII)。实际上，对于这样一个小小的场景我们已经拍摄了太多的镜头，所以如果简单点处理的话，我们可以一直保持平视双人镜头直到最后。

图6.14　镜头#6，由2号摄像机拍下的平视双人镜头，该镜头的取景已经宽到足以使观众看清楚场景结尾的动作

第 6 章 有脚本的节目格式 · 175

Ⅷ.添加女孩的调度和反应镜头语言

铅笔练习/场景一/第一幕

淡入

场景：你想让它是哪里都行   ① BOY

FADE UP   1   ③ BW → X2

男孩

Bx to G   我在找我的铅笔   2   ① X2

女孩

X TO BAR   是的   3   ② 2 SHOT → HOLD BOY

男孩

我把他弄丢了   4   ① X2

女孩

嗯   5   ③ BW → X2

男孩

Bx to G   你看见它了没？   6   ② 2 SHOT

女孩

没有

男孩

我想我落在这儿了

女孩

没有 → GETS PENCIL FROM BEHIND BOY'S EAR   7   ③ B SH

PENCIL IN FOREGROUND

○ BLK

在我的方案中，当女孩最后一次说出"没有"之后，她刚好发现那支铅笔就别在男孩的耳朵后面(见铅笔练习Ⅷ)。她伸手去拿到铅笔并将铅笔放在他面前。当然，他觉得自己看起来像个傻瓜(见图6.15)。

图6.15　镜头#7，片段的最后一个镜头，这个镜头被称作"幕帘"，在其中我们看到男孩看到他的铅笔的真相被揭示后做出的反应

我们的分镜脚本必须要反映出这一点。导致摄像机角度发生改变的最关键要素是一个句子的结束或者想法或行动的转变。有时候导演的灵感或情绪化表达可能成为改变摄像机角度的原因，但是以镜头中真实发生的词句或行为作为调整摄像机角度的依据似乎更加有帮助并更切合剧情。因此，在分镜头脚本中我们会标出女孩的动作，要求以一个足够宽的镜头来告诉观众这里有某种特殊的动作要发生。特殊的动作就是，女孩从男孩的耳后拿出铅笔。在这个镜头中我们可能还看不到铅笔，因为和荧幕的其他部分比起来它太小了。我们也想知道男孩对这个事件转折点会有怎样的反应，因此我们把女孩的动作作为该片段最后一个镜头的提示线索，在最后一个镜头中用肩部镜头拍摄男孩的面部，并在前景中展现女孩手中的铅笔。

脚本中的最后一个记号代表溶解或渐隐。缩写"dissolve blk"的意思是"dissolve to black，渐黑"。

分镜头清单

铅笔练习中用到的镜头的分镜头脚本确定以后，就需要为各台摄像机制作分镜头清单。这些卡片或者撕页被贴到不同的摄像机上，标示出每台摄像机负责的镜头。图6.16、图6.17和图6.18给出了铅笔练习中用到的镜头案例。在节目拍摄过程中，副导演为每个镜头中的演员、效果的"待命"和各种事项的"准备"喊出指令。副导演会说出类似"提示男孩，待命；准备淡入3号机，镜头1"的指令，接着导演就会说

①
2-x2
4-x2

②
3-2 shot - hold Boy
6-2 shot

图6.16 铅笔练习中1号摄像机的分镜头清单，它只显示1号摄像机需要拍摄的镜头

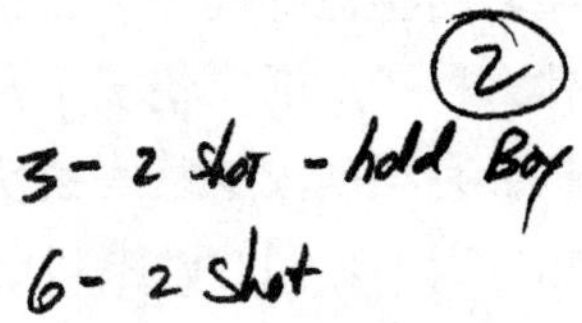

图6.17 铅笔练习中2号摄像机的分镜头清单，它只显示2号摄像机需要拍摄的镜头

③
1- BW → x2
5- BW → x2
7- BSH - PENCIL IN fg.

图6.18 铅笔练习中3号摄像机的分镜头清单，它只显示3号摄像机需要拍摄的镜头，尽管最后一个镜头原本是一个肩部镜头，但为了要将那支重要的铅笔包含进去，实际取景要比肩部镜头更广角一些，这样标注也是可行的

"提示男孩"。当看到男孩已经开始行动时，导演会继续说"淡入3"。一旦该镜头开始拍摄，副导演会继续准备下一个镜头："准备1，镜头2"，"雪花效果，待命"，等等。副导演通常会在导演已经开始使用早先准备完毕的镜头或者行动时，才会准备下一个镜头或采取别的行动。一次性"准备"太多或太早让后续镜头"准备"都会引起混淆。在"准备"过程中，摄像机和镜头的编号是关键要素。不过，要注意的是，在第一个例子中，副导演要求采取"淡入"方式；如无此要求就直接拍摄或切换。这也是在"准备"过程中需要包含的一类信息。在某些电视台和某些情况下，副导演在讲出镜头编号的同时，还会讲出镜头的定义(如"准备淡入3号机，镜头1，男孩腰部镜头，再变成过肩双人镜头")，不过那样会在对讲系统中比较啰嗦。准备镜头的工作中最占统治地位的风格就是只讲出摄像机编号和镜头编号，别的都不讲。在某些节目制作中，只对镜头编号进行"准备"；导演要么用自己的手指去指示拍摄某个镜头，要么喊出摄像机的编号，但不会喊出镜头编号。

一般认为，摄像师应该在导演要求某镜头开拍使用之前就做好相应的准备工作。副导演的任务是作为后备，确保每位摄像师都为其下一个镜头做好准备。如果摄像师

偶然没有准备就绪，那么副导演就要承担提醒摄像师的责任。

　　有经验的摄像师同导演一样非常了解与摄像相关的惯例，而且也清楚将要用到的镜头是什么样子。通常情况下，拍摄同一场景会使用相同的镜头。也就是说，1号和3号摄像机会有相匹配的特写镜头。在其他情况下，特殊的镜头需要专门形成文档进行短期记忆，因为它们的确跟其他镜头不同。例如，在一个场景中，1号摄像机可能大部分时间都在持续拍摄女主角的胸部以上半身镜头，这些镜头跟3号摄像机持续拍摄的男主角胸部镜头交替使用；然后，为了某一镜头的需要，1号摄像机要为对话中提到的某一事物拍摄一个特写镜头——可能是抽屉里的一把枪或者是桌角的一枚戒指。这时，该镜头编号就成了一个便利的工具，用来提醒摄像师即将到来的"怪异"镜头。

　　在一个日间电视剧制作中，工作人员通常会在早上7点到场，并且每人会写下自己的分镜头清单。副导演会在控制室与工作人员见面并阅读导演的分镜脚本中的镜头，他会将镜头编号、摄像机和摄影指示一起大声读出来——例如，"镜头1，3号摄像机，男孩腰部镜头，变成过肩双人镜头。镜头2，1号摄像机，过肩双人镜头。镜头3，2号摄像机，双人镜头保持住男孩。"

　　与此同时，导演在场地中与演员们一起复习一遍现场调度。在摄像机进行调度排练的过程中，可能会有对镜头的增删。增加镜头时，在脚本中相应的位置插入一个镜头，再为该镜头加上一个字母编号。

　　比如说，我们希望在女孩的第一句台词之前增加一个男孩女孩之间互视的镜头。在实际的制作过程中，如果场景开头真的拍摄这么多个镜头，那这个场景就会显得太忙乱了。这里仅仅是举个例子，说明镜头是怎样被添加的。铅笔练习IX中显示了这个例子。

　　这个镜头会被添加到镜头3以前，标示为2a和2b。通常如果添加了一个"a"，那么也会添加一个"b"。我们回顾到镜头插入之前的时刻，然后女孩说出她的台词，情境继续发展。在控制室中，导演必须紧跟着演员的音调和节拍，以把握正确的时机来要求添加镜头。在这一情况下，如果将第一个切出镜头保持得太久，就意味着女孩开始说话的时候镜头还在男孩身上；而如果它转变得太快，我们就会感到奇怪，为什么女孩还不说话。由于镜头之间连接得太紧密，副导演将会一次性说出"镜头2 a,b和3准备——摄像机3号、1号和2号"，以使这组慌乱的镜头有时间做好准备。

　　如果我们要删除一个镜头，那就直接把这个镜头编号从脚本中去掉。如果我们决定去掉1号摄像机的第一个镜头(镜头#2)，因为2号摄像机已经有一个双人镜头，那么我们就直接擦掉它，而不是在纸上划掉1号机的镜头2。我们擦掉它而不是划掉它，是因为拍摄是实时的，脚本上保持整洁会让人更容易找到每个镜头。如铅笔练习X中所显示的那样。副导演会先准备好镜头#1，然后准备镜头#3。

铅笔练习/场景一/第一幕

淡入

场景：你想让它是哪里都行

　　　　FADE UP　1　③ BW → X2
　　　　　　　　　　① BOY

男孩

B X TOG　我在找我的铅笔

　　　　　　　　2　① X2
　　　　　　　　2A ③ X2
女孩　　　　　　2B ① X2

是的　　　　　　3　② 2 SHOT → HOLD BOY

男孩

↑ TO BAR　我把他弄丢了

铅笔练习/场景一/第一幕

淡入

场景：你想让它是哪里都行

　　　　　　　　　　① BOY
　　　　FADE UP　1　③ BW → X2

男孩

B X TOG　我在找我的铅笔

女孩

是的　　　　　　3　② 2 SHOT → HOLD BOY

男孩

↑ TO BAR　我把他弄丢了

排练室

拍摄情景喜剧或日间电视剧,与拍摄长时长的舞台表演相比,其排练的操作方式是不同的。某些直播电视剧的特别节目,需要更复杂的排练程序。另外,还有其他一些需要特殊排练程序的长时长节目,包括用于工业生产、教育目的或是电视网播出的原创视频。更进一步讲,不同的制片设施也有它们自己的排练惯例和排练要求。但是,不论排练是如何进行的,排练的作用和目标总是一致的。

在排练室第一次排练的作用在于建立一个完成该场景和场景内调度的统一路径。让每个人对于每个情景要表达什么内容达成一致是很重要的。理想状态下,这种一致应该是在讨论和研究场景内人物角色的表演、背景和目标之间关系的过程中达成的。很多时候,导演和演员之间的大部分对话就是为了达成这种一致。调度和舞台相关事务也是在排练室中制定出来的。

在电视网的实践中,尤其是对于正在进行中的情景喜剧和日间电视剧来说,只有非常有限的准备时间。如果准备时间太长会浪费金钱,而时间太短则会造成节目制作的挫败。通常,演员常年出演相似的节目或相同的部分,或他们被雇佣的原因就是因其常出演某一部分而很容易适应该节目的要求。所以,排练室的功能就是演出调度:分派所有的事务或行动,比如,哪些人负责电话、别人在谈话的时候其他人在哪里吃饭、如何处理剧中用到的枪支等。

首先——对于日间电视剧来说一天中的较早时间,或对于情景喜剧或长时长节目一周中的较早时间——导演要花时间对这出戏表达观点并快速开始调度设计。因为戏剧总是围绕着矛盾冲突进行的,大多数场景都有追逐冲突的元素,在冲突中一个角色追逐另一个角色。理想状况下,舞台调度应能敏锐地反映出场景的内在生活。电视导演常常制造一个舞台调度模板,利用布景的深度而不是在平面上工作,去获取更加生动活泼的视觉效果。

在制作日间电视剧时,几乎没有时间让演员实景演练舞台调度。导演经常只是与演员们一起坐在排练室里或者坐在布景中决定舞台调度;副导演也这样和相应的人员在控制室里决定镜头设计。

演播室走场

排练的下一个阶段发生在演播室中,开动全套设施。有时候,全部演播室排练都是在控制室完成的。我倾向于在节目现场进行第一次排练走场(walk-through)。这次排练的目标是：

1. 在摄像机中查看每一个镜头；
2. 当需要做出改变时，及时改变；
3. 与摄像师、副导演以及每个受改变影响的人确认每一个镜头。

导演处在节目现场时能够发现摄像机视野外的任何妨碍因素。例如，我曾经设计一个发生在公园小路旁的场景。在排练厅内，我让演员们站在"树"旁，用一张折叠椅代替这棵树。然而，到了演播现场，我发现麦克风延长臂需要从真实的树的一侧荡到另一侧才能覆盖两个演员的声音。对于操作延长臂的工作人员来说，这实在是很困难的任务。于是我进行了小幅调整，让两个演员都向左侧移出一小步，这个场景就容易操作了。

无论导演是否在现场工作，副导演负责准备好每个镜头，导演负责喊拍摄。任何所需的改变或修正都必须立刻做出决定。与导演一起，技术指导、副导演和摄像人员在各自的脚本或者分镜头清单上对这些改变做出记录。

演播室预演

预演(run-through)是排练程序的下一个阶段。这一阶段的目标是考察当场景以正常速度进行时，各种镜头的效果如何。判断是否有时间进行一系列特别快速镜头的拍摄，或者是否需要做出妥协。与之前的走场不同，预演时，导演需要拿上一支铅笔，发现问题随时做笔记。实练进行过程中，如果在此时停下来进行修正，只会破坏这次排练的目的。导演不得不让排练内容倒退回去重新开始，并努力让排练回到正常速度。可以让制片助理做速记，或者错误出现时在脚本相应位置做一个缩略标记。这样的标记足够唤起一个人的记忆。

在这些问题都被修正之后，化妆并穿着演出服的彩排就将开始了。彩排的目的是为了证明节目已经准备就绪，可以进行录制。在这次彩排中，全体演员和工作人员要确认最后的修改是否真正有效，并熟悉和适应新的材料。

对于彩排是否应该被录制下来，观点存在广泛分歧。许多情景喜剧和日间电视剧录制彩排，其演员们也习惯了在这种安排下工作。然而，我发现，录制"带妆彩排"并不是对所有人都适用。一些艺术家在知道"这正在录制"时，会有更好的表演。如果你选择录制彩排，对他们而言，彩排的功能就会被破坏。当这些艺术家知道彩排是被录制的，他们会使出全力进行"表演"，对第二次录制仅做出极少的保留。如果他们不知道被录制，他们可能会为了接下来的录制而调整自己的表演，你将无法录制到他们最佳的表演。还有一点，以后他们可能不再信任你。录制彩排是否是一项好的实践，取决于这些艺术家和他们的工作方式，同时也要考虑演播室的使用时间限制、演员时间冲突，等等。

录制/直播

  终于，演出真正开始的时间到了。控制室内的工作开始于导演要求第一幕开始准备的那一刻。技术指导和灯光设计师提醒他们的工作人员，副导演要求舞台经理待命并确认节目现场准备就绪。此时，舞台监督要么确认场地准备就绪，要么解释需要推迟的原因。一旦场地准备就绪，副导演为录制工作喊出"准备"。导演下达指令"录制"。工程人员确认录制设备就绪，副导演准备好第一个镜头。导演让副导演进行倒数。通常这种倒数从五开始："五，四，三，二，一。"

  舞台经理通知演员们录制工作已经开始，然后和副导演一起开始从五到二进行倒数；数字一不会在场内大声说出来，因为场内的话筒可能已经开始工作。一旦副导演说出数字一，导演下达指令让准备好的第一项内容开始进行。对于我们的铅笔练习的场景，导演要求提示那个男孩；这个提示通过舞台经理传达，接着导演会在监视器中确认这个男孩确实已经在走动。接着，命令3号摄像机淡入男孩穿行走向女孩的过程。副导演接着开始准备下一个镜头、摄像机以及后续内容。

  摄像师要检查是否拍下了应该拍摄的内容。

  当男孩说完"铅笔"这个词，导演要求1号摄像机拍摄第二个镜头。

  技术指导负责按下控制某台摄像机播出的按钮。

  在更加复杂的节目制作中，导演和副导演可能会提醒摄像师注意即将到来的摄像机的复杂运动。比如，副导演可能会对3号摄像机说，"好了，3号机，现在到了麻烦的#97镜头，你需要从Asheley移动到Brian，然后转向Tanya。"此时导演或副导演提及角色的名字而不是演员的名字会更好，同样提及摄像机的号码比摄像师的名字会更好。

  如果你尝试这个铅笔练习，你会发现，如果在首次摄像排练中让演员们在台词与台词之间做出较长停顿，拍摄工作会进行得更加容易。后来，他们恢复到正常表演速度，这时你会吃惊地发现在控制室里要迅速地做那么多事情。

排练日程安排

日间电视剧排练

日间电视剧通过两个基本方式进行排练和拍摄。

- **从头到尾按播出顺序拍摄的节目**。在这种工作方式中,通常早上会在排练厅中进行一次排练,同时布景进行装饰。接着演职人员在摄像机前排练每个场景。紧跟着会有一个带妆彩排,这个彩排可能是会被拍摄的;接下来会是一个正式排期的录制。在某些节目中,拾取镜头(pickups)或重拍镜头会在场景中就地进行。在其他节目中,拾取镜头都在一天工作的结尾进行。
- **为适应布景或排期问题打乱顺序拍摄的节目**。按照调整过的次序拍摄,意味着先拍完所有的客厅场景,然后拍完所有的医院场景,等等。在某些情况下,节目打乱顺序拍摄是为了适应一些剧组成员的安排。在这种方式的拍摄中,演员们按照节目录制顺序被叫到现场进行排练;确定每个场景的调度设计并在演播室中拍摄。然后整个节目会在编辑室中被剪接在一起。如果同时使用两个演播室,就像在《不安分的青春》中的情况一样,第一天上半天拍摄完成的布景可以在下半天重新搭建,下半天则使用另一个演播室的布景。此外,出现在一个地点的所有演员在他们出演的场景完成后,其工作就算完成了。

情景喜剧

多机位节目中用到的摄像技术,通用于实况表演、日间电视剧和一些源于剧院现场传统的情景喜剧。在传统的电视制作模式中,一个场景或是一整部戏的表演过程很少有中断,在节目表演的同时,多台摄像机的输出信号通过一个切换器进行编辑并且录制。导演选择他认为最合适的一台摄像机的画面,技术导演负责切换到那台机器的输出信号。所有的编辑工作就地完成并直接播出或录制。这种剪切方式叫做"线切(line cut)"。然而,经过这么多年之后,许多新技术开始被使用,技术进步起到了推动作用。

情景喜剧的另一种工作方式是"四分屏(quad-split)"。第一次拍摄电视情景喜剧的浪潮出现在20世纪50年代,那时的电视情景喜剧是15分钟的短片,这种片子是采用和所有实况电视剧一样的线切(line cut)进行实况录制的。电视剧拍摄的第一次大转变发生在《我为露西狂》(*I Love Lucy*)这部剧的拍摄过程中,当时运用了多台摄像机并且把节目进行整体拍摄。然而,整个节目都是用胶片拍摄的。为了实现这一点,它发明了特别适合电影制作的新技术。他们将三台(后来是四台)Mitchell BNC 35毫米摄像机安置在四轮的McCallister蟹式移动摄影车上。在拍摄过程中,每一台摄像机都有3个工作人员进行操作。摄像师在取景器中查看并调整取景框,调焦员将镜头焦点对准早已在现场做过标记的地点,摄影车工作人员则推动摄影车从一个标记地点移动到另一个标记地点。一位摄像指导,通常由副导演或技术协调员担任,提示摄像机根据台词或动作做出变化。不论是多机位拍摄还是单机位拍摄的胶片情景喜剧,与实况情景喜剧一起填满了频道。这些实况节目经常以电视电影的方式录制,然后被运输或邮寄到全国各地(电视电影是一种从电视显示器中拍摄实况表演的电影拍摄方式)。

当磁带出现之后,许多主要的情景喜剧仍然用胶片拍摄,但是也有大量情景喜剧改用磁带录制,看起来跟实况拍摄一样。1975年,用磁带录制的*Barney Miller Show*播出,这部剧由Danny Arnold担任制片,大部分内容由Noam Pitlik担任导演。这部剧在技术上有一个亮点,虽然它是用磁带而不是胶片记录,但所有摄像机的输出信号都被录制下来了。取景器中的画面被送到一个四分屏,在这个四分屏上,所有摄像机的输出画面都可以被看到,而最终的作品完全是后期制作出来的。现在,四分屏拍摄是大多数情景喜剧拍摄中最常用的方式。传统的McCallister移动摄影车被演播室摄像基座所取代,BNC摄像机也被最新的高清数码摄像机所取代。

使用四分屏技术的节目的分镜头脚本格式与线切节目的分镜头脚本格式是不同的。四分屏节目的分镜头脚本必须标明每一台摄像机的分工。这种分工是为了保证所有的动作都能被覆盖到。图6.19是使用四分屏技术进行多机位拍摄铅笔练习的例子。图6.20显示了四分屏节目中摄像机的观测系统。

尽管每个节目的工作方式都会存在一些差异,但工作程序基本是相同的。例如,导演和全体演员们在排练厅里或布景现场工作三天,解决调度设计和与节目相关的各种事务,以及与反应节目内在生活相关的各种问题。然后在第四天,工作人员与演员见面,讨论个人的场景。以四分屏方法,一个摄像协调员或导演助理会同导演一起画出摄像机的分工。演员们在场景中排练,同时演员站位和摄像机站位被标记下来。分别标记为A、B、C和X的四台摄像机演练其分工,摄像机的输出信号显示在四分屏上(这里用字母代替数字来标记摄像机,因为字母"D"与"B"发音相似,于是使用字母"X"。还有一种原因,在早年使用胶片拍摄情景剧的时候,通常不会有额外的摄像机,所以使用"X"字母命名第四台机器)。通常,外侧的"A"和"X"摄像机负责拍摄特写镜头,内侧的"B"和"C"摄像机拍摄过肩双人镜头或较广角的镜头。导演和制片人观察四分屏,确保所有的动作都被覆盖。如果为了极度特写或特殊道具或其他特殊原因,需要使用第二套拍摄方案,那么就使用第二套机位标记布置摄像机重新拍摄该场景。

还有一种新的节目制作模式,基于"部分脚本化的素材"进行制作。这种工作模式在情景喜剧节目制作中已经流行开来，比如Larry David的《抑制热情》(*Curb Your Enthusiasm*)。在这种工作模式中，导演设定好节目制作角度，然后允许所有演职人员即兴发挥；不存在按照逐个镜头撰写的脚本；每个摄像机的输出信号都录制下来；整个节目在后期制作中编辑完成。

情景喜剧排练

线切拍摄和四分屏拍摄的排练工作在最初三天是一样的。在"拍摄时间"内，程序变得不同。即兴发挥型(ad-libbed[1])节目的制作程序因不同的外景地和演播室而各异，同时还要考虑演职人员和制片公司的要求。在任何情况下，如果节目中有儿童出现，工作时间将被严格限定，而儿童几乎总是会参与。线切拍摄或四分屏拍摄的一个典型工作周的排练安排大致如下所示：

周一　排练厅或演播室
- 9:00—10:00
执行制片人、制片人、导演和所有创意部门领导一起参加制片会议，逐页解决技术性需求问题。
- 10:00—12:00
所有演员、编剧、制片人以及电视网/演播机构代表通读剧本。节目排定制播时间。可能会进行一下关于客座演员将要出演部分的讨论。
- 12:00—13:30
演员午餐，同时导演、编剧、制片人以及电视网代表基于第一次通读的结果再次商讨需要改进的部分。这次商讨可能会提醒导演，在新场景被写作的同时，哪些场景应好好排练一下。
- 13:30—17:00
讨论场景和某些调度设计。因为还会有新场景被写出来，所以不必过于固定某些场景的调度。同时为某些服装试穿进行日期安排。

周二　排练厅或演播室
- 10:00—12:00
通读新场景或台词，讨论这些变化意味着了什么，对周一已经确定的一些场景做出必要的改变，然后开始对新素材进行调度设计。
- 12:00—13:30
演员午餐。导演与道具、服装、灯光、布景人员开会。
- 13:30—17:00

---

1. Ad-libbed，即兴发挥型节目，该词源于拉丁语ad libitum，等于"at one's pleasure"，简写为"ad lib"。

继续节目调度设计。在这一天的结束，制片和编剧预演节目内容。

周三　排练厅或演播室

- 10:00—12:00
  完成节目调度设计。应该有许多写在不同颜色纸上的新素材，用来提醒所有人不要忘了最新的修订。
- 12:00—13:30
  演员午餐(如果排练是在排练室中而不是在布景中进行，导演需要去查看布景)。
- 13:30—15:30
  讨论有必要深究的特定场景。
- 15:30—16:30
  电视网/演播机构高管、制片人、编剧预演节目内容。节目组人员自由活动，讨论还应该做出哪些改变来增进节目。

线切摄像机排练/拍摄日

周四　演播室——全体工作人员带设备排练

- 10:00—12:30
  分发所有新加内容，开始为摄像机进行逐个镜头调度设计。这个过程中有两个步骤。首先，在这个排练过程中，摄像师站在各自摄像机旁，手上拿着关于镜头分工的个人分镜头清单。演员在场景中表演，副导演说出镜头编号，让每一个摄像师了解到他/她要拍摄的镜头应该是怎样的。在排练的这个阶段，工作人员只是在了解这个节目，而演员们也不是真正的"表演"，只是显示出动作会是什么样子。然后这个场景会在场内逐个镜头排练或在控制室内排练。另一种不同的工作方式，导演会立刻转入控制室中工作，大多数情况下用于日间电视剧。
- 12:00—13:30
  全体人员午餐。因为这是一个所有技术以及舞台工作人员到场的排练日。最好能让所有人——演员、工作人员、制片团队——在现场同时可用。为此，所有人的午餐休息同时进行。导演可能会找制片人以及编剧进行讨论，但这些讨论是不在日程表上标注的。然而，在周五的午餐时段，由于表演问题日渐重要，所以会讨论与演员相关的注意事项，要把演员列入召集清单。
- 13:30—17:00
  完成节目逐个镜头的调度设计。这一天的工作，以电视网、编剧和制片人参与的一遍粗略的预演而宣告结束。
  在这次预演之后，演员们自由活动，电视网、制片人、编剧和导演留下来讨论这次预演。

周五 演播室，带全部设备

(周五需要开动全部设备，而周四并不需要，因为周五是一个录制日。全部设备将包括用来录制的磁带设备或服务器，以及特定装置，如暖场喜剧演员用的麦克风。还要包括一些与观众有关的员工，比如侍者和观众引导员。这些人会在合适的时间被安排入场。)

- 10:00—12:30
  分发根据上一次粗略预演而新增的内容。按正常速度将节目演练一遍。
- 12:30—13:30
  午餐和注意事项。
- 13:30—14:30
  排练节目。
- 14:30—15:00
  彩排观众到达。
- 15:00—16:00
  录制带妆彩排。
- 16:00—17:00
  晚餐——"录制观众"到达。
- 17:00—19:00
  录制节目，以及补拍。两种补拍的方式。两种情况下，补拍都是在场景被录制完毕之后编辑进去的。第一种补拍是在原定计划中的。这种情况一般拍摄特定道具或造型，如果不跟节目分开处理将会有很大风险。比如一支箭射出去正中靶心就应该是个补拍镜头，或者一块馅饼正好砸在脸上的特写镜头。另外一些补拍镜头与道具相关。女主角摘下她的结婚戒指并且把它放在床头柜上，留在抽屉中的手枪，等等。对这些道具的特写会作为补拍镜头在之后放进节目里。第二种补拍是拍摄一个或一系列镜头，插入到节目中，以掩盖录制过程中出现的错误。

四分屏摄像机排练/拍摄日

周四 演播室——带设备排练

- 10:00—12:30
  A. 分发所有新加内容，开始为摄像机进行逐个镜头调度设计。
  节目和标记：与线切排练一样，摄像师站在各自摄像机旁，手上拿着显示分工镜头的个人镜头清单。演员在场景中表演。当演员在站位之间来回移动时，他们的站立会被舞台经理标记下来，用不用颜色的胶布代表不同的角色。副导演说出镜头编号，让摄像师了解到他们要拍摄的镜头应该是怎样的。

B. 摄像机调度：当一个场景调度设计完成，那些真正的演员，"A"组就可以自由活动了，而"B"组或替场人员则需要走场，从一个标记走到另一个标记。摄像机的机位在这个时候也会标记出来。收音延长臂操作员也在这个时候画出他们的位置和移动策略。

C. 预演：当摄像机的位置标记完成，"A"组排练该场景。

- 12:30—13:30
  全体人员午餐，进行必要的协商。
- 13:30—17:00
  与线切一样，导演完成节目逐个镜头的调度设计。这一天的工作，以电视网、编剧和制片人参与的一遍粗略的预演而宣告结束。
  在这次预演之后，演员们自由活动，电视网、制片人、编剧和导演留下来讨论这次预演。

周五　演播室，带全部设备

- 10:00—12:30
  分发根据上一次粗略预演而新增的内容。按正常速度将节目演练一遍。如有需要，录制特殊的插入镜头。
- 12:30—13:30
  午餐和注意事项。
- 13:30—14:00
  排练节目。
- 14:30—15:00
  彩排观众到达。
- 15:00—16:00
  按正常演出顺序录制下彩排，让观众看懂节目并在该笑的地方笑出来。一些场景可能要重复演出。高管人员和编剧会记录笔记，在晚餐休息时将这些笔记交给导演。导演到时候会把这些笔记交代给演员们。
- 16:00—17:00
  晚餐——直播节目观众到达。把笔记交代给演员们。
- 17:00—19:00
  按演出顺序录制节目，如有需要可重录素材。

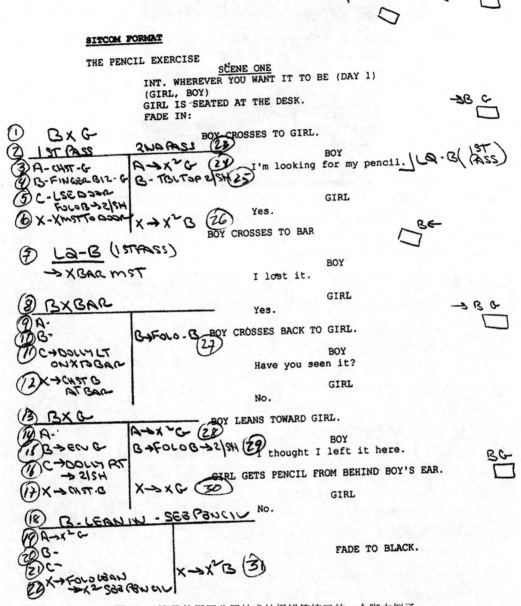

图6.19 这是使用四分屏技术拍摄铅笔练习的一个脚本例子

注：在这个版本的"铅笔练习"中，这个男孩在每一句台词前都有一次移动。他入场并穿行走向女孩。他的下一次移动是走向舞台前部的吧台。他第三次移动时重新走向女孩，最终他向她俯身并说出他最后的台词。然后，她发现了他耳后的铅笔，取下铅笔递给男孩。带圆圈的数字是由作者加入的，目的是为了向读者解释这些标注。在本页右侧，导演对动作做出素描。感谢Howard Ritter授权使用标注后的脚本。

图6.20　摄像师在一个使用四分屏方法的场景中的工作视野

注：画面左上方是一个"智能镜头"读取器，让摄像师知道摄像机聚焦的位置和景深。在这个装置的右侧是取景器，有4/3和16/9两种比例。在取景器下面是一个放置分镜头清单的夹子。在右边挂着的是一个四分屏显示器，显示每一台摄像机的画面。

情景喜剧脚本分析

1. 舞台调度标记：(调度标记放在T上面)男孩(B)穿行至(x)女孩(G)
2. "T型线"说明这个场景会拍摄两遍。第一遍拍摄，项目1至22，在"T型线"的左侧；第二遍拍摄，在"T型线"的右侧。
3. 摄像机A：女孩胸部以上半身镜头
4. 摄像机B：拍摄手指动作(场景开始时女孩用手指敲击桌面)
5. 摄像机C：拍摄门口的宽幅镜头——跟拍男孩变为双人镜头
6. 摄像机X：过肩主镜头拍摄门口
7. 台词结束(第一条路线中)，摄像机B在女孩说完第一个"嗯"之后慢一拍建立越过舞台前部吧台的主镜头。
8. 舞台调度标记：男孩穿行走向吧台。
9. A——保持拍摄
10. B——保持拍摄，现在是越过吧台的主镜头
11. C——摄影车向左移动，对准男孩穿行走向吧台
12. X——男孩在吧台处的胸部以上镜头
13. 舞台调度标记：男孩穿行回到女孩处。
14. A——保持拍摄
15. B——女孩的极度特写
16. C——摄影车向右移动拍摄双人镜头
17. X——男孩胸部以上镜头
18. 舞台调度标记：男孩向女孩俯身。女孩将要发现铅笔。
19. A——过肩双人镜头拍摄女孩

20. B——保持拍摄
21. C——保持拍摄
22. X——跟拍手,变为过肩双人镜头,看到铅笔
23. 第二遍拍摄。如果第一遍拍摄中的某些关键镜头需要多角度呈现,演员就要为这些镜头重走一遍场景。
24. A——过肩双人镜头拍摄女孩
25. B——桌面以上双人镜头
26. X——变成过肩双人镜头,主拍女孩
27. B——跟拍男孩
28. A——变成过肩双人镜头,主拍女孩
29. X——跟拍男孩,变成双人镜头
30. X——交叉镜头,拍摄女孩
31. X——交叉镜头,拍摄男孩

在第二次表演期间,摄像机C可用作捕捉男孩动作的替补摄像机。

有乐谱的音乐

音乐会、古典音乐、流行音乐、爵士乐,还有歌剧和音乐剧,都是从乐谱中工作。舞蹈节目也是一样,从乐谱中工作。即使你看不懂音乐剧乐谱或是舞蹈记号,根据以下的程序,你仍然可以成功标注分镜头脚本,让一切工作在正确的时间和正确的地点完成。

1. 拿到属于你自己的乐谱副本。给每个小节(bar)标一个序号。乐队指挥也是这么做的。找到一个能读懂乐谱并且愿意和你一起工作的顾问。通常来说,音乐家或指挥会很乐意帮你找这样一个合适的人选。
2. 和你的顾问一起分析音乐,这样你会知道主题在哪里开始、接下来会是哪个乐器,以及哪种声音或哪个乐器会在哪里做出回应。
3. 为摄像机在乐谱上做出标注,和你将在脚本上使用的标注一样。
4. 和你的顾问一起听这首曲子的录音。让顾问为每个镜头倒计时。录音中的音乐可能和实际表演的进行速度有差异,但你按照录音进行排练的话,可以弥补你自己不能看懂乐谱的不足。

为有乐谱的音乐进行的排练与为日间电视剧进行的排练很相似。不过,遵循某种方法去拍摄一首贝多芬交响曲,比拍摄一部肥皂剧要容易一些。在音乐会中,所有人都是坐着的。如果你做了事先准备,你知道接下来哪个乐器会演奏,然后你能够指挥

合适的摄像机进行拍摄。

　　对于导演而言，与乐团一起工作时，一个很大问题是把乐团召集在一起的代价太大。有太多的乐手，而且都要支付工资。一个电视制片人需要在不降低质量的前提下尽量降低总成本。与乐团一起工作时，在乐团排练的时候前往他们的排练室是很明智的做法。但在此之前，你要与指挥确认你所标注的乐谱副本是正确的——你使用的乐谱与指挥手中的一致，你的小节或是乐谱标记也与指挥手中的一致。做好这些以后，比如，你在他们排练的时候，听到指挥说"从字母'E'开始演奏"，你的乐谱能和指挥的对应上，并且你能和乐团一样找到字母"E"。当乐团排练的时候，在头脑中回顾每一个镜头。当乐队重复演奏某个篇章时，去想象其他摄像机能拍到怎样的画面，然后确认你是否已做出最好的选择，或者需要做出一些必要的修改。

　　当乐团在演播室现场或音乐厅舞台上进行最后排练的时候，让你的摄像师们加入进来与乐团一起排练。如果还有什么需要改动的，尽快在音乐停下的间隙做出改变；如果非常有必要，可以向指挥提出要求停下一小会儿。带妆彩排可能有也可能没有；你事先的准备工作必须做的十分充足。这种演出有一个好处在于，导演总是可以在乐团广角镜头或指挥特写之间任意切换镜头；因为他们总在不停地表演中。可能镜头效果比较弱，但是不会出错，这能用来掩盖很多错误。

舞蹈脚本

　　我发现拍摄舞蹈脚本最好的方法是写一个记录下舞蹈演员们都在做什么的脚本。你写的不是那么像"舞蹈"也没关系，只要你自己看得懂就行。我的笔记经常是这个样子的：

男孩从舞台左侧进入舞台，然后跳一圈到达舞台前部中央。
他单脚旋转了一段时间。
他跳起落到地板上。
他起身。
他继续走。
他躺在地板上。
一个女孩从舞台右侧进入舞台，并且滑向男孩。
她绕着他跳舞。
然后一群舞者从左下方和右下方进入了舞台。

　　这可能不会是优美的散文，但是能帮助你标记摄像机现在该拍什么。然后，你可以给音乐计时，哪怕只是你在排练时录下的钢琴声。然后，制作一个"计时脚本"，这会帮助你判断摄像机的移动和镜头的切换是否有效。

00:00—00:30	男孩从舞台左侧进入舞台，然后跳一圈到达舞台前部中央。
00:30—1:15	他单脚旋转了一段时间。
1:15—1:20	他跳起落在地板上。
1:20—1:25	他起身。
1:25—1:30	他继续走。他躺在地上
1:30—1:45	一个女孩从舞台右侧进入舞台，并且滑向男孩。
1:45—2:05	她绕着他跳舞。
2:05—2:30	然后一群舞者从左下方和右下方进入了舞台。

排练

排练日程由节目的规模和预算决定。舞蹈的排练步骤和日间电视剧是一样的。你需要创建一个脚本，然后找机会在舞者跳舞时对脚本进行标记和测试。还需要创造机会让演播室的摄像师以及节目组其他成员了解他们的角色，就像在拍摄电视剧时一样。

本章小结

- 能够帮助导演有效工作的三项东西：
  1. 惯例
  2. 平面图
  3. 分镜头脚本
- 每个场景的调度设计必须来源于场景的内在冲突。
- 依照传统，摄像机或镜头的推拉变焦或任何运动都必须有触发的动机。
- 关于镜头推拉变焦的三个经典动机是(CAD)：
  1. C——幕布：一个场景的开始或结束
  2. A——动作：发生在屏幕上的行动
  3. D——戏剧：场景中戏剧性的时刻
- 平面图是指布景的1/4英寸比1英尺比例尺图。它以很清楚的方式标明了布景当中不同元素之间的确切关系。
- 分镜头脚本的打印格式遵循下列规则：

1. 它总是打字版或打印版。
2. 它总是使用8.5×11英寸规格的纸张。
3. 所有页面标明页码。
4. 所有修订版都必须做上日期标签，有时甚至精确到修改时间。
5. 页面左侧总是留出1英寸边距，右侧至少3英寸边距。
6. 对白使用单倍行距。
7. 对白使用大写和小写字母。
8. 指令全部是用大写字母，角色的名字也是如此。
9. 舞台左右侧是按其在摄像机镜头中看见的方位标注。
10. 对白务必在一页纸的底部结束。

- 分镜头脚本中每个镜头的细节在脚本中的描述要与脚本本身的时间线或构成场景的每个事件的地图相一致。一个带有标注的脚本供拍摄团队中的不同成员使用。标注内容包括：
    1. 什么时候拍这个镜头(通常某个词作为提示，有时是某种行动)
    2. 镜头如何被呈现——剪切、溶解或擦除
    3. 镜头编号——供查阅
    4. 摄像机——哪一部
    5. 角色——我们看到的人或物
    6. 取景——我们看到的人或物如何被取景
    7. 镜头的发展——如果有，镜头中会发生何种发展

- 镜头标注中的每个元素对于节目的观感都是很重要的。这些标注通常用途广泛。比如，镜头编号，在节目制作中被副导演、技术指导以及摄像师使用，也被编辑设备前的后期制作人员使用。
- 在脚本中要标注行为何时会发生，同样的，当这些行为发生时，在分镜头脚本中也要标注出来。
- 观众需要时间来接受信息，不管多么简要，比如说房间里多了一个人的事实。
- 镜头取景的最好办法是找到取景框中的视觉关键点。视觉关键点可能是身体的某一个部位，比如场地中演员或是景物的胸部和头部(称为"胸部镜头")，或是膝部和小腿(称为"膝部镜头")。摄像师以这种方式找到画面。
- 导演的行动方案必须给摄像师留出充足的时间，以便让他们为每个镜头做好准备。
- 演员在布景中移动，观众需要重新弄清楚房间的结构，以及都有谁在房间的什么位置。
- 戏剧性的发展是改变摄像取景的最好理由。

- 为每位摄像师准备好分镜头清单，使他们清楚所负责拍摄的每个镜头。
- 一旦摄像机排练已经开始，向分镜头脚本中添加镜头要通过给编号后添加字母来进行。删除的做法就是简单地去掉一个数字，在序列上留一个空(例如，如果#3被删，则序号为1，2，4，5等)。
- 排练的作用是达成既定目标：
    1. 在排练室内寻求达成对表演和节目调度的一致。
    2. 第一次带设备排练的目标是：
        a. 在摄像机中查看每一个镜头
        b. 设定每一个镜头
        c. 改变那些需要被改变的地方
    3. 第一次"预演"的目标是考察当场景以正常速度进行时，各种镜头的效果如何。
    4. 彩排的目的是为了证明节目已经准备就绪，可以进行录制。为演员和工作人员提供一个对最后时刻的修改进行排练的机会。
- 拍摄中，每个人都清楚导演和副导演使用角色名字而非演员名字，使用摄像机号码而不是摄像师的名字。
- 拍摄多机位喜剧的三种工作方式是：
    1. 线切(Line cut)
    2. 四分屏(Quad-split)
    3. 即兴发挥(Ad-libbed)
- 拍摄有乐谱的音乐时：
    1. 自己手上要有一份乐谱副本，并给每一小节编号。
    2. 如果不能读懂则应找人分析，一起研究乐谱。
    3. 分析音乐，从而形成视觉感觉。
    4. 在乐谱上标出各个摄像机的镜头编号。
    5. 听录音进行排练，如果不能读乐谱则与顾问一起工作。
    6. 乐团的广角镜头或指挥的特写镜头都适合做定场镜头。
- 拍摄舞蹈时：
    1. 创建一个记录舞蹈演员在做什么的脚本。
    2. 像电视剧一样对脚本进行调度设计。
    3. 排练时使用录音和秒表。

第 7 章

音乐节目

音乐节目有三种不同的划分标准：

1. 按素材类型划分
   a. 有乐谱的演出——古典音乐、戏剧表演、一些音乐会
   b. 即兴演出——摇滚乐、爵士乐
2. 按表演类型划分
   a. 现场直播的表演——音乐会、(歌舞、短剧的)联合演出、特别活动(或节目)
   b. 经过剪辑的表演——包括任何种类的素材
3. 按制作类型划分
   a. 单机拍摄——包括前面提到的节目；音乐录影带和大多数短片
   b. 多机拍摄——包括前面提到的节目；大多数音乐会和长期制作而成的节目

我们从多机拍摄的特别节目开始说起，这类节目不允许有许多后期制作。这类节目就像《电视导报》(*TV Guide*)所宣称的那样"向在美国发现的多种音乐风格致敬"。这样的电视音乐节目，包括不同种类的素材及表演，让我们看到了电视节目制作存在的广泛的问题和技术挑战。更多关于各种远程制作的特别节目和演唱会的内容将在第11章里做介绍。这类节目往往一次性拍摄完成，并且进行最少量的剪辑。像使用换行符一样，今天的大多数特别节目都会包含多台摄像机输出的镜头，需要进行大量编辑工作。

前期制作

大多数导演/制片人在某段时间可能会遇到没有雇佣工会成员的情况。不论节目制作使用工会人员还是非工会人员，预算是高是低，或者根本没有预算，导演和制片人

关心的问题都是一样的。有时，一名非工会人员比工会人员工作更有效率；然而，为了检验我所认为的最全面和专业的电视制作方法，这章假设工作是由专业的工会人员在主流演播室、场地或者外景地完成的，并获得所有的拍摄许可。

音乐节目通过几种不同的方式制作而成。一种是高度剪辑的节目，每个场景在不同的日期拍摄，每个片段由许多剪辑后的部分组成。另一种是像《星期六晚间直播》(*Saturday Night Live*)这样的节目，完全是现场直播；或者是在肯尼迪中心实况录制，但也要剪辑的节目。

为了探索尽可能多的音乐节目制作种类，我们假设要使用若干不同种类的表演形式，制作和执导一个时长一个小时的现场拍摄的音乐特别节目。要求最终的节目在编辑室内制作完成。每一幕要分开排练，有许多的观众参与。在这种情况下，我们将进行所有音乐节目都需要的前期制作的步骤。

我们从选择表演者开始。假设我们是基于一个主要的电视节目市场，比如洛杉矶或者纽约市。一个法律事物团队被委任去处理音乐使用许可及合同条款问题，工作人员安排表演活动的旅行和住所。如果节目有很大的观众群，并在大型电视网而不仅是本地市场播出，法律问题就更加重要。大多数情况下，前期制作包括以下活动：

1. 挑选表演者——并意识到会根据具体情况增加或删减
2. 制定节目规程
3. 制定节目排练日程表
4. 制定节目拍摄日程表
5. 排练
6. 预先录制

这一节目策划排除了那些最著名的演员的演出，它仅为解答最普通的电视音乐节目中最常见的制作问题，从单机拍摄到多机拍摄，从流行音乐到古典音乐。比如，这个电视网节目的外景地准备工作与MTV节目或者大学音乐电视作业的外景地准备工作是一样的。我们的这个案例节目——《多样美国》(*Variety America*)，将是一个展现美国音乐多样性的节目，将在纳什维尔(Nashville)现场拍摄。因为表演会展示若干音乐类型，所以需要不同的音频设置和排练方法。这个假想的节目(中间只有两次广告间歇，这比较少见)将由下列部分组成：

- 大乐队(Big band)，根据乐谱演奏，有一名主唱(vocalist)和一个伴唱团(choir)。
- 原声明星(Acoustic star)，单人表演者，随着原声吉他(acoustic guitar)伴奏演唱。
- 现场传奇(Living Legend)，另一名伴随原声吉他歌唱的表演者，与原声明星的需求相同的麦克风设置，两名表演者会表演二重唱。
- 弦乐四重奏(String quartet)，古典音乐四重奏，根据乐谱演奏。

- 百老汇明星(Broadway star)，单人表演者，根据伴奏带和同步歌唱进行表演。
- 爵士家族(Jazz family)，通常都即兴表演的爵士乐小组。
- 大杂烩(Jam)，各种音频资源，全部播放。

我们的案例节目《多样美国》的规程在后文中会提供。图7.1展示的是在国际艾美奖颁奖典礼节目中使用的类似的规程，图7.2展示的是奥斯卡的节目流程。注意这两个节目流程的相似之处，尽管这两个图是由不同的组织创建的，并且其间相隔数年。一份电脑生成的今年艾美奖颁奖典礼节目规程也是以相似的配置提供相同的流程信息。图7.1与我所使用的那份有一点不同。当最终节目规程就绪时，会包含页码及其他相关信息。注意图7.2的节目流程和我们假想的节目之间的相同点和不同点。国际艾美奖颁奖典礼处于节目开发的后期阶段，每个项目都有比较完整的注释，为拟定时间(他们标注为"累计时间")留出调整空间，以及在节目播出或编辑过程中所需的实际时间。所有的节目规程中最重要的要素有：项目编码；每个片段的介绍，包括谁会出现在这个片段中、主要内容、发生地点；片段时间、累计时间和实际时间。

修订：1995年11月20日

第23届国际艾美奖
流程

1995年11月20日
晚 8:15—9:45美国东部时间
地点：纽约市希尔顿大酒店

ACT #1					
项目说明	页码#	部分时间	累计时间	实际时间	
1. 节目开场/介绍Tom Rogers—VTPB/MATTE • 国际委员会标志 • 第23届国际艾美奖标识飞入 • 赞助商标识飞入 (VTPB：SOT) (播音员 VO)		0:57	0:00:57		
2. 主席开场致辞/ 介绍 Laybourne (播音员VO，委员会主席：Tom Rogers)		01:00	0:01:57		
3. 主席开场致辞/ 动画介绍 (播音员VO，盛会主席：Gerakline Laybourne)	(3)	05:00	0:06:57		
4. 动画—VTPB VTPB /SOT	(4)	04:11	0:11:08		
5. 欢迎Peter Ustinon， 介绍Susan Sullivan	(5)	01:30	0:12:38		
6. 奖项 #1 艺术纪录片 a.出席的得奖人 (Susan Sullivan) 音乐：播放(ATPB) VTPB: 被提名者内容包(VO)(2:36) 被提名者： 1)《书签：性爱谎言与杰泽·科辛斯基》(英国) 2)《关于爱的短片》(英国) 3)《大江健三郎成为父亲的漫漫长路》(日本)	(7)	03:36	0:16:14		
b. 获奖者领奖 音乐：获奖者乐曲播放(ATPB)	(9)	01:00	0:17:14		

图7.1 第23届国际艾美奖颁奖典礼节目最终流程或流程

注：VTPB，videotape playback，播放视频带；MATTE，接景或绘景；VO，voice over，画外音；SOT，sound on tape，配音加原声，成片；ATPB，audiotape playback，播放音频带。
资料来源：Joe Cates制作。经Joe Cates许可复制。

第77届奥斯卡金像奖
简要流程

直播： 星期日，2004年2月27日
地点： 柯达剧院
　　　　加利福尼亚州 洛杉矶

项目说明 #	页码	部分时间	累计时间	
场景 1				
		开始时间	5:29:55	
1. VTPB:节目片名(MOS) (播音员VO—现场) 音乐：强调(现场)	(1)	0:25	5:30:20	
2. VTPB:开场赞助商广告(SOT) (播音员VO—SOT) VTPB:MATTE:节目名称 　　(MOS—可键控的现场拍摄) 音乐：强调(现场—续前)	(2)	0:28	5:30:48	
3. VTPB: 开场影片(SOT)(3:13)	(3)	3:13	5:34:01	
4. 介绍Chris Rock (VO—现场) 音乐：TYMP ROLL(现场) 音乐：播放(现场)	(4)	0:40	5:34:41	
5. Chris Rock独白 介绍主持人 (Chris Rock) 地点： 音乐：播放(现场)	(5)	10:00	5:44:41	

图7.2　第77届奥斯卡金像奖最终版本的节目流程

注：MOS，minus optical sound，无声音。
资料来源：Gilbert Cates制作。经Gilbert Cates许可复制。

节目规程注意事项

一旦我们预定了表演嘉宾,我们就得知道他们在节目中如何亮相。我们需要制定一个节目流程,因为这可以帮助我们对节目有个宏观的把握,将可能发生的问题防患于未然。典型的节目流程可以参见157页。需要说明的是,演员的位置没有被标示出来,因为在这个规程中唯一使用的位置就是舞台。

《多样美国》—日期—节目

#	场景说明&地点	运行时间	累计时间
1.	片花——音乐厅室外画面,伴随播音员声音和室内音乐	:30	
2.	片头与演员表——播放"节目商务信息",伴随播音员声音	1:00	1:30
3.	插播商业广告	2:00	3:30
4.	礼堂外介绍节目——"大乐队"提供音频	1:00	4:30
5.	"大乐队"表演		
	5a. *Hot Time in Old Town Tonight*——歌手	3:00	7:30
	5b. *Blue Skies*——歌手和合唱团	3:30	11:00
6.	向观众介绍"原声明星"	:30	11:30
7.	"原声明星"在舞台幕前弹奏吉他演唱		
	7a. *Tears in Heaven*	4:30	16:00
	7b. *Rollin & Tumblin*	4:00	20:00
8.	神秘嘉宾:"现场传奇"/"原声明星"访谈	1:00	21:00
	*Here Comes the Sun*二重奏,室内乐团伴奏	4:30	25:30
9.	插入资料:"退休明星"视频片段,伴随播音员声音	1:00	26:30
10.	插播商业广告	2:00	28:30
11.	介绍"弦乐四重奏",观众镜头配播音员画外音	:30	29:00
12.	"弦乐四重奏":"贝多芬四重奏"	9:00	38:00
13.	插入资料:"退休明星"视频片段2,伴随播音员声音	2:00	40:00
14.	介绍"百老汇明星",观众镜头配播音员画外音	:15	40:15
	14a. *As Time Goes By*——对口型表演	2:15	42:30
	14b. *Another 100 People*——伴奏带&色度键控墙	3:00	45:30
15.	介绍"爵士家族"	:15	45:45
	15a.《波兰蒂催眠曲》(*Lullaby of Birdland*)	3:30	49:15
	15b.《突尼斯之夜》(*Night in Tunisia*)	3:45	53:00
16.	以《圣者的行进》(*When the Saints Go Marching In*)为背景音乐,"大乐队"伴奏的大杂烩环节	4:00	57:00
17.	《圣者的行进》结束后播放片尾演职员表	1:00	58:00

尽管这是一个我们假想的节目,但指导此节目规程的以下思考却是非常真实的。

#	场景说明与地点	运行时间	累计时间
1.	片花——音乐厅室外画面,伴随播音员声音和室内音乐	:30	

片花或节目提要起到吸引观众的作用,观众利用这个时间进行频道搜索。片花设定节目的主要内容,如果足够有吸引力,它将会提供抓住和维持收视的最好机会。

#	场景说明与地点	运行时间	累计时间
2.	片头与演员表——"节目商务信息"播放,伴随播音员声音	1:00	1:30

之前的片花告诉观众节目即将上演什么,这个环节也起到相似的作用,是让观众更具体地知道谁会出现在节目中。这部分还包括演员表/商务协议等。因为我们仍然想继续抓住观众,演员表具有吸引力是很重要的。

#	场景说明与地点	运行时间	累计时间
3.	插播商业广告	2:00	3:30

这部分模仿了我在纳什维尔导演过的一场音乐特别节目的规程。尽管在节目开始不久就插播广告被认为是不明智的,广告在节目正式开始前持续3分30秒。但这是赞助商合同中规定的义务。理想状况下片花和演员表应该已经有足够吸引力来把握住观众收看节目。

#	场景说明与地点	运行时间	累计时间
4.	礼堂外介绍节目——"大乐队"提供音频	1:00	4:30

如果观众留下来看完了第一段广告,他们很可能会至少继续收看完开场的部分内容。因为刚才在播放广告,我们也可能吸引到仍在搜索频道的后来的观众。因而,跟第一幕一样,此时正是再次介绍节目的机会。

#	场景说明与地点	运行时间	累计时间
5.	大乐队表演		
	5a. *Hot Time in Old Town Tonight*——歌手	3:00	7:30
	5b. *Blue Skies*——歌手和合唱团	3:30	11:00

电视节目制作的一条经验法则就是节目开头使用光彩照人的、生动的,甚至是整场节目中排名第二好的表演,节目的结尾则安排最好的表演以吸引观众的下次收看。任何节目首先表演的都是大乐队,以制造一个激动人心的开场。从节目制作方面看,有充足时间预先布置管弦乐团的效果最高,因为它是最为复杂的音频和舞台设置。在这个节目规程中,我们可以假设一种情境,当乐团已经在舞台上准备就绪,到了演唱的时间,歌手要走到乐团前面的麦克风那里。音频部门很可能要求歌手在乐团的一侧演唱,这样歌手就避开乐团的中轴线(歌手在乐队之前就是处在乐团中轴线上。如果歌手站在乐队一侧就是偏离了乐团中轴线)。观察歌手和乐队现场合作方位的最好方式就是观看像CBS和NBC深夜播出的多种节目。当给歌手特写镜头时,他们面对着观众,

且他们的麦克风避开乐团中轴线。然而，在音乐会类型的节目中情况不是这样；我们不能为假想的节目安排这种情境，所以我们需要一个收音范围很窄的麦克风。我们想让乐团的声音和歌手的声音分别从不同的麦克风中传出。在第二首歌时，假设舞台后台的帘幕拉开，合唱团就位于乐团后面。我想让合唱团"直接出现"而不是走上台来。走上台可能造成较长的舞台等待时间，电视机前的观众很可能在这时决定换台。如果合唱团不能安置在乐团后面，我会建议他们站在一侧。重点是合唱队要提前站好位，开始演唱，大幕拉开，这样我们就能尽快地让节目继续进行。如果这些都无法实现，我们可以让其戏剧化地出场，使其融入舞台表演中。比如，当乐团演奏的时候，合唱团从会场后面抵达，一边唱歌一边拍手。音响方面要为这样的出场做好准备，使得合唱团出场时观众能够听清楚他们的声音。这里需要用到收录观众掌声的麦克风，要提前悬挂好。因为合唱团是伴随着鼓掌而演唱的，音频部门此时使用的"观众麦克风"可能与平时使用的有所不同。

6. 向观众介绍"原声明星"	:30	11:30

乐团一旦表演完毕就要退出舞台。这个简短的介绍给了舞台幕布闭合的时间，方便乐队和合唱团退场。同时，工作人员可以为下一幕表演布置简单的音效设备。

7. "原声明星"在舞台幕前弹奏吉他演唱		
7a. *Tears in Heaven*	4:30	16:00
7b. *Rollin & Tumblin*	4:00	20:00

设备可能不超过两只麦克风：一个给歌手，一个给吉他。问题在于这是一段安静的表演。在此期间，乐队成员需要在幕布后面离开舞台。如果幕布有吸声效果，我们就可以继续录制。如果没有，就等到每个人都下台后再开始这段安静的表演。这将需要另外剪辑。

8. 神秘嘉宾："现场传奇"/"原声明星"访谈	1:00	21:00
*Here Comes the Sun*二重奏，室内乐团伴奏	4:30	25:30

神秘嘉宾总是令观众激动。需要咨询两位嘉宾制造不经过排练的惊喜是否合适。经纪人很难同意在完全没有经过排练的情况下让嘉宾参加直播。更加可行的安排是，在展现给全世界面前之前，为两位嘉宾安排一次排练，而且两位嘉宾很可能是老朋友。

9. 插入资料："退休明星"视频片段，伴随播音员声音	1:00	26:30

这部分假设我们要访谈一位"退休明星"。展示一组其多年前登台的黑白镜头，如果有近期表演的也可以，或者一段录音。这些材料已经被编辑过，转存到服务器中，播放给观众。在节目的这个时刻这样安排，为工作人员提供了间歇，让他们为第

15项的"爵士家族"准备好乐团,"爵士家族"是下一个需要用到大场地的节目。虽然没有在节目流程中写出来,我将以镜头回到观众鼓掌来结束这一片段,然后溶解入一个"待命"画面——也许是叠印有节目名称的外景镜头。

10. 插播商业广告	2:00	28:30

整个广告期间最好都保持在之前的待命镜头。虽然电视网可能把所有的间歇时间都卖给了广告客户,但如果播放广告出现什么差池,待命镜头仍可以防万一,这个待命镜头还可以当作识别这档节目的静止画面。

11. 介绍"弦乐四重奏",观众镜头配播音员画外音	:30	29:00

"观众镜头配播音员画外音"的意义在于每个表演结束都会出现一个覆盖镜头。播音员会以高过视频的声音介绍下一个节目——弦乐四重奏。导演的责任是创作视频,使一个项目过渡到另一个项目。从广告回到节目的一种方法就是制作一个蒙太奇效果的通用素材——比如,"下一幕是"——在编辑环节插入进去。另一种方法是以剧场的外景镜头作为开始,去掉节目名称(这是广告时间待命镜头的一部分),镜头再缓慢地推进到剧院前方,最后溶解入一个室内后面的广角镜头。摄像机还可以继续缓慢推进,主持人介绍完毕,音乐被提示开始。为这种时刻制作的素材经常出现在电视节目中,这种事前没有写进剧本里的需求是导演的职责所在。

12. "弦乐四重奏":"贝多芬四重奏"	9:00	38:00

这部分以观众的掌声为结束。四重奏表演结束之后,播放"退休明星"的资料,以给工作人员两分钟的时间去清理弦乐四重奏的表演现场,拿走他们的乐器和麦克风。

13. 插入资料:"退休明星"视频片段2,伴随播音员声音	2:00	40:00

如果这个片段无法播放或者时长不够去覆盖场景的切换,我们需要花这部分时间改变舞台布置,然后继续演出。这部分视频需要提前剪辑好。

| 14. 介绍"百老汇明星",观众镜头配播音员画外音 | :15 | 40:15 |
| 14a. *As Time Goes By*——对口型表演 | 2:15 | 42:30 |

这个片段给一位站在幕布前的表演者提供特写镜头。第二段表演中,一面色度键控墙(Chroma key wall)被用来展示背景,应该很适宜拍摄。第一首歌是一首缓慢的情歌。这样的安排是因为,如果歌曲过于尖锐和跳跃,观众的注意力容易离开歌曲本身。歌曲的演唱应该简单到只需要一只简单的聚光灯和一个支架麦。百老汇明星从舞台的左侧或右侧出场,走到放置好的麦克之前。这样就有主持人介绍和观众鼓掌的时间。

| 14b. *Another 100 People*——伴奏带&色键墙 | 3:00 | 45:30 |

第二首歌，另一首百老汇经典音乐，节奏比第一首快，这是因为需要与第一首歌曲的感觉不同。舞台气氛或是设备的改变都要在观众鼓掌的时候完成。观众会被舞台设置所吸引，所以我们要揭示如何获得这种效果。节目间改变舞台布置需要快速地进行，展现一个完全不同的外观。我选择了色键墙，这是一个吸引注意力的并不昂贵的方法(事实上，色度键控现在可能过时了)。我希望这样的设计能迎合这首来自19世纪70年代的百老汇歌曲。这实在是导演的又一个小技巧。从技术上来讲容易实现，色度灯光可以提前安设，只需到这首歌时打开即可。

| 15. 介绍"爵士家族" | :15 | 45:45 |

爵士家族将会即兴演唱观众挑选的歌曲。与第一个"乐队"不同，爵士家族是围绕一个主题即兴表演。导演或制作人知道两首歌曲的结构以及每首歌曲怎样开场，是很重要的。我有一次为歌手Roberta Flack录制节目。排练时，歌曲前四个小节前奏由她自己钢琴演奏。在最后一次排练和录制之间的某个时间，乐队决定，如果用贝斯替换钢琴来演奏前四个小节前奏，效果会更好。当节目现场直播的时候，在我发现到底发生了什么时，我已经花了两个小节来拍摄Flack双手的特写。强忍心痛，我缓慢地将镜头溶解到贝斯手身上，但是等到镜头溶解完成时，贝斯手已经弹奏完了。这次经历让我明白了一定要把自己的想法告诉表演者。有了上次教训，这次我就会询问爵士家族他们依次独奏的顺序，并告知他们我打算怎么拍摄他们。

| 15a. 《波兰蒂催眠曲》 | 3:30 | 49:15 |
| 15b. 《突尼斯之夜》 | 3:45 | 53:00 |

当《突尼斯之夜》演唱结束的时候，我们把镜头切向观众鼓掌，然后爵士乐手们开始表演下一首歌曲《圣者的行进》。前期制作中需要向每名演奏者致电以确认是否可以演奏这首曲目。如果有人不能演奏这首曲目，我们就得选择其他曲目，可以由管弦乐队给出建议。有些标准爵士乐曲是源于那些经典保留节目，这些乐曲不需去考虑音乐版权问题。比如，拉赫玛尼诺夫(Rachmaninoff)主题曲之一*You Can't Go Home Again*就是爵士保留节目中的不朽之作。设计这一大杂烩环节的好处之一就是使节目的倒计时更加灵活。如果有足够的时间，这首曲目可以持续至10分钟；如果时间很少，就持续2到3分钟。如果表演在超过我们应该结束的时间后才达到高潮，那么明智的做法是继续录制并计划剪辑。

| 16. 以《圣者的行进》为背景音乐，"大乐队"伴奏的大杂烩环节 | 4:00 | 57:00 |

合理安排其他表演者上台很重要，他们需要麦克风。我们需要安排独奏的出场顺

序和弦乐四重奏的位置。

17. 《圣者的行进》结束后播放片尾演职员表　　　　　　1:00　　　58:00

　　我会犹豫要不要在录制时加上演职员表。演职员表是一个缩短或加长节目的好方法。如果你现场录制时就加上了演职员表，则不论它有多长都得播完。事实上，最后一首曲目被设计的是灵活的，所以最好在后期制作阶段添加演职员表。至少，我可以保留最后一首歌不带演职员表的版本，如有必要，以后可以进行更改。

前期制作：排练

　　大多数以娱乐为特色的电视节目，包括像《今夜秀》(The Tonight Show)这样的节目，都需要排练；甚至专业的表演者为了好的演出效果也要排练。表演者想要找到室内乐队伴奏的感觉，乐队想要检验设备以保证不出任何意外，摄影师和导演也想在录制节目前有所了解。对于夜间节目来说，如果演播室是全天收费的，那么节目排练通常就在布景现场完成。尽管比使用租赁场地开销更多，电视台或电视网的工作人员仍使用演播室里的排练室。而制片公司通常在租赁的空间里排练，这是最节省开支的方式。假设现在是我们自己打包制作的节目，不是电视台或电视网制作的节目，这就意味着我们必须支付了一笔合同规定的节目制作费用；只要在总成本额度之内，我们想在哪里拍摄就在哪里拍摄。

前期制作：排练厅

一般排练指南

　　导演或是制片人必须在排练室对一些特定目标达成一致。后面我们将会讨论演播室内的排练目标。

　　当我开始担任音乐电视节目的导演时，我总想尽快制定一个分镜头拍摄计划。那时我害怕没有什么创意想法，所以只要我想到什么实际的点子我就将其加到表演计划之中。过了一段时间，我意识到要得到一个好创意就要什么都不做，只是倾听和欣赏那些艺术家们给我的第一印象。一旦我明白了音乐是关于什么，歌曲的气氛情绪怎样，找到了抒情的主要部分，那么获得一个好想法就简单多了，计划也好随之展开。因此，对于导演来讲，第一次排练的最主要任务就是听和看排练表演是否能给予你灵感。

排练也包括其他更加实际的目标。为了回答在录制前的制片会议上不可避免出现的问题而做准备是必要的。各种工作人员需要关于表演者的细节信息。排练时携带节目的主创人员能使之后的节目制作更加顺利，这非常有必要。如果主创人员不能参加排练，导演或制片人有责任将准确的信息和决定告知他们。询问各个部门的负责人他们想了解什么，这是明智的做法。导演或制片人还要确保将信息反馈给场景设计师，以及灯光和音频负责人。在任何音乐节目中音频负责人都起着特殊重要的作用。一般来说，从排练之中需要提炼出如下内容：

1. 1/4英寸比例尺平面图——包括表演者、乐器和主持人的位置
2. 表演者(或团体名称)、演奏曲目列表
3. 任何特殊灯光或道具列表

1/4英寸比例尺平面图

合理的近似图在节目制作的这个阶段是可以接受的，但是明确相关尺寸对大家都会有帮助。布景设计师和灯光设计师需要为各表演团体的环境设置进行设计。他们需要知道舞台上将会有几名表演者以及乐器的摆放位置。工作人员需要知道乐器的扩音器和演奏者之间的位置关系，比如，鼓手在乐队后面，钢琴在左侧远端等。是否有歌手或者和声歌手；如果有，他们站的位置和乐队位置的关系怎样。布景也许很简单，只是几个平台和一些悬挂起来的部件——钓鱼线吊起来的海报、打在背景幕上的斜光线和演播室用作中立背景的白色幕布。任何情况下，布景设计师需要知道有多少吊挂的部件、多少背景光线、多少个平台。如果知道鼓手的位置在哪里、鼓的尺寸大小，就能知道应该提供给鼓手多大尺寸的地毯(鼓手演奏需要在地上铺地毯，这样在敲鼓时鼓不会滑动)。如果有和声歌手，就需要知道他们与主唱之间的关系。灯光和布景师还要知道歌手在表演时是否会在台上来回移动、移动的位置怎样。贾斯汀·汀布莱克(Justin Timberlake)可能在舞台上来回移动，但像普拉西多·多明戈(Placido Domingo)这样的歌剧演唱家则不会。1/4英寸比例尺平面图对音频人员同样有帮助。音频人员需要知道要几个麦克风，是谁使用；他们要安排好各个麦克风电缆线的位置。关于如何安排麦克风有两种说法。一种是说观众附近要放置一到两个麦克风以收录观众所听到的表演效果。这种方法在古典音乐节目中得到普遍的使用。对于流行音乐和爵士乐，需要使用多个麦克风以分别收录每种乐器的声音。在乐器及其扩音器附近安置各式的麦克风和拾音器。为了满足表演者在舞台上自由移动的需要，射频麦克风(射频、电池供电、没有电线)成为收音工作的重要部分。

音频部门至少要分别完成以下四个领域的任务：
1. **节目需要的各种音频**：音频部门负责电视机前的观众收听到的声音。这可能

是直接音源；如果节目延后播出，声音会经过"时序多音轨录音机(time-coded multiple-track recorder)"的加工，也有可能在电脑服务器中进行多音轨重新混音和编辑。

2. **室内音频**：如果演播室现场有观众，音频部门会提供"现场混音"，扩大演唱者的声音，使其不被乐队的声音覆盖。
3. **为表演者提供监听系统**：音频部门会为表演者提供监听设备。监听是歌手麦克声音扩音后的效果。实际上，由于鼓声的影响，鼓手听不到演唱的歌词，所以鼓手要戴着耳麦或特殊的扩音设备来扩大歌手的声音。其他的表演者同样需要监听。在演唱会上监听扩音器设备通常在乐队前方，背对观众。
4. **内部通话系统**：音频部门提供能让工作人员和导演之间交流的内部通话系统。音乐节目制作在内部通话系统方面有特殊要求。有时音乐声音太大，拍摄人员听不见指示。这时，内部通话设备和耳机就能隔离开表演的声音，拍摄人员就能听见来自控制室的命令了。

有时候在拍摄前制作平面图是至关重要的，尤其是你要拍摄大型团体。制作这样的平面图最简单的做法就是先假设没有表演者和乐器，画出舞台的大致轮廓，然后就像你自己想象的那样将人员和乐器添加进去，按照你的意愿安排管乐组、小提琴的位置，如同你在建设整支乐队，然后是节拍组。描述一下将会用到的鼓；这是一种简单的配置，一只大鼓(bass drum)、一只小鼓(snare)和带有一些铜钹(cymbal)的铜锣(tom-tom)。这支乐队是否还会用到更复杂的配置？会有康加鼓(conga)或定音鼓(tympani)吗？如果你并不知道哪种鼓是哪个(我自己就经常不会区分)，就让鼓手画出他需要用到哪些鼓。向鼓手问清楚那些特定的鼓的名称细节；比如，脚踏钹(high-hat)、蒂姆巴尔鼓(timbani)等，而不是询问鼓的品牌；因为这些信息对音频部门意义重大。键盘乐器组是另外一个可能用到复杂配置的区域。如果真的如此，一定确保让音频和灯光人员知道具体情况。

如果有不止一名打击乐器手，要标示出他们相互间的位置关系。有些团体使用电贝斯，而其他团体使用原声贝斯，这两种乐器需要不同种类的麦克风。要明确将使用哪种贝斯，以及贝斯手与鼓手的位置关系。仅仅为了便于摄像机拍摄而改动表演者之间的位置时，需要非常谨慎。表演者习惯了在舞台上的相互位置，为了拍摄效果而轻易改变他们的位置会给表演带来负面效果。

一些键盘乐手演奏若干种键盘乐器，所有的键盘乐器都需要被拾音。如果他们一边演奏键盘一边演唱，在演唱的位置需要一个麦克风。这对音频人员来说都是很关键的信息。

电吉他和电贝斯使用合适地扩音器进行拾音。如果乐器演奏者同时要演唱，则他们的表演必须被特别注明。有时可以使用支架麦克风，有时必须提供射频麦克风。

如果吉他是原声的，则需要麦克风，要么使用支架麦克风，要么把拾音器贴在共鸣箱上。虽然萨克斯管的麦克风放置方法与小号的明显不同，管乐组仍然可以共用一些麦克风。萨克斯管的麦克风需要向下指向其发声部位，而小号的麦克风则要直接对准其发声部位。音频人员需要知道管乐组的构成。如果是一个带有弦乐和木管乐器组的交响管弦乐队，也应当在平面图中注明。

表演者和演奏曲目列表

有时你会发现工作人员比你更熟悉一个表演或作品，那么与他们进行讨论能带来意想不到的和富有创意的收获。但是最好咨询一些值得信任的人，因为观点的差异和冲突会让节目制作搁置不前。

特殊的灯光或道具需求列表

灯光师只知道平面图中的细节还不够，还要知道给哪个乐器或是歌手特殊灯光，以及他们在哪个区域表演。表演者可能到处移动，甚至走到观众之间，观众必须能看到表演者所有的这些活动。你也许发现没有足够的灯光去覆盖歌手的所有移动范围，这样一来表演者的移动就需要限定在观众席的前五排或者中心区域。最好在仍有时间去处理之前发现这些问题。如果表演需要任何特殊的道具，也要提前解决好。

具体排练指南

对所有表演来说，在演播室里进行的一般排练的工作任务都是类似的。你需要在1/4英寸比例尺平面图中规划好表演者所需的空间，列出表演者和演出内容的列表，以及任何特殊的灯光或道具需求。然而，具体排练的目标对每个表演者来说是不同的。在我们假想的节目中，阐明了对每种表演的目标要求(本章后面有对纳什维尔节目制作日程表的说明)。在纳什维尔那档节目进行排练前，我可以提前见到一些表演者。首先，导演或制片人可能在本地表演场所与他们会面，这是讨论分镜头拍摄计划的绝好机会。如果是这样，第一次排练也许就是一次检验拍摄计划能否在演播现场里行得通的机会。

假设在去纳什维尔之前，我们能在纽约市进行"大乐队"和"弦乐四重奏"的首次排练。"百老汇明星"也在城里，我们很有可能与其见面。但鉴于他只是简单地表演、唱一首为人熟知的歌曲，没有多大排练的必要。然而，用到色键墙的那个表演项目中他确实需要出现，因为我们需要拍摄纽约市的背景画面以及他走进剧场的画面。在前期制作阶段我们会对他进行拍摄。这个工作非常像单机拍摄音乐电视时要做的，不同的是需要拍摄的镜头较少，拍摄手法也更加传统。

"爵士家族"的成员直到拍摄周的星期一才会都到场，但我们能提前见到他们中的几位并建立一些个人关系。至少我们能知道他们会使用什么乐器，关于鼓的配置的信息。此外，我们还想了解他们打算演奏的曲目，以及谁来负责与节目录制相关的法律问题以符合广播音乐协会(Broadcast Music Incorporated, BMI)和美国作曲家作家和发行商协会(American Society of Composers, Authors and Publishers, ASCAP)的有关规定。我们也因此能够制定一份合理的日程安排表兼顾他们的旅途和排练时间。

　　"现场传奇"和"原声明星"在同一时间到达。关于他们的抵达、住处和演唱曲目问题会通过电话和随后的确认传真或电子邮件安排。"大乐队"会需要一个大型演播室。他们可能实际的排练不超过3小时，但按照工会条款的规定，他们需要能够使用演播室至少4小时。"弦乐四重奏"另选一天在一个较小的演播室进行排练。由于许多音乐人在晚上工作到很晚，所以音乐节目的排练一般在下午进行。

　　"大乐队"开始排练之前的30到60分钟内，要把椅子摆放到位，音乐家的乐谱要摆放到合适的椅子上或乐谱架子上。鼓手使用的地毯要铺好。除了演唱者和领唱者之外，还要有人专门负责各类乐器的乐谱，可能需要有人写乐谱和复制乐谱。如果表演者属于工会组织，你可以认为他们肯定能做到守时；他们应当会在排练开始时准时就座。

　　排练开始前，导演/制片人会收到并审阅演员和乐器列表。与"大乐队"表演曲目有关的著作权问题应提前谈判好；管弦乐队排练一首未获授权广播的曲目会成为一个昂贵的错误。排练时，导演/制片人要画出一份粗略的1/4英寸比例尺平面图以显示乐器的放置位置。即使你读不懂乐谱，也要从乐队指挥那里至少拿两份乐谱的复印件。随后，你可以找识谱的人帮助你做出标注。最好有两份以上的复印件，因为第一份复印件会做上很多临时标注，太杂乱而不易阅读；第二份可以提供一个清晰的版本。

　　排练结束之后，你已经决定了要拍摄什么内容，此时你需要提供给摄像师一份带有镜头清单的分镜头乐谱，以便让他们知道每一个镜头是怎样的。即兴拍摄每场表演也是可以的，或者说胶片风格，从各角度拍摄大量覆盖镜头，然后在编辑室内编完节目。但事先制定出拍摄计划，会使导演的工作更加完美。如果没有计划，你能做的就只是"顺其自然"，这基本上是一个被动的过程：演出开始了，你才做出反应。不幸的是，这已经太晚了。应该做到是在需要什么镜头之前的一个瞬间就要调出正确的镜头；这需要一份分镜头脚本和非常充分的音乐知识。

　　不论音质如何，获得排练的录音将有极大的帮助。这个录音可以与乐谱相结合创造出分镜头脚本。有时录音在制片会议上播出很有帮助，让各部门负责人和其他参与人员通晓节目的内容。

　　为了录制音频，一旦表演曲目的音乐和乐谱确定下来，在排练开始时就要向乐队指挥做好解释，根据乐谱为摄像机做好设置，然后完整地演奏一遍。完整地演奏一遍应该是你的这次排练程序的一部分。

乐队开始表演后，不要在一开始就想着对每一篇章的分镜头脚本进行刻意的修改。相反，只需倾听，你会发现想法自然就会出现。仔细考虑这些想法，并弄清楚在什么时间谁会表演独奏。

这次的排练对乐队非常重要。他们调试即将在节目中演奏的乐器。各篇章会有多次暂停和重新开始。利用这段时间培养对曲目的感觉。即使你很了解这首曲子，也要像你第一次听到它那样。要放松，让自己进入曲目的意境。然后花时间去思考你想怎样观看这场表演。一旦你对这首曲目有了感觉，你便能够开始设计拍摄计划了。假设某个时刻，音乐开始，整支乐队一起演奏雄壮的旋律，接下来歌手开始演唱，萨克斯管、钢琴、定音鼓等各式乐器为其伴奏。你需要知道谁在什么时候领唱。使用哪种摄像机才能最好地拍摄领唱者或者歌手？如果你拥有足够的时间和排练次数，可以实地站在相应的拍摄位置去想象可能拍出的画面，如有可能就在乐谱上标注出来。如果你还有时间，可以站在你排除掉的拍摄位置去观察可能会漏拍掉什么内容。你还可以尝试改变你的想法和分镜头脚本。当乐队演奏第二首曲目时，你也这样去做。

在排练的最后部分，进行节目的最后一个项目，本案例中是《圣者的行进》。录制时，"爵士家族"在舞台之上，"大乐队"会加入他们。这时是训练"大乐队"成员如何上台的好时机。让表演者休息一下，这时候重新布置舞台上的椅子，把舞台设置成最后曲目表演时的样子。在排练之前设计一个"大乐队"如何登场的计划。休息时间一结束，就对他们的入场进行排练。这时让音频负责人随时跟着你是有帮助的。如果不行，要确保排练前和音频负责人讨论过你的计划。最差也得知道在哪里能找到音频负责人或工程主管，有必要时从演播室里给他们打电话。

在排练的结尾，核对节目制作的下一个阶段事项，制定出日程表，确保每个人都知道下次会面的时间和地点。将打印好的日程表发给乐队成员，上面包括所有重要的电话号码、地址、日期和时间，这样他们可以围绕你的排练和拍摄日程表制定计划。如果日程表可以随身携带，它就能作为一份书面提醒，告诉他们何时应该抵达何地，以及出现问题可以给谁打电话。

如果你不懂乐谱，你可以安排一位懂音乐的人去浏览一遍乐谱。当你播放排练的音频时，像标注脚本一样精确地在乐谱上做出标注。这样你就知道摄像机从一个镜头到下一个镜头所需的时间。如果你能安排某个懂乐谱的人在录制节目时协助你，他或她可以在你准备拍摄某个镜头之前，根据你的镜头设计方案帮你预设好机器。如果你是一个人，你仍旧可以使用秒表和排练时的录像完成这些工作。这样做的时候，虽然每个镜头的时间并不精确，但是通常非常接近，让你知道哪一个镜头会在什么时间出现。图7.3展示了一个被标注过的乐谱。图7.4是一个标注过的音乐节目脚本。可以看出，脚本的标注和戏剧节目的脚本标注相似。

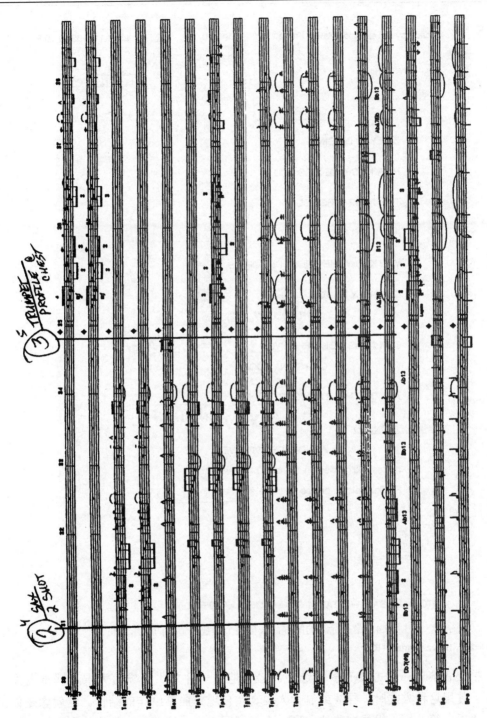

图7.3 这是Jeff Benedict博士的"*Castle Creek Shuffle*"的带有标注的乐谱

注：乐谱的顶部标注了小节线。像戏剧脚本一样在镜头出现的时刻标注镜头。

资料来源：经Jeff Benedict博士许可复制使用。

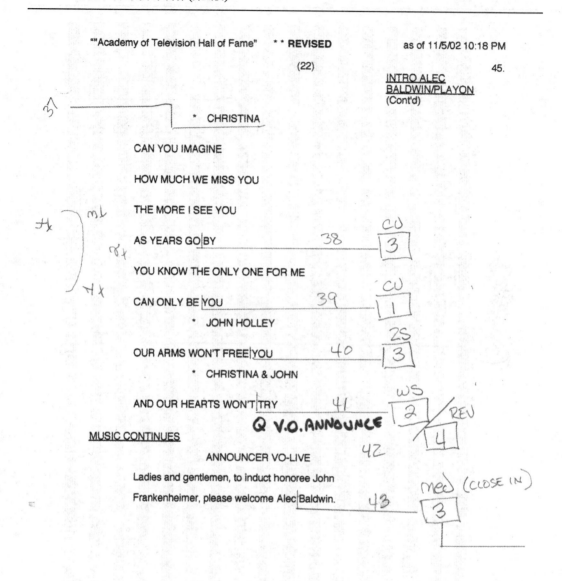

图7.4 带有标注的脚本,来自某个电视网节目的音乐素材
资料来源:Steve Binder供图。

　　拍摄古典音乐的方式有多种选择。最普遍的一种方式是导演力求从视觉上诠释音乐。使用这种方式时,导演或制片人要真实再现作曲家原作的结构。这就像是你在说:"看,第一把小提琴在陈述主题,大提琴回应它,接着第二把小提琴和中提琴一起承接,最后它们都交汇到一起。再看,第一把小提琴和中提琴之间遥相呼应。"如果能这样拍摄镜头就很清晰了,帮助观众理解了音乐的本质,这使得听音乐成为一种享受。

当然，不这么遵循作曲结构也是一种拍摄方法。相比于遵循音乐结构，你可能更想唤起观众的情绪。举个例子，我有一次拍摄茱莉亚弦乐四重奏(Juilliard String Quartet)，从一个镜头过渡到下一个镜头时，细致地拍摄表演者的影子。虽是如此，拥有一个在乐谱上标识出来的拍摄计划是有帮助的，这样在你想强调的情绪转化处能够有所准备。

在与"弦乐四重奏"见面之前，弄清他们会演奏什么，复制一份乐谱和歌曲录音。很明显，亲耳听到四重奏表演会很有帮助，其实对其他所有曲目都是如此。倾听音乐的同时，如果你懂音乐就做出分析，也可以寻求懂音乐的人的帮助。这里只有四名表演者，乐器之间肯定会有互动。如何表现出乐器之间的关系，摄像机拍摄角度如何，运用什么设备，第一次排练前做怎样的准备，这些都是要考虑的问题。

在排练过程中，演奏者会停下来进行讨论，分析各自演奏的部分。他们谈论的有些内容可能帮助节目制作。即使你已经有了一个拍摄计划，仍然有调整的余地。录制好他们的表演是给你工作以启发的好主意。弦乐四重奏的排练不会超过两个小时，但如果他们有所要求就得租用更长时间的场地。

节目的下一个元素是"百老汇明星"配合伴奏带演唱。这里使用到的步骤与其他歌手配合伴奏带演唱是一样的。为表演者提供音乐时可以通过下列方式之一：

1. **现场演唱**：歌手完全不带背景音乐地真实演唱，也不用任何乐器或乐队伴奏。
2. **随伴奏带演唱**：歌手真实演唱，伴随提前录制好的音乐伴奏带。演唱流行曲目的歌星出现在电视上时，通常更喜欢使用伴奏带，而不喜欢让现场乐队模拟那些歌曲的伴奏效果。
3. **对口型**：歌手很大声地演唱，假装他们的原声正在被录制。实际上，他们的嗓音和乐器伴奏都是来自事先录制好的混合音轨。不过歌手并不能只是动动嘴唇。有时在一场对口型表演中，我不得不帮助那些不愿进行真实演唱的新生代歌手改善表演效果。那种情况下，歌手的身体状态看起来与常态不同，缺少唱歌时呼吸的真实生理状态。缺少努力保持音调时的那种能量，呼吸的起伏阶段经常与观众听到的声音不相符。这些歌手还经常抓不准歌曲的开头。这种表演就像观看一位糟糕的演员在舞台上提着空的手提箱。手提箱在设定中应该是很满很沉的；但由于实际是空的，演员提箱子时没有拉紧用力的状态，看起来就会很假。

我们的节目涵盖了所有三种形式。"大乐队"演唱时，是歌手和合唱团现场演唱。"百老汇明星"的第一首曲目是对口型演唱，第二首曲目是随伴奏带演唱。

录制步骤

在录制配伴奏带、以色键为背景的那项表演时,要尽可能多地留出剪辑的调整空间。因此,每个元素都需要分开录制,无论视频还是音频,同时还要录制一个混合版本。以下是如何为使用色键的那项表演录制音频和视频的方法。

音频

1. 准备一个没有歌手声音的混声伴奏带。在我们的案例中,"百老汇明星"的唱片公司会提供一个。
2. 根据具体的设备情况,将音轨导入不同的录像带,如是数字音轨就导入电脑。将要拍摄的视频背景画面会被编辑到这个录像带或数字文件里。每个镜头必须根据音乐放在精确的位置。这个带子或文件就是现场的播放源。
3. 在纳什维尔做节目时,这个带子或文件中的音频部分会作为播放源,在礼堂内播放。"百老汇明星"和观众都会听到音乐,明星伴着它演唱。
4. 音频工程师会将歌手的现场原声录制下来,再与播放源混合录制在一起。
5. 同时,音频工程师用一条单独的音轨去录制"百老汇明星"麦克风输出的声音。我们会保留全部这些素材,以备日后能够重新制作混音。

视频

1. 拍摄"百老汇明星"的单台或多台摄像机的输出信号应成为独立的输入信号。"输入信号"指的是从一个信息源传输到另一个载体的信息,信息源可以是音频、视频或者两者的结合。比如,歌手麦克风的输出信号就是音频切换台的输入信号。在音频切换台,现场乐队的或者录制好的乐队伴奏音乐与歌手麦克风的输出信号混合,混合之后的音频再成为节目的输入信号。同样的道理,远程新闻直播的信号,无论是只有音频还是音视频皆有,都是作为从外景地传送回来的输入信号来处理的。最后整个节目作为播出的输入信号,观众便能收看到了。有时,每台摄像机的输出画面在磁带、服务器或是切换器上单独录制。这样一来,任何镜头都用于后期制作,即使这个节目是现场切换直播的。
2. 混合后的信号会录制在另一个磁带或音轨上。混合后的视频中包含了摄像机拍摄的"百老汇明星"视频画面和预录有纽约街景的播放源的输出画面。这个磁带或文件就是提供给表演者和剧场进行现场音频播放的磁带或文件。最终,我们既有单独的文件，也有混合在一起的文件，包括：
  a. 原始音乐的音轨
  b. 歌手声音的音轨
  c. 纽约街景原始镜头，剪辑过的和未剪辑的
  d. 在色键蓝幕背景下拍摄的百老汇明星的原始镜头

为这些文件做好标签很重要，事实上每次拍摄的要素均应如此。尤其是当编片设施按小时收费时尤其重要。每次花费半个小时查看录像带内到底是什么内容是很浪费时间和金钱的。

在赴纳什维尔进行拍摄之前，下列要素需要做好准备：

- "百老汇明星"第二首表演曲目的色键背景内容
- "退休明星"的资料素材

提前拍摄这些要素的工作，与任何单机外景音乐电视所应做的准备和制作工作是相似的。因为这是一个供电视网播出的节目，我们需要制定出一个计划，明确要做什么、什么时候做、在哪里做。如果在低要求的环境中，完全可以没有计划，只使用临时抓拍的镜头。但是这样的镜头的画面总会有一些问题。一份具体的计划，即使是一份不怎么样的计划，能够使你不致偏离轨道。其为你带来的创意和解决方案是在不做计划的情况下绝对得不到的。即使只是关于如何抓拍镜头的计划，仍会规定好如何调配工作人员和设备。

无论采用什么方式拍摄，都必须制定一个拍摄日程表，安排好工作人员、拍摄许可证和版权授权等。除了严格的许可证之外，制定日程表、招募工作人员、创建编辑日志等工作，对任何地点的节目制作都是必要的。

如果这是在拍摄音乐电视，我们会需要使用比现在用到的更多的镜头。在本案例中，视频只是作为背景，不是用来作为MTV或VH1的素材镜头。对音乐电视来讲，视觉效果和歌手表演同样重要。并且，音乐电视的制作比这种音乐会形式节目的制作需要更多的剪切或溶解画面。

为了达到我们的目的，我们拍摄城市景观，创造出纽约市从早到晚的画面感觉。歌曲持续3分钟，那么需要多少个镜头呢？由于演唱者的自身特点和所唱歌曲内容的关系，我们想让背景只作为背景元素。太多的镜头会起到分散注意力的反作用，但如果背景画面每次转换之间时间太长，蒙太奇效果就不会有效。每15秒钟变换一次画面比较符合我们的目的，这个时间也足够突出歌词表现的重点。这就意味着配合3分钟的歌曲需要12个镜头。还需要4个额外镜头，用以覆盖那些只有音乐伴奏但歌手没有演唱的时段。

分镜头清单

"百老汇明星"外景制作

1. 东河的黎明。东第42街&东河车行道。(备注:太阳从东方升起时拍摄,这是最佳镜头。这里应该是每隔一秒钟拍摄一帧的定格画面。一秒钟有30帧,则拍摄一秒钟的素材需要1分钟,拍摄15秒钟的素材需要15分钟。这差不多是日出所持续的时间。作为替代方式,你也可以从天黑到天亮连续拍摄一个小时,然后在后期制作时实现同样效果。我倾向于选择后一方式,因为这样能够选取天亮时的最佳镜头。不过这不是有效率的工作方式。)
2. 人们从纽约中央火车站走出——第42街&公园大道。
3. 人们从港务局汽车站走出——第42街&第8大道。
4. 人们抵达公主号邮轮码头——第57街&第12大道。
5. 华尔街上急速行走的人们(或许是19世纪40年代股票交易所的黑白镜头)。
6. 用"荷兰角"拍摄手法拍摄移民的标志:"车辆"、"行李"等——第57街&第12大道。("荷兰角"是一种拍摄手法,又称"荷兰倾斜",这种手法刻意使画面倾斜,摄像机不与水平线平行。蝙蝠侠系列电影以及一些动漫书籍、插图小说都是运用"荷兰角"的典型例子,尤其是带有"Pow!"和"Arghhh!"这样的词汇的画面。)
7. 跟随服装中心的一辆手推运货车——第36街&第8大道。
8. 交通高峰期的长岛快速公路——第34街&第1大道。
9. 地铁站内人们排队刷卡进站的长队——第34街&第7大道。
10. 热狗摊贩推着售卖车回家(备注:如果拍摄商贩,需要在演职人员表中注明,否则需要雇佣临时演员。)
11. 在母亲怀抱中熟睡的婴儿(摆拍?)。
12. 暮色笼罩自由女神像(资料镜头)。
13. 百老汇明星——从剧场旁边经过。
14. 百老汇明星——抵达剧场。
15. 百老汇明星——他的名字标在更衣室房门上,然后他走进房间。
16. 百老汇明星化妆的特写镜头。镜头推进到他在镜子里的影像,最后焦点模糊掉。
17. 抓拍镜头。这个拍摄程序表给抓拍提供了时间,如果出现看起来有吸引力的镜头,但并非事前计划好的,就可以抓拍。拍摄多余的夜晚镜头是明智的,可以把这些镜头加入到反映城市夜景的镜头当中。典型的抓拍镜头包括纽约夜生活、时代广场、剧院区等。城市夜景这个片段目前使用的是自由女神像夜景镜头，额外的抓拍镜头可以提升该片段的效果，或是在资料镜头不可用时作为替补。这些抓拍镜头可以作为保险措施，确保肯定有夜景内容可放。抓拍镜头中出现的能被辨认出的任何人，播出前都需要获其许可。

外景地拍摄日程表

一旦拍摄开始，就需要制定一份外景地拍摄日程表，包括清晨和黄昏的镜头。下面的日程表展示了一个时间紧张的真实拍摄日程。虽然可以在一天之内做完所有事，但是那样可能涉及很多的加班，所以为期两天的拍摄更为合理。另外，当拍摄日持续太长时间的时候，如果大家并非那么疲劳，任何事情都会超出其应有的时间。一个镜头可能在上半天的半个小时内就设置完成，却一直拖到一天快结束时才花费一个小时拍完。做决定的时候不会太果断。或者现场拍下二流素材，回到编辑室之后再后悔。如同所有节目的制作日程表，这个制作日程表包括以下方面：

1. 节目名称和制片公司的电话号码
2. 包含镜头拍摄在内的外景地日程表
3. 工作人员的名字
4. 工作人员的分工
5. 工作人员的电话号码、电子邮件地址

一份单独的外景地日程表包含所有外景地联系人的名字和电话号码，比如镜头#1用到的联合国广场联系人和那里的安保负责人。同样地，我们要拿到镜头#2用到的纽约中央火车站联系人和那里的安保负责人的名字和电话号码。

节目名称——联系人电话号码

外景地日程表——第1天(包括第几天和日期)——拍摄镜头1，2，3，7，9和11

工作人员的名字，他们的分工和电话号码

- 4:30—5:00   在联合国广场架设机器#1
  东河的黎明(东第46街)
- 5:00—6:00   录制镜头#1
- 6:00—7:00   收拾东西并转移到纽约中央火车站(东第42街)
- 7:00—8:00   录制上班的人们抵达纽约中央火车站——镜头#2
- 8:00—8:30   走下台阶准备拍摄地铁站内排队的人们
- 8:30—9:00   录制排队进站的人们——镜头#9(使用临时演员或者签

署播出许可，并获得城市拍摄许可证)
- 9:00—9:30　　　收拾东西并转移到公交车站(西第42街)
- 9:30—10:00　　 录制公交车站镜头——镜头#3
- 10:00—10:30　　收拾东西
- 10:30—11:30　　午餐(自早晨开机已经6个小时)
- 11:30—12:00　　转移到服装中心，架设机器准备拍摄手推运货车
- 12:00—12:30　　录制手推运货车镜头——镜头#7
- 12:30—13:30　　在西第35街区域架设机器准备拍摄——婴儿熟睡——镜头#11。婴儿和母亲于12:00抵达。可能需要化妆和护理人员。
- 13:30—14:00　　录制婴儿熟睡——镜头#11
- 14:00—14:30　　收拾东西，返回基地

以上日程表意味着我们将在第一天拍完6个场景，第二天再拍9个场景。这可以被视为一个紧张的日程表，尤其是每一个外景地点之间都要有转移和打包时间。如果算上工作人员领取设备和归还设备的时间，这一天可以算是一个12小时工作日。

第二天安排了夜晚拍摄，所以可以晚点开工。这些镜头包括热狗摊贩推着售卖车回家的情景，要拍摄出与"百老汇明星"的夜生活的"晚"的感觉。我们打算在20:30结束工作，所以上午10:30开工。

节目名称——联系人电话号码

外景地日程表——第2天(包括第几天和日期)——拍摄镜头4，6，8，10，13，14，15，16和17

工作人员的名字，他们的分工和电话号码

- 10:30—11:30　　抵达公主号邮轮码头为镜头#4和#6做准备
- 11:30—12:00　　公主号邮轮抵达码头镜头(或者轮船舷梯正在被放下的场面)，可能需要提前跟公主号邮轮说清楚。为镜头#6的蒙太奇效果拍一些"补拍"镜头，可以拍摄任何抵港标识。
- 12:00—12:30　　转移到剧院区
- 12:30—14:30　　拍摄镜头#13至#16，"百老汇明星"出镜。这些地方都是他经常进进出出的地方。
- 14:30—15:30　　午餐
- 15:30—16:00　　拍摄镜头#10——转移到热狗摊贩集中地点，拍摄热狗

摊主回到并离开车库的镜头(需要播出许可)
- 16:00—16:30　　　录制镜头#10——热狗
- 16:30—17:00　　　转移至长岛高速公路
- 17:00—18:00　　　录制镜头#8——长岛高速公路
- 18:00—20:00　　　镜头#17——夜生活，时代广场和剧院区
- 20:00—20:30　　　收拾东西，返回基地

　　在签字同意这份日程之前，需要谨慎地确认对群众的拍摄不违反美国广播电视艺术家联合会(American Federation of Radio and Television Artists, AFTRA)的有关规定。在纽约中央火车站、纽约地铁系统等公共地点进行拍摄必须得到拍摄许可。在这些地方的拍摄如果出问题，可能需要另找第三天拍摄。如果隶属AFTRA的演员要求酬劳或者外景地要求租金，会产生额外的开支。

　　安排这一拍摄工作需要租用一套摄像装备和雇佣至少一名摄像师。此外，工作人员中需要有一名灯光师，不过不需要音频技术人员。有几种方法可以完成这项工作。本案例是一个电视网的节目，可能会用到顶尖工作人员；要么是来自电视网的职员，不过现在的市场上不太可能了，要么是自由职业者。他们可能使用自己的设备，也可能从可靠和经常用的渠道租用设备。摄像师了解任何他们所使用设备的特性，所以尽管制片公司自己租赁设备开支较小，但还是应该允许摄像师自己去协调设备或者使用他们自己的设备，再支付一笔标准租用费用。第一天的拍摄可以不使用灯光，不过如果能够有一位工作人员拿着遮光罩和反光板协助摄像师的话，是很有帮助的(几乎是必需的)；比如拍镜头#7的时候，拍摄位于服装中心的手推运货车。第二天，我们需要在更衣室中拍摄，需要一些小型便携式灯光装置。摄像师或外景灯光指导在考察外景地之后决定需要什么灯光。低成本制作的节目没有考察环节，而是直接携带一两套灯具装备。由于有许多格式可选，节目录制到什么介质上取决于纳什维尔制片公司的预先安排。

　　这个看起来简单的拍摄工作，可能需要雇佣一位外景地经理一个星期，其中包括两天半的准备时间、拍摄日，以及半天的收拾打包时间。如果你心中没有合适的工作人员，外景地经理可以为你提供些建议，介绍给你一些自由职业者。外景地经理还负责安排剧组的交通，他知道一些当地的法规。开拍之前，他负责取得所有必要的拍摄许可证和播出许可，包括一些特殊许可证，如有儿童参与工作的特殊许可证，或镜头#11中出现婴儿的许可证。外景地经理与制片团队中的法务人员协调解决必要的法律事务。获取这些许可证可能要花费足够的前置时间，为了完成那些任务，我们可能要多支付几天外景地经理的工资。

　　假设拍摄和剪辑工作进行得很顺利。导演或制片人在编辑环节的工作与制作一部短纪录片(在第10章讨论)的准备工作是类似的。我们需要为编辑环节提供关于"百老

汇明星"的充分的背景素材。我们还想在前期制作的编辑工作中处理好"退休明星"的片段。这意味着我们要在开始编辑环节之前去一趟镜头资料库。

资料镜头

音频和视频素材都有资料库。我们的节目需要不同种类的资料素材。

"退休明星"片段需要用到镜头资料库中的素材带。镜头#5中人们在华尔街区域步履匆匆的画面也需要资料镜头。"退休明星"片段还需要使用歌手旧时演出的画面。在节目中的采访环节,我们也要用到音乐资料。

音乐资料库

音乐资料库,有时也被称为制片音乐资料库,拥有用于各种媒介的音乐资料。付费之后,音乐或者镜头即获得使用许可,可用于播放或其他获准的发行。如果使用时没有获得许可,电视网或电视台(然后是制片人)会因为侵犯版权而被起诉。这种情况的判决赔偿会高达10,000美元或更高。音乐资料库、镜头资料库公司根据素材的使用量和预期发行范围的广度来收费。例如,在小型地方市场播放13周的30秒广告的背景音乐的使用费,会便宜于电视网全网无时限播放的30秒广告中的音乐使用费。

音乐资料库通常收取适度的收听费,和收取使用许可费一样,以允许音乐严格按照条款的规定被使用。收听费用于支付资料库的管理费及其工作人员的工资。资料库的工作人员知道音乐资料的索引,能够快速地找到相关资料。使用许可费是支付给素材拥有者的费用;其中还可能包括给授权代理商的费用,给作曲者、演唱者、编曲者的费用和产权搜索费。音乐资料库要求购买者按照公开发行的规定条款或许可协议使用素材,比如之前提到的"在小型地方市场播放13周"。选择一种适宜电视网使用的素材投递方式也需付费。音频素材的投递,可以使用1/4英寸音频磁带、CD或数字音频卡带,有些情况下也可以以文件的形式在电脑间传输。

视频资料库

视频资料库经常不收取"浏览费",直接让你浏览文件片段或者观看录像带窗口片段。收费是根据镜头的使用数量和播放镜头的市场状况而定。他们能将选取的画面转化为任何你想要播放的形式——录像带、胶片或者电脑文件。不同的视频资料库有不同的收费标准，但是很少有每秒钟低于50美元的价格，一般在每秒钟75到100美元之间。根据资料库和镜头稀有程度的不同，电视网广告片使用镜头的费用大概是起价2,000美元，每秒钟300美元。如果按照这个标准，30秒钟的节目要花费11,000美元。对于电视网广告片来说，这可以被认为是非常便宜的！

未入库素材

如果我们想使用"退休明星"过去演出过的电影剪辑，我们必须先获得使用权。我们从镜头资料库购买了素材的使用权以及一份可以播出的副本。本案例中，我们要负责取得所有的使用许可和播出权，同时要为将这些素材插入到节目中做准备。如果素材是胶片形式的，我们需要将其转换为录像带或者电脑文件的形式。如果素材是录像带，我们可能需要转换格式使其适合我们的设备需求。比如，一个VHS带需要转化为更加专业的格式。我们要找到所有可能对素材主张权利的个人和实体，并从他们那里取得合法授权。有时候，因为取得使用权很难，素材不能被使用。很偶然的情况下，制作人会决定冒险在没有获得全部授权的情况下播放这些镜头。每一次资料镜头的使用都有其自身的问题和解决办法。

我曾经制作过一个舞蹈类节目，当时取得了所有画面的使用权，除了一幅关于公共关系的19世纪30年代的黑白电影剧照。我得到电影制片厂的来信，确保使用了剧照他们并不会起诉我。在此之前，电视网的法律事务部门一直不肯批准我的节目。我们认为电影制片厂没有全部的权利，剧照的摄影师或者在剧照上出现的人已经发表了一份声明。在19世纪30年代，那时宣传性拍摄已经出现，之后的使用权无法确保，甚至根本就不存在。尽管诉讼的机会很小，但仍存在那个可能性。电视网最终找到时机播出了这期带有这张剧照的节目。让我高兴的是，没有诉讼发生。

基本拍摄概念

到目前为止我们已经排练过所有的材料，已经拍摄好要插入节目的单机录制的素材。现在，在我们进入控制室正式开始录制节目之前，我们知道有一些基本的思路是我们可使用的。当我们回顾那些即将开拍的项目时，我们可能会考虑到一些"经典"概念。这些概念一直在电视音乐节目制作中出现，实际上在不是完全线性的拍摄模式中都会用到。这个重要的观念就是，任何节目制作的视频部分都包含两个因素：镜头本身，以及镜头之间转换的方式——蒙太奇。

请花一点时间思考拍摄单个人的情况。想象在黑色的背景前拍摄歌手的胸部以上的镜头(见镜头#1)。

镜头#1

歌手可能在镜头中的任何位置,面朝任何方向。我们通常认为歌手面向摄像机,是在2号摄像机的位置被拍摄的。然而,如果歌手正从左向右看,那么她的头部就要被放在取景框的左侧,就像镜头#2那样。

镜头#2

也可以从1号摄像机的位置拍摄歌手的侧面(镜头#3)。

镜头#3

反过来也是一样，如果歌手从右向左看，歌手就要被放在取景框的右侧，可能由3号摄像机拍摄其侧面，如镜头#4。

镜头#4

改变一下取景如何？如果用2号摄像机拍摄，头部放在取景框的底部，留出三分之二取景框作为头顶空间，这样又是怎样的效果呢(见镜头#5)？

镜头#5

拍摄侧面如何？1号和3号摄像机拍摄出的效果有什么不同呢？

镜头#6

如果没有歌手视线延伸的空间，像镜头#7那样侧脸贴近边框，看起来感觉如何呢？这难道没有创造一种不寻常的张力？还有其他可能的取景方法吗？

镜头#7

不只是拍摄胸部以上部分，扩展思路。拍摄从头到脚的画面(镜头#8)。

镜头#8

将被拍摄对象置于取景框内不同位置……

镜头#9

朝向不同的方向……

镜头#10

从不同的机位拍摄，会唤起不同的张力(参见镜头#9至镜头#11)。

镜头#11

镜头#12

镜头#13

所有这些，很简单，就是"镜头"。

怎样从一个镜头转换到下一个镜头呢？什么是蒙太奇？最简单的镜头转换形式就是"切"或"接"。如果使用溶解(dissolve)手法，镜头间的转换将有更多的可能性。镜头溶解的时间长度可短可长，可以非常短、非常长，可以非常非常长，等等。

最后，你还可以使用擦除(wipe)手法。擦除的方式有很多种，如果运用电脑切换器，擦除可以飞入(fly in)、闪入(sprinkle in)、缩入(zoom in)，并能以你能想象得到的任何形状呈现。画面可以有规律地飞入飞出，看起来就像翻动的书页。也可以爆炸式出入，就像星体的燃烧。伴随着数字切换器的出现，所有组成画面的像素能够随着按钮的按动而出现或消失，运动的持续时间也可以完全被控制，并可重复进行。

前面所讨论的都是静止的镜头。但镜头(shot)并不是静止的，它们是运动的。表演者、摄像机、镜头(lens)都是运动的。我们通过推拉摇移来改变焦点。每一种运动都能够被用于镜头之间的转换。想象下列场景。黑色背景幕前，我们用3号摄像机拍摄歌手肩部以上镜头。3号摄像机位于2号摄像机旁边，拍摄中间位置。慢慢地，3号摄像机镜头拉出，扩大为从头到脚的全身镜头，歌手仍然面朝观众，摄像师将其置于取景框的右侧(像镜头#12表现的那样)。现在，慢慢地，我们把画面溶解到2号摄像机拍摄的歌手从左向右看的侧面镜头(镜头#13)。溶解过程中两幅画面在屏幕上的持续时间相同。

接下来侧面镜头将被拉宽。不过要先保持一会儿让两幅画面同时出现在黑色背景的屏幕上，各占视频画面的50%。画面左侧是歌手的侧脸，好像在看着右侧的全身像；画面右是歌手(见图7.5和图7.6)。接下来，随着摄像师将侧脸镜头拉宽，右侧的全身镜头淡出。

图7.5 这是镜头#12和#13在控制室内观看的效果，控制室里的监视器里显示了构成叠印画面的所有镜头

图7.6 这是镜头播出时的叠印效果(溶解过程中)

现在，我们再次练习溶解到同一位歌手从右向左看的画面，好像在看着左侧的自己全身像。跟上次练习中的两个镜头一样操作，我们继续镜头的运动。

同样设置下可以有不同的拍摄版本，可以让镜头开始于不对焦的状态，随着摄像机镜头拉出，再对正焦点。

镜头的溶解还可以发生于"离开的镜头"摇离屏幕、"新来的镜头"摇入屏幕的过程。镜头也可以像静止镜头一样从右或左侧擦入，之后再动起来或成为运动镜头。窍门就是提前将镜头可能的变化情况视觉化，再看看是否能找到镜头间转换的独特且最适宜的路径。

另一种方法是在脑中将摄像机屏幕分成四等分，来看歌手的头部出现在哪个位置。或者将屏幕分成九宫格，来看看能发现什么。如果你用油笔标注摄像机的取景器，你可以让摄像师把歌手的头部放在九宫格的不同位置里进行观察。除此之外，还有一些其他方法可以巧妙地控制画面。我曾经尝试过把一些元素放在机器镜头前来获得不同的效果。我发现，从女帽小店里买来的黑色或白色的薄纱能起到软化画面的效果。还有一次我将保鲜膜包在镜头遮光罩上，再把凡士林涂在外面，以复制"哈特利"镜片，在光亮背景下看起来很不错。

为了激发拍摄音乐节目时的想象力，你们可以寻找很多资源。比如，逛逛那些新颖廉价物品的商店，那里有便宜的镜片和万花筒。阅读像Bernard Willkie写的《电视画面特殊效果技巧》(*The Technique of Special Effects in Television*)这样的书籍也能激发你们的想象力。事实上，如果你在Google中搜索"Special Effects"这个词，你会找到超过7,000万个可能的网站。如果你加上"Book"这个关键词(比如，Special Effects Books)，会找到超过5,000万个网站。漫画书和插图小说也是想出独特拍摄计划的灵感来源。

制作

电视演播室排练和制作

假设我们在基地办公室已经处理好大部分法律和后勤事务，并且编辑完所有前期制作的素材，我们已经准备好去纳什维尔并在那里开始工作。纳什维尔的节目排练日程表大致如下表：

多样美国——
排练日程表

星期一(日期)
大奥普里歌剧院
- 8:00—12:00
  布景与灯光

- 12:00—13:00
  午餐
- 18:00
  继续设置布景&灯光

排练演播室
- 13:30—17:30
  管弦乐排练
  哥伦比亚录制室/B演播室
  音乐广场东123号
  田纳西州纳什维尔
  电话 615-765-4321

星期二(日期)
- 8:00—9:00
  机器架设，工程设置(ESU)
- 9:00—10:00
  "百老汇明星"——对口型练习
- 10:00—11:00
  "弦乐四重奏"
- 11:00—11:30
  "弦乐四重奏"排练
- 11:30—12:30
  "大乐队"设置和均衡
- 12:30—13:00
  "大乐队排练"
- 13:00—14:00
  午餐(备注：午餐期间，花费半个小时录制"退休明星"的外景。如果一小时的午餐时间是规定好的，那么这项半小时的录制工作就意味着要调整一名摄像师的午餐时间。如果合同允许我们用加班费支付这半小时，或叫摄像师半小时后回来吃饭，这个问题就解决了。在这段时间内舞台工作人员也要收起"大乐队"的椅子，并为"爵士家族"进行场地设置。)
- 14:00—14:30
  "原声明星"设置和排练
- 14:30—15:00

- 室内乐队设置和均衡
- 15:00—15:30
  排练音乐伴奏，"原声明星"和"现场传奇"二重唱
- 15:30—16:30
  "爵士家族"设置和均衡
- 16:30—17:00
  "爵士家族"排练
- 17:00—18:00
  大杂烩环节排练
- 18:00—19:00
  晚餐(备注：如果需要加班半小时，晚餐时间可能调整为18:30至19:30。)
- 19:00—19:30
  观众进场
- 19:30—21:30
  录制

排练的时候，或者更早，导演和制片人的职能需要分开。导演要集中精力于拍摄，而制片人要处理合同要素、人事问题以及与节目运行相关的所有安排。即使是小规模的节目，让某人负责制片人的工作，而让导演专心于拍摄，是一种明智的做法。

在动身去纳什维尔之前，我们要完成以下工作：

1. 与表演者或其经纪人签订合同，观看他们的表演或排练
2. 召开几次前期制片会议
3. 确保酒店房间和交通
4. 完成布景的所有安排工作
5. 完成室内乐队的所有安排工作以及所有音乐的准备工作
6. 确保节目制作的演播室、工作人员和全部所需装置
7. 安排好观众
8. 安排好餐饮
9. 把已编辑好的素材发送到纳什维尔的演播设施，并让纳什维尔的工程人员清点和验收。如果其中有任何技术问题，趁我们还有时间解决的时候发现它们。

前往外景地的多段旅程通常需要准备和确认所有这些安排。在拍摄前的一个星期，我们可能在周三或周四抵达，在下周一管弦乐队排练前做好任何最后关头的安排。那时我们的主要任务是亲自确认早先达成一致的或最后关头确定的任何事项，包括下列内容：

1. 法律事务，所有音乐的使用权利以及所有的合同
2. 与外景地制片经理的协调工作，他应了解本地的演员、工作人员和设备
3. 节目规程、排练日程表、脚本和办公服务的准备工作

假设为了制作节目我们租用了大奥普里歌剧院。我们已相互通过电话、电子邮件、传真来确认每个组织提供何种支持，并且幸运的是我们的需求都已经得到满足。如果这是一个在公园举办的室外音乐会，我们的需求和需要考虑的问题也是相似的。即使这是大学或者高中制作的节目，需要考虑的问题和排练日程也会跟这台电视网节目非常相似。不论你制作的是怎样的节目，你都需要让正确的部门——音乐、舞台设计、灯光设计、工程人员、舞台工作人员——知道谁演唱什么、需要何种麦克风、歌手的站位以及与其他表演者、布景之间的关系，他们什么时间出场等许多其他类似的细节。

排练在星期一早晨开始，布景会在舞台上搭建起来，我们需要到现场以解答可能出现的任何问题。布景设计师、灯光设计师和单元制片经理也要到场。导演下午去一趟室内乐队的排练现场，看、听，如有可能则录制(这个排练录音只供导演使用)以下内容：

1. 开场音乐
2. 每个片段介绍环节的背景音乐
3. 为"现场传奇"和"原声明星"伴奏的曲目"Here Comes the Sun"
4. 大杂烩环节的曲目"圣者的行进"

现实中，我们可能没有表演开场音乐的室内乐队，作为替代，我们可能会要求第一幕中的"大乐队"演奏《娱乐世界》(*There's No Business Like Show Business*)。"现场传奇"演唱时也没有室内乐队伴奏，不过这完全符合他的音乐风格。不过，为了让本章的内容更全面，我还是在这里写进一个室内乐队。他们可以坐在舞台前面的乐队池，或者在演播室工作区一侧观众看不见的位置。室内乐队不出镜的话，可以节省支付给他们的上镜费，并能省下差不多一个小时的装饰乐队区域的时间。装饰乐队区域，需要清理干净乐手的外套、咖啡杯和乐器外盒；杂乱的话筒线也要掩盖起来以使地面看起来整洁。

作为导演或制片人，在管弦乐队星期一排练之前我至少得听完一遍原始素材的钢琴演奏版本。我还会参加"原声明星"和"现场传奇"的排练，缓解他们的担心情绪，让他们找到一起合作演出的感觉。这次排练与之前在演播室内的排练是一样的，但由于表演者在场，就不需要平面图了。当晚我们要确认嘉宾已经入住纳什维尔的酒店。我们还要处理任何可能出现的问题，比如歌手生病、发生暴雪等延迟演出的天气、明星发脾气，或演员及其代表临时提出新的谈判条件。

星期二，我们的排练工作将以演播室节目制作为导向。布景和灯光工作人员要进

入实际的节目制作设施，落实计划中的细节。音频工作人员需要记录好各种事项需要何种麦克风，并为表演者准备好线缆和话筒；他们要时刻在电话中确认所选用的是否是最合适的麦克风。

当我们离开演播设施的时候，与我们一起工作的现场工作人员将会与下一个租赁演播设施的制片团队开展工作。我们的节目对我们来说是非常重要的，但对那些工作人员来说这只是又一个节目。我们担心的问题并不是他们担心的问题。我们应该也必须具备一种职业的方法。

摄像机布置

摄像机摆放的关键与广角镜头有关。特写镜头本身就很完美。由于拍摄距离和方向不同，头部镜头和侧面人像镜头要分开考虑，不过背景出现的状况都不会影像头部镜头和侧面人像镜头。需要弄清楚的重要镜头是广角镜头。记住，导演会安排摄像机的排列，一般从室内左侧排至右侧。不同的导演可能会有不同的机位摆放，但有些基本的机位是必然出现的。我按照最典型的编号方法给摄像机从左至右进行编号。如果有三台摄像机，最有可能的摆放方式就是，1号机在观众左侧的舞台上；2号机在中间远处；3号机在观众右侧的舞台上或与舞台登高的平台上。由于这是一个大型节目，我假设我们有三台以上的机器。

1号机和2号机

1号机和2号机都处于左侧机位。从左侧方向拍摄是最为重要的，这是因为大多数的贝斯和吉他演奏者是右手演奏，这样1号机和2号机能拍摄到吉他和贝斯演奏者的手部最直观的镜头。2号机在舞台上，架在带轮子的基座上；1号机也在舞台上，但是手持操作。其中一台机器有一个稳定的镜头很重要，另一台手持操作的机器则能拍摄出异常的角度(荷兰角)。手持摄像机可以用于得到越过表演者拍摄观众的镜头。当2号机在拍摄舞台右侧的画面时，手持拍摄也有利于实现画面从表演者向观众的转换。不过实际播出的镜头不会一直使用手持摄像机拍摄。

3号机和4号机

3号机和4号机设在中间位置。用两台机器拍摄正面镜头，能够实现从一个正面头部镜头剪切或溶解为一个正面的全身镜头。一台摄像机安装在升降吊臂上,可以在一段附加的滑轨上朝舞台的左右前后方向移动;用这种方法,它可以移进移出,也可以高低左右弧线移动。另一台正面摄像机可能安装在三脚架上。在一些典型的机位安排中,在舞台前滑轨上运作的悬臂摄像机可以左右移动,但不能前后移动。在低成本制作的节目中,让摄影师坐在轮椅内,机器放在其大腿上,也能拍摄出升降机拍到的画面。这样拍出的镜头可能不会很平滑,但不失为一个有吸引力的替代方案。

5号机

5号机设在舞台上右侧机位。它拍摄"弦乐四重奏"前面两位小提琴手的正面特写镜头,还可以用于为2号机搭配侧面人像镜头。2号机的侧面镜头表现了表演者从左向右看;5号机拍摄从右向左看。从2号机转换到5号机可以实现跳跃剪切或"跳跃溶解",这样做会比较有趣。

6号机

6号机设在剧院内二层楼厅。机器最好既可以左右移动,也可以前后移动,但是这些都要有准备好的轨道,专门铺设的地板或者摄像机悬臂等,这些都是昂贵的选项。我想在每个表演的开始和结束时使用6号机。它也可以用来拍摄观众的特写。

7号机

7号机是一台手持摄像机,它能被快速安装在位于剧院后部的三脚架或基座之上。可以快速安装,这也使得它能脱离三脚架手持操作。7号机能用来拍摄观众和对"退休明星"的采访。

只用两三台摄像机拍摄这个节目也完全可以,长时间以来电视网的节目也是这样制作的。许多地方台节目以及大学里制作的节目也都是这样完成拍摄的。

在电视网中,Marty Callner在麦迪逊广场花园为HBO执导《超级男孩》(*NSYNC*)现场直播使用了31台摄像机。Roger Goodman在拍摄《ABC 2000》时使用的机器数量令人惊讶,这个千年特别节目涉及60个国家,动用了500台以上的摄像机、32个切换器和4间控制室。无论动用了多少资源,结果都是同一时间只有一个屏幕,看起来要好看。

制作排练

与前期制作阶段的排练一样,在排练之前要明确排练的作用。在早些时候,我们需要考虑拍摄表演的思路，以及音频、布景、灯光的具体信息。现在面临的问题是，在排练中我想要完成什么任务？在一档音乐节目中，至少有三件事情需要完成：

1. 让所有人员听到音乐，对下列问题达成一致：节目中呈现什么内容，什么时候在节目中出现，要拍摄舞台上的哪些位置。
2. 为所有的表演者制定一份拍摄计划。
3. "半完成"拍摄计划。直到最后一分钟，导演要对能改进计划的改动持开放的态度。有时候做出改变太迟了。表演正在录制时可以对计划做出改变，导演可能会说"增加镜头：3号机，……2号机，……1号机，……回到脚本，……3号机99号镜头，……"等等，这样会把大家拉回到拍摄计划中。

根据导演的需求而设定好的日程表，也要适应演员和工作人员的需求。"百老汇明星"的节目相对简单，我们从这个节目开始排练。这样做，给了音频助理(音频部门工作人员)多余的时间为"大乐队"和室内乐队这样的大型表演调试设备。音频调音台前只需要为"百老汇明星"配备一名工作人员。"百老汇明星"的排练正在进行的时候，音频助理可以利用这个时间在幕布后面设置电缆。

9:00—10:00："百老汇明星"——配伴奏带单人表演

从9:00到10:00，我们与"百老汇明星"一起在幕布前工作。他需要知道他将怎样被介绍出场、怎样登台。他还要和舞台经理见面，明确他的更衣间分配，知道谁是他跟控制室之间的联络员。尽管没有什么特殊的安排，但是舞台经理和导演在这时要讨论任何需要明星知道的暗号。这与安排演示类(demonstration)节目中的嘉宾是一样的方式。

"百老汇明星"的第一首曲目是对口型表演。我们必须设置镜头画面掩盖没有人声的歌曲部分。大多数歌曲在歌手开始演唱之前似乎都有前奏，导演需要覆盖歌曲中只有音乐的这部分。也许我们一开始可以不对焦，在歌曲第一小节开始演奏时对焦。也可以广角画面开始，再推近到特写镜头，给人一种歌手要开始唱的感觉。但是这个方法存在不妥，如果在歌手开唱之前就给了清晰的特写镜头，观众会看见歌手什么也没做，只是在等待前奏结束。那么这样的特写，歌手不喜欢，也会给观众不好的感觉，同时也失去了围绕表演创造出有趣的视觉画面的机会。

设想演唱这首歌时，歌手身上打着聚光灯，站在幕布之前舞台的边缘，周围的一切都是黑的。这次排练的任务是要设置好现场播放的音频电平，并让歌手适应灯光的感觉。此外，工作人员要找到音乐的节奏，知道摄像机、灯光及人员如何移动。由于是在黑色的背景下拍摄，我们要运用到之前这章中描述的标准拍摄模式。不管我们选择何种拍摄模式，我们通过排练来看看效果如何。

现在，导演需要决定第二首曲目中的一项设备如何使用。第二首曲目要用到色度键控，歌手要么走向色键墙，要么站在原地不动等待色键墙从天花板网格上吊入。两首歌之间的镜头可以用观众鼓掌画面来覆盖，这样家里电视机前的观众就不会看到这些移动。如果想让电视机前的观众看到布景的改变，则可以用广镜头拍摄色键墙进入视野的画面。

不论选择什么设备，这里都会发生灯光的变化，要标记出色键墙和"百老汇明星"的位置，这样能让色度键控的效果更加明显。假设在观众的掌声中"百老汇明星"登场，镜头从鼓掌的手溶解到之前在纽约拍摄的背景资料。"百老汇明星"随着伴奏带演唱；乐器音效是由伴奏带播放，他的声音则通过手持麦克收录。

为了达到场景转换的效果，我们需要专门排练这一转换。首先，蓝色或绿色的色键墙搬上舞台，做好标记。然后歌手就位，也做好标记(在现场做标记的工作可以让替身演员或者带着耳机的舞台经理去完成)。我们要让歌手和背景之间有足够的空间，这样打向百老汇明星的灯光才不会外溢到色键墙上，色键墙需要自己的洗光灯光线。根据歌手的头发颜色，我们可能对歌手使用蓝色或绿色的背光照明，以增加其与色键墙的分离感。

做好标记之后，让百老汇明星上台，以查看为了配合他的衣服和颜色还需要做出哪些调整。我们要确认音频播放的电平是否合适，现场麦克和音频播放的混音是否正常。所有这些"分频"问题解决好之后，排练歌曲。有时候，排练一些最简单的声音效果，看起来有些傻，比如从对口型表演的曲目到配伴奏带演唱的曲目的分频效果，但是它永远不像看起来那么简单。从实践中来看，许多人都要涉及进去，全部这些人的注意力要在同一时间集中在同一事件上。舞台工作人员需要把背景墙降下来，灯光师需要调整灯光，"百老汇明星"需要走到他的第二站位，伴奏带要在给提示时开始播放。

一旦"分频"部分排练完毕，第二首曲目将开始排练。我们可能需要调整摄像机取景框内的画面，当键入之前拍摄和编辑的画面时，让"百老汇明星"的影像大小看起来合适。如果能够将播放资料视频和现场输出视频的混合视频作为输入信号导入摄像机的取景器，对摄像师会很有帮助。如果摄像机没有这样的功能，可以用油笔在摄像师的取景器中做标记，同时在附近安排放置一台监视器。

10:00—11:30："弦乐四重奏"设置/均衡/排练小型乐队

从10:00到11:00是"弦乐四重奏"的架设时间。这场排练可能需要的音频设置也很简单。尽管有些音频工程师主张使用四只或更多的麦克，但只用一只麦克也可以完成。在任何大型表演中，日程表会安排一个半小时来架设乐器、调整均衡和排练乐队。由于对音频均衡的严格要求，这次的设置需求比"百老汇明星"的节目要多。节目制作团队中的每个人，包括可能正在架设"大乐队"的舞台工作人员，都必须停止手中的工作，创造一个安静的环境以听到乐器的真实声音。分配给"弦乐四重奏"一个半小时的排练时间可能勉强足够。作为导演，我希望对"弦乐四重奏"的拍摄能让观众明白乐曲的结构，参与到表演者之间的互动之中。

找到一名熟悉贝多芬弦乐四重奏的电视工作人员并不容易，即使是林肯艺术表演中心的工作人员可能也要去上专业性的进修课程。所以我们的工作人员需要时间去习惯与"弦乐四重奏"的合作。这种情况下，我需要向"弦乐四重奏"说明至少排练三次才能完成以下任务：

1. 音频工作人员得到听完整个曲目的机会，导演得到按照预定方案拍摄一遍镜头的机会。
2. 每个人都要有提出更正意见的机会。
3. 每个人都要有感受更正之后是否合适的机会。

"弦乐四重奏"的演出时间为9分钟，所以排练三次至少花费半个小时。剩下的时间60分钟先用来设置这场表演，休息5分钟，并讨论改进意见。所有的一个半小时都会被利用上。

在节目实际运行时，"弦乐四重奏"表演之前会有两分钟的广告时间，而先前的表演已经做好了简单的设置，所以我们可以像现场直播那样录制弦乐四重奏的部分。

11:00—13:00："大乐队"和合唱团

到我们排练"大乐队"的时候，有充分的时间去准备麦克风、电缆和台上的椅子。因为之前和"大乐队"排练过，我们已经制作了带有标注的乐谱和镜头清单，以完成我们的工作计划。这次排练的目的是让工作人员清楚表演曲目和拍摄计划，以及对计划做任何必要的修改。排练顺序和"弦乐四重奏"相似：

1. 乐队演奏时，摄像师带上耳机，导演通过耳机向摄像师发送指令。音频工作人员要听到整首歌曲。
2. 排练第二遍，摄像师继续拍摄。导演和制片助理要把任何错误或希望改动的地方记录下来。除非出现大问题，歌手的表演不能被打断。任何变动或更正都要在表演结束后再传达下去。用铅笔在乐谱上进行标记，通常已经足够让导演提醒自己任何需要注意的事项。
3. 完成最后一遍演练，以证明变动和更正都行得通。排练合唱团的出场，如果进行得顺利，合唱团的下一首曲目以同样的方式排练。最后需要排练的是节目的最后一首歌曲，即兴表演的《圣者的行进》，在日程表上它被排在17:00排练,在爵士家族之后。结尾曲目《圣者的行进》使用"爵士家族"所使用的舞台和音频设置;提醒将在该曲目中出场的"大乐队"成员下午5:00参加排练。

13:00—14:00: 午餐

午餐时间,导演/制片人带上一名摄像师去录制"退休明星"环节的采访回答。由于整个片段不长,所以这两个回答部分都很短。我们需要知道要问退休明星什么问题,以及需要他们怎样回答。最好和他们有个初步的讨论,制定一份简易的脚本或提纲在录制时使用。基本上,节目的这个部分就像是在制作一个小型的纪录片。

14:00—15:00: "原声明星"

"原声明星"坐在幕布前的凳子上,弹奏吉他演唱。这里需要两只麦克风——歌手声音一只,吉他声音一只。在排练之前要决定好曲子的歌词和拍摄的风格。像"大乐队"的排练一样,"原声明星"的排练是让工作人员了解曲目和拍摄计划的好机会,也是对计划做出任何修改的好机会。

14:30—15:30: 室内乐队和原声明星/现场传奇 二重唱

这段时间用来为室内乐队调整音频均衡和进行排练。乐队要先排练开场曲和结束曲。他们要有覆盖演员上下场时间的乐曲,要有特殊的乐曲将我们带入场间休息,再在休息结束时将我们带回到节目当中。最重要的需要调好均衡的节目就是"原声明星"和"现场传奇"的二重唱。从14:00到14:30,排练"原声明星"的独唱曲目。由于二重唱要有室内乐队参与,我们首先要为室内乐队调均衡,"原声明星"和"现场传奇"要等待。室内乐队和节目组的工作人员之前在纳什维尔一起工作过,所以准备工作可以很快完成,这是在同一演出地点合作过的好处。"原声明星"和"现场传奇"使用的背景音乐之前排练过,所以准备起来也轻松、快速。当"现场传奇"登场时,工作人员要想办法在"原声明星"正在使用的麦克风之外,再增加一个麦克风。观众的掌声得足够大以覆盖工作人员走上舞台安置话筒的声音,否则的话他们两人就得共用一个麦克风。麦克风的事项是由音频部门负责决定的。我们的工作是为现场传奇安排一个合适的入场视频。

15:30—17:00: "爵士家族"——爵士小团体

从15:30到17:00排练"爵士家族"。本质上,"爵士家族"就是一个小型爵士团体。不管他们是从三人组至八人组之间的何种团体,其排练步骤和先前的都是一样的。像所有表演一样，他们要知道怎样上场、下场。我们安排他们在舞台后备场，舞台幕打开，他们就上场了。他们要一直表演直到节目结束。大多数情况下，爵士乐表演会先演奏一段旋律，然后围绕这段旋律即兴表演。通常这种即兴演奏是每次突出一种乐器，每种乐器演奏四小节，有时接下来会变成每种乐器演奏两小节。在一曲表演的末尾，又会回到对开场旋律的陈述。如果导演知道独奏的顺序，就能很好地拍摄他们的表演，在恰当的时间、恰当的位置、拍摄恰当的镜头。如果导演不知道独奏顺序，提前知道哪两三个乐器先独奏也可以。如果乐队不能在录制前提供这样的顺序，就不得不先拍摄广角镜头或领衔乐手的特写，直到开始出现独奏。

你需要为这一曲目按照即兴拍摄。这一团体的排练中要完成三件事情：

1. 如同先前在演播室内排练"大乐队"时一样，"爵士家族"排练时，要感受音乐表达的情绪，让它帮助你制定一份拍摄计划。这意味着在摄像机中看到表演之前，你可以询问"爵士家族"这一乐曲的内涵。当然，有的时候可能一个人根本来不及制定什么计划就被叫来拍摄了。不过现在既然有为导演安排排练，制定计划的工作就已经在做了。音乐节奏和歌手间的互动会帮助计划的形成。这些因素会决定你对灯光指导的要求，影响到这场表演的镜头转换是全部使用剪切、溶解的方式，还是全部使用擦除，或者其他一些组合。
2. 音频工作人员要调好音频均衡。
3. 导演和摄像师要找出存在何种镜头，制定出一些镜头覆盖的计划。最好是系统性地完成。首先，布置灯光。让歌手站在或坐在他们演奏的位置；如果他们觉得这样不妥也可以真实表演。控制室关掉音乐，这样就不会受到音乐的影响。利用这个时间查看每台摄像机的广角镜头是怎样的，以及每一机位存在何种镜头结合。从1号机开始，查看每台机器可能拍摄到的特写镜头。
   a. 特写镜头。特写镜头以拍摄歌手的脸部开始，再拍摄其手部特写。
   b. 镜头摇到下一位表演者，拍摄脸部特写、手部特写，等等。
   c. 1号机拉至广角镜头，注意过程中出现的画面。
   d. 1号机从左侧远端能拍摄到什么画面？
   e. 从左侧高处位置拍摄会有什么效果，然后换成低处位置呢？
   f. 把1号机推到右侧或者镜头摇到右侧会有什么效果？
   g. 从右侧高处位置拍摄会有什么效果，然后换成低处位置呢？

了解每台机器可能拍摄到的镜头。如果你能提前将每台机器的镜头视觉化，那就更好了。目标是了解清楚到底有哪些选项，然后制定拍摄计划。

一个典型的拍摄计划是从一个广角镜头溶解或剪切至一个过肩双人镜头，接着推近到镜头中的一位歌手身上。我可能会限制蒙太奇手法的使用，转换镜头时只使用溶解。我或许会使用深蓝色的背景光,如果这是一首慢歌并且这种光线适合拍摄计划的话。最后一首歌曲《圣者的行进》是即兴发挥的,所有的演员都要加入其中。最好是所有的歌手都使用"爵士家族"的麦克风。如果需要增加额外的麦克风,要在观众鼓掌时完成,或者在为"爵士家族"设置装备时就放到舞台上。

录制即兴表演环节的领衔乐手或歌手时,我发现了看起来行得通的一个技巧。你可以指定一到两支麦克风作为收录歌声的麦克风,以此确保镜头的覆盖。让歌手们都知道这一点,然后让一台机器专门拍这一两支麦克风。领唱者一定会使用其中一支麦克风,他或她一开始演唱,你就可以要那个镜头了。这是在拍摄摇滚音乐会时很有用的技巧。

我们想让表演者以事先安排好的方式上场。"百老汇明星"在第一个八小节之后上场,演唱八小节,然后介绍引入"原声明星"。"原声明星"唱完后,"现场传奇"演唱。最后,舞台上的演员挥手召唤"大乐队"加入。乐手们接下来要决定由谁领衔演奏;我们就像拍摄摇滚音乐会一样覆盖我们制定的那一两支麦克风即可,我们并不知道接下来谁要唱。

如果"弦乐四重奏"的成员也愿意加入,我们就得为他们安排某种特殊的间歇,以便让其上场。尽管这个团体想要出现在最后一幕的意愿应该是在之前就讨论过了,他们如何上场的细节问题可以在17:00的排练中进行安排。

编辑

现在要开始节目制作的下一个阶段——剪辑。我们的"控制室制片助理"已经维护了一份时间序列的制片日志。每一场表演都是按次序拍摄的。尽管这不是必须的工作,但是这让编辑过程更加轻松。如果在制作过程时发现什么错误,我们可能不得不重新拍摄。由于实际录制成本的下降,每台摄像机的输出信号都已经被录制下来,这样大多数情况下的更正都不再需要重拍了。

所有曲目的开场和结束都是开放性的可修改的。同时我们已经拍摄了大量观众鼓掌的随意镜头(尽管我们希望拍摄到观众在节目表演过程中拼命鼓掌的镜头,但这样的镜头数量可能不够。所以在这种情况下,"随意"意味着这些镜头是独立于任何表演的)。这些"对己"镜头与任何特定的表演都无关联,可以在任何时间插入任何节目之中。在拍摄这些镜头的过程中,灯光师调亮室内灯光并拿掉了任何特效装置。观众的掌声可能有时不够热烈,舞台经理会鼓励观众表现得热情一些。"随意"镜头包括拍摄鼓掌的手,以及两三位鼓掌观众的特写镜头,或者是观众席过道的镜头。另一组"随意"镜头是从舞台看向观众的画面,这需要使用在舞台上拍摄歌手的摄像机。实际上,这是歌手表演完毕时需要用到的镜头。在编辑过程中时,观众和鼓掌的镜头作为填充镜头。节目最后一首表演曲目被设计为时间长度可长可短,以配合时间倒计时的安排。

现在我们已经完全熟悉了这个节目,我们将能够完成大多数类型的音乐节目,并为每一种表演建立起日程表。

1. 单机拍摄(满足色度键控的需要)
2. 多机拍摄
3. 资料镜头
4. 歌声:
    a. 对口型
    b. 随伴奏带演唱
    c. 现场乐队伴奏演唱,有或没有扩音设备
    d. 现场原声演唱
5. 音乐:
    a. 现代音乐,有乐谱的
    b. 古典音乐,有乐谱的
    c. 爵士音乐,基于主题的

本章小结

- 音乐电视节目可以根据三种不同的标准进行分类:
    1. 按素材类型:即兴表演的,或有乐谱的表演
    2. 按表演类型:实况表演的,或经过编辑的表演
    3. 按制作类型:单机拍摄的,或多机拍摄的
- 节目制作中制作人/导演必须做到:
    1. 挑选表演者——并意识到会根据具体情况增加或删减
    2. 制定节目规程
    3. 制定节目排练日程表
    4. 制定节目拍摄日程表
    5. 排练
    6. 预先录制
- 电视节目制作的一条经验法则就是节目开头使用光彩照人的、生动的,甚至是整场节目中排名第二好的表演,节目的结尾则安排最好的表演以吸引观众的下

次收看。同样的法则也适用于其他形式的节目。
- 当给歌手特写镜头时,只要有可能,他们的舞台调度应使他们刚好面对观众,且让他们的麦克风避开室内乐队的中轴线。
- 音乐节目制作的首次非布景排练有非常具体的目标:
  1. 制作一份1/4英寸比例尺平面图供以下人员使用:
     a. 布景设计师,为节目的所有元素进行环境设置
     b. 灯光设计师,用灯光照亮所有环境设置和表演
     c. 音频工作人员,他们需要知道在哪里放置麦克风和扬声器。音频工作人员还需要提供:
        (1) 提供给节目输入信号的混合音频(现场的、录像带或者多音轨文件)
        (2) 提供给演播室观众的混合音频
        (3) 提供给乐手的只有人声的监听系统
        (4) 内部通话系统
  2. 取得乐谱的副本以制作分镜头脚本。
  3. 为排练时演奏的音乐录下属于你自己的录音,以协调分镜头脚本。
  4. 确保表演嘉宾在离开首次排练之前知道日程表。
- 在拍摄古典音乐的时候,导演的工作是视觉化地诠释音乐,这是被普遍认可的说法。有时,导演利用视频去强化观众的情绪,或者做出关于音乐的陈述。
- 歌手有以下三种伴奏方式:
  1. 现场演唱
  2. 随伴奏带演唱
  3. 对口型(对口型表演必须处理成如同歌手在真实演唱。为了使其看起来逼真,歌手随着录音真唱出来是很重要的。)
- 在"音乐电视"中,视觉效果和歌手表演同样重要。并且,音乐电视的制作比音乐会风格的节目格式需要更多的剪切或溶解画面。
- 音频或者视频的资料素材通常需要交纳使用许可费,使用许可费与素材的使用量和播出的广度有关。提供资料素材的公司经常收取相对低廉的搜索费。
- 拍摄计划:拍摄计划的两个基本要素是镜头本身和镜头间的转换(蒙太奇)。
- 开始带机器排练之前,必须完成以下方面:
  1. 联系好表演者,如有可能看其表演或排练
  2. 前期制作会议:完成
  3. 节目规程:准备好
  4. 日程表准备好:排练和制作,可能包括编辑
  5. 脚本:准备好手写版或复印版

6. 酒店房间和交通保障：确保(如果可行)
7. 办公事务：完成所有安排(有时很简单，只需要一台能够上网的笔记本电脑和一台便携式打印机)
8. 布景：完成所有安排，制作完成、送货和搭建
9. 演播室、工作人员和全部装置：确保
10. 音乐：安排好室内乐队及所有已确认的音乐
11. 观众：确保
12. 餐饮：安排完毕
13. 预先编好的素材：发送到节目制作设施，以供播放
14. 法律事务，包括所有音乐版权及合同：就位

- 在节目制作开始之前，下列部门必须被提醒注意节目需求：
  1. 音乐
  2. 舞台设计
  3. 灯光设计
  4. 工程
  5. 舞台工作人员
  6. 外景地工作人员

- 导演在搭建布景的时候查看布景，在乐队排练的时候探望乐队，在还有时间完成小改动的时候记下存在的任何问题。

- 左侧机位的摄像机最适合右撇子吉他手或贝斯手的右手。摆放摄像机的关键是考虑好广角拍摄。

- 在排练开始之前要明确排练的作用。需要问自己的问题是，在这次排练中我要完成什么任务？在音乐节目中，至少三件事需要完成：
  1. 所有人员听到音乐
  2. 制定出一份拍摄计划
  3. 完成拍摄计划

第 8 章

商业广告和公共服务广告

相同点和不同点

电视商业广告是用来销售产品、服务或者创意的电视信息。公共服务广告，即PSA(在英国被称为Public Service Bulletin，PSB)与商业广告类似，但其是基于社会公益事业或者非营利目的而制作。公共服务广告的目的一般是为了推广或者协助教育性组织、健康组织、安全组织、福利组织等。在美国，联邦通讯法规定商业电视台必须为公众提供服务，播出公共服务广告被视为提供公众服务的一种形式。电视台常常用他们保留的不能赢利的时段来播出公共服务广告。非营利组织不需缴纳费用，但公共服务广告常常被安排在非黄金时段进行播出。

公共服务广告和商业广告的时长一样，都是30秒钟，但是也可以更长。公共服务广告紧挨着商业广告或者在商业广告之间播出。与商业广告一样，公共服务广告通常希望引起某些行动，比如说"去检查一下身体"或"去访问当地图书馆"，或改变某种习惯，比如"停止吸烟"、"注意健康饮食"等。公共服务广告传达的信息必须是及时准确的、与社区有相关度。有关宗教、政治和争议性的内容禁止出现在其中，这使得此类广告能够避免卷入那些需要辩驳、反辩驳和可能涉及司法程序的事件中。

公共服务广告的制作过程就像商业广告一样。公共服务广告看上去很容易制作，因为它通常很短而且看上去似乎不需要花费太多精力。这是一种常见的错误概念。如果一条公共服务广告想要在黄金时段播出，那么这条通告就必须要让电视台意识到播出它的价值。电视台对此有特别的考虑，尽管公共服务广告通常在深夜播出，但是却常常穿插在昂贵的、精心制作的商业广告之间播出。电视台希望商业广告的观感能够不错，当然也包括公共服务广告的观感，至少不会导致观众换台。这意味着公共服务广告看起来也得同商业广告一样精良。

如果一条商业广告看起来确实非常不错的话,它的制作开销可能高达数十万美元。但制作费用仅仅是一个开始。不管制作费用预算多么高昂,广告的播出费用都要昂贵得多。鉴于如此巨额的投资,广告商希望自己的商业广告能做得完美无瑕。任何一点做得不好的地方都可能有损广告商的形象,这在花费不菲的制作过程和播出过程中都可能产生。观众会不由自主地将公共服务广告和他们刚刚看到的商业广告进行对比。一条穿插在商业广告之间的劣质公共服务广告很容易被突显出其粗制滥造。如果公共服务广告要播出的话,电视台和赞助商都希望它的质量至少能接近第二等级。再者说来,如果这条公共服务广告与前后播出的商业广告相比显得制作得更漫不经心的话,那么它不会有助于创建它的相关组织或者公共事业。

许多电视网和独立电视台为公共服务广告提供了制作指南。要想获取这种制作指南,通常可以打电话给当地电视台,联系负责社区事务的人或者公共服务协调人员。对于小型电视台,新闻主管也是合适的联系人员。

索取一份制作指南是明智的,以便你的公共服务广告可以有章可循。否则,很可能你花了很长时间制作却不被允许播出。电视台经常会建议制作方预先提交剧情梗概以供审批。这一建议是合理的,可以使制作方避免把钱花在最终可能不适于播出的制作上。

制作指南也会讲明对录制技术的相关要求。曾经,电视台要求每个节目磁带的开头需要提供色条、音调、场记板等画面,但是对大部分电视台来说,数字化的转换已经改变了这一切。关于场记板或其他传送公共服务广告的合适格式应当基于电视台的具体要求。场记板或者其他某些识别形式对于确保电视台播放正确的广告片是必不可少的。商业广告或者公共服务广告的相关信息应包含以下几点:

1. 客户或代理机构的名称——如果广告内容出现问题,可以通知到他们。
2. 广告片的名称——便于播出协调人员核对日志。
3. 制作公司——与客户或代理机构一样,如果广告出现任何技术性问题,可以通知到他们。
4. 总运行时长(total running time, TRT)——用于确认广告时长(例如,第一段广告运行1分钟;第二段广告,也就是电视台正在播放的广告时长30秒;接下来还有一段10秒的广告)
5. 制作或编辑日期——用于判断及时性和作品版本。
6. 某种参考代码——为了便利操作和复核工作日志。

制作指南或许会特别指出,通常播放30秒的商业广告其实际版本时长只需要28秒,另外两秒留给淡入和淡出。

制作指南也会指明广告中显示联系电话的合适时长(5秒到10秒),以及安全的信息显示区域等。在广告中使用名人、政治家和其他公众人物的相关问题也会被大多数电视台的制作指南考虑在内,作为非营利性质证据的要求。

在很多方面,公共服务广告是学习电视节目制作的绝佳途径。与时长较长的节目形式一样,对于公共服务广告的学习也可以将其分为前期制作、制作和后期制作。它需要投入的时间较少,但注意力要高度集中。如果领悟得当,短时间内就可以制作出很好的作品。

前期制作

拍摄公共服务广告的前期制作过程中,首先要对几个想法进行讨论。然后这些想法逐渐浓缩为一条核心的工作理念。剧本在此基础上诞生。在大多数电视节目格式中,导演与剧本创作无关。事实上,专业的商业广告导演很少撰写或创作广告剧本。导演也常常缺席编辑写作过程。理念、脚本和故事版(或称情节串联图版,将脚本以连环画形式展示出来)的创作过程是由广告代理机构完成的。前期制作和后期制作都是由广告代理机构的制片人连同商业广告制片人一起完成的,有时广告客户也会参与。

在制作之前,要全面考察商业广告要传递的信息或者公共服务广告信息。首先要分析目标受众和广告目标。对于广告信息的语言和表现方式进行检查、再分析和复查。对于究竟要雇佣哪一家广告制作公司进行反复考虑。对于演员、导演以及打算使用的工作人员和后期制作设施,要仔细审查。过程中的每一步都要经历设想、评估、检查以及最终接受和执行的过程。在这一过程中,选择一些最好的文案作者、制片人、导演和工作人员加入该项目。

在较小的市场中,一个服务性组织或许会直接与电视台、学院或者大学合作生产一部公共服务广告。在较大的市场中,那些希望拥有公共服务广告的具体组织或媒体会要求广告代理机构参与制作工作。通常情况下,代理机构或地方电视台会将公共服务广告的制作任务指派给相同的员工并以相同的方式对待每一位客户。

这种做法基于四个好的理由:

- 对于业界来说,制作一部公共服务广告是一次"回报"社区的机会。
- 广告运动和广告制作的质量有助于代理机构和制作公司在创意产业社区中定义自己,因此这类工作会被非常严肃地对待。代理机构或制作公司都不想被看作是虚有其表或工作质量低劣。
- 对于局限于某一领域广告客户(例如零售业)的代理机构或电视台来说,公共服务广告经常是它们实现"拓宽领域"的途径。公共服务广告的业务或许可以为他们提供那些当前客户所无法给他们提供的机会。

- 其他客户可能会看中这些制作精良的公共服务广告,从而让电视台或者代理机构制作一支对他们而言很重要的广告。这也是一种在专业领域建立人脉网络的方式。

并非所有的代理商或电视台,也并非所有的学生,会以相同的方式看待所有的公共服务广告。有的人认为制作一部公共服务广告是一项芜杂而讨厌的工作,他们被迫为苛刻的客户、老板、教师或"想象中的人"而工作。然而,为了制作商业广告或者公共服务广告,我们必须遵循以下步骤:

1. 与公共服务组织安排会面日程,讨论非营利组织的目标。
2. 高管、业务主管或项目主管会见创意团队(这或许仅仅意味着自问:"我现在要做什么?")。
3. 创意团队提供理念,接下来分析理念——有时候是和客户一起分析,有时候仅仅是内部讨论,有时由团队成员各自分析。故事版或脚本就这样创作出来。(见图8.1)
4. 客户选定广告运动方案。
5. 广告片制作过程包括前期制作、制作和后期制作阶段。

图8.1 这是一个来自MJA广告公司的典型的故事版

注:其他公司的故事版可能看起来不太一样。有些故事版会使用剪贴画,有些会使用绘画,还有一些会使用简笔画。

资料来源:该图由MJA公司(纽约/旧金山)授权使用。

这类项目的机构内部开支以慈善捐款的形式进行处理。如果有可能的话，制作开支也以相同方式处理。例如，一家广告制作公司或许会支付员工工资，但不会将其记入广告制作成本。

学生制作的公共服务广告面临一些不利条件：他们的演员和工作人员是正在学习这项手艺的人，比如学生自己。几乎没有那个写作课堂会专门强调如何撰写电视商业广告或公共服务广告这类特殊的文体。有些电视节目制作课堂会尝试制作公共服务广告，但很可能会被潜在的剧本或制作问题拖累，以及受到硬件设施和资金限制等问题的困扰。更进一步讲，一个专业的演出和制作团队尽管或许会对一个新手导演有帮助，但这样的帮助对一个学生导演来说是微乎其微的。对于任何一个想要导演和制作出一部好的公共服务广告的人来说，最好的指导就是意识到并工作于现有的各种制约因素之中，争取追赶上专业商业广告制作的潮流。

公共服务广告制作通常会在这种情况下误入歧途：人们总是带着各种观点进入制作，而不是带着一种理念进入制作。比如"让我们来到河岸边或者城市贫民区。我们可以拍摄许多垃圾、涂鸦、废料和废弃物，然后在画面上贴上一个标签，诸如'这是我们的家，请保持环境清洁！'"尽管这是个不错的观点表达，并且它实际上确实造就了一部视觉观感不错的公共服务广告，但是它太常见了。无论你把垃圾、涂鸦、废料和废弃物拍摄的多好看(或是拍了别的物品)，它都缺少原创理念的闪光。

专业人士通常会在一开始就与客户协商，因为他们知道商业广告的理念必须来源于客户需求。在开始时将客户需求明确为一句话，通常是进行商业广告制作的关键。这句话可能是"饮用(某苏打饮料)令您感觉棒极了"。接下来众人将讨论这句话被使用的可能性。比如"感觉棒极了"是什么意思？我们如何想象感觉棒极了？在我们的日常生活中有没有充分的素材可以显示苏打饮料是如何让人感觉棒极了的呢？这点是不是说有人本来一天过得并不如意，但是由于喝了客户的苏打饮料而变得活力迸发？这些问题和讨论困扰着他们，而且不可避免地引发一些关于如何"售卖""饮用该饮料会令人感觉棒极了"的理念的其他想法。创意团队会尝试各种表现方法，尽管只有少部分方法会展示给客户。然而，每一种表现方法都将只包含着那一个理念。在本案例中，那个理念就是"饮用(某苏打饮料)令您感觉棒极了"。

达成一个广告理念的目标，有时候对于商业广告来说要比公共服务广告容易，因为商业广告的目标是非常明显的。制造业客户想让公众购买它们的产品，无论何地。他们想让我们饮用可口可乐，购买福特汽车来开，或者使用道恩餐洗净。零售业客户想让公众从他们的特别酒店、代理经销商或杂货店购买可口可乐、福特汽车或者道恩餐洗净。对市场基本规则和广告效果的了解，改变着对公众所说的话的性质；而对于公共服务广告来说，真实的信息或许不会如此明显。

公共服务广告信息的措辞是非常重要的，因为它影响着我们所拍摄的东西。设想一下两句话"请不要乱丢垃圾"和"请保持我们城市的清洁"。这两句话都能使用于某次广告运动——不存在对错和优劣问题。作为一个导演/制片人，你或许会更倾向于其中的某一个。"请保持我们城市的清洁"更加积极，并能给我提供拍摄很多行动的建议；但如果客户选择了"请不要乱丢垃圾"，那么接下来就要照此拍摄。对于公共服务广告来说，不像商业广告那样，导演/制片人会提出有创意的建议。商业广告的导演/制片人通常不会投入太多精力关注该采用哪种表现方式，即便对表现方式的选择会对制作产生重大影响。作为导演/制片人，我过去常常希望能得到一个好的剧本，有时也确实能够提出我的建议。大多数情况下，带脚本的故事版和所有的镜头都是经过审核批准的，导演/制片人的工作就是使这一切付诸实施而已。有时脚本会重新改写，但这种情况很罕见。有时候，代理机构或电视台会与客户在期望的行动和广告信息方面达成一致。在一家广告公司里，一位创意导演与业务主管、文案编辑和艺术指导共同创建一个包含电视商业广告以及其他媒介形式的计划或广告运动以求达成广告目标。在一家电视台里，同样的工作也许会由导演/制片人独自完成。

有关广告、制造广告运动、文案撰写等方面的许多书籍都能找得到。它们提供给读者一些工具，教给读者采用正确的表现方式、提问应该问的问题，但广告制作过程是一个创意过程，而且没有一个能够解答所有人和事的万金油似的答案。关键在于提出好的问题，然后将创意价值提高到一个高的层次。尽管本书是关于电视节目制作的，但是相关理念和脚本将会对商业广告和公共服务广告制作产生重大的影响。所有的商业广告都可以归入一些清晰定义的类型中去。许多作者列出了一系列普适的商业广告类型。在《奥格威谈广告》(*Ogilvy on Advertising*)这本书里，大卫·奥格威将一些成功的电视广告归纳为几种类型。以下是我最喜欢的几种类型：

1. 人物(Characters)：扎克和埃布，两个令人难忘的怪老头形象，使他们所关联的产品也同样令人难忘(这里甚至也可以是一只动物或动画形象)。
2. 喜剧(Comedy)：这种类型的危险在于观众往往会记住搞笑情节而忽略产品。
3. 演示(Demonstration)："电视购物广告"就是时长较长的演示类广告。电通刀具广告和Krazy胶水广告则是较短的演示类广告。
4. 问题解决(Problem solving)：你如何接待你刚到家十分钟便不期而至的客人？很简单——使用广告客户的产品。
5. 理由(Reasons)：下面是为什么要使用广告客户产品的三个好理由。这种方式是不言自明的。
6. 生活片段(Slice of life)：这种类型或许显得老套，但确实管用。通常会有两个演员对一件产品展开争论，其中一人最终被说服。有时候仅有一个问题，例如"噢，马奇，你是怎么让你的盘子如此清洁的呢？"或是一种声明的形式："鲍勃，我都没法跟你说以前我为了清洗汽车得费多大的劲儿，但现在完全不

7. **名嘴(Talking heads)**：一个代言人(某个人打扮成医生或机械师的样子，或者一组围桌而坐的妇女)告诉观众这个产品有多棒。
8. **佐证(Testimonial)**：使用隐藏摄像机，拍摄明星和公众人物。使用明星的危险在于观众往往记住了明星而忽略了产品。

当然还有更多，但以上几种类型是最常见的。

代理机构、电视台或项目领导一旦设计好广告运动以及商业广告的叙事思路，他们就会向广告客户演示他们的方案。他们的演示可能会包括广告运动的版面模型，比如杂志的版样、广播的脚本和电视广告的故事版。故事版通常是4、8或16幅画格，根据需要有时会有更多画幅，有时会少一些，如图8.1。有时候，这些故事版看上去就像儿童的图书，带有拉环可以上下左右推拉移动。这些故事版通常被视为是艺术家们对商业广告提案所做的陈述。它们既可以是手绘的，也可以用任何电脑程序绘制。有时它们仅仅是一些简笔画。每幅画格都被编号，代表一个编辑点，或者显示一个蒙太奇顺序。每幅画格下面写有要与其一同呈现的脚本和音频。一旦客户对故事版感到满意，这段广告就会被付诸制作。在一家代理机构里，这项工作会交给一位代理制片人负责，再由他把工作发布出去招标。有时他会去询问某家受青睐的广告制作公司拍摄成本是多少。有时他会举行一场正式的竞标陈述活动，许多广告制作公司被邀参加竞标这件工作。他们的投标基于故事版或者陈述，通常会在一场竞标会中面向所有竞标公司进行展示。

大多数情况下，广告代理机构只会邀请数量有限的公司参与竞标，比如三到四家他们熟悉的广告制作公司，对一系列具体故事版的制作进行投标。这些竞标者被要求标明价格，带后期编辑和不带后期编辑的价格，数码制作和胶片制作的价格。竞标者有可能包括一家业内公认的公司，作品知名度高但价格昂贵；第二家公司，作品略有名气，价格稍微不那么昂贵；以及一家试图创出知名度的新公司。当新公司的作品被看到并受到赞扬时，代理机构也会给他们一些竞标机会；有时他们的作品样本会由导演/制片人的经纪人或其他代表带来做展示。

在电视台或者大学里的命令链条更加直接。一旦绿灯放行，导演/制片人或项目领导就会召集所需工作人员和设备开始进行公共服务广告的生产。然后进行工作日程的安排。许多需要解答的问题，同那些广告代理机构和制作公司所遇到的问题是一样的。众多问题开始于镜头分解的操作。不仅创作标书需要将产品进行镜头分解，而且为这项工作创建工作方案也需要如此。即使不牵扯到预算问题，仍然要问到同样的问题：

1. 对于演员有什么需求？
2. 什么时间需要演员？

3. 将要在哪里拍摄？
4. 拍摄需要花费多少时间？

无论是对于知名广告制作公司制作的公共服务广告，还是对于高中学生制作的电视节目，这些问题以及其他问题的答案都是有重大意义的。

成本分析

所有参加竞标的公司都被要求对故事版进行分析并提交他们的标价。代理机构和制作公司都想知道制作一段广告的成本。成本基于类似以下因素：

1. 拍摄需要耗时多久？
2. 需要多大规模的工作人员团队？
3. 需要什么具体装置？
4. 需要什么具体外景、道具或布景？
5. 需要使用什么演员？要用多久？成本多少？等等。
6. 涉及什么版权问题？

并非所有的制作公司都以同样的方式看待同样的故事版。一家公司会把某个故事版演绎为一对夫妇在巴黎飞机场的柜台前，因此需要让广告演员和工作人员进行一次巴黎之旅。另一家公司则把情节安排在张贴着一些巴黎海报的美国飞机场。另一个方案则是设计在摄影棚内拍摄，需要搭建一个舞台布景。到底怎样分解镜头，会影响商业广告的视觉观感和成本。在选择广告制作公司的时候，代理机构和客户会权衡呈现给他们的各种选择。成本最低的公司也未必总是中标。

对于广告制作公司来说，思考制作需求时，首先对故事版的每幅画格进行编号，标上一种具体的数字和字母；如果拍摄需要，也可以对每个镜头进行编号。因此，故事版可能会被编号为1，2，3a，3b，3c，4，5，6，等等。我们设想一下关于巴黎飞机场柜台场景的画格，3号镜头可能需要一个带有推拉操作的长镜头，故事版中呈现这个镜头的三幅画格会被标上字母a，b和c。

将故事版分解为独立的镜头会使广告制作中的每一个元素都易于理解。对于商业广告制片人来说有许多有益的网站可供浏览。事实上在Google搜索引擎中输入"TV commercial production forms"能搜索到超过200万个网站。广告制片人协会(AICP)，aicp.com，为它的会员提供了标准的镜头分解模式，以及大量有关商业广告制作的核对清单。其他网站也有提供广告制作分析的模式和范例。图3.1A是Gorilla软件生成的一

个预算模板的例子。成本分析要基于许多方面的考虑:

1. **演员团队**:是否涉及明星或公众人物?如果是这样,那他们是否需要特殊和昂贵的对待,例如豪华轿车、私人助理、私人化妆师、发型师等?谁来付钱?是否需要很多演员参加拍摄?这部商业广告的拍摄是否受到银幕演员工会(SAG)[1]或者美国电视与广播艺术家联合会(AFTRA)的管辖?
2. **工作团队**:需要多少工作人员以及需要他们多久呢?哪些人是可以请到的?你不需要为拍摄一段男装广告而聘用一位园艺师,但你很可能需要额外的服装师团队。雇佣"第一阵容"服装师每天要支付500美元,雇佣"第二阵容"则支付250美元,你可能还需要支付每天75美元来聘请一位制片助理。你会选择哪些人?

在使用没有工作经验的雇员时需要进行一些权衡。佣金更高的工作人员可能对工作有更多了解,能够更快完成工作,或者有更好的技能。他们对演播室纪律的体察,对制作过程也很重要。比如说,一次不小心将咖啡洒到演出服装的事故,会使整个商业广告制作进程严重受挫。佣金75美元的制片助理比其他人更有可能把咖啡杯端进屋里(并非所有制片助理在任何时间会这么做)。在服装室内或者控制室内用带盖子的纸杯喝咖啡看起来风险小一些,但一个有经验的人会格外注意喝咖啡的地点和咖啡杯的摆放位置。制定预算的人经常会分配一些资金用于聘请有经验的雇员,并期望代理机构在评判竞标的时候会赞赏这种区分。对有经验的雇员价值的认知,是对为什么最低的出价并不总能中标的一个解释。

---

3. **设备**:需要什么类型,数量多少?
4. **时间**:需要做多少前期制作工作?比如需要搜寻外景地、协调安排外景事务、购买或租赁道具等。前期制作需要多少工作日;这一阶段需要多少人,什么价位?制作过程需要多少工作日?是否这家制作公司也同时竞标后期制作?如果是的话,后期制作需要多少工作日?后期制作都包含哪些内容?数字图形?胶片转换?等等。
5. **运营费用**:版权和许可、租赁、保险、优惠、办公空间以及其他类似的事项都应该包括在内。

---

1. 银幕演员工会(Screen Actors Guild)同美国电视与广播艺术家联合会(American Federation of Television and Radio Artists)于2012年3月30日合并为"银幕演员工会-美国电视与广播艺术家联合会"(SAG-AFTRA);译者注。

专用装置

商业广告制作经常需要使用某些专用工具和装置部件。

静物台

在第2章关于设备的讨论中,静物台(见图8.2与图8.3)是放置物品的长桌。桌子铺着长长的一卷纸或者织物,或者有机玻璃塑料桌面,从桌子表面一直延伸到摄像机镜头顶端。看上去所拍摄的物品就像是在一个无边无际的领域内漂浮着。商业广告中,罐装番茄酱、盒装牙膏以及其他罐装或盒装的产品都是在这种桌子上拍摄的。

图8.2 这张静物台,是将无缝纸铺设在普通桌子上做成的,为单机位拍摄而搭建;将要拍摄的商品是食品,这样画面中就有空间可以置入价格标签

图8.3 拍摄出的食品

柔光帐

柔光帐是一种用纸或布料搭起的"帐篷",有时放置在磨砂玻璃桌面上;把被拍摄的产品放到"帐篷"内。幕布上面有一个孔,摄像机镜头可以穿过孔进行拍摄。被拍摄的产品可以被底部、顶部或者周围各方向的光照亮,不会有反光,也不会看到光源,产品看起来就像从内部发出亮光。

运动图像控制

在20世纪70年代,关于"摄像箱"(shot-box)设备的广告开始出现在电视交易杂志上。这个设备能够让摄像师对摄像机"编程"并让摄像机重复运动。比如,拍摄一个逐渐拉远的镜头，开始时镜头拉开的速度很慢，然后逐渐加速，直至拉回到一个选定的取景。摄像师先"记录"下这个镜头运动过程，然后摄像箱就能够重复这个运动，运动轨迹可以进行各种调整以完善这个镜头。一旦设定好运动轨迹，摄影师就可以重复这个运动镜头，想要重复多少遍都可以。在编辑阶段，就可以把动画或效果添加在这个被正确重新定位了的产品中。

后来人们对最初的摄像箱做了许多改进。比如运动图像摄影机(image motion camera，IMC)就是一个例子，它是把摄像机安装在某种运动支架上(见图8.4)。这架能够进行微观摄像和宏观摄像的摄像机，被安装在桌子旁边的金属杆延长臂上。摄像机的基座可以进行全方向的编程运动。摄像机能沿着在桌旁的金属杆上下运动，也能前后左右摇摄，可以拍摄到桌面上的整个区域。这个桌子也可以向任何方向移动，并能从桌底或顶部被照亮。除此之外，摄像机镜头变焦也能够被编程，可以在指定时间、以指定角度聚焦在被摄物体上。所有的运动都由计算机控制的(见图8.5)。

图8.4　旧金山Realtime Video公司的一台运动图像控制摄像机

图8.5　图8.4所展示的那台摄像机的控制器

我曾经用过运动图像摄影机录制一个发生在滑道上的场景。片段的开头画面展示出滑道全长的75%，然后摇和推镜头，最终画面展示出滑道全长的50%——全过程用时不到3秒钟。实际拍摄中，我使用不同的镜头运动时间设定来重复拍摄同一运动，以确定哪一种拍法最能跟广告的其他部分合拍。所有的镜头运动都非常精准。当时大概花费不到半小时去给镜头运动进行编程，再花费不到5分钟录制完成。现在同样的效果或许可以在后期制作中实现了。

动画

如今，随着计算机越来越普及、它的功能越来越多样化，动画制作领域也得到了迅速发展。显而易见，能够进行3D动画制作和实时建模的大型计算机在早些年几乎是不可想象的。但真正令人振奋的消息是低预算节目也能够使用各种软件和硬件进行相关制作了。因此，一些完全由少数个人制片人和导演制作的"短片"、商业广告和公共服务广告等也越来越多地考虑加入动画制作了。学生动画节目制作的发展也非常迅速，以至于学生动画奖成为很多学生节的重要组成部分，包括"电视艺术与科学学院学生奖"。在技术的可用性和各种因素鼓励之下，越来越多的公共服务广告用到动画制作。

制作

确定了表现方式和所用设备之后，节目制作阶段分析故事版中各元素的过程跟前期制作阶段的操作是一样的，无论是一个发言人在摄像机前录制同期声，或是50对夫妇在罗马音乐喷泉前游泳。此时要分析商业广告各组成元素的时间需求和实际成本。实际成本的预估值是制片公司用来竞标的基础，导演/制片人有了这个费用才能够进行广告制作。在代理机构推动的广告制作中，竞标价是由一个公式决定的。竞标价可能是广告片的实际成本或者实际成本加价20%，再加10%到15%的机动费用。代理机构向客户报价时，则直接将实际成本翻上一倍，再加上所有的机动费用；当然也可能有其他公式。与此同时，制片公司要安排一个制片款项的付款日程表。对于一家完成包括编辑工作在内的完整项目的制片公司来说，一个标准的付款安排是，开工时支付三分之一款项，基本拍摄工作完成后再支付三分之一，彻底完工后支付剩下的三分之一。在比较竞标价格时，广告代理机构要牢记，不仅要考虑费用问题，还要考虑广告制作公司为这项广告设计的表现方式。

当客户和广告代理机构在故事版方面达成协议之后，前期制作阶段完成，拍摄工作就开始了。当然，在此之后也可能会产生变化，但只要最终的开工指令下达，制作就必须依照协议进行。由变化引起的费用必须再进行协商。商业广告和公共服务广告通常是以电影风格进行单机位拍摄的。但不论是单机位或是多机位拍摄，不论是学生制作或是完全成熟的代理机构制作，只有当下列条件具备时才能够开始拍摄：

1. 演播设施或外景场地都准备就绪——布景已就位，外景地已准备好，取得各种许可授权。
2. 所有人员——客户、代理、演员、工作人员、安保人员等——拥有他们的联系方式并且及时核实过。
3. 所有租赁都已就位，包括摄像机、灯具、麦克风、道具、车辆、场地、服装、照明耗材、特效装置、对讲系统以及可移动洗手间。
4. 所有相关法律工作都已完成——工作合同和保险已签署并生效，并获得相关工会组织的许可。
5. 相关版权事务已经清理完毕(如果有需要)，比如音乐、歌词、诗歌以及其他任何需要许可的东西。

拍摄

在我们的例子中，我们会假设拍摄是以单机位格式进行的。如果进行多机位格式的拍摄，则会有许多明显的差异；会有更多的摄影机，而且拍摄过程在开拍30秒后就完成了。但两种拍摄格式的准备工作是非常相似的。精心准备、准备到位是非常重要的。我所听到过的最敏锐的话之一，是一个学生在领悟之后所说的："拍摄就是准备工作的证明。"

关于一部小型外景纪录片的拍摄建议，与关于一部外景公共服务广告的拍摄建议是一样的。最大的不同之处在于，纪录片就像一位新闻工作者，观众希望它以艺术性的手法去捕捉所发生的事实。但是在商业广告中，所有的一切都必须是完美的。在某种程度上，钱不是问题；按照计划去完美、精确地拍摄到想要的画面才是关键。对于拍摄不到位，不应有任何借口。这意味着每个镜头都必须花费更长的时间，手头要准备更多的后备方案。有的时候，可能还需要用到特别广角的镜头；以防万一，最好规划好找到一个备用。在拍摄现场，有一些新的拍摄机会也可能会自然浮现出来。不过，"以防万一"，这种想法是非常昂贵的。

拍摄步骤

商业广告与其他类型节目格式的一个重要区别在于对待每个镜头的仔细程度。拍摄流程如下：

1. 首先，确定一个开拍位置，暂定为一号位置，标记为"1"。可以用胶带在相应位置做上标记。在那个位置架起摄像机。
2. 通过取景器或者监视器观察，确保一切设置都是正确的。有些东西拍摄出来并不好看，但其他一些看上去没什么潜质的东西却可能拍摄出来好看。正是摄像机镜头制造出了这种差异。仔细观看屏幕，就像观看一幅抽象画那样去看，从一侧到另一侧、从顶部到底部细细打量。仔细观看你的拍摄对象制造出的各种线条。构图是否和谐？光线是否合适？多余的光线投射到哪里？是否有分散注意力的阴影？是否有分散注意力的任何东西？如果有，修补，马上修补！如果出于某些原因，你不能够立刻修补，花时间做个笔记，然后找别人来修补。因为仅凭记忆记住的问题会随着新问题的产生而被抛诸脑后。

3. 在场景完全搭建起来之前很难想象它看上去效果如何，但如果你能在它搭建就位并返工调整之前就想象出场景的视觉效果的话，通常可以节省出3小时的时间。

我所工作的制片团队曾列出一份关于客户梦魇的单子，上面的第一条就是："你能不能先照亮场景让我看看，因为我还不能判断它是不是已经合格了。"当然，客户总是对的，但是如果在所有东西准备就绪后客户却不喜欢，所有事项必须从头开始重新准备，这不仅开销巨大，而且非常打击军心。在竞标阶段向客户出示预算表时也无法预期这类费用。

现在，你已经看过并认可了开场的取景，代理机构和客户也都批准了。这说明你所做的开场标记是对的，千万不要弄丢它。做好各种标记并全面检查所有标记。

1. 标记地板(见图8.6)
2. 标记基座的位置(见图8.7和图8.8)
3. 标记聚焦点(见图8.9)
4. 标记镜头的摇动和倾斜位置(见图8.10)
5. 标记取景器(用一支油性笔)
6. 标记监视器(见图8.11)。用一支油性笔标出取景框中所有关键元素的位置。显示器上用油性笔所做的记号能够帮助摄像师、导演、制片人、代理机构和客户对于任何异常取景随时保持警惕；如果异常取景不是为了在后期制作中再添加图形的话。

图8.6 为架设在轨道摄像车上的摄像机所做的地板标记

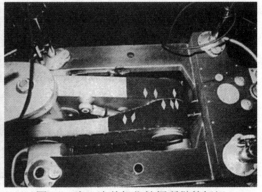

图8.7 为一次单机位拍摄所做的标记
注：这台升降机是一台Chapman升降机，使用带有颜色编码的胶带为它的提升位置做上标记。当升降机升起的时候，标记也随之升起。

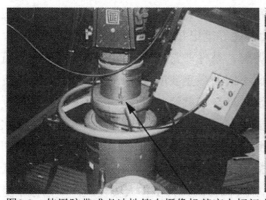
图8.8 使用胶带或者油性笔在摄像机基座上标记摄像机的高度

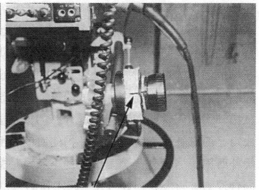
图8.9 在聚焦旋钮上做标记有助于很快找到聚焦位置

图8.10 镜头的摇动和倾斜位置的开场标记

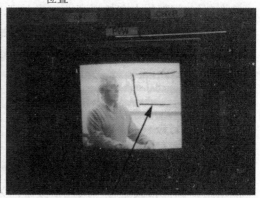
图8.11 监视器上被画出标记，以显示将在后期制作中添加图形的位置

以上都是开场的起始标记。接下来我们要移动到第二拍摄位置，第三拍摄位置，一直这样持续到最后。每个片段的位置都要得到代理机构和客户批准。如果工作过程出现中断，那么以同样的方式为每个片段做好标记和标签。如果有太多片段需要拍摄，都要标记下来；如果需要拍摄的片段较少，那当然再好不过了。

当你从第一拍摄位置移动到第二拍摄位置的时候，你要注意镜头中是否出现了什么需要移开的物体，譬如树枝或者道具。这可能会影响到你在第一位置拍摄的画面。回头检查一下，确保你在第二位置进行的修补不会影响到你在第一位置拍摄的画面。如果确实有影响，那么就去进行修补。以这种方式做标记，直到抵达最后一个位置并做好标记。即使中间过程的标记没那么重要，但最终的标记是非常重要的。

一般来说，在刚才的移动过程中，灯光并没有做调整，那么现在就需要花点时间为具体的标记地点调整灯光效果了。当灯光和布景装饰都准备妥当的时候，非常缓慢地演练一遍拍摄过程，如同慢动作一般。如有可能的话使用演员来演练，如果不能则使用替身。从左到右、从上到下地仔细观察镜头的取景。检查布景道具和灯光，确保它们在每个标记地点和全部路径中都能正常工作。灯光和布景装饰人员或艺术指导应该跟你一起观看镜头，他们应该在每个点上都做好笔记并且随时做出合适的修改。

完成所有的标记并按照工作需求做好调整，是件非常花费时间的事情。工作人员在场地工作的这段时间都是要花钱的。与此不同的最重要的因素则是拍摄本身所花费的时间。这是你需要进行测试的第二件事情。当一切就绪的时候，按照正常拍摄速度试拍一遍，确保一切都正常运行。如果不能正常运行，则要做出调整。当所有人都完成自己的修补工作时，正式开拍的时间就到了。通常导演或制片人要设定一个最长的修补时限。尽管有些员工永远都不满意拍摄出来的画面效果，但是大多数人还是会认同合理的时间限制。曾与我一起工作的一位穿T恤衫的舞台工作人员说道："拍摄本身并不花时间，为拍摄做设置才花时间。"

有些导演/制片人在拍摄商业广告时喜欢使用重放功能，这样某个镜头一旦拍摄完成，所有人都能看到重放并意识到有哪些地方需要修改。在电视剧的剧集拍摄现场，制片公司一般都避免选择重放，担心太多审看者会讲出太多意见，这会拖延拍摄进程并且增加无法预计的开销。

多机位拍摄

大多数商业广告是用一台摄像机拍摄然后进行编辑的。某些商业广告仅仅是因为不能采用多机位格式进行一次性拍摄。因为某些事情无法在一次拍摄中及时发生。比如说，你能确保爆米花在计划时间内爆开吗？你能确保孩子在计划时间内笑吗？或者是确保猫在睡醒后的3.5秒内走向一只碗吗？这样的商业广告需要单机拍摄是毋庸置疑的。而且其他的一些相关因素，比如灯光和镜头数量等，都是需要使用单机摄像技术的原因。

尽管如此，有些商业广告仍然是采用多台摄像机进行拍摄的。有时候使用两到三台摄像机捕捉某个瞬间的镜头：击中脸部的馅饼、高难度特技等。这些镜头在处理时是准备将其整合到一个单机作品中。其他多机位拍摄的商业广告通常是一些低预算的联播电视台或者地方电视台投资的作品，在这些广告中所有镜头或者部分镜头是一次性拍摄的，拍摄过程中经常会进行摄像机切换。多机位拍摄意味着拍摄时受到一些限制，比如通常地面上不能够摆放灯架，所有的事项必须要在预设的时间内准时发生。但也有一些额外的好处，比如真实的反应能够从多角度拍摄记录下来，制作完成的商业广告可以迅速播出。不论用了多少台摄像机，在前期制作阶段、制作阶段和后期制作阶段的许多元素都是相同的。

制作过程中要坚持做好日志，副导演/舞台经理或者制片助理要详细地记录每个镜头及其时间代码。无论有没有使用时间代码，最好使用连续的数字记录每一个镜头，不会产生重复数字。拍摄过程中使用连续数字的场记板来记录拍摄过程是非常有帮助的，这样整个拍摄过程中每一次开机拍摄都只会有一个数字。就算你有数百个场记板号码，你也永远不会混淆"场景2，镜头1"和"场景1，镜头2"(第10章中会进一步解释这项重要实践)。

为商业广告和公共服务广告的拍摄工作而记录的带有时间代码的日志，与广告片最终作品的日志是不同的。拍摄日志应该包含以下内容：

1. 作品名称、客户、代理机构和制片人
2. 磁带卷号或硬盘驱动器号
3. 制作日期或多个日期
4. 日志记录员的姓名
5. 制作过程中关于每个镜头的笔记和评论
6. 片段名称或镜头号码；时间代码或拍摄编号，如有可能就都记录下来

磁带存储柜或者数字驱动器内应该存有所有的日志信息和标签，标签要标明其中的内容是原始素材、编辑中的母带、编辑完的母带、需要配音的母带或是已经配音完毕。每个制作日结束时可能要加进额外的笔记内容。这些笔记在后期制作过程中会被用到。

加拍镜头以及收工

在拍摄过程中，有时会发现某些在故事版中未设计的镜头可能会有很好的效果。如果这些镜头真的很好，那就最好花时间去拍摄它们。自然发生的镜头经常会有不错的效果，但是你不能让它超出控制范围。如果预算没有限制，编辑时间没有限制(我从来没遇到过)，那你就全拍下来。如果有时间和预算的限制，你就要把这些约束因素考虑在内。并没有什么规则限制你可以偏离故事版多远，故事版是死的，而一些最好的镜头画面则是在一瞬间迸发的。同时你也会发现，大量不必要的工作其实只是为了给制片人、代理机构或工作人员的个人录像带录上高质量影像而已。

不论是单机位还是多机位拍摄，在拍摄结束后马上返回头去查看日志是明智的做法。在收拾东西期间，大部分工作人员忙着收拾电缆、摄像机、灯架以及其他设备的时候，导演/制片人应该讨论选用哪些镜头。他们应对照着每个人的日志来浏览拍下的画面，并找几个能起帮助作用的人一起来看，比如制片助理或副导演。尽管以后也有时间浏览，但是这些第一时间的评论往往最能说明问题。有些微小的错误可能在一开始就讨论过，但过后就被忘记了，以后也不会被注意到，所以最好尽可能具体地写下所有的事情，趁着对这一天的拍摄记忆还新鲜的时候。

后期制作

在编辑环节之前，制片和代理机构要见面并再次讨论编辑问题。目前的编辑工序，要求在拍摄时或者拍摄结束不久就立刻进行。电影电视工程师协会(SMPTE)制定的SMPTE时间码必须被记录在母带中，作为数字帧的参考编码，以便电脑寻址。SMPTE时间码把时间细化到了时、分、秒和帧。每一秒30帧。一般来讲，这些时间码是不会作为视频显示出来的；尽管只要时间码是存在的，它就可以作为一种编辑工具显现在屏幕上。一旦素材被转换为数字DVD格式，它就能够被复制成很多副本或者转换成其他任何容易访问的格式，包括通过E-mail发送。这些副本中包含有原始的音频和视频，以及目视可读的时间码。

在最经济适用的情况下，数字文件或磁带形式的配音完毕版本，为导演、制片人、代理机构以及客户在讨论他们喜欢的镜头时提供了一个共同的参考版本。他们会提及时间码地址以代表他们选中的镜头。在他们讨论过程中，要记录笔记，以便进行初步的纸面编辑，无论是商业广告还是其他节目。这样的纸面编辑被称为"编辑决策清单"或者EDL(edit decision list)。

编辑软件和硬件都在不断升级和变化中，商业广告线下剪辑的主要工具是Avid系统，这个系统可以进行个性化配置以服务于不同的项目。其他一些基于DOS或Windows操作系统、Mac操作系统的类似软件也是可以找到的。Final Cut Pro以及其他软件程序，从根本上改变了商业广告和公共服务广告编辑工作的软硬件配置要求。它们都允许对以数字格式存储的信息进行即时随机访问。它们都可以在时间线上进行操作。有了这些工具，导演/制片就能够观看广告(或者其他节目)以各种方式进行剪辑。一个场景或者镜头能被慢放、删除、溶解或者剪切，为同一段视频创造出大量的多样化的表现形式。在某些编辑系统中，一旦人们对某个编辑版本达成共识，那么系统会自动生成决策清单，并且在线生成母带。今天，在编辑环节中使用的同一个系统，还能够把低分辨率的素材修复为高分辨率的素材。随着存储系统越来越便宜和容易访问，素材在一开始编辑时就是高分辨率格式的，之后的文件传输或转播也是如此。某些编辑工作环节的开销可能高达600美元一小时，它们凭借数字媒体固有的精确度，可以在高分辨率条件下实现多图层的实时操作。

编辑完成之后，广告片可能会为多样化的市场进行配音，运输或传输到各个电视台。公共服务广告的处理方式与商业广告基本相同，但它们通常会伴随着解释性的新闻发布活动而对外发送。

本章小结

- 公共服务广告与商业广告的时长是类似的,对制作的价值要求也是类似的。
- 公共服务广告与商业广告的目的也相似,同样是要推动公众参与某种行动过程。
- 商业广告或公共服务广告的场记板提供广告片的识别信息,帮助电视台确保所播放的是正确的广告片;场记板应包括以下信息:
  1. 广告片的名称
  2. 制作公司
  3. 总运行时长(TRT)
  4. 制作或编辑日期
  5. 某种参考编码
  6. 此外,如果广告片是录制在磁带上的,通常还会有音视频的倒计时。
- 众多代理机构和制片人员愿意从事公共服务广告制作的原因有四个:
  1. 对于业界来说,制作一部公共服务广告是一次"回报"社区的机会。
  2. 广告运动和广告制作的质量有助于代理机构和制作公司在创意产业社区中定义自己。
  3. 对于局限于某一领域广告客户(例如零售业)的代理机构或电视台来说,公共服务广告经常是它们实现"拓宽领域"的途径。
  4. 其他客户可能会看中这些制作精良的公共服务广告,从而让电视台或者代理机构制作一支对他们而言很重要的广告。
- 公共服务广告信息的措辞是非常重要的,因为它影响着我们所拍摄的东西。
- 商业广告的故事版通常是4、8或16幅画格。它们显示的是这部商业广告或者公共服务广告看上去应该是什么样子。每幅画格下面写有要与其一同呈现的脚本和音频。每幅画格都被编码以便进行镜头分解。
- 无论是谁在哪里制作商业广告或是公共服务广告,都必须先解答以下问题:
  1. 有怎样的演员需求?
  2. 什么时候需要演员?
  3. 在哪里拍摄?
  4. 拍摄需要多长时间?
- 制作成本分析需要解答以下问题:
  1. 拍摄需要耗时多久?
  2. 需要多大规模的工作人员团队?
  3. 需要什么具体装置?

4. 需要什么具体外景、道具或布景？
   5. 需要使用什么演员，要用多久？
- 拍摄商业广告时会用到的典型的专用装置包括：
   1. 静物台
   2. 柔光帐
   3. 运动图像摄影机
- 只有当下列条件具备时才能够开始拍摄：
   1. 演播设施或外景场地都准备就绪——布景已就位，外景地已准备好，取得各种许可授权。
   2. 所有人员——客户、代理、演员、工作人员、安保人员等——拥有他们的联系方式并且及时核实过。
   3. 所有租赁都已就位，包括摄像机、灯具、麦克风、道具、车辆、场地、服装、照明耗材、特效装置、对讲系统以及可移动洗手间。
   4. 所有相关法律工作都已完成——工作合同和保险已签署并生效，并获得相关工会组织的许可。
   5. 相关版权事务已经清理完毕(如果有需要)，比如音乐、歌词、诗歌以及其他任何需要许可的东西。
- 拍摄步骤——起始标志：
   1. 首先，确定一个开拍位置，暂定为一号位置，使它得到批准
   2. 将该位置标记为"1"
   3. 标记地板
   4. 标记基座的位置
   5. 标记聚焦点
   6. 标记镜头的摇动和倾斜位置
   7. 标记取景器
   8. 标记监视器
- 用相同的方式标记过程中的每个位置。
- 出现问题时马上中断拍摄并进行修补。
- 制作过程中，副导演/舞台经理或者制片助理要详细地记录每个镜头及其时间代码。
- 为商业广告和公共服务广告的拍摄工作而记录的带有时间代码的日志，与场记板上的信息不同。拍摄日志应该包含以下内容：
   1. 作品名称，客户，代理机构和制片人
   2. 磁带卷号或硬盘驱动器号

3. 制作日期或多个日期
4. 日志记录员的姓名
5. 片段名称或拍摄编号，有可能的话带上时间代码
6. 关于每个镜头的记录和意见

- 存储设备内应该存有全部日志信息，标明其中的内容是原始素材、编辑中的母带、编辑完的母带、需要配音的母带或是已经配音完毕。
- 拍摄完成后立刻核对一遍编辑笔记，趁着与笔记相关的周围环境在你脑中记忆还新鲜的时候。添加任何额外的笔记内容。
- 在后期制作阶段，如果素材是用胶片拍摄的，那么就要进行数字化转换。然后制片人和客户浏览素材，并用一系列制作软件和硬件对素材进行编辑。最后进行配音。广告片完成后被运送到各个电视台或以数字格式传输给各个电视台。

第 9 章

新闻节目

为了理解导演和制作新闻节目的基础，熟悉电视节目制作中的环绕式格式(wraparound format)非常重要。在环绕式格式中，由某人引入和退出故事节目包。在新闻播报中，故事包的内容就是新闻。记者和新闻播报人员负责故事的引入和退出。他们的评论为新闻提供了额外的维度。他们的喜好和评论经常被当作电视台的观点而被受众所接受。在其他环绕式节目中，例如新闻杂志节目《20/20》、《60分钟》或者大部分MTV的音乐部分，其中的主持人、解说员、评论员甚至推销员都可能有类似的职能，但是他们的言论没有那么及时，一般情况下也不会被当作电视台的观点。

新闻节目特征

如果节目里报道的故事大多是新近发生的事件，那么这个节目就是新闻节目。如果故事是关于持续进行的事件，那么它仍然有可能是新闻节目的一部分，不过更像是电视新闻杂志节目的一部分。两者的区别与下列两种印刷媒体的区别相似：报纸和新闻杂志。第10章"纪录片和真人秀节目"讲述了新闻杂志的素材，并且涉及了最简单环绕格式节目类型，以及就短纪录片节目包的制作。新闻节目的工作不同于杂志节目，因为二者的内容是不同的。这些差异体现在许多方面：

1. 新闻节目必须立即对事件做出反应。杂志节目则有更多的时间去选择主题，也可以花更多时间在调查和制作上。
2. 新闻节目在呈现材料时倾向于使用更高科技的设备。他们必须在每天的截稿时间前处理完。他们经常需要解释那些观众不熟悉、但对帮助观众理解事件非常关键的材料。这为电视新闻制作提出了独特的技术需求。它需要快速编辑技巧。它要求迅速、专门的作图技巧和快速调查、快速解答的能力。例如，下列这种情况是很常见的，一项新闻运作，在一个小时甚至更短的时间内需要中东或波黑的地貌地图。新闻团队还必须有能力迅速搜集那些隐匿的事实。例如，在一次总统选举当中，记者有可能突然需要了解隐匿的事实，例如历次选举中总统候选人在家乡州失去选举人票的次数，或者某个候选人的教育背景，等等。

3. 电视新闻通常比电视杂志节目的运作节奏更快，故事也更简短。

除了与杂志节目的外在区别，新闻节目内部还有更进一步的区别。新闻运作会有许多不同层次。在前10位市场中，可以找到一类大城市新闻编辑室；剩下的前90位市场中，新闻编辑室可能在一定程度上缺少高科技设备。在规模更小的市场中，众多的新闻机构数量倾向于满足不同的需求。例如，农场新闻，对于有大量农耕活动的地区来说是非常重要。小规模市场中的工作也各有不同的运作特征，不过相同的是运营预算都很重要。

这并不会必然导致小型新闻组织对新闻和节目制作缺乏关注，但是它意味着会使用不那么贵的硬件和更少的操作人员。几年前，我在WNET执导新闻，WNET是纽约的一家公共广播电视台。在当地新闻广播中，我们用粉笔黑板去展示竞选结果。没有使用高科技，但观众获知了这一信息，而且传媒业认为这种方式很有创造力。

新闻节目的工作，还有一些非常特别的特征。新闻运作过程中，指导和制作的工作职能不同于大多数其他格式的节目，这两项工作在新闻节目中是分开的：指导新闻的人通常不参与制作节目。在小型市场里，新闻运作通常实际上是"一个人的表演"；但世界新闻和主要的全国性新闻则会采用集团提供的故事包或者卫星信号。几乎所有参与到新闻电视广播中的人都会一天24小时保持电话开机，当有紧急事件发生时，他们希望能随时得到消息并介入报道。

前期制作

导演

新闻导演(director of the news)和"新闻主管(news director)"有很重要的区别。新闻主管是负责为电视台管理新闻的高管人员；在高管层级上，这个职位和节目主管是平级的。而新闻导演则负责把新闻节目播送出去的实际动手工作。新闻导演通常要指导电视台日复一日的环绕格式的新闻播报。偶尔，新闻导演会执导一些插入片段(inserts)。有时候，他们也会被叫去负责当地正在发生的整个直播事件。当此事发生的时候，他们就不再是导演新闻节目播报了，确切地说，他们导演的是一个现场直播的特别节目(special)，并因此带来一些工作上的变化。"特别节目"可能关于任何内容，从提前策划的当地市政会议到当地现场灾难报道。与普通的新闻播报相比，它通常有更长的段落、不同的步调，有时候需要不同的工作人员。根据特别节目所具有的性质，工作可能有危险，或长期的、不轻松的延续性报道。导演常规新闻节目和特别节目播报之间也会有合同上的差异。第11章"多机位远程节目"会探索在多种多样的外景地和远程情形中导演和制片人的角色。

为了做好工作，新闻导演必须有一些特定的性格特征。一个关键的因素就是，当不可避免的控制室危机发生时，他们要有创造力、灵活性，通常情况下准备好备用方案，……，并且保持冷静。执导新闻的实际工作是非常直截了当的，基本上到处都一样。世界上有许多电视台，有许多不同版本的新闻节目——早间新闻、午间新闻、晚间新闻和午夜新闻。有人会执导上述每一种新闻播报。不可避免的，每一处都有可能出错。通常是因为，在节目的组织工作中突然发生明显的错误，或由缺乏经验的、粗心的、不称职的同事因沟通不畅引起的错误，或可能是工程上或技术上的问题。找到出错的原因很重要，可以减少今后再次发生的几率。导演必须即时解决直播中发生的问题。当其他制片人员在巨大压力下发生慌乱时，导演的冷静、稳健和备用方案都非常重要。

无论新闻制作发生在哪里，导演都要精心安排一个典型新闻播报的两个部分：一是帘幕(curtain)，即对内容包的介绍和退出；二是内容包本身，即来自某种信号源——现场直播、录像带、胶片或服务器——的输入信号。

新闻节目的规程是按照下列公式来制作的：

- 标准片头(opening)，可能来源于磁带、胶片或服务器，或者可能是播出主持人走进演播室的广角镜头。片头也可能是现场嘉宾画面，图形、预先录制的内容包或动画图形结合播放的形式。片头都是标准化的，通常由导演按下播出按钮。
- 片头之后接下来是一段广告或由主播介绍或"片花"引出第一个故事。在一个复杂的节目制作中，主播介绍环节有可能需要许多元素——例如，在屏幕下三分之一处叠印(super, superimpose)主播的名字，主播头部后面的色度键控图形(Chroma-keyed graphic)或擦入图示(wiped icon)，数字视频擦入，或者使用其他图形手段，以增强主播的介绍效果。基本上，主持人此时需要简单介绍节目里第一段要播放的内容或者直播输入信号的内容。

"下三分之一叠印(lower-third super)"指的是一种常用的把信息"叠印"到其他视频资料上的形式(实际上，这里应该使用的正确术语是"键

入",因"叠印"可透视而"键控"不可以透视。不过通常人们还是使用"叠印"的说法)。下三分之一叠印提供一些关于视频的信息——通常是一个人的名字或者标识符(identifier)——例如,"约翰·史密斯博士,教授,州立大学。"简单的定位符,可能是"资料镜头"、"现场直播"或"先前录影"。电视史上最惊心动魄的下三分之一叠印定位符(locator)是,"来自月球的现场直播"。"色度键控"是一种特效键控,使用颜色(通常是蓝色或绿色)把一个视频源插入另一个视频中(当沃尔特·克朗凯特担任CBS新闻主播时,他们使用绿色作为色度源,因为克朗凯特有一双非常蓝的眼睛。如果他们使用蓝色,那么为键控准备的素材的一部分就会出现在克朗凯特的眼睛里)。色度键控通常和气象学家联系在一起,他们站在有颜色的幕布面前,把天气图"键入"到幕布中。色度键有时候也被用来呈现新闻片段。在其他时间里,"擦除(wipe)",即把两个或更多画面源同时呈现在屏幕上的手段,被用来代替键控源。传统的胶片复合图片通常是左边一幅画面,右边一幅画面。在20世纪30年代,擦除是一种非常流行的手段,在电影中表现打电话的场景。随着数字视频和切换器的问世,更多复杂的擦除技巧出现,提供更多的方式使素材擦入和擦出,可以让一幅画面看起来是把另一幅画面推出屏幕。新的视频可以如书籍翻页般呈现,或缓慢延伸平铺进入屏幕并最终占据整幅画面。新闻播报人员头部后面的小方框内,可以展示图标,或者下雨、龙卷风的真实图片,或者枪、火焰的图形,等等。

- 内容包播出,内容包可以是已经编辑好的录像带、来自数字服务器的素材,或现场直播素材;播出时,可能会添加图形和叠印内容。在内容包的播出过程中,导演需要把额外的现场输入信号、叠印的图形素材、混音输入信号和各种编排好的音乐元素整合成一体。基本上,当录像带、服务器或现场直播的内容包播出时,导演需要添加各种各样的元素。
- 当第一个内容包播完的时候,导演需要切回到主持人。主持人要么介绍下一条新闻,要么引出一条广告。

这就是接下来的节目中内容继续进行的方式。在节目稍后的某处,摄像机会离开主播或合作主播,有可能转到体育主播,由他介绍体育内容包,这和新闻故事包一样需要方式的整合。与天气主播相关的图形和天气内容包也以同样方式处理。

已经安排好的节目顺序通常需要被改变。有时候是因为一条突发新闻,也有可能是来自新闻事件现场的最新信息,或者是姗姗来迟的当节目开始播出时还在编辑室内进行编辑的消息。有时候故事包被设计成不同长度，以便利地适应时间限制。制片人有可能设计三条时间长度分别为30秒、1分钟、1分半钟的人情味故事，以供节目结尾时选择。为了配合时间，任何一条或所有三条都有可能被播出或者删除，这取决于节目的最后一个片段还剩下多少时间。节目播出时，制片人决定播放其中的哪一条。唯一需要特别注意的是，在制片人做出决定之前，这些故事不得播放。通常这意味着，被选出来的这几条只能在最后一次节目间隙中被提及。有时候，不同长度的节目职员表被用作片尾。

在整个环节中，导演的职能是保持不变的：管理不同元素的混合，形成有凝聚力的产品。在电视网和主要电视台中，关于时间的决定是由副导演和制片人处理的。

让节目能够正常播出的两个意义重大的工具是：节目流程或规程，以及脚本。当我们检验制片人的工作时，能够很容易看到节目流程和脚本是如何为导演和许多不同部门的工作增加便利的。

制片人

新闻节目通常可以被分解成三个领域：新闻搜集、新闻制作和新闻发布。制片人参与其中的所有环节，而导演没有。制片人积极地参与故事的选择、获取镜头以制作故事包的过程，以及设定节目的故事顺序。他们也负责创作节目规程，并负责管理撰写脚本、制作图形的工作人员。最后，他们监督节目的内在结构，监督让节目播出的工作人员。在实践中，任务编辑(assignment editor)决定报道哪些故事，为记者和工作人员分配任务，无需同制片人商量。

有多少电视台、新闻播报机构、职员和制片人，就可能有多少种制作新闻节目的方式。即使是在同一个电视台，早间新闻的制片人与晚间新闻的制片人可能不是同一个人。有更多预算的电视台和更少预算的电视台面临的问题也不一样，这不必感到奇怪。并没有一个单一的模式，可以适用所有组织。为了解释制片人是干什么的，我创作出一个想象中的制片人，在大型的、独立的、大城市里的电视台工作。事实上，这个假想的制片人是曾经与我在纽约市、得克萨斯州博蒙特市、洛杉矶市新闻界一起工作过的许多制片人的组合。

看一个典型工作日的情况，就能够了解制片人在新闻播报制作中的角色。这个制片人在一家大型电视台负责10点钟的晚间新闻；但是在小型电视台工作的制片人也需要同样的基本技能。无论是小型电视台还是大型电视台，制片人都有对故事的最高管辖权限，能够决定故事的优先权。

在大型电视台，任务编辑在搜集新闻时扮演重要角色。任务编辑通常是第一个知晓故事的人。他们监听警察局和火警电话，监看CNN、当地和全国的通讯社消息。他们也是媒体代表、公关业务和自由供稿人的联系人。他们在内部日记簿中制作简报，安排已知事件的优先顺序。他们处理与故事相关的电子邮件和传真材料。他们指派记者、转播车和直升机去采访新闻。他们设置卫星信号的接收和输出，订购卫星使用时段。他们还会指派制片助理和实习生们去寻找档案素材、递送磁带或协助记者。

无论电视台规模和受众规模如何，制片人都需要管理各种资源，以制作出可以播出的最好的节目。他们创作节目纲要，监督脚本的创作，以及管理演员和职员。在小型电视台，他们可能要自己写节目，安排图形和准备节目播出事宜，他们甚至还可能导演节目和播出节目(术语"流程"和"规程"经常交叉使用，制片人倾向于使用"流程"，技术人员倾向于使用"规程"。本章后面出现的流程或规程的例子会反映出它们不同的用法)。小型电视台的制片人会做和大电视台制片人一样的事情，但是会受到职权范围和预算的限制。他们有可能需要亲自拍摄和编辑故事。

10点钟晚间新闻的制片人有可能在下午1点正式开始工作。更可能在早上7点或8点，在远离演播室的地方开始工作。这些早晨的时间被用来读早报，登录互联网查看新闻源和观看自己电视台的早间新闻节目。这个早间新闻节目可能是录播的，也可能是现场直播。或许制片人也会换台查看并录下各个竞争对手的早间新闻节目，查看是否有遗漏的消息以及竞争对手表达故事的方式。从早间新闻的浏览中，制片人知道哪些故事是可以报道的，哪些故事可能是突发新闻。

在电脑技术完全整合的电视台里，制片人可以在家里登陆电视台的系统，查看相关的数字媒体内容。制片人可以查看内部工作日志，发现哪些工作人员已经安排了任务，是否有人请病假，城市工作日志上有哪些故事，或正在进行的编辑工作或图形工作。市长的公共关系办公室经常发布城市工作日志，或"每日事件簿"，记录一天的事件，这些都是可以报道的故事。其他组织和公司也会发布他们觉得有新闻价值的新闻条目。无论在大型市场还是小型市场，关于事件的通知都会存档，以供定期查阅。还有一些有公共关系背景的事件，或每年例行报道的事件——州展览会、高中毕业典礼等。

典型的每日事件簿中可能包括市长计划下午1点在警察学院做演讲，或当地糕点烘烤决赛、拼写比赛决赛或大学运动会。如果在没有充分数字化整合的电视台里，制片人会打电话到电视台，试图从值班人员手中得到同样的信息——任务编辑、节目助理、秘书、接线员或其他职员。在我们假想的独立的当地城市电视台，制片人打电话给任务编辑，讨论哪个记者要指派报道当地哪个故事。在一整天的时间里，任务编辑作为外勤记者与制片人之间的联络人，协调记者与负责10点夜间新闻的制片人合作现场报道活动，以及其他负责午间新闻、6点早间新闻和任何突发新闻故事的制片人。

新闻服务机构/通讯社，例如CNN和美联社，都持续性地更新国内新闻和国际新闻。依靠他/她能接触到的这些信息源，制片人开始公式化地制作节目计划，把这些新闻包囊括进晚间新闻节目。许多大学和学院电视台都会订购新闻服务，例如，由有线新闻电视网(CNN)、美国广播公司(ABC)、美联社(AP)、道琼斯和其他一些新闻服务机构提供的新闻服务，以及由当地电视台和新闻网获取的相同类型的故事和背景素材。

此外，大部分大城市都会把"特约记者(stringers)"作为节目制作的一个常规部分。视频特约记者就是视频新闻自由从业者，主要在晚间时段工作，当电视台缺少或没有人手时。他们报道从警察和火警的无线电通讯中听到的事件。他们会追踪听起来可能会有好故事题材的报警电话，并前去采访。他们也许会跟着消防车到火灾现场，采访通用素材，撰写适合插播到城镇里任何新闻广播的故事素材。他们把材料复制许多份，并在早间新闻之前，把镜头递送到每家电视台。镜头根据使用情况进行出售。在洛杉矶，由特约记者拍摄的镜头会提供给许多频道，包括频道2，4，5，7，9，11和13。目前，典型的镜头费率是每个故事150美元，所以，例如，如果全部7家UHF电视台[1]都使用这些火灾镜头，那么这位自由供稿人就能得到1050美元。大型故事以及独家新闻则需要协商。UHF电视台和通讯社是这些自由供稿视频记者的市场。

越来越多的电视节目正在使用业余影像，这些素材被当地电视工作人员成为"街头目击"或"街拍"。当记者不可能及时赶到现场的时候，拥有数字摄像机和移动电话摄像机的公民记者已经到现场了。这些画面在灾难性事件发生时至关重要，例如龙卷风、飓风和其他类似事件。

然而，使用此类画面时也存在一些风险。其中一个最著名的例子就是发生在洛杉矶的非专业画面的使用，一个业余摄像者拍下了洛杉矶警察袭击罗德尼·金的视频。在此之前，有许多其他的业余人士拍摄的故事，如火灾、当地事件、人情味故事等，有机会在当地播出；但是没有任何一个故事能获得如此多的观众。由于它受到了全国关注，并且其未授权的使用引起随后的法律诉讼，使得对罗德尼·金画面的使用具有了额外的重要意义。从那以后，电视台在使用业余影像时特别小心法律问题。新闻导演会非常关注他们播出的故事的来源；他们需要确认播出的素材是正版的，公民记者拍摄的影像不是摆拍的，以及不受任何法律限制的制约。

晚间新闻的制片人一般会在中午和下午1点之间到达电视台，并开始按照节目的规程开始工作。在一个小时的新闻节目里，制片人通常会安排24到26分钟的新闻。大多数故事都在70秒和2分钟之间。剩下的节目将会由广告填充，总共运行14到16分钟——体育新闻，一般为3分半钟；天气，3分钟；一系列专题特别报道，比如"健康和健身"、"娱乐"，每条2到3分钟；对故事进行评论的时间；还有总共2分钟留给片头、片尾和预告进广告。

---

1. UHF电视台，即使用超高频电磁波进行节目传输的电视台，译注。

规程和流程

在制作新闻播报的计算机程序出现之前，制片人创作了许多机构内部的纲要模板。计算机程序是基于硬拷贝[2]版本确定的需求而开发的，硬拷贝版本目前仍在一些电视台中使用。硬拷贝版本的意义在于它可以用一种非常简单的方式展示出新闻节目是如何被组织到一起的。制片人在纲要模板中以15秒为单位填充节目内容。电脑程序以类似的方式实现同样的效果。无论有没有使用计算机程序，最终的规程都必须指明下列内容：

1. 规程的创建日期和时间。确保每个人都可以按照最新的规程版本来工作。
2. 规程的页码，如果使用的是硬拷贝脚本。当发生最后时刻的变化时，页面内容可能会溢出；最好制定某种溢出规则，这样每个人都能编出同样的序号——即使这个序号超出了原始序列。可以使用页码和片段字母一起编码。
3. 片段名称，例如A，B，C或者100，101，102-200，201等。通常不同片段是被商业广告隔开的。这给不同片段的新闻按照优先权进行排序，允许制片人在播出时移动故事包。例如，一个关于人质危机的新闻故事可能会让原来的片段，猫救狗的故事，被删除或移到下一个片段，以便播出最新现场信号。
4. 何人引出这个片段。
5. 片段从何处开始。例如，叠印有图形的1号摄像机拍摄的主持人画面，或者在服务器中播出的带有条目名称的画面。
6. 流程中也要标明片段的持续时间。

几款流行的软件被运用在新闻播报制作中。这些计算机软件可以提供规程模板，并能链接多种不同功能，比如创建脚本、技术规程、叠印和图形。事实上，在Google上搜索"News Services"，能找到超过5000万个链接。两个最流行的节目播出软件程序是由Avid公司的iNEWS和美联社电子新闻制作系统(AP-ENPS)。程序经常更新，它们现在提供的内容包括了可节目化的视频源。电视台和其他的用户，例如大学，有办法获得多种新闻服务的访问权限。图9.1和图9.2是洛杉矶KCDS台和KTLA台规程的例子。图9.3是Avid公司iNEWS的屏幕截图。

下午1点半到2点半之间，撰稿人(writer)以及其他晚间新闻职员陆续到达。实际上在更早时候，当节目记者和工作人员被指派任务时，搜集新闻的工作就已经开始了。那些记者和工作人员可能现在正在外面采访故事，或者他们保存有在早些时候新闻播报中已经播过的故事。当被指派到晚10点新闻的任务后，撰稿人和辅助人员开始参与

---

2. 硬拷贝，hard copy，例如打印件、复印件等，译注。

[KCBS]SHOW.5PM.RUNDOWN 9/14/2005 16:42:55
0:27 under

Page	Talent	IF	Slug	EFX/GFX	PB	Tape	IN?	SS	SS/No.	Cutline	Cam/Notes	Backtime
												17:23:24
L01	LAUR		5-VO IRAQ/BUSH AT UN	KY	R	VO	Yes	PR	PROF	BATTLE	C1-PRKY/LD	17:23:24
L02	*		5-SOT IRAQ/BUSH AT UN		G	SOT	Yes					17:23:43
L03	LAUR		5-FCTZ BUSH ADDRESS	FCTZ				B	3500	BUSH A		17:23:53
												17:24:01
L04	PAUL		5-VO FLU FORECAST	KY	B	VO	Yes	A	3512	FLU LO	C3-KY/PM	17:24:01
												17:24:25
L05	PAUL		5-VO AUTISM CURE	KY	R	VO	NO!	A	3513	AUTISM	C3-KY/PM	17:24:25
												17:24:52
*L90	L/P		5-TEASE 3	2SHOT							C2-2SHOT	17:24:52
*L91	**LIVE	2	TZ3-**GILE LIVE TEASE**	RM 34			**LIVE				RM:34	17:25:27
*L92			TZ3-TEASE SLOT MACHIN		G	VO	NO!					17:25:27
*L93			TZ3-TEASE DR PHIL		B	VO	NO!				**Wipe/Chy+NXs	17:25:27
M0			BREAK 3	(3.05)								17:25:27
												17:28:12
*			5:30 PM SHOW									17:28:12
			BURIED OPEN (PROF:210 L	PROF/21	P/	PROF					Profile/SOT	17:28:12
M01	LAUR		5:30 COLD OPEN:SEA LION		R	TOPV	Yes					17:28:37
*												17:28:37
M02	L/P		5-2SHOT HELLO	2SHOT							C2-(2S), **Zoom i	17:28:37
												17:28:47
M03	PAUL		5-LEAD UNRULY SEA LION	KY				A	3509	SEA LIO	C3-KY/PM	17:28:47
			(MICHELE GILE)	DB				B	3510	SEA LIO	DB-C3/RM:34	17:29:01
*	*LV	2	5-UNRULY SEA LIONS	RM 34							RM:34	17:29:01
M04			5-UNRULY SEA LIONS PKG		G	PKG	Yes					17:29:16
*			5-UNRULY SEA LIONS PKG									
*	*LV	2	5-UNRULY SEA LIONS	RM 34							RM:34	17:30:46
												17:31:01
M05	PAUL		5-VO CHANGES ON COURT	KY	B	VO	Yes	A	2503	CHANG	C3-KY/PM	17:31:01
M06	PAUL		5-SOT ROBERTS EXCHAN		R	SOTV	NO!					17:31:13
												17:31:38
M07	LAUR		5-VO JUMBO JACKPOT	KY	G	VO	Yes	A	2514	JUMBO	C1-KY/LD	17:31:38
M08	LAUR		5-FC THE MEGA BREAKDO	FC				B	3508	JUMBO		17:32:03
												17:32:03
M09	L/P		5-LEAD DR PHIL PART 3	2-SHOT							C2-2SHOT	17:32:03
			(PAUL MAGERS)									17:32:13
M10	*		5-DR PHIL PART 3 PKG		B	PKG	Yes					17:32:13
*			5-DR PHIL PART 3 PKG									
M11	PAUL		5-FC TEASE TOMORROW	FCTZ				B	3514	DR. PHI		17:36:50
												17:37:00
*M90	L/P		5-TEASE 4	2SHOT							C2-2SHOT	17:37:00
*M93	*JIM*		TZ4-SPORTS DREW		R	VO	Yes					17:37:30
N00			BREAK 4	(2.46)								17:37:30
												17:40:16
			5 QUICK REJOIN	PROF/00	P/	PROF						17:40:16
												17:40:21
N01	P/L		5-TOSS SPORTS	3SHOT							C1-(3S/LT)	17:40:21
*			(ADD SPORTS EARLY TICK									17:40:31
*	JHI		SPORTS									17:40:31
N02	JHI		ANGELS-MARINERS		R	VO-W	NO!				C3-CU/JH	17:43:31
N03			DODGERS PREP ROCKIES		G	VO-W	Yes					17:43:31
N04			EDWIN JACKSON SOUND*		B	SOT	Yes					17:43:31
N05	JHI		KINGS PRACTICE		R	VO-W	Yes				C3-CU/JH	17:43:31
N06			JEREMY ROENICK SOUND		G	SOT	Yes					17:43:31
N07	JHI		MAURICE DREW GRANDFA		B	VO-W	Yes				C3-CU/JH	17:43:31
N08			SOUND-DREW		R	SOT	Yes					17:43:31
												17:43:31
*			(TOSS BACK SPORTS)								C1-(3S/LT)	17:43:31

图9.1　来自洛杉矶KCBS2 News的制片人的流程

注：从左往右读，各列展示了以下内容：Page——由字母和数字组成的脚本页码群组，标明故事的次序；Talent——谁在做这则故事；IF——Inter Frequency，内部通讯频率的分配；Slug——这项条目是关于什么的；EFX/GFX——特效或图形；PB——播放源(红、绿、蓝服务器)；Tape——故事包如何传送；IN——故事包是否就绪；SS——图形分配，标明待用图形的储存位置、状态(比如，"missing")/制图者；SS/No.——待用图形储存位置序号；Cutline——相关图形说明，如"今天"，或"资料"；Cam-notes——导演备注；Backtime——该条目播出的理想时间。这张表格与脚本、提示器和图形发生器关联在一起，播出过程中节目内容可以迅速重新安排。

资料来源：经洛杉矶KCBS News许可复制。

10p News At Ten RD KTLA 9/21/2005

Page	Anchor1	KTLA Apr	Story Slug	Segment	Graphics	Source	Wtr	Est Duration	Actual	Back	Front	Tape #	Status
A1	===		SQUEEZEBACK	SOT			CMI		0:16	9:57:14 PM	9:59:49 PM	X	
A2	H/L		GOOD EVENING	2-SHOT				0:10	0:05	9:57:14 PM	9:59:49 PM		
A3	HAL		JET BLUE EMERGENCY LANDING (DLP)	VO	DLP	AERIALS	SAU	0:30	0:30	9:57:24 PM	9:59:59 PM	X	
A4	HAL		LIVE JET BLUE EMERGENCY LANDING	LIVE PKG	2BX	JIM NASH	SAU	2:30	0:08	9:57:54 PM	10:00:29 PM	X	
A4X	JIM			LIVE VO					0:00	10:00:24 PM	10:02:59 PM		
A5	LU		PASSENGERS	COPY	KEY**		ASI	0:15	0:13	10:00:24 PM	10:02:59 PM		
A6	LU		LIVE PASSENGERS	LIVE PKG	2BX	FRANK BUCKLEY	ASI	2:30	0:06	10:00:39 PM	10:03:14 PM	X	
A7	HAL		HURRICANE RITA	COPY	KEY**	APTN CNS RE 67WE	SHA	0:20	0:19	10:03:09 PM	10:05:44 PM		
A8	HAL		PKG HURRICANE RITA	MAP PKG	MAP	KHWB CUSTOM PKG	SHA	2:00	1:58	10:03:29 PM	10:06:04 PM	X	
A9	LU		HOUSTON EVACS	VO	KEY**	CNS RT 67WE	SHA	0:25	0:26	10:05:29 PM	10:08:04 PM	X	
A10	HAL		NEW ORLEANS RITA	COPY			POC	0:15	0:10	10:05:54 PM	10:08:29 PM		
A11	HAL		LIVE NEW ORLEANS RITA	LIVE PKG	MAP	GRANT RAMPY	POC	2:00	1:32	10:06:09 PM	10:08:44 PM	X	
A12	LU		KEY WEST AFTERMATH	VO		CNS RT 36WE AND NS KT 06WE	ASI	0:20	0:20	10:08:09 PM	10:10:44 PM	X	
A13	LU		SOT KEY WEST AFTERMATH	SOTVO	WIP	CNS RT 36WE AND NS KT 06WE	ASI	0:25	0:26	10:08:29 PM	10:11:04 PM	X	
A14	HAL		ECONOMIC IMPACT HURRICANE	VO	KEY**	CNS	ASI	0:25	0:29	10:08:54 PM	10:11:29 PM		
A15	HAL		GAS GOUGING INVESTIGATION	VO	KEY**	CNS	POC	0:20	0:21	10:09:19 PM	10:11:54 PM	X	
A16	HAL		SOT GAS GOUGING	SOTVO	WIP	CNS	POC	0:25	0:28	10:09:39 PM	10:12:14 PM	X	
A17	LU		TIMES FEDERAL EMERGENCY	COPY			SAU	0:15	0:12	10:10:04 PM	10:12:39 PM		

图9.2 来自KTLA的流程

注：注意KCBS和KTLA所使用流程的相似之处和不同之处。

资料来源：经KTLA-TV允许复制。

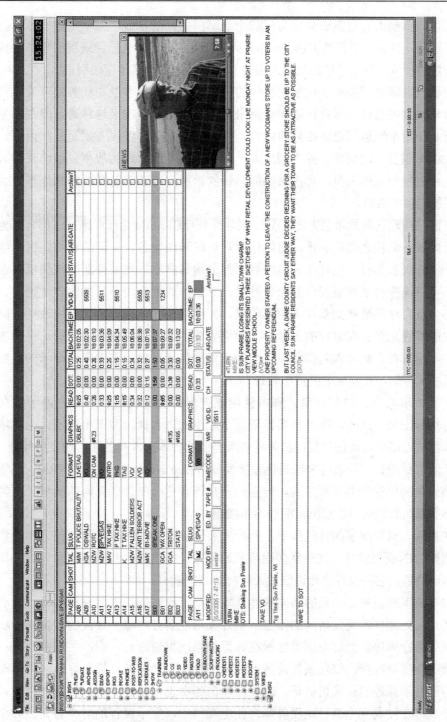

图9.3 这是Avid iNEWS新闻编辑室电脑系统的屏幕截屏，展示的是可自定义的用户界面
注：它有可自定义的工具栏、模板、工作区播放模式，以及宏功能。新闻工作团队可以使用iNEWS管理新闻来源、预览视频、写故事、管理本地和远程站点的流程，以及制作新闻报道。

新闻制作。撰稿人有可能要负责为1到2个故事撰稿，写导语，为早先播出过的故事进行重新包装，准备"原声摘要(sound bites)"。原声摘要是从已经录制的事件中摘取的无须润色的片段，例如总统对议会的演讲片段，或增加故事维度的引语。

撰稿人也需要记录来自现场的影像的日志。现场镜头可以在任务编辑的协调下通过微波传输到电视台。尽管传输和编辑来自现场的内容已越来越普通，但在小型电视台，还是使用车辆运回记者拍好的内容。在大型电视台，撰稿人撰写故事内容，然后与一位编辑职员一起编片，并与制片人一起初次浏览编辑好的故事。他们工作时可能会使用由电视台工作人员、自由摄像师拍摄的素材，或者美联社新闻制作系统或其他类似系统提供的素材。

目前在构建新闻故事包方面，另一款软件程序ClipEdit受到青睐。根据与其他电视台和新闻服务机构之间的安排，它能让用户访问和浏览各种来源的素材。用户能在窗口的一部分观看素材，同时在窗口的剩余部分编写脚本。当某条新闻被撰稿人编辑完成后，可以连夜传送到电视台的服务器里，并且加载到新闻节目的内容序列中。这份材料还会被自动地链接到制片人的流程里，并对纲要其他部分做出相应改动。同时，制片人能够登录到正在进行的工作中，如果需要的话，还可以添加评论。在脚本编写过程中，标识符会被加入到脚本中适当的位置，包括播出版本中应该标示的内容，例如"阿兰·琼斯，州立大学经济学教授"。

一旦故事剪完、时长确定，脚本就应该把何时叠印图形、屏幕上停留多久等时间信息标示出来。此外，脚本也要标明每个故事的进入提示和退出提示；为主播画外音、远程站点镜头以及任何其他相关材料所提供的脚本副本和备注，均要如此处理。

新闻节目的另一种素材来源是视频新闻稿(Video News Release, VNRs)。尽管视频新闻稿只是简单的公共关系工具，但它们通常包含适合制作成新闻的素材。新闻主管决定哪些视频新闻稿可以播出，哪些不予播出。

在撰稿人撰写故事的时间段里，制片人要浏览来自新闻现场和其他来源的影像镜头，例如CNN或美联社。这些新闻服务机构倾向于提供国内和国际消息，而不提供特定的本地消息。它们也许会允许制片人访问其档案素材。

故事被审阅完毕，一天的新闻事件基本成型，此时制片人将与撰稿人、记者、任务编辑一起处理任何突发新闻的报道。制片人可能要处理每个片段的播出优先权，改变规程的运行顺序。当这个调整过程在计算机系统里进行时，会产生连锁反应；节目板块播出顺序被改变，每项条目的播出时间都会被自动重新计算。导演和副导演可以随时访问显示流程的计算机屏幕，流程在播出当中也可以被更改；执导节目时，导演和副导演可在控制室中查看流程屏幕。在电视网中，显示流程的屏幕将充当导演的脚本；那里不使用硬拷贝版本。

下午4点，被分配到晚10点新闻节目的图形设计人员会登录进入电视台的计算机新闻程序,如iNEWS、美联社电子新闻节目系统(AP-ENPS)或他们正在使用的任何系统,讨论今晚节目中使用的图形。许多在早先新闻中使用过的图形会被再次使用。图形设计人员正在制作新图形时,大型电视台的制片人可以在显示器上同步查看设计人员的作品。如果一个特殊方案需要讨论,设计人员和制片人可以一边打电话讨论,一边观看相同的演示。

下午5点45分,初步的流程已经形成,它可能还会被修改几次。节目播出之前或播出当中均可能发生流程的修改。节目播出当中,如果有新的故事传进来,或者正在进行中的故事的重要程度提高了,都会导致流程修改。在下午6点或者定期的规定时间,会有一场撰稿人、记者、职员参加的新闻简报会。会上,制片人会根据最新规程安排节目的各项要素;这类似于一种状态报告会,目的在于决定需要做什么,以及谁去做。在某些电视台,这种简报会并不经常举行。

当新闻简报会完成之后,晚6点30分到9点之间,节目的基本要素完成。到晚9点为止,最终的规程被确定。在大多数电视网的附属电视台中,制片人和导演可以通过电脑屏幕或提示屏工作。在仍需要纸质材料的电视台,复印版应分发给下列所有人或部分人:

1. 一份给主播,他在演播现场随身携带;节目播出时如果提词器出现问题,他可以打开它进行查阅。
2. 一份给导演,他有45分钟的时间在脚本上做标记,并确保所有需要的元素都已经就位。
3. 一份给副导演或节目制片助理。他们负责跟踪节目里的时间元素。无论用复印版还是电脑屏幕,一旦开始插播广告,制片人就需要知道距离下一节目片段开始还剩多长时间,并与规程中的理想时间作比较。在新闻播出时,副导演或制片助理要提醒控制室每条新闻还剩多少时间,从10秒或者5秒开始倒计时。
4. 一份给制片人。
5. 一份给录制人员。
6. 一份留作备用或特殊用途。在一些电视台里,这份副本供同步翻译使用;电视台可能会有一个独立的音频广播频道或当地新闻广播电台需要用除英语以外的其他语种播出节目的音频内容。
7. 一份提供给节目的听障观众版本。一些电视台同时为听障观众同步播放可视文本。

在许多电视台,脚本内容使用不同颜色印刷,以避免主播口播特定页面时遇到混淆。洛杉矶的KCBS台使用下列脚本颜色代码:

1. 白色,供口播这部分故事的主播查看

2. 绿色，供不口播这部分故事的主播查看
3. 粉色，供导演查看
4. 黄色，供副导演查看
5. 金黄色，供舞台经理查看

制作/发布

制片人：播出

在新闻节目播出时，制片人坐在控制室的后部、计算机终端的后面。与每项条目建立关联的计算机流程和副本都已就绪，与各种新闻服务机构的连接也同样就绪。直通演播现场的电话以及外线电话都已在手边。制片人可以看到即将播出的新闻故事包、讲词提示器、摄像机、任何直播信号，以及导演和技术指导面前的任何其他事项。通常，制片人也能看到竞争对手的新闻节目信号。一些最新的故事仍有可能在节目播出的过程中被切入。节目播出时，新闻拷贝可能会送达，然后被插入和播出。一些仍在发展的新闻故事，在播出时需要持续监控故事进展。最初几条新闻是固定的，但第一次广告间歇就是做出改变的机会，此时可以改变后续节目的播出次序。负责播出的制片人决定什么内容应该播出、何时播出，并充当节目运行所需信息的沟通渠道。

做出改变播出顺序的决定后，若干人员必须立刻采取行动确保节目流畅。电脑终端协助立即通知每个人有关变动的信息：显示新的播出顺序，重新计算每个片段的时间，提供更新后的新闻副本。如果是使用纸质版本，许多不同领域需要被通知。要么需要更改讲词提示器的内容，要么主播得按照纸质脚本进行口播。在1分30秒到2分钟的广告间歇里，导演需要拿到一份新脚本并做标记，如果有广告间歇的话。可能需要改变图形的播出顺序；除了顺序改变之外，还有可能需要用到储存的图形，比如"Live"；或者需要为最新突发故事制作新图形。技术指导也需要被告知，尤其是有新的、意料之外的现场直播或远程输入信号。此外，当出现新的节目片段或原有片段内出现改变时，节目中已经安排好的其他事项都需要重新安排计时。

即使在没有重大故事的新闻播报中，节目的播出次序也有可能改变。原因是当节目播出时，故事仍在编辑，或者远程输入信号没能设置好。有时候，原因是计划好的直播事件没有按照节目规程中的时间如期发生："地方检察官现在随时可能抵达。一旦他现身，我们就会切换到现场，但是现在我们还是回到演播室来。"

导演

一旦新闻节目开播,导演将按照脚本和节目惯例进行工作,他知道故事包可能会改变顺序。曾经属于片段B的内容可能会被改到档位C。不过,导演的注意力需要集中在正在播出的内容上。

导演必须相信,在任何计划发生改变时,制片人和制片人的助手都会及时传送给他更新过的脚本和所有关键信息,以便他做出所需的改变。在计算机系统持续更新材料的演播机构,导演必须假设每个人都能有效地根据更新做出反应。如果真的出现问题,导演要负责使"播出"看起来顺利,因此导演需要保持警觉。

没有什么东西比接下来的事项更值得导演关心——接下来要发生什么事情。这种情况可以用一个句子来概括:"这条消息播报完毕,镜头切回到主播,接下来呢?"如果没有"接下来"的答案,优秀的新闻导演就会使用他们的后备计划。作为最后预留的防线,导演可以让主播引入商业广告,这样可以留出一分半钟或两分钟的时间思考接下来要做什么。在20世纪50年代,导演的口号就是"如果困难发生,就切回封面镜头。如果实在很糟糕,杰克,切到黑场。"

每一个新闻节目在需要的时候都有自己的惯例补救措施。最简单的主意是,从故事中切出来,把镜头切回到主播。如果某些计划外的状况将要发生,主播就要不得不讲些内容。主播所讲出的内容就是接下来要做的事情。一般来说,当主播得到便条提示后,导演也会立刻听到变动情况。事实上,导演可能会第一个听到新的消息。导演就是这样一种工作,如果过于关注节目末尾将要发生的事情,就会影响当前正在发生的事情。导演需要保持对即时事项的关注,并随着节目的进展而继续致力于节目的剩余部分。

做新闻节目,是一件既美好又可怕的事情,当节目播完时一切就结束了。你要记录下出错的地方,并试着做出安排使类似问题再次发生的可能性减到最小,但对于刚刚已经播出的节目,你无法做更多事情。一个已经播出的新闻直播节目是没有后期制作的机会的。

本章小结

- 新闻节目是一种环绕式格式,由某人引入和退出故事节目包。
- 不像杂志式节目,如《60分钟》或《20/20》,新闻节目需要立即对事件作出反应。

- 新闻主管是负责为电视台管理新闻的高管人员。新闻导演则负责把新闻节目播送出去。
- 在大型电视台里,任务编辑在搜集新闻时发挥至关重要的作用,其主要工作内容有:
    1. 监控警察局和火警电话、CNN、火警线索、新闻线索和新闻电讯服务。
    2. 作为媒体代表、公关业务和自由供稿人的联系人。
    3. 在内部日记簿中发布简报,安排已知事件的优先顺序。
    4. 处理与故事相关的所有传真材料。
    5. 设置卫星信号的接收和输出,订购卫星使用时段。
    6. 指派记者、转播车和直升飞机去采访新闻,指派节目助理去寻找档案素材、递送磁带或协助记者。
- 导演作用于整个新闻节目播报过程当中。导演负责将不同要素混合在一起,以制作出整合的节目。
- 使节目能够播出的两个重要工具是:流程或规程,以及脚本。
- 新闻节目通常可以被分解成三个领域:
    1. 新闻搜集
    2. 新闻制作
    3. 新闻发布
- 制片人有对故事的最高管辖权限,决定哪些故事可以播出。
- 制片人创建节目流程、监管脚本的创作、安排图形的使用、准备节目的播出;在小型电视台里,制片人得亲自撰写脚本。
    1. 一个典型的1小时的新闻播报节目分解如下:24分钟新闻,每条故事运行70到120秒。

15分钟广告	累计39分钟
3分30秒体育新闻	累计42分30秒
3分钟天气预报	累计45分30秒
3分钟专题一"健康和养生"	累计48分30秒
3分钟专题二"娱乐"	累计51分30秒
3分钟专题三"本周要闻"	累计54分30秒
3分30秒开场/结尾/导入广告/闲聊	累计58分钟

    2. 最终规程,无论是否计算机生成,必须标明:
        a. 规程的创建日期和时间
        b. 规程的页码
        c. 片段名称,例如A,B,C等

     d. 何人引出这个片段
     e. 片段从何处开始
     f. 片段的持续时间
- 脚本制作完成后，6至7份脚本副本分发到：
    1. 主播
    2. 导演
    3. 副导演或节目制片助理
    4. 制片人
    5. 录制人员
    6. 备用或特殊用途
    7. 播出时的听障版本转播
- 播出时出现改变，必须通知的有：
    1. 导演
    2. 负责计时的副导演或制片助理
    3. 技术指导(尽管导演可能告知他)
    4. 讲词提示
    5. 图形
    6. 远程现场直播工作人员，如果他们涉及后续事项
    7. 后续事项的外场制片人
- 播出时，导演的注意力集中在节目接下来的几个事项。一旦这几个事项被处理妥当，注意力继续移到下面几个事项，如此继续。

第10章

纪录片和真人秀节目

本章包括两部分。第一部分涉及一些背景信息以及关于纪录片制作的思考，包括：

- 理念
- 理念呈现的格式
- 可能影响格式选择和情节选择的趋势

关于纪录片，本章也会考察其前期制作、制作、后期制作的环节。本章提供的大部分材料都针对单机位节目制作。多机位纪录片相关内容在第11章"多机位远程节目"中会涉及。本章第二部分讲述真人秀节目。

背景

纪录片使用单机位或多机位技巧制作均可。在纪录片中，导演和制作人的职能通常是模糊的。"纪录片(documentary)"这个词的外延至今一直是人们争论的主题。例如，在英国，"纪录片"这个术语指的是非常具体的事实性节目(factual program)。通常一些更具体的名字会被用来描述纪录片格式，比如"时事节目"(current affairs)。早期的电影纪录片——从1920年约翰·格里尔逊(John Grierson)拍摄的《飘网渔船》(*Drifters*)，到20世纪30年代、40年代的新闻影片(newsreel)——都是单机位拍摄的作品。多机位电影纪录片——从1935年莱尼·里芬斯塔尔制作的《意志的胜利》(*Triumph of the will*)到1970年迈克尔·沃德利(Michael Wadleigh)制作的《伍斯托克音乐会》(*Woodstock*)——也被认为可列入20世纪最杰出的纪录片。

自从20世纪50年代以来，多机位现场电视拍摄，包括太空探索、音乐会和法庭诉讼，已经变得同样重要。辛普森审判的报道、希尔/托马斯的法庭诉讼和参议员约瑟夫·麦卡锡关于非美活动听证会的报道,都是使用多机位电视技巧拍摄的重要纪录片。它们成为了电视网新闻和纪录片业务分支当中节目的重要组成部分。多机位现场纪录片节目成为某些电视频道每天都会提供的内容,这些频道已经致力于全天现场直播;比如各种法庭频道的节目和联合国会议每日节目。单机位和多机位这两种节目制作方式经常是互相结合的,比如对奥林匹克运动会的报道。越来越常见的是,单机位拍摄的关于事件的背景资料成为多机位纪录片的一部分。

然而,本章的大部分材料都是针对单机位而不是多机位节目制作,因为大多数纪录片都是用单机位这种方式拍摄的。无论是单机位还是多机位,纪录片制作时需重点考虑以下三点:

1. 理念:纪录片或某些当前流行的纪录片格式所要表达的理念或概念,强调采访和覆盖面,比如《晚间新闻》(*The Night News*)、《20/20》、《60分钟时事杂志》,等等。
2. 具体的纪录片格式(作为理念的容器),包括下列内容:
    a. 寻获的影像(Fund footage):主要例子有柯林·洛(Colin Low)拍摄的《黄金之城》(*City of Cold*),加拿大国家电影局拍摄的《沃尔夫·柯尼格》(*Wolf Koenig*),或肯·伯恩斯(Ken Burns)拍摄的《内战》(*The Civil War*)。
    b. 扩展报道(Expanded coverage):这类节目可以是经过编辑的,也可以是未经编辑的。经过编辑的节目,是在采访完一个事件后,在编辑室里把素材镜头编辑到一起而制作出的节目。这种方法通常被本地或电视网的常规新闻节目使用。未经编辑的节目的例子,主要是现场法庭审判、奥运会的某些赛事、民主党和共和党全党大会的某些部分等。
    c. 创造(Creation):在这些节目里,一种动态情境被创造出来。主要例子是阿诺德·夏皮罗(Arnold Shapiro)制作的《恐怖监狱》(*Scared Straight*)、《幸存者》(*Survival*),或者把人放到人造的、通常是紧张的情境中的"真人秀"节目。
    d. 再造(Recreation):使用纪录片技巧和风格去模仿、再造现实,比如《寻找大脚怪》(*Bigfoot*)或《我不应该活着》(*I Shouldn't Be Alive*)
    e. 蒙太奇/快速剪辑(Montage/Quick cuts):牙买加在1960年拍摄的广告片,在60秒钟内用了50个镜头;或者丹·麦克劳林(Dan McLaughlin)为汽车租赁公司Hertz公司拍摄的"亚利桑那州度假"广告片《上帝就是狗反过来拼》(*God is Dog spelled backward*)。
3. 趋势:被硬件和软件的发明、发现,以及习俗的变化所影响。这些趋势会塑造我们制作电视纪录片的方式。

理念

理念是发展一个故事或一部纪录片的第一步。一些理念是专门为精彩的电视纪录片而产生的；而其他理念，尽管有意义也很令人兴奋，但属于其他媒介格式，比如报纸、杂志、文章或书籍。第一个要克服的困难就是确认该理念在目标媒介中行得通。一部关于亚利桑那州热气球升空的纪录片会比探讨美国和中国之间贸易联盟的经济效果的纪录片提供更多具有视觉冲击力的画面。后者可能与我们的经济更加相关，将会更直接地影响我们的生活，但是它很难发展成为构成令人兴奋的电视内容的炫目的视觉画面。那并不意味着纪录片的主题选择必须是世俗的(不过，为了说明那个问题，热气球升空有必要是世俗的)，但是对观众的责任要求我们去制作引人入胜的电视节目。理解观众和媒介特点，传递可以吸引并维持观众感兴趣的节目，是对导演/制片人的基本要求。

通常，理念或者实现理念的路径，是导演/制片人所能做出的最重要的选择。其中一个例子就是一部极其敏感和尖锐的纪录片，该片在由电视艺术与科学学院举办的学院电视奖角逐中获得第一名。这部纪录片由哥伦比亚大学新闻学院的学生创作，探究艾滋病受害者。这部纪录片并没有按照传统的、可预见的方式去呈现这个主题——比如与艾滋病患者、艾滋病患者的亲人或者专业看护人员的对话——制片人选择去关注艾滋病母亲生下的婴儿。任何其他路径也可能产生优秀的纪录片，但是这些学生所做的选择显然有巨大潜力。这部纪录片聚焦于儿童们得到的照料，养育和疼爱这些弃儿的志愿者们，以及那些没有能力照料孩子的母亲本身。这部纪录片避免使用催人泪下的观点，而是拷问社会可以与艾滋病患者一起做些什么，以及为艾滋病患者做些什么。这种表达路径是独特的、紧抓人心的。这部作品的拍摄和编辑也都很好。

另一位电视艺术与科学学院学生纪录片奖第一名得主是一个女生，她在自己家里找到了纪录片主题。她记录了她母亲的生活。她母亲曾作为一名铁人三项运动员而获得荣誉，但却在一次训练中死于汽车事故。

我们自己的生活是寻找纪录片素材的最好地方之一。在家里、工作场所，或者特别的兴趣和习惯中可以找到故事。报纸和杂志也是很好的创意来源。在大学校园里，你可以很容易找到有价值的特殊兴趣群体或者已获资助的事件，允许你把它们拍成纪录片。然而，有时候，你所必须使用的理念并不一定是你自己的选择，因为客户或制片公司有其特别需求。有时候，素材真的会令人兴奋，但这种兴奋经常极其有限，并且本质上是枯燥的。客户甚至可能知道这是一个枯燥的主题但是仍然想要讲述这个故事。在那种情况下，导演/制片人的工作就非常直接：使用有创意的技术手段、令人兴奋的摄像工作、华丽的音响和配乐创造出精美的技术作品，使枯燥的作品焕然一新。我们都曾经看过做得很成功的促销广告、旅游短片和宣传短片。

如果你的项目刚好遇到这种情况,你所能做的就是希望作品能够:

有趣,

有教育意义,

有权威性,

或者可盈利。

我觉得至少要包含其中两点。

格式

纪录片通过一系列不同的表现形式呈现素材。视觉化的采访可能是最普遍的格式。这种格式经常在新闻节目中看到。然而,其他纪录片作品格式或类型也是存在的。在本章前面部分也提到过作品格式——寻获的影像、扩展报道、创造、再造和蒙太奇——当考虑到呈现主题的方式时会很有用。

寻获的影像

纪录片《黄金之城》是寻获的影像的典型例子。拍摄方法是把一系列收藏的老照片玻璃底片放置在动画摄像台上。摄像机在它们的背光面移动拍摄,照亮画面。观看影片的时候,人们可能不会意识到这些图像是静止的。这些老照片属于200张8×10英寸玻璃底片收藏的一部片,它们大部分是道森市(Dawson City)海格(A. E. Haig)的作品。他用照片记录了育河淘金热中淘金客们的日常生活。

有时候——就像《黄金之城》一样——并没有胶片或者视频,但是可以利用其他的视觉来源。照片档案、音频档案,或者油画、木刻、象征性物品、纪念品,有时都可以被纪录片导演拿来使用。它们是历史性纪录片的绝佳来源。有时候,它们比采访或其他报道事件的传统方式更容易打动人心。

制作短纪录片的一种有意思的方法是,把人们关于你的主题涉及的某事或某人的或爱或憎的陈述进行录音。编辑音轨,然后把视频材料、照片或其他相关图像叠加到音轨上。这就是《黄金之城》基本上所做的事情。这也是制作和导演电视纪录片经常用到的方法。

扩展报道

扩展报道可以是经过编辑的,也可以是未经编辑的。经过编辑的报道通常可由一位单机摄像人员完成。有时候,几个单机摄像人员参与拍摄同一事件,这种技巧通过莱尼·里芬斯塔尔《意志的胜利》的使用而闻名,如今被广泛地运用在音乐会拍摄中。

对于某个事件编辑后的报道,过去经常是胶片拍摄,而不是使用磁带。但一切都因数字媒体的应用而发生改变。至今最受欢迎的电影纪录片之一是迈克尔·沃德利制作的《伍斯托克音乐会》。该纪录片用胶片进行拍摄,使用很多摄像机和不同的机位。它记录了这个历史性音乐会演出的大部分场面。它力求使观众感受到他们就在现场。这部纪录片无论作为电影进入院线发行,还是作为唱片、卡式录音带、CD以及当年的八音轨盒式录音带发行都非常成功。正因为它的成功,很多音乐会和事件都以同样的方式用胶片拍摄,并用磁带录制下来。如今,同样的事件有可能会用数字媒体进行报道。为经过编辑的报道所做的准备工作,与单机位音乐节目的要求是一样的,这部分在第7章"音乐节目"部分有讲过。

未经编辑的报道通常与使用远程转播车的节目相关,它们使用许多台摄像机以及远程站点切换器传输的其他信号源制作而成。从某种意义上说,一场棒球赛就是一种可以被视为无需编辑的纪录片,尽管每场比赛都有加入一些编辑内容。当比赛正在进行时,可能会有剪切或编辑工作,比如给投出三振的投球手一个特写镜头,或者特写捕手和裁判;也会使用一些视频特效,比如回放,或慢动作回放,这都是对事件进行编辑的方式。还可能离开比赛画面,插入一些讲述参赛队员的故事包,或者商业广告。然而,比赛本身是未经编辑的。节目由第一局的第一个投球开始,并随着比赛结束而结束。下面几种纪录片类型通常是用这种方式制作的:

1. 体育赛事和游行
2. 音乐事件
3. 法庭事件
4. 全国或国际事件
    a. 选举:全党大会和实际选举
    b. 灾难:火灾、飓风、爆炸案
    c. 科学事件:在月球上行走、太空探索

为这些可以预见的事件所做的准备工作与为音乐会所作的准备工作非常相似。本质上,导演/制片人会尝试安排所有的事情,这样,所有的行动都可以被报道,并且看起来很美。制作理念就是让一切看上去都完全按计划在进行,并使画面和声音在应该出现的时候全程出现。理想状态下,事件会被报道得很顺利、天衣无缝,以至于别人会想象制片人和导演都是按照脚本来工作的。这需要让摄像机、麦克风、图形和所有的工作人员——包括主播、舞台经理、技术人员和舞台工作人员——无论发生什么情况都能身在其位,以便在正确的时刻能够做好准备。更多细节将在第11章"多机位远程节目"的远程播报部分进行讲述。

创造

创造，作为电视纪录片制作的组成部分，来源于创造一个事件然后把它记录下来的电视节目格式。电视节目《与媒体见面》(Meet the Press)和ABC的《夜线》(Nightline)常把持有不同观点和相反观点的人找到一起。随后，不同意见的碰撞就是这个节目的精髓。连续几年，艾伦·芬特(Allen Funt)在《诚实的摄像机》(Candid Camera)节目中记录了一群普通人在芬特和他的工作人员想象设计出来的反常情境中的反应。在文学领域，我们可以回顾詹姆士·鲍斯威尔(James Boswell)的《约翰逊传》(Life of Samuel Johnson)，书中他描述了当时文学巨匠们的唇枪舌战，他们的幽默言论与我们在刺激的电视脱口秀节目中听到的内容是相似的。

创造，这一节目格式的最富戏剧性的运用方式就是同时进行多个单机拍摄，然后进行编辑。这种拍摄技巧，我们现在经常会看到被运用于流行的"真人秀"节目当中；本章后面将讨论这个问题。

再造

莎士比亚很难被想象成是一个纪录片制作人，但是，他的许多戏剧都是对伟大历史注脚的再造。所以，我们可以说他是在写"纪录片"么？罗伯特·弗拉哈迪(Robert Flaherty)的纪录片《北方的纳努克》(Nanook of the North)在1922年发行，该片使弗拉哈迪本人和纪录片都引起了世界的关注。纪录片频繁地使用再造的手段。纳努克是该片的爱斯基摩人主角，弗拉哈迪一路跟随纳努克，叫他"用老方法"去捕鱼——基本上是对过去发生过的事情的再造。弗拉哈迪同样也要求纳努克在镜头面前"表演"其他许多活动。

对于纪录片而言，再造并不新鲜，它是一种有效的制作形式。当再造类节目越来越流行时，提醒观众他们所看到的不是对真实事件的录制，变得非常重要。由于现代技术日趋成熟，在适当的场合发布相关声明，应该成为强制性的。这是一项道德义务，同时也迫切需要法律约束。如果不发布清晰的声明，有可能导致严重的后果。

一个众所周知的例子就是NBC因报道关于汽车安全的一则故事而发生的播出事故。为了论证一个观点，他们在一辆卡车里设置了一次小规模爆炸。这次爆炸证明了他们想要讲述的观点。但是他们没有告诉观众这个爆炸是人为制作的。如果该节目是电视剧，没有人会相信现实中发生了一场爆炸，但换作纪录片，情况就不一样了。汽车制造商起诉了NBC，随后的诉讼报道使节目和电视网的信誉都受到损害。制作纪录片时，根据现实生活对情境和角色进行再造，所需要的制片技能和技巧，与制作电视剧是一样的。

蒙太奇

蒙太奇就是对不同的和独立的画面进行组合。蒙太奇，围绕同一主题展示一系列画面，使得表达一种特殊的理念成为可能。一个牙买加的早期电视广告就是把50幅不同的岛屿风景画面剪辑在一起，叠加到"岛屿音乐"的音轨上，这一切都是为了吸引观众前往牙买加。片中没有说一句话，但是这些并列的画面已经有力传达了牙买加是一个精彩的旅游目的地的理念。许多纪录片或纪录片的一部分是通过这种方式制作的。相似风格的镜头和编辑手法制作出我们看到的许多音乐视频，尤其是在MTV或VH1音乐频道。在纪录片里，蒙太奇技巧也用来展示时间的流逝。让我们看一组蒙太奇画面——第一幅画面是婴儿，接着是小学，然后是高中毕业照；于是这个纪录片的主角从8个月大长到了18岁。20世纪40年代，火车头在铁轨上疾驰的画面，穿插着来自纽约、圣路易斯、科罗拉多斯普林斯和洛杉矶的明信片画面，把从美国东海岸到西海岸原本需要几天的旅程压缩成几秒钟。

蒙太奇技巧是拍摄教育类、产业类、公共关系类，以及有资助的纪录片和电影的重要工具。在最刻板的案例中，教育类电影，总是由正在学习的学生的蒙太奇开始；产业类电影，根据这部纪录片想要表达何种主题，要么由烟囱的蒙太奇开始，要么由田园诗般的田野的蒙太奇开始。

前期制作、制作和后期制作

本章这一部分主要涉及5到10分钟长的单机纪录片制作的需求。这种作品通常是环绕式节目的"导入"素材，比如节目《60分钟》、《好莱坞直通车》(*Access Hollywood*)，更短的片子则适用于晚间新闻。

虽然半个小时或更长的纪录片确实能够让导演/制作人有机会深入探讨一个主题，但是长纪录片形式也会产生一些问题。长纪录片的制作计划通常需要大量的时间和钱。拍摄短纪录片时，时间主要用于拍摄者和拍摄对象之间建立起融洽关系；长纪录片则要把大量时间花在前期制作和制作中的其他方面。更多的素材也需要更多的时间去做日志和编辑，所有这些内容通常还需要更多的预算。

对我们来说，短纪录片有自己的好处。短纪录片更容易工作，花费较少时间去制作、拍摄和编辑。因此开支也更少。再者，短纪录片的许多制作技巧与长纪录片是一样的。无论是短纪录片还是长纪录片都要基于包括了采访和覆盖报道(花絮)的制作计划。大多数电视台的本地新闻都充斥着时长90到120秒钟的采访和覆盖报道短片。电视网节目作为产业和公司产品，比如《20/20》和《60分钟时事杂志》，会以同样的方式制作出更长的片段。

一旦理念就绪，我们就要开始考虑前期制作、制作和后期制作的计划了。基本上，前期制作需要整理出下列清单：

1. 采访对象名单
2. 提问的问题清单
3. 潜在的可视内容和活动清单
4. 工作人员名单
    a. 他们的地址
    b. 他们的手机号码
    c. 他们的电子邮件地址
    d. 他们可以工作的时间
5. 需要的设备清单
6. 需要的服务清单
    a. 动画
    b. 图形
    c. 音乐
    d. 音频特效
    e. 混音
7. 拟定的时间表

前期制作工作开始于制订这些清单之前的调查工作。

所有工作中最困难的部分是制定出向正确的人提出正确问题的问题框架。在拍摄采访之前，导演/制片人应该做充分的联络工作以便决定下列事项：

1. 应该采访哪些人，忽略哪些人。
2. 问什么问题。提问题最重要的一点是问题要能引出被采访对象的思考、感受或观点。最好的问题是，"你认为？""你觉得？""你的观点是？"能够简单回答"是"或"否"的问题，或者像日期、地址这种简单的问题，在编辑室通常是没有用处的。
3. 问题的顺序。
4. 在哪种情况下提问哪个问题(有些问题只有在一定情况下才能提问。例如，如果你问"你能描述一下那场事故吗？"对方回答"不"，显然你就没有立场再问事故到底是怎么回事了)。

关于采访的长度，有两种看法。一种观点认为，即使你只需要一点点上屏幕的时间，采访也应该持续30到40分钟。大多数制片人没有那么多的时间。即使有，他们也想以最快的速度得到他们想要的，觉得时间就是一切(要么在头7分钟之内得到我们想要的，要么放弃)。你选择哪种风格并不重要，重要的是你在采访前已经做足了准备。

为采访做准备时有必要思考你到底想让纪录片表达什么，同时写下一段陈述。写陈述有时候就像一种承诺，是你不会对自己温和而是要奋勇直前的证据；如果不写下来，你很容易只会进行模糊的思考，并用"大约"代替"是"。写陈述也能让你界定每次采访的目的，并明确表示你的选择。你可以改变想法，但是一旦你确定了自己的目标，你就得准备好能得到你想要的答案的问题。一路做下来，你有可能会发现，你想要的答案并不能如实反映事件，然后，你可能需要改变你的路径。为了使我忠实于自己，为给自己留下有力的备用方案，我为我自己和我的学生开发出了下面的模板。

纪录片制作计划

1. 短片的名称(一句话)
2. 一个自然段，解释做出这个选择的原因
3. 短片的编辑流程或摘要，如同它已经被拍摄出来。这包括一系列镜头和他们的持续时间(一则2到5分钟的短片，通常需要半页到一页纸的纲要)。基本的镜头次序计划：在哪里拍摄，镜头内容是什么，每个镜头持续多长时间。过多的拍摄需要更长的做日志时间和搜索时间。过少的拍摄会使报道覆盖面留下潜在问

流程

#	场景	运行时间	累计时间
1.	室外夜景：特写，商店的窗户上挂着阿司匹林打折的标志。镜头逐渐拉宽，为我们展示出停车场。一个妇女从车里出来，走进商店。	:15	
2.	室内：中景，妇女走进商店，取购物车	:05	:20(15秒+5秒=20秒)*
3.	室内：中景，妇女开始沿过道前行，选取各种商品	:10	:30(20秒+10秒=30秒)*
4.	室内：特写，药品。所有的阿司匹林都已卖完	:05	:35
5.	室内：中景，妇女站在阿司匹林货架前 特写：靠近阿司匹林货架时，她的脸 中景：她正在寻找阿司匹林 广角：她失望地离开过道	:15	:50

*这只是一份更长、更详细的流程的一部分。累计时间的计算过程并不会出现在流程里，此处只是为显示累计的运行时间是如何计算的。

题。规程或流程能够告诉你节目的每个片段需要多长的镜头。下面的例子是一则关于零售商诱饵转型策略的短片流程的一部分，片名是"诱饵与转型"。商店会以低价格做产品的广告，但是当顾客去店里尝试购买时，他/她会被劝说"转型"到更贵的产品。"诱饵与转型"这个片名就是想告诉观众注意商品零售中诱饵转型策略的危险。

现在你知道需要哪些镜头，并且大概知道每个镜头的持续时间了。

4. 一些需要的许可证清单。你可以用Google搜索"Location Release Form"，下载到"场地授权证明表"。此外，最好能够确认当天是谁在外景场地负责。你也要对意料之外的情况做好准备。比如，可能从商店经理那里得到允许你可以去拍摄一家当地超市。但是，当你在拍摄日到达该店时，你才得知今天是那位商店经理的休息日。这时候，你需要找一下看看是否有哪位店员得到了你要来拍摄的通知。一定要拿到给你许可的人的手机号码，并确认那个人通知了负责任何具体细节的其他人——例如，你经过允许可以改变窗户设置，只要你拍完以后改回原样；或者你需要使用商店的购物车进行推车拍摄。
5. 你要采访的人员名单和采访日程表。这可能对你的工作人员非常有帮助。即使你是采访家人和朋友，为他们确定好具体时间，有助于他们安排时间，同时使你看起来是有序的和专业的。
6. 拍摄日的时间表。包括旅途时间和架设机器的时间。
7. 工作人员名单，标明每个人的信息：
    a. 姓名
    b. 职位
    c. 电话号码和电子邮件地址
    d. 见面时间
    e. 见面地点
8. 外景地考察和地图。一个完整的外景地考察，意味着导演、摄像师或者灯光师，以及工程主管已经考察了外景地情况；最好在与拍摄时类似的环境下进行考察。有些人需要获取或者在以下材料上做出标注：
    a. 一份1/4英寸比1英尺比例尺平面图。如果工作组负责人没有提供给我，我会自己做。
    b. 当地的照片。
    c. 电力来源和可获电力的情况。电源可能是从附近的小吃摊中接出来的，也可能简单地来自房主的40安培的电路盒。你的电力需求可能是一定数量的电力，可能是外景地的接地电源插座，或者只是一条电源延长线。不仅负责摄像机和音频的工作人员需要电力，负责现场设置、灯光和特效的IA或灯光工作人员也需要电力(IA是国际戏剧舞台雇员联盟IATSE的简称)。

    d. 所需电力的持续时间。

    e. 是否需要发电机？如果要，要多大的？

    f. 与携带设备进入相关的问题，比如许可证和进入权限。

    g. 所需的特殊设备，比如牵引车、雪地汽车等。

    h. 工作人员和演员的停车设施。

    i. 饮食服务是否可用，或可替代选项。

    j. 外景地卫生间是否可用。

    k. 此外，记录下是否存在可能打扰拍摄的背景噪音。户外场地拍摄时，记录太阳的位置很重要。你要在阳光下还是阴影中拍摄？在白天拍摄还是晚上拍摄？

9. 在拍摄之前，你需要准备好你打算用到的所有旁白和提问。当你实际拍摄和编辑的时候，旁白和提问有可能会改变，但在拍摄之前拥有一个工作模板就有了出发点。即使需要改变，那些改变的内容也都是很具体的，而且至少你也已经给自己留了备用方案。这样做会提高你的信心。

10. 在编辑之前，你需要拿到带有镜头编号的场景日志或镜头日志；这样你就可以复查一遍你所需要的镜头是否都已经拍摄完毕。

11. 最后，在编辑之前，你需要完成修订版的旁白。实际的拍摄、镜头日志和有关编辑进程的决定，将共同决定你的旁白的修订。例如，你原先的计划是在一些泛泛的画面上开始旁白，但是现在你决定把某个采访对象的铿锵有力的、出人意料的同期声作为开场。这个决定会改变你的旁白；你需要清楚这一点并在开始编辑之前把它做好。

拍摄

在租赁设施中，无论是在纽约市中心，还是洛杉矶，或者某所州立大学等任何一个地方，至少要花一个小时完成获取设备的交易过程。你需要去停车、取摄像机、试机并确定一切都处于良好的工作状态。然后你要把设备装包拿出并搬到轿车或转播车中。大多数租赁设施，在设备签出之前，都会提供一个特别的房间供架设和测试设备的全部功能。整套拍摄器材，包括三脚架、摄像机、录制设备、音频工具包、灯光等，都要架设起来测试操作，以确保一切都能正常工作。理想情况下，试录一段短片，连接到一台并非实际录制时使用的机器，观看录制的效果，这样做是为了确认所有的电缆和线路连接正常，同时摄像机运作正常。拍摄工作顺序如下：

1. 到达外景地现场，预留足够的时间架设机器，准备好镜头清单上的第一个镜头。预留足够的时间以应对意料之外的小故障。不应让嘉宾和演员等待制作开始。
2. 确保你安排好了可行的摄像机轴线位置。如果采访者站到摄像机的左边，被采访对象回答时会从右向左看。考虑一下，你想让摄像机里的演员看起来是面对什么方向。观点相反的两个人看上去最好是面对面。提问题者在摄像机的哪一侧将会影响到镜头前演员面对的方向。
3. 如果使用磁带拍摄，最好在拍摄前设置色条和音调(bars and tone)，以便于参考(色条和音调及其作用在第3章"人员"中有解释。简单地说，它们是自动生成的视音频标准，在回放录制内容时作为参考)。
4. 记得设置白平衡(white-balance)。白平衡用于处理色温，这是一种调整摄像机电路的方式，使红、蓝、绿达到正确的比例以建立标准白色。通常，这只需要简单地在现场光源下，让摄像机聚焦到白色纸板或者白T恤，然后按下"白平衡"按钮。
5. 采访结束后：
    a. 拍摄一个把所有参与者都包含在内的全景镜头。
    b. 拍摄各种"点头者"镜头，也就是表现主持人在倾听的回应镜头(有时候，点头好像在说，"嗯，是的，很吸引人")。
    c. 拍摄"花絮"(B-roll)或覆盖报道(coverage)，这可以有助于编辑工作，或说明故事的特别细节。覆盖报道中可以插入镜头或背景信息。插入镜头通常是说明采访中提到的一些很具体的事情，比如相关地图、新建筑的模型、问题提到的武器等。充当背景的报道或花絮素材——对于旁跳镜头(cutaways)的编辑是非常重要的——通常可以当作短片介绍，比如显示某个采访对象正在专注于某项活动的画面。拍摄正在办公室、工厂或厨房里工作的采访对象。也可以拍摄其他各种元素，让观众借此理解该采访对象是如何与本片主题建立关联的。也可以拍摄书桌上的照片、墙上的学历证书或字画，以及他们在活动中使用的工具，等等。花絮等备用素材中的创意，对于能否制作出一部有意思的短片是非常重要的。
    d. 拍摄采访房间或者外景场地几个镜头，录制至少30秒钟现场音频音调。

拍摄技巧注意事项

所有的镜头都应该使用三脚架拍摄，除非有特别好的理由不这样做。好的理由也必须符合节目的完整性要求。在迪斯科舞厅里手持拍摄可能效果较好，但是如果采访坐在桌子旁边的迪斯科经理，最好是架着三脚架拍摄。这取决于不同拍摄风格。摇摆镜头的技巧也许适用于你的项目,但已经被用滥了,除非你有一个很好的理由非得那样拍摄。

所有的镜头在内容开始前都要提前拍5到10秒钟的开头,内容结束后再多拍5到10秒的结尾。尽管数字格式下可能并不需要头部和尾部镜头以使设备运行到正常速度,但是等到编辑的时候,镜头的头部和尾部将非常有用。突然发现某个镜头时间需要加长,是编辑过程中常见的现象,此时有额外的影像可用是非常令人愉悦的。

如果你没有把时间编码记入日志,在拍摄时最好使用连贯的场记板。例如,你可能在场景一中拍摄镜头1、镜头2、镜头3、镜头4,然后跳转到场景9,镜头号应该是连续的——镜头5、镜头6、镜头7。然后,你可能拍摄场景3,镜头继续为镜头8、镜头9等。这样的话,在整个拍摄过程中,只会出现一次"镜头1"。尽管数字可能排到成百上千,但你不会犯错误,出现"一个场景里有两个相同编号的镜头",或者"两个场景里有同一个编号的镜头"(更不用说罗马数字II和阿拉伯数字的11很容易混淆)。

想清楚拍摄时间比。拍摄时间比(shooting ratio)是指原始素材和最终节目使用素材之间的比例。有些电视台和很优秀的制片人会拒绝使二者的比例超过四比一或者五比一。雪莉·克拉克(Shirley Clarke),曾制作和导演许多获奖专题和纪录片,包括《美女闯天关》(*Cool World*)、《杰森的画像》(*Portrait of Jason*)、《惊爆摩天楼》(*Skyscraper*),制作纪录片时通常拍摄大量的素材。她曾经告诉我,在她早期拍摄廉价的视频而不是昂贵的电影时,有些主题她曾拍摄了60个小时素材。那时候,这么多的素材看上去很了不起,但是最后,制作日志和编辑素材的工作量完全让她无法承受。60个小时的素材——需要花费一个半星期去制作日志——多数都堆在盒子里,没时间去浏览。有时候,某些项目确实需要比平时更高的拍摄时间比。比如使用隐藏针孔摄像机的作品,与小孩或动物有关的内容,或者拍摄风光的作品,需要比平时更高的拍摄时间比。关键就是在你丧失耐心和编辑时间之前,先想清楚后果。

标签是最基本的。让你记住标签的最简单的方法,就是在磁带从盒子里拿出来开始使用的那一刻,你就要把标签贴到磁带上。你应该为你拍摄的任何材料做上标签,标明下列内容:

1. 你的名字;
2. 日期;
3. 作品名称,比如《东方世界》(*East Side Edition*)、《60分钟新闻杂志》、《格林斯博罗期刊》(*Greensboro Journal*);
4. 片段名称,比如"安德森博士的采访"、"纹身店"、"花絮";
5. 标明是否是原始素材、无图形版本、带字幕的母带、编辑完毕的母带等。

注意供审看或者播出的材料要做上"发行标签",有可能要包含不同的信息,比如片段名称要删除,要加上相关代码和制片公司的名称。

拍摄采访的九项提示

1. 最好提出能够引发有思考性回答的问题，比如提问采访对象的感觉或者他们对于某事有什么想法。原因至少有两点：
   a. 当采访对象正在考虑问题、组织答案时，人为地用镜头放大这一幕，可降低采访者的显著性，并使回答变得更加突出，更能够提供出重要的素材。
   b. 采访对象的回答能够达到足够的长度和显著性，能够给编辑工作提供多种选择。
2. 如果有可能，把采访对象摆在视觉上看起来有趣的位置。房间的角落会比直直的墙面看起来更好。避免直接让采访对象背对墙壁，因为那里没有背光，看起来会很平。
3. 有背光的采访对象比没有背光的采访对象看起来更好看，尽管过多的背光有可能使采访对象有侧影。避免把采访对象放到有过多视觉变化或过于拥挤的背景里。
4. 避免让采访在有干扰性背景音的地方进行。如果剪辑的是没有背景噪音的采访，观众就不会意识到某处发生了剪辑。剪辑处看起来就像是采访对象深吸一口气，开始思考。如果有背景声音，比如，采访环境中有音乐在播放，那么每一处剪辑都会很明显，因为背景声音会断掉。
5. 让采访对象在回答中复述问题的技巧。如果他们觉得这个问题很轻松的话，这可以让你在采访者和被采访者之间剪辑更少的交替镜头。例如：

   你的问题是："你的名字是什么？"
   采访对象的回答："我的名字是比尔·史密斯。"(而不是仅回答"比尔·史密斯")

6. 提问的时候，从一个广角镜头或中景镜头开始。那样的话，采访对象回答前几个问题的画面当中，可以为你提供画面空间，以便在画面下三分之一处叠印采访对象的身份信息，比如"比尔·史密斯 《时代周刊》编辑"。第一个问题回答完毕后，改变镜头焦距或调整取景。例如，第一个问题拍摄腰部镜头。第一个问题回答完时，转换成胸部镜头或者肩部镜头。然后再返回到第一种取景。当你调整取景时，可以向采访对象提出"等一下"(在采访对象情绪变化的关键时刻让其"等一下"，对采访而言可能是一场灾难，可能会让采访对象在之后几秒钟忘词)。不过，用这种方式调整取景的话，可以让你有机会从容地切换镜头，而不必使用旁跳镜头来遮掩可能出现的跳剪(jump cut)。
7. 采访结束后，拍摄"点头者"镜头。点头者的画面就是，提问者在听到回答时会点头表示知晓了某个观点。这可以成为很好的旁跳镜头素材。

8. 拍摄一些"覆盖报道"镜头。典型的镜头有：采访所在的建筑物的画面，采访对象走进办公室的过程，采访对象接电话、陪小孩子玩、阅读文件的过程等。覆盖镜头也可以是采访中提及的某个事物的镜头或旁跳镜头，比如照片、相册封面或者一个奖杯。从非常高或非常低的位置去拍摄可以产生不同寻常的覆盖面。相关的极近距离的特写镜头也可能成为有价值的覆盖素材。有时候，根据不同的节目格式，拍摄覆盖镜头时，最好先从模糊焦点开始，再变到焦点清晰，稳住镜头，然后再使焦点模糊。这样做可以让你选取这组镜头的不同部分，以营造不同的气氛。

9. 当采访结束和报道结束的时候，如果你还在现场，就录制至少30秒的房间声音或安静的现场。这被称为"房间音调"(room tone)。事实上，每个房间的安静状态都有不一样的音调。当你编辑时，你经常会发现你需要这种音调。编辑过程中你可以寻找到或获取到少量此类音调，但如果你专门录制下来，你就更容易找到，不需要耽误时间。

浏览

你应该计划好浏览素材，并且记下你看到的内容，即使你并不打算使用你看到的所有素材。在编辑环节，当你选用录制下来的内容时，你浏览素材时记录下的信息是很有用的。如果你是在数字格式下进行编辑，素材日志会加快整个编辑进程，因为你知道去哪里找所需内容。

当使用时间编码时，把具体时间和画面描述记入日志。目的是为了知道每个镜头是什么，以及每个场景或镜头的大概时长。当你记录完所有的素材后，在磁带或电脑上动手编辑前，先在纸上编辑。

在纸上编辑意味着按照整个节目的顺序写下场景名称、时间编码或参考时间，并在节目中按照上述顺序使用。这样做可以帮助你在开始实际编辑过程之前，决定好节目如何运行。

制作外景现场短片时，即将编辑的原始内容通常会先被誊写出采访全文记录。然而，也不是所有的节目都按照这种方式制作。有时候新闻的制作时间比较仓促，一些制片人宁愿通过持续地观看素材来了解全部的原始镜头。浏览素材，而不是阅读全文记录，可以节约誊写全文的"掏口袋"开支；但是为了找到独特的新闻点，通常你要花费更多时间在浏览素材方面和编辑环节。当你已经看完所有素材后，往往已至深夜，你必须尽快决定如何编辑。片刻之后，你可能不得不选取一个较差一些的第二选择。我从没见过哪些人在习惯了按照全文记录进行工作之后再改变工作方式。学生们总是抵制自己誊写或者花钱誊写全文记录，但是在传媒业界都是这样誊写的，可以节约时间和金钱,并能做成更好看的节目。

　　进行到这里,你可能对"步调"(pacing)这个词有了一些概念。步调与"理念的拼接方式"有关。步调有可能指一则短片的结构,旁白中的句子结构,或者节目中其他元素的结构。这些元素可能包括表演水平,也可能与喜、悲、大、小等元素间的关系相关。步调也有可能指不同片段之间的节奏或速度,或者片段内部的节奏。步调取决于你在镜头长度、镜头类型、镜头连接方式方面做出的决定。步调可以提升整条短片的感觉。

　　下面是关于步调的例子。假设你看到了一个缓慢的摇动镜头,黄昏里的一个工业区,工人们正在下班离开大楼。突然,一个镜头快速闪过,一个男人在大楼地基泼洒汽油。画面再切回到缓慢的摇动镜头,更多的人正随意地离开大楼,突然切换到火柴被点燃的特写镜头。然后如同之前那样继续缓慢摇动镜头。

　　上述的情景可能会营造一种紧张的感觉。观众想知道纵火犯是谁。镜头的变换会改变节奏,同时缓解紧张的感觉。如果你让纵火犯的镜头与摇动镜头持续的时间一样长,就会失去很多的紧张气氛。如果你使用溶解来代替剪切,步调就会变得更轻松。如果摇动镜头看起来是很疯狂地扫视了地平线,又会传递出完全不一样的信息和节奏。我们会想象,是否有人已经发现纵火犯或者发现危险要发生。我们需要考虑短片中每个片段的节奏,以及它是如何影响这条短片的步调的。你必须问自己一个很重要的问题,我怎样才能最好地呈现故事的元素,以便让步调可以推动故事向前发展?

编辑

　　即使这是电视,一种视频媒体,视频总是跟随着音频出现的。除非你在处理同期声,不然,视频总是在音频制作好之后才插入。最先把旁白放入音轨,然后将视频叠加到旁白音轨之上。这样编辑比较容易,当旁白结束时,让视频结束。如果你要编辑的是一段音乐视频,显然更应该是根据音乐来剪辑视频,而不是先放置好画面再让音乐去适应已经存在的画面。大多数旁白都是这样处理的。因此,先把每个画外音片段的音频部分置入,再置入每条单独的音频片段,然后才把视频置入到片段中。然后进入下一阶段编辑,处理同期声、无声画面或自带音频的画面。

　　不要先置入画面,也不要总认为你能够在后面再把旁白加进去。这或许行得通,但你必须迫使旁白去填补空缺。这在制作过程中通常是一场灾难。

　　一条传统的法则是,如果没有好的原因,永远不要在镜头或拍摄对象移动过程中进行剪辑。这就好像在说,"嗨,快看过来,这里正在发生有趣的事情",当观众快要看到兴趣点时,你却把镜头切到别处去了。然而,这个法则也经常会被打破,如果你能找出打破它的正当理由——比如,为了突显一种狂热的风格,或者在某种令人兴奋的事情正在发生或没有发生的情况下模仿人们的"观看"视角。

经常假设你是否忘记了某些东西(是否携带了音频部分的脚本。是否携带了制片演职员表)。预想到在编辑过程中机器突然死机的情况。预想到整个编辑过程用时可能比预计更久。给自己预留充足时间,不要赶工。下面是一个纪录片制作模板的简化版本。

前期制作工作包

I. 建议:短片的名称是:

我希望展现/证明/解释的要点是:

II. 编辑流程(举例)

#	说明	运行时间	累计时间
1.	主角照片	:10	
2.	报纸蒙太奇	:20	:30
3.	电视蒙太奇	1:00	1:30
4.	介绍第一段采访	:10	1:40
5.	第一段采访	:30	2:10
6.	其他		

III. 需获许可的联系人

    1. 姓名

       职位与短片的关系

       地址

       电话号码、电子邮件地址

    2. 姓名

       职位与短片的关系

       地址

       电话号码、电子邮件地址

       等等

IV. 提问

(注:你可以使用下列问题,同时你也需要自己设计与主题、采访对象相关的问题。设计问题时,尽量使问题不要用一个词即可回答,比如提问"你对某事有什么感想?""你认为某事怎么样?")

    1. 采访对象1

       你是如何参与到某事中的?

       有哪些事情影响到你?

你有什么遗憾么?

等等

2. 采访对象2

是什么使你第一次意识到某事?

你是否后悔某事?

你如何看待某事的未来?

等等

V. 工作人员

1. 职位

姓名

地址

电话号码

电子邮件地址

2. 职位

姓名

地址

电话号码

电子邮件地址

等等

VI. 日程表

00:00 a.m.: 会面(地点和电话号码)

00:00—00:00 乘交通工具到1号外景现场(地址/联系人/电话号码)

00:00—00:00 架设机器

00:00—00:00 开始录制

00:00—00:00 设备打包,乘交通工具到2号外景现场(地址/联系人/电话号码)

等等

VII. 旁白

#	音频	视频
1.	就是他们,本片的采访对象	采访对象的画面
2.	我们总是在报纸中不断听到他们的消息	报纸蒙太奇
3.	……以及在电视节目当中	来自新闻节目的两个场景
4.	……但是,(采访对象的名字)就在这里,他有不同的观点	第一段采访的花絮
5.	请看第一段采访(回答"你对此有何感想")	第一段采访的镜头

在加利福尼亚大学洛杉矶分校,借用设备时必须填写下面的表格。在视频设备租赁设施,也需要提供相同的信息。

借用摄像机、拍摄和编辑的许可

我希望拍摄,并借用外景拍摄工作包,

从 日期_____ 时间_____
到 日期_____ 时间_____

(如需要使用特殊编辑设备)

我需要进行编辑

从 日期_____ 时间_____
到 日期_____ 时间_____

- 我知道我必须为这些设备负责。
- 我知道可能有别人正在等待使用该设备,所以我要保护好设备,并按时归还。
- 如果我的日程表发生改变,我会拨打办公室电话555-123-4567。
- 我会告知办公室我在使用设备时遇到的任何问题。这样做会有助于解决问题,使下一位使用者不会再遇到相同的问题。

学生手写签名_____日期_____
学生印刷体签名_____
学生的学号_____学生的电话号码_____
教工签字_____

一份蒙太奇的制作日志

制作

我曾经被请去为当时的南斯拉夫政府旅游机构制作一部影片。南斯拉夫包括了今天的塞尔维亚、克罗地亚、波斯尼亚和附近其他一些国家。从某种意义上说,当时这个国家很独特,因为它是一个不结盟国家,既和东方世界(苏联及其盟国)有联系,也和西方世界(美国及其盟国)有联系。一般来讲,美国人对这个国家的既有印象会伤害到它的旅游业。南斯拉夫旅游协会希望我能把这个国家拍得对不会讲法语、德语、塞尔维亚—克罗地亚语甚至任何当地语言的游客也具有吸引力。我在这里解释一下整个制作过程,因为组织这件工作的方法和我遭遇到的为国家教育电视台、CBS、NBC制作的各种类型纪录片一样,与很多我自己的或长或短的项目也一样。下面讲解如何组织将要拍摄的素材。

在这个南斯拉夫项目的早期讨论阶段，我就想好了拍摄理念。旅游协会希望把翻译减少到最小程度，所以我决定把纪录片分解成不同的短片段，使用简短的英语介绍，这些英语适合翻译成任何一种语言。我使用大量当地音乐作为影片的音轨。它基本上也可以被作为南斯拉夫的音乐视频了。我找来了表演西方风格摇滚乐和爵乐士的南斯拉夫乐队。我把对旅游者很重要的五个领域的画面制作成蒙太奇。事实上，该片的片名就被定为《南斯拉夫的明信片》(*Postcards from Yugoslavia*)。影片从简要的介绍开始，引出下列领域的素材：

1. 风景
2. 美食
3. 购物
4. 体育
5. 居民

用很短的告别作为结尾。

为了拍摄这部影片，我两次穿越整个国家。第一次旅行是为了到当地调查，以进行影片设计；第二次旅行是拍摄影片。在第一次旅行当中，我记录了五个领域当中每个领域可供使用的镜头清单。

下面是这部纪录片提纲的一部分。从影片的风景部分开始。影片中所有的镜头都编了号，以防止遗漏。旅游协会、工作人员、编辑和我都使用这个清单。条目1到条目6是开场镜头。

条目1是我在洛杉矶简要地介绍南斯拉夫的旅游业。
条目2展示了对南斯拉夫的典型误解：残砖破瓦的照片等。
条目3、4、5展示我发现的相反的具有吸引力的照片。
条目6是我对南斯拉夫这五个领域的介绍，以及一个简短的承诺。

提纲(这是后期被并入脚本的清单)

明信片：领域1：风景部分

7. 伊万[1]做介绍
8. 古城科托尔的黎明(跟随一艘小船)
9. 南斯拉夫大饭店的黎明
10. 利比卡村的营地篝火
11. 杜布罗夫尼克市(运动静止——城市苏醒)
12. 瀑布
13. 公园
14. 直升飞机平台
15. 现代建筑
16. 泽蒙镇
17. 牛群
18. 田园风光
19. 农具
20. 杜布罗夫尼克市的日落
21. 布莱德镇
22. 船
23. 快艇*
24. 鲜花*
25. 喷泉*

25a.利比卡村的营地篝火

(*基于日常任务情况进行的抓拍。其中的镜头也有可能拍摄于其他领域，比如儿童、艺术、美食等。)

---

1. 即本书作者伊万·克里，本案例节目的制片人；译注。

如果这份脚本获得批准，事实上它也确实被批准了，这份镜头清单就变成了每个镜头系列的核对清单。我的清单一旦拍完，我就知道我已经获得了这五个领域所需的最少镜头。在拍摄沿途中，我也参与寻找更多的素材，并确实找到很多。清单确定后，我制作了一份暂行脚本提交旅游协会审批。下面是这份脚本的前面几页，格式是旅游协会使用的音频/视频并列的风格，典型的商业广告也使用这种格式。

音频	视频
声效，音乐，*The City* ——使用南斯拉夫音乐声效	1. 洛杉矶生活的蒙太奇——包括加利福尼亚大学洛杉矶分校等。 最后一幅画面是好莱坞的标志，然后把镜头推近到解说人伊万。
伊万——镜头前 你好，我是伊万·克里，这是我生活和工作的城市。今年夏天我打算去聪明的欧洲人常去度假的地方度假——南斯拉夫	
	2. 摇动镜头到黑白火车站。伊万继续讲解：
伊万——镜头前 大多数美国人认为南斯拉夫是这样的。他们认为这是一个贫穷的共产党国家，苦难的农民被政府压迫。	
	3. 镜头切换到站在海滩上的伊万，然后是游泳池，接着是贝尔格莱德，最后是亚得里亚海，或者其他地方
伊万站在外景现场出境： 他们不知道这里其实是这样的。 或这样 或这样	4. 切到下一个画面 5a. 切到下一个画面 5b. 切到下一个画面
他们不知道南斯拉夫是一个不结盟国家，不受制于俄罗斯，也不受制于美国。	6. 切回位于萨格拉布市的伊万
在这部影片中，我向你展示一些南斯拉夫让我着迷的东西。我希望你能亲自听到当地的音乐，看到当地的美景。我不再多说，你只需花几分钟观看——我希望你会喜欢。	
首先，这是一个美丽的国家	

下面是拍摄所需镜头的部分日程表。这样安排日程表是为了在每个地方尽可能多的拍摄镜头。每项条目前的数字，代表我们要在外景地拍摄的镜头编号。第一个出现的条目，外景地就是我在南斯拉夫大饭店(Hotel Jugoslavia)的房间；镜头是"#8"，内容是河面上渐亮的黎明，从我住的804号房间向外拍摄。拍完后，我们移动到旅馆附近的Kalimegdan公园。在那里，拍摄镜头12/24/38/102/95/113号，这些镜头会在影片的不同片段使用。有些镜头出现在风景部分(美丽的公园、瀑布和雕塑)，有些出现在居民部分(小孩、夫妇散步)，下棋的镜头会出现在体育部分。

贝尔格莱德拍摄日程表 8月29日

星期二早上 5:30 南斯拉夫大饭店804房间

8. 南斯拉夫大饭店黎明时的外观

12/24/38/102/95/113　美丽的Kalimegdan公园/瀑布/儿童/在公园中散步的夫妇/下棋/雕塑

移动到：

26/40a./47/49/52/71-76/122　街上的妇女Terazjie Marsala Tita/报纸/水晶玻璃/儿童商店/唱片店/街头餐馆招牌/比萨饼/汉堡包/热狗

同期声_____

贝尔格莱德拍摄日程表 9月2日 第3次修订

　　　　　　　　星期三中午12:00，返回基地——晚上10:00

12:30—15:30　　4/46/70 贝尔格莱德酒店(Hotel Beograd)的内部
　　　　　　　　同期声介绍免税店和餐饮

16:00—17:00　　2.火车站—同期声介绍

17:00—18:00　　122. 与Marsala Tita告别

18:00—19:00　　用餐

19:00—20:00　　黄昏中Moma的房子

20:00—22:00　　25/28/34/68 古老街道斯卡达理加(Skadarlija)的外观
　　　　　　　　用餐，同期声介绍，夜晚人群的喧嚣，包括咖啡店里男人和女人的声音、倾倒饮料的声音一旦素材拍摄完成并浏览完毕,一份暂行编辑日程表和镜头场景表也同时创建完成。每部纪录片都是按照某种内在逻辑制作的。许多片段是按照从黎明到黄昏的时间拍摄,或跟随着购物者从使用美国运通卡付钱到一天结束时的精疲力竭。下面的编辑笔记写得很简短,用于辅助找到特别的镜头。

编辑 9月19日

风景

黎明到日落:黎明的镜头(古城科托尔)……鲜花……

教堂与白云……鲜花……布莱德镇……普利特维斯区……墙砖……屋顶……山上的景色……月亮与白云……黄昏……小孩的脸……日落。

伊万的斯卡达理加副本

美丽的人们

从黎明到黄昏的活动:在萨格勒布的男人向我们鞠躬,去工作的工人……厨师……牧羊女……犹太人服务中心和天主教服务中心……去学校的小孩……在"好莱坞俱乐部"跳舞的女孩……在商店里的亚美尼亚女孩……主教……使用电脑的人……许多面部和挥手画面的快速蒙太奇

伊万的萨拉热窝副本

购物

付款、冲向柜台、被购买的商品;超市里的钱……美国运通标识的镜头……在杜布罗夫尼克的脚……走过迪奥克莱汀宫殿……快速蒙太奇:水晶、皮革、铜器、免税商店、连衣裙、男士外套、当地特色物品……疲劳的人们

伊万的卢布尔雅那副本

美食

从原材料商品到正在运输的产品:猪、牛、麦田、玉米。市场上包装好的蔬菜……市场的广角镜头……正在倾倒的液体……咖啡馆……咖啡馆……正在烹饪的食物……咖啡馆……咖啡馆和酒吧侍者的晚安(空盘子)

伊万的普利特维斯副本

真人秀节目

　　纪录片和真人秀节目的主要差异在于信息和娱乐性。纪录片首要目的是告知,但他们也可以充满娱乐。真人秀节目的首要目的是娱乐,但也能够提供信息。事实上,"真人秀节目"是一种节目类型,而不是一种制作理念。多数情况下,真人秀节目通常是人与人之间的竞赛。这些节目之所以被认为是真实的,因为它们呈现的是自然的时刻。也就是说,有些真人秀和纪录片是相似的,他们也会像与纪录片一样去聚焦记录某些群体或个人。

　　真人秀节目的历史可以追溯到1948年艾伦·芬特的《诚实的摄像机》,这是以1947年很成功的电台表演《诚实的麦克风》(Candid Microphone)为基础的。在相同的时期,真人秀,比如泰德·马克(Ted Mack)的《业余原创比拼》(Original Amateur Hour),这是以20世纪30年代博斯少校(Major Bowes)的《业余比拼》(Amateur Hour)和阿瑟·加德弗莱(Arthur Godfrey)的《星探出击》(Talent Scouts)为原型的,并在电视中播出。他们都被认为属于才艺竞赛类型,事实上也非常像《美国达人》(America's Got Talent)。

　　在20世纪50年代,《真相或结果》(Truth or Consequences)和《分秒竞争》(Beat the Clock)被认为属于游戏类节目。如今它们已经被归到真人秀节目分类中。在20世纪70年代,查克·巴里斯(Chuck Barris)开创了《约会游戏》(The Dating Game)和《新婚游戏》(Newlywed Game),并成为主流电视节目。本质上他们都是游戏类节目,以及1976年首映的《铜锣秀》(The Gong Show)。《铜锣秀》节目中,三个名人裁判为才艺展示做评判,非常像《美国偶像》(American Idol),但又不完全一样,《铜锣秀》没有观众投票;当然,查克·巴里斯对才艺展示的态度有些不同,少了一些严肃。

　　可以被视为第一个真正意义上的真人秀节目的是《一个美国家庭》(An American Family),1973年由美国公共电视台PBS首播。这个节目,使用超过300个小时的素材,去制作12集1小时长度的节目,记录加利福尼亚州圣巴巴拉市劳德一家每天的生活。这是一部有重要意义的节目,因其拍摄方式而被当作真人秀节目的早期范例。它允许劳德一家在没有任何干扰的情况下过自己的生活,也尝试客观呈现,只拍摄,不评论。在制作的过程当中,它使用了大量的镜头和编辑时间。随着廉价摄像机和非线性编辑系统的使用,这种节目变得越来越便宜,越来越容易制作。如今,跟拍某个主角的节目,比如《橘郡贵妇的真实生活》(The Real Housewives of Orange County)和《新泽西娇妻》(New Jersey Wives)都是典型的电视节目类型。

　　此类节目的流行有目共睹。甚至有电视频道专门播放这种节目。由于它的受欢迎程度日益增加,制片人开始使用各种不同的制作方式。如果你在维基百科上搜索真人秀电视节目的清单,你会发现这些节目被归入了几种类别,尽管各类别之间也是类似的:

纪录片型： 《一个美国家庭》、《橘郡贵妇的真实生活》
历史再造： 《MTV的70年代家居》(MTV's The 70's House)、《殖民地时代家居》(Colonial House)
科学： 《流言终结者》(Mythbusters)、《捉鬼队》(Ghost Hunters)
约会： 《相亲》(Blind Date)、《单身汉》(The Bachelor)
执法/军事： 《警察与强盗》(COPS)、《911救援》(Rescue 911)
改造： 《改头换面》(Extreme Makeover)、《院子里的不速之客》(Yard Crashers)
变化生活方式： 《减肥达人》(The Biggest Loser)、《超级保姆》(Supernanny)
梦想实现： 《三个愿望》(Three Wishes)、《一生的疯狂》(Thrill of a Lifetime)
名人生活实录： 《这是你的生活》(This Is Your Life)、《奥斯本一家》(The Osbournes)
隐藏摄像机： 《诚实的摄像机》、《搞笑短片和恶作剧》(TV's Bloopers & Practical Jokes)
真人秀游戏/
真人秀淘汰赛： 《分秒竞争》、《真相或结果》
星探节目： 《业余原创比拼》、《美国偶像》
恶搞： 《笨人乔秀》(The Joe Schmo Show)、《迎合老板》(My Big Fat Obnoxious Boss)

从广义上讲，作为一种节目格式，真人秀节目所需要的东西和其他大多数节目格式是一样的。关键因素可能是，真人秀的大部分素材都是自然的，但最终也是按照脚本来做的。我们被引入和引出各个片段，按照脚本设计好的问题被提问，一些情境被创造来以引发参与者的自然回答。不同种类的真人秀节目所需的技巧是不一样的，这也是任何电视节目制作中的一部分。

这本书主要讲解电视节目的导演和制作，但是与其他节目格式不同，真人秀节目中导演的位置不太容易归入明确的分类中。与真人秀节目有关的导演技能，在不同节目中是不一样的；比如《美国偶像》、《与星共舞》中导演所需的技能，与《幸存者》、《恐惧因素》(Fear Factor)，甚至《单身汉》、《减肥达人》里导演所需的技能是不一样的。决定用哪种标准来衡量导演在真人秀节目中的工作对美国导演协会(Director's Guild of America)来说是很困难的，对于衡量各类制片人也是如此。然而，这种节目格式确实存在，并且在导演工作和制片工作领域提供了机遇。

现在，学生比以前更容易参与到真人秀节目的制作中了。大学游戏秀，比如通用电气学院碗超级竞赛(GE College Bowl)和各种本地学院智力竞赛，一度是高等院校间的主要活动内容。随着数字化视频的使用，学生制作真正的真人秀节目的可能性被大大提高。只要有廉价摄像机、翻转摄像头，甚至手机，再加上广泛易用的编辑软件，就有可能在没有演播室、也不需要花一大笔钱的条件下，制作真正的多摄像机真人秀节目。

关于拍摄此类节目的可行思路，比如学生可以录制一些发生在教室、宿舍、集会场所或课堂讨论会的日常事件。关于个人隐私的发布问题要提前做好声明，一旦这些问题处理就绪，就可以使用这些素材创作出一部节目。制作节目时，需要架设一些不会对现场构成干扰的摄像机，然后录制下接下来发生的事件并进行编辑即可。

阿诺德·夏皮罗发展了一种更加动态的节目制作模式，并制作了《恐怖监狱》(*Scared Straight*)和其他一些节目。他让迥然不同的群体聚在一起，录制接下来发生的事情。在《恐怖监狱》里，我们看到一组因犯罪而被逮捕的青少年，他们为自己犯下的罪行感到自大。他们被送往一所监狱，在那里他们遭遇了另一组囚徒，这些囚徒以恶劣的语言告诉他们真正的监狱生活到底是怎样的。囚犯试图吓住这些青少年——就像片名提到的那样。一些摄像机和麦克风架设在那里，用来记录冲突。这部影片以纪实电影的风格拍摄，观众在看到剧中行动的同时也可以看到所有的电影装置。

胶片和磁带之间的冲突由来已久。前期制作主要关注如何找到合适的地点，把合适的人集中到一起；以及如何找到合适的问题去推进情节。这个过程，与准备一场简单的采访是一样的。从某种意义上说，真正发生的其实就是在两组或三组群体之间进行的采访，尽管也希望能够碰撞出火花。这类节目主要的技术难题(假设你有足够的照明)是录音。当采访对象正在发脾气的时候或者当采访对象根本不在乎录音的时候，你如何做到让讲话的人对正麦克风？因为听见参与者的声音是最基本的，答案就是"无论怎样只要能录到音"就行。摄像机上的话筒或许能够捕捉到一切说话的声音，但是剩下的声音——椅子的摩擦声、房间里其他人的声音、房间外的人的声音——都会与你想听到的声音一起被收录进去。

下面是获得可用声音的方法：

- 在每个人面前放置一支麦克风
- 把麦克风隐藏在讲话者无法触及、但又能收录到声音的地方
- 让讲话者到指定地点讲话，就像举行城镇会议一样
- 让跑腿者在谈话发生的区域拿着麦克风
- 在头顶上方设置备用麦克风(使用这一后备方案时必须谨慎，因为全方向性的头顶麦克风将会收录所有的声音，包括事件白热化时出现的你不想听到的噪音)
- 同时使用上述所有方式

摄像机和电缆也有必要说明一下，它们可以出现同样的问题和挑战，无论是在180度还是360度的拍摄当中。一定要考虑好是在360度范围内拍摄，还是在180度的直线上拍摄。如果能让所有的动作都发生在假想的180度线的一侧，可以帮助观众弄清楚谁在同谁说话、他们处在场景中的哪个位置，但是这样做也可能使一些参与者无法同其他

人发生接触。

本章小结

背景

- 考虑新的项目时，需要考虑以下三方面：
  1. 理念
  2. 呈现理念的最佳格式
  3. 影响呈现方式的趋势
- 当选择纪录片主题时，应当试着寻找能够呈现令人感兴趣的视觉元素的主题。
- 家庭、工作、习惯、兴趣或者报纸、杂志都是寻找纪录片节目素材的好来源。
- 理想的话，一部纪录片至少要包含下列两种特色：
  1. 有趣
  2. 有教育意义
  3. 有权威性
  4. 可盈利
- 具体的纪录片格式包括：
  1. 寻获的影像：柯林·洛拍摄的《黄金之城》、加拿大电影局拍摄的《沃尔夫·柯尼格》，或肯·伯恩斯拍摄的《棒球风云》(Baseball)。
  2. 扩展报道：
     a. 经过编辑的：《警察与强盗》、《晚间新闻》的部分内容。
     b. 未经编辑的：辛普森案法庭审判、奥林匹克运动会的某些赛事、民主党和共和党全党大会的某些部分。
  3. 创造：阿诺德·夏皮罗制作的《恐怖监狱》，纪录片里的事件是制作人设计的。
  4. 再造：《911》、《未解之谜》(Unsolved Mysteries)，相关事件被再现在摄像机前。
  5. 蒙太奇：20世纪60年代牙买加电视广告片，或丹·麦可劳林为汽车租赁公司Hertz公司拍摄的《上帝就是狗反过来拼》，或者MTV、VH1的音乐视频。
- 前期制作必须准备好的清单：
  1. 采访对象名单

2. 提问的问题清单，问题的顺序，在哪种情境下提问。提问题时最重要的一点就是所提出的问题要能引发观点：
    a. 你是怎么看待……？
    b. 你觉得……怎么样？
    c. 你如何评价……？
    d. 可以用"是"或"否"回答的问题，或能被简短回答的问题，在编辑室内都是没什么用处的
3. 潜在的可视内容和活动清单
4. 工作人员名单、他们的地址、工作时间
5. 设备清单
6. 节目制作时间表

制作

- 制作清单要包括外景地清单：
    1. 联系人
        a. 他们的职位或头衔
        b. 他们的电话号码和电子邮件地址
        c. 拍摄时，在哪里可以找到他们
        d. 当你到达现场时，谁在负责，负责人的电话号码
    2. 采访对象
        a. 他们的名字
        b. 他们的职位或头衔
        c. 他们的电话号码和电子邮件地址
        d. 安排好的采访时间
    3. 工作人员名单(不要与问题清单列在一起)
        a. 姓名
        b. 头衔或职位
        c. 电话号码和电子邮件地址
        d. 见面时间
        e. 见面地点
    4. 外景地考察信息，包括
        a. 全天日程表
        b. 相关地图

- c. 比例平面图(如果可能的话)
- d. 外景地照片
- e. 电力来源
- f. 装置清单
- g. 相关的文件，包括现场拍摄许可证和通讯录、外景地卫生间情况、停车位情况
- 在离开设备租赁设施之前，检查所有设备是否能正常运作是一项标准程序。特别是视频设备，需要拍摄一些镜头，并连接上一台非实际使用的机器进行浏览，确保设备运行正常、连接正常。
- 标准的拍摄顺序是：
  1. 到达现场，预留足够的时间架设机器，并准备好镜头清单上的第一个镜头。
  2. 确保你安排好了可行的摄像机轴线顺序。
  3. 录制之前设置色条和音调。
  4. 设置白平衡。
  5. 拍摄。
- 采访技术后：
  1. 拍一个全景镜头。
  2. 拍摄"点头者"镜头。
  3. 拍摄花絮或覆盖报道。

小技巧

- 只在适当时使用摇摆镜头技巧，其他任何时候都使用三脚架拍摄
- 每个镜头都留够开头和结尾
- 日志，使用连续的镜头编码
- 时刻意识到拍摄时间比
- 给任何东西都做上标签，标明：
  1. 你的姓名
  2. 日期
  3. 作品的名称：《东方世界》、《60分钟新闻杂志》、《格林斯博罗期刊》
  4. 片段名称："安德森博士的采访"、"纹身店"、"花絮"
  5. 标明是否是原始素材、无图形版本、带字幕的母带、编辑完毕的母带等
- 使采访对象远离墙壁，远离杂乱的背景
- 避免背景噪音

- 在每次回答结束时改变取景
- 记得录制"房间音调"
- 极近距离的特写、或从高、低角度拍摄,能够拍到令人兴奋的覆盖素材

后期制作

- 后期制作清单主要包括:
1. 拍摄日志——简单描述所有的素材,如果可能的话,给每一个场景的素材编上时间代码
2. 在纸上编辑——列出作品中每一个元素的存放位置,以及它们被编入母带的顺序
3. 旁白
4. 额外的音频来源,比如音乐或音效
5. 检查整个作品的步调
6. 先编辑音频,再编辑视频

第11章

多机位远程节目

除本章以外，本书其他所有章节都是讨论导演在具体节目格式中的工作。本书中涉及的小组访谈节目、音乐节目、新闻播报以及其他各类节目格式都对导演和制片人提出了具体的要求。在这一章，我们将讨论源自导演工作环境的一些要求，主要是指出外景或者是远程拍摄，尽管有时我们说的远程站点其实就在隔壁。

使用远程站点是因为外景地具备摄制的可能性。如果是新闻事件或现场纪录片事件，比如说航天发射，那么没有别的选择，事件发生的地方就是制作节目的地方。如果是一场演唱会或者体育赛事，那么场地具备的特殊条件使得这一活动选择在这里举行——也许它是这片区域最大的场馆，是唯一能容纳那么多观众的地方；或许这一活动是一场体育赛事，而它是主队的场馆。导演或制片人必须把场地和它所具备的特殊条件当作事件的一部分展现出来。

身处外景地或者远程站点能帮助你认识到，你有多么把传统控制室的条件当作想当然的事情。当我观察《正义前锋》(*The Dukes of Hazzard*)的拍摄时，我听到摄像指导告诉工作人员开始布置下一个镜头。他说他要在没有任何Gimmies的情况下拍摄这个镜头。"Gimmies？"我问道："什么是'Gimmie'？"他回答说："'Gimmie'就是所有你在最后时刻想要的东西，你知道，就像'给我一个特殊的灯光设备，或者一面旗，或者一个不同的镜片'，就是某些之前你并没有计算在内而当下又想马上有的东西。"控制室和演播室内有很多Gimmies，几乎所有你想要的东西都在这里，如果你想要用什么——某种新的需求，某种镜片、某种音频设备——通常，储物间、另一个演播室，甚至是设备租赁地，任何能给你提供在最后时刻想要的东西的地方离你都很近。

只有非常大型的远程节目制作才会配备许多"Gimmies"。但就算是最大型的节目，相比大多数在演播室的操作仍显得受到限制。远程节目制作需要你在出发去外景地之前对每样会用到的东西的具体细节加以高度注意。

转播车和拍摄地的距离也很重要。如果在某个特定地点拍摄时有可能要求一辆转播车，尽量选择一辆距离事件发生地近的，尤其是当这一事件允许彩排的时候。因为不可避免地，导演需要不时地赶路到表演区域。不久，你就会发现，"近一些"(意味着在路上的时间更少)更好。关于刚才所讲的，我们可以提前做一些基础的假设。

基础知识

由于这是关于多机位的外景拍摄工作，你可以假设一下，不管这个远程站点规模有多小，一定应该具备以下设备：

1. 两台或以上摄像机
2. 几种视频切换器
3. 几支麦克风
4. 音频控制台
5. 一个视频同步信号发生器(如果没有内置到切换器里)
6. 用于视频、音频、对讲机、电力的各式线缆
7. 摄像机基座——至少有三脚架(有轮或无轮)
8. 提供给摄像、音频、录制/回放和其他分工领域的内部对讲系统
9. 供导演/制片人使用的视频监视器，包括：
    a. 输出每台摄像机信号的监视器
    b. 播出监视器
    c. 预览监视器
    d. 重播监视器(确保你认为正在播出的内容真的播出了)
10. 节目信号和重播信号的音频监控系统，提供给
    a. 音频技术人员
    b. 导演/制片人
11. 录制设备/转播设备
12. 监视器上的钟表，显示
    a. 磁带或光盘的使用时间
    b. 节目时间
13. 椅子
14. 桌面空间
15. 控制区域的照明设备
16. 控制区域里的物品存放区域，包括存放：

a. 磁带——硬盘驱动器
b. 脚本
c. 道具
d. 服装
17. 可能还有：一个图形发生器
18. 或许还有：一个铅笔刀和一个衣帽架
19. 如果这是一辆转播车——车中一定会有空调(一件羊毛衫或外套通常是必需的)

转播车

转播车的大小多种多样。有时所谓"转播车"只是一辆带轮子的小推车(见图11.1)，有时是一辆厢式货车或小型卡车(见图11.2)。它也可能是一台50英尺长的庞大单元或者一系列单元的组合(见图11.3)。

图11.1 这个带轮子的小推车上有一个切换器、一个音频控制台、一个图形发生器以及监看每台摄像机、预览信号、播出信号和重播信号的视频监视器

最大型的转播车配置，有5辆或以上的卡车，包括发电机卡车、独立控制间单元、带有磁带驱动器和服务器的外置录制间单元、与节目团队分开处理其他相关音频视频的车辆等。

大部分新型转播车能够往服务器上录制视频并播放视频。大型节目制作还会配备照明设备卡车(grip truck)，以及带有厕所、化妆间、服装维护、发电机等设备的房车(honey wagon)等(见图11.4和图11.5)。

Small Analog

| High Definition | Serial Digital | Large Analog | **Small Analog** | Video Flypacks |

For the more cost effective sports and the majority of our corporate events, we offer several smaller analog mobile video production units. Most are 28'-40' long and offer the following standard equipment:

VIDEO SWITCHING
GVG 250 or 300 switcher; 20-24 inputs; 2-3 M/Es.
DVEous or Abekas A51 DVE (1-2 Channels)
2 channel Abekas A42 Still Store

GRAPHICS
Chyron iNFiNiT! 060 processor, 250mb zip drive

CAMERAS, LENSES, SUPPORT
Up to 4 Ikegami HK-343 CCD Triax Studio cameras
Up to 3 Ikegami HL-43 CCD Triax Handheld cameras
Canon 45x and 33x studio lenses, Canon 14x-16x handheld lenses

VIDEO TAPE
Up to 5 Sony Beta SP VTRs, DNF slo-mo controllers
EVS LSM Digital Video Recorder available on some units
1 Panasonic VHS VTR

AUDIO
Soundcraft or Mackie Audio Console, 24 inputs
1 DigiCart, 1 CD Player, 4 chnls compressor/limiters
Microphones as needed

COMMUNICATIONS
RTS 6 channel intercom system
RTS 4 channel IFB system
1-2 Telos Links, 1-2 QKT phone couplers
4-8 line Phone system

OTHER
2-4 Frame Syncs, (1) light kit, (2) 13"& (3) 9" Outboard Monitors
4,000' Triax, 2,000' Coax, 1,500' DT12 Audio Mult
Power Requirements: Single Phase, 200 amps, 208 volts

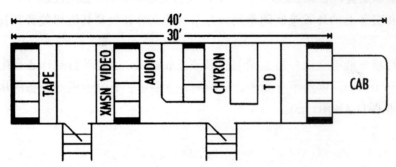

图11.2 这辆转播车来自Total Production Services公司，是一台"小型模拟"转播车，它可以拍摄模拟格式和数码格式节目

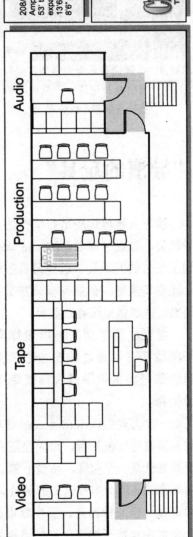

图11.3 这辆转播车来自Crosscreek视频公司，是典型的用于大型活动的节目转播车

图11.4 这辆设备车为大型节目制作提供节目所需的各种电缆、头戴式耳机、三脚架和各种混杂的工程装置

图11.5 这些手柄和灯具已经准备好被运往需要它们的地方

"导演的玩具"

执导大规模远程节目制作的乐趣之一是，它们经常可以提供一些使用不常见设备的机会。奥逊·威尔斯(Orson Welles)曾经说过，在好莱坞工作就如同变回小孩，并得到了美妙的新玩具。远程节目制作的乐趣大抵如此，就算是只有三架手持摄像机和一个迷你切换器，仍然可以录制节目。经常想象一下如果没有预算限制你能够拍出什么结果，这样做是很有助益的。

曾经，为了制作一档预算非常有限的大学节目，人们发现那些非常高或非常低的镜头可以通过装在扫帚柄上的手持摄像机来完成。用扫帚柄充当基座，摄像师能够把摄像机举过头顶或垂下来，或者干脆把摄像机放在地上，用倾斜角度完成拍摄。

一个万花筒(kaleidoscope)效果通常需要非常昂贵的切换器，或者进行后期制作，如果要进行实况拍摄，可以使用众多"玩具"构想当中的一个：混景器(Talidescope)。混景器就是一个空管，两面小镜子呈"V"字形固定在其中。一端是观察口，另一端朝向周围的环境。实现这个效果只需要把两面买自沃尔玛超市的大镜子用"V"字形夹具固定在一台监视器前。监视器里的画面可以通过切换器进行控制。三台摄像机的其中一台放在与镜子摆好位置的监视器前拍摄。当其他摄像机的输出信号被切换进监视器时，一个移动的万花筒效果就生成了。

摇臂和升降机

大部分重要远程节目拍摄和许多演播室节目都使用悬臂和升降机。它能进行很多姿态优雅而令人兴奋的空中移动动作。通常多台不同的摇臂和升降机都可供你使用，然而，知道每一台能够做什么并找到会操作它们的工作人员对节目制作是非常重要的。

摇臂

摇臂是一条可推拉的悬臂，固定在三脚架或其他稳定支架上。摄像机架在悬臂的一端，配重和摄像机操控装置在另一端。典型的摇臂装置，如JimmyJib摇臂(见图11.6)，镜头可以低到距离地面仅有6～10英寸(取决于使用何种摄像机)，通过使用延长臂可伸长达18英尺，操作人员通常情况在摇臂后端工作，可以左右上下移动悬臂。其他品牌摇臂的臂长可能长一些或短一些，或者具有不同的调动性和稳定性，或者有其他个性化特征可供选择。

图11.6 这是一台带有电缆驱动的轻型JimmyJib摇臂，它重达35磅，可以拆卸装进便携式手提箱中
资料来源：感谢JimmyJib公司供图。

升降机

本质上说，升降机就是一个带有悬臂的大型推车。通常是一个四轮推车加一个可升降、可左右移动的悬臂。有时升降机不使用"带悬臂的"(armed)而使用"带舌头的"(tongued)这个术语。升降机的一端，摄像机安装在一个可以上下左右移动的盘上；另一端是配重。有时摇臂固定在一辆真实的卡车上，这种情况仅发生在拍摄电影时(图

11.7展示的是其中一种)。其他升降机比如Chapman Zeus、Nike、Chapman/Leonard Maverick等品牌主要用于演播室节目制作,但有时也用于远程站点。包括其他在多机位电视制作中使用的升降机在内,它们通常需要一个3~4名工作人员的团队操作,包括一名摄像师、一名升降机操作人员、一名推拉杆或悬臂操作人员/一名电缆维护人员。

伸缩大摇臂Technocrane,带有一个可伸缩的悬臂,是当前非常流行的典型设备。其他的比如Chapman/Leonard Hydrascope 15型或30型也可以承担这样的远距离伸缩操作。伸缩臂解决了以前固定臂升降机的固有问题,给摄制工作带来很大便利。

图11.7　行驶中的Chapman牌Super VI型陀螺仪摄影车
注:它的配置包括一个震动隔离器和陀螺仪稳定头。这种配置常常作为电影或单机节目摄制中的摄像机基座。
资料来源:感谢Chapman/Leonard Studio Equipment公司供图。

图11.8　一台装在轮上的SuperTechno
注:它的操作需要一台远程电脑进行驱动,并由一名操作员移动悬臂。
资料来源:照片来自Orion Technocrane公司。

问题

当僵直的升降机悬臂带着摄像机从一侧摇到另一侧时,在整个弧线运动过程中,从摄像机到升降机中心点的距离是始终固定的。想象你正在拍摄摇滚音乐会,升降机的基座放置在台下正对舞台中心的观众群中,你想让悬臂从左边沿水平线一直移动到右边。不幸的是,摄像机可能因此撞到站在舞台中央的领唱歌手,因为升降机的悬臂长度是固定的:舞台中心到舞台左右两个边的距离大概是30英尺,但升降机中心到舞台中心的距离也许只有15英尺。

解决方案

伸缩大摇臂的悬臂是一系列中空的正方形钢柱,一根嵌套着一根。它们既可以延伸出去,也可以从远端位置缩回。这意味着如果我们拍摄一场摇滚音乐会,想把悬臂从舞台左边一直移动到舞台右边，悬臂在移动到舞台中心要经过歌手的时候可以根据歌手和拍摄位置的距离进行收缩。当悬臂继续移动，经过歌手后，悬臂可以再次伸展，使它到达舞台另一边。

悬臂的伸缩功能使导演能够拍出符合观众期待的精彩镜头。伸缩大摇臂还可以通过安装一个遥控头(remote head)进行强化，我们把它叫做"Z-head"，它能够上下左右移动和摇摆，它为设备增加了一个通过脚踏板控制的"Z轴"，能够支持拍摄出"行进的"荷兰角度式镜头(行进镜头是一种移动镜头，在拍摄过程中左右摇动或上下摇动，或两者同时进行)。关于伸缩大摇臂，曾有人写道："我们拍摄了一些绝妙的行进镜头，就像是在一架三角钢琴的琴盖下移动或是滑入一间小屋的狭小窗户时的感觉。"

在这种制作中导演的工作是寻找使用这种装置的新方法和新时机，寻找与工作人员合作的可行的新方式。此类工作的乐趣之一是工作人员和装置制造商都会不断地尝试做到更好，而且他们往往能够成功。

在下面的环节中，我们将讨论三种在远程节目制作中常见且重要的节目格式，看看不同外景工作的需求怎样影响导演和制片人的选择。以下就是我们要探讨的多机位远程节目格式：

1. 表演节目：音乐会、戏剧、歌剧
2. 体育：并不是所有体育活动，但理论上包括所有的体育赛事
3. 新闻和其他纪录性事件：包括事先计划好的事件，比如政党全国大会，选举和就职仪式；同样也包括那些未经计划的实时事件，比如突发新闻或灾难

当然，它并不能囊括所有远程制作的可能情况。实际上，用"细节决定成败"来形容远程播出的节目制作是很恰当的。每一种远程制作都各不相同，都有很多细节需要加以甄别，本章只能讨论一些本质的东西。

远程制作的导演和制片人都希望拥有最先进的远程制作团队，有一群经验丰富的工作人员，但本书并不探讨这些内容。尽管书中会出现一些与工程技术相关的描述，但并不会讨论在远程工程中的细节，本书不讨论外景地的问题(如酒店住宿)，也不讨论法律方面的问题，甚至也不考虑节目传送的安排和相关的技术性问题，而只是讨论导演和制片人关于实际节目制作所需考虑的问题。本书相信，不管遇到多少困难，技术人员一定能做好他们自己领域的工作。工程技术也许会因为场地的特点、节目制作的需要、节目预算带来的机会和限制而面临难题。总的来说，必须在具有挑战性的环境中制作节目的这一特点，往往能够将那些才华横溢的、在自己的专业领域中负责任、积极向上、有用人士聚到一起。

关于远程节目制作的讨论还需考虑两个与其他节目的重要区别。首先是节目是不是真正直播的问题，奥斯卡或艾美奖这种节目是在活动发生的同时就进行直播。其他的

节目，比如奥运会，会在真实事件发生后"作为实况"播出，这是为了照顾不同时区的观众。这样的节目和那些预设需要编辑的节目感觉是不一样的：一旦被播出，那么这一事件就实际发生了。事件结束后不可能推倒重来。当节目内容本身出现停顿时，可以重放事件或者歌曲，稍后还可以加入一些镜头去遮掩某些错误或满足其他需要。这种可以再造某个时刻的能力，制造出一种不同的张力，为节目提供了另一种感觉。

第二大区别在于某些体育赛事，比如棒球或足球，在赛季中都是每星期举行一次，负责转播这些赛事的工作人员是一小群出色的工程师和技术员，他们合作制定出适用于大部分情形的拍摄手法，让他们每周做同样的事训练了他们重要的洞察力和技术能力。

纪录性事件和演唱会并不经常发生。因此，一个制片人和他的工作团队可能一年中仅合作4～5次，甚至更少。另外，这样的事件需要"演员"和导演/制片人在一种更直接的方式下工作，与制作体育赛事节目的人们之间的关系不同。举个例子来说，金像奖直播节目的制片人与节目主办方之间的关系比一场体育赛事的制片人与某一球队投手之间的关系要近得多。活动的性质所带来的一系列动态变化会对节目制作产生影响。

技术手册

也许在所有远程节目制作中最重要的工作文件就是技术手册(有时也叫制片手册)，上面列出了所有相关人员、设备、录制或传送要求。不管何时何种节目形式，只要有可能，都有制片经理或技术制片人为节目编写技术手册。他(她)的工作就是尽可能写上所有节目制作过程中会遇到的问题。这本书省略的只是一些突发事件或发生自然灾害的情况，就算这些情况真的发生，很可能也还有另一本备用技术手册可供使用。

技术手册通常有20～30页，包含了所有与节目有关的重要材料，它主要回答以下问题：

1. 场地：包括所有地址、电话号码、地图和方向
2. 工作人员：位置、电话、电子邮件地址
3. 设备：包含哪些设备、怎样使用、何时何地使用
4. 录制或传输要求
5. 排练和录制的时间表

以下是来自一家国际广播娱乐公司特别节目的模板。其条目分类与在体育赛事、新闻节目和其他纪录性事件中使用的一样。多年来这个模板始终如一，只在摄像机型号和其他被淘汰的设备方面做过改动。下面的某些材料并不都与远程制作相关。比如，本地高中举办的活动直播可能不需要国际路由。重要的东西是与节目制作相关的内容。

第1页：关于所有制片人、导演、主要的节目转播车和发电卡车的地点、时间表、

名字、头衔、电话号码和其他所有相关信息的列表。

第2页：所有国内和国际传送数据的列表：路由、线路、账号、起止日期、时间。

第3页：所有卫星传送和相关数据的列表。

第4页：所有播出前和播出后传送数据的列表。

第5页：设备列表第1页：摄像机(数量、型号)、三脚架(数量、型号)、镜头(数量、型号)、录像匣仓(数量、型号)、监视器(数量、型号)、麦克风(数量、型号)、备用电池(数量、型号)等(见图11.9)。

第6页：设备列表第2页：包括提词器、监视器、便携对讲机系统(walkie system)、遥控摄像机、电源管理等相关设施，以及多用途卡车等。

第7页：制片日程表第一天：上午6:30—下午6:00，安装设备、安顿组员。

第8页：制片日程表第二天：上午6:30—下午6:00，系统测试。

第9页：制片日程表第三天：上午6:30—下午7:00，排练。

第10页：制片日程表第四天：上午8:30—半夜，排练，实况制作。

第11页：实况制作日程表的续表，以及收工。

第12页：摄像机、机器位置、镜头、配套设备和各种配件(手柄、镜头盖等)的列表，备忘(节目制作过程中何时何地发生设备移动等)列表。

第13页：视频监控器的列表：摆放、信号源、黑白/彩色、是否有色彩修正。

第14页：视频/音频输入信号列表，包括视频格式、音频输入信号的说明、信号格式。

第15页：录像带放映机列表，包括功能、位置、视频/音频路由。

第16页：录制/播放机器续表。

第17页：录制/播放机器续表。

第18页：麦克风和IFB系统(interruptible feedback，用于内部通讯的对讲机和耳机)。何人持有何种麦克风？选择该麦克风的原因？地点？型号？每个地点使用多长时间？何人持有IFB？地点？型号？每个地点使用多长时间？

第19页：具体IFB线路1～30号。编号、使用者、型号、耳机、地点、绑定何处、备忘。

第20页：具体IFB线路31～60号。

第21页：私人路线分配。频道、标签、说明、使用者代号(比如：导演代号是DIR)。

第22页：便携对讲机分配。操作人员名字、频道分配、地点、型号、耳机、关联何事。

第23页：电话列表，包括号码、职能(研究协调员、工程部门、制片部门)，电话摆放位置、备忘。

第24页：备忘。

第25页：证书列表。

第26页：线缆管理——线缆种类、起止位置、长度、备忘。

第27页：标出摄像机位置的场地地图。

2005 EMMY AWARDS - EQUIPMENT LIST

QTY	GAME CREEK VIDEO provides:
13	Sony HDC 1500 HHs
3	Osprey's w/ Build Up Kits for 21 x 7.8 Lens Fujinon or Cannon (for teleprompter cam)
2	Hard Cam Build Up's w/ Sticks for 72 x Lens Fujinon or Cannon (for teleprompter cam)
8	Tripods (Truck Compliment)
5	Canon 11 x 4.7 angle lens or equivalent
6	Canon 21 x 7.8 angle lens or equivalent
2	Canon 72 x Lenses w/ stabilizer, servo & manual zoom
2	HD EVS Machines 6 Ch w/ Monitoring.
1	HD EVS Machines 4 Ch w/ Monitoring
1	Spot Box
10	DVW A500's or DVW500 or equivalent (Please have shop backup standing by.)
1	DVW HD500's Record Decks or equivalent. (Please have shop backup standing by.)
2	DVD Player
1	VHS Deck
2	Miranda De-Embedders (sp?) for Deko Audio
3	KVM Extenders for Dekos
5	External Router Heads XY or 64 Button.
5	Throw Down Analog Video DA's
4	20" color monitors
9	13" color monitors
70	9" color monitors Refer to Video Monitor Tab, can substitute with 20" monitors using quad splits
4	AJA Converters (SDI to Component)
12	Throw Down Audio Monitors
2	Digicarts (1 w/ Zip drive)
6	Full KP Intercom Panels
3	Telos Link s or equivalent (AD Coord., Research Coord., Fashion Police Coord.)
1	Clear Comm. 2 – 4 Wire Adapter
45	25' Black XLR Cables
22	RE 50 Stick mics
3	Sony ECM 77 Lavalier Mics
22	Shure FP-23 Mic Pre-Amps
	Batteries for Mic to Line Amps
16	Hard Wire IFB Boxes
TBD	Lightweight headset (outside of production compliment)
13	(DT108?) Camera Head Sets
	BP325's Versacam Will Provide
	Cable Troughs - Truck Compliment (Generator Company is providing)
	Sleeving (for cables in case of rain) & tarps!
2	Cable Carts
1	DT12 Checker
	Rain bags for all Cams and Bags for DT12 and Triax Bells

图11.9 艾美奖颁奖典礼节目技术手册的其中一页

注：尽管每年的节目可能会用不同的硬件，但这个模板列出材料的方式是很重要的。每年做节目时只需要更新上一年技术手册上的具体装置项目和数量即可。

表演节目：音乐会、戏剧和表演事件

每一个外景地和每一种表演形式都各具匠心，但也带来了不同的挑战。对导演来说，他们要关心："我怎样从这个场合捕捉到最多的东西？"下面将介绍几种不同音乐剧和喜剧的舞台表演形式，以此展现不同场地工作的不同特点。

舞台

颁奖典礼、马拉松式电视节目、业余表演、喜剧俱乐部节目和其他类似节目通常在远程站点举行。它们与演播室节目也有很多相同之处：通常他们都有一个舞台或一块表演区域。有演员，演员在设定的舞台区域表演。但两者仍然有不同之处。

通常远程节目比演播室制作要受到更多的局限。场地的大小一般与演播室不同，可以接受的摄像机摆放位置不是想当然都能实现的。摄像机会占据坐席或桌子的空间。在重要的事件中，其他组织也许会与你争抢同一个关键的镜头或位置。观众的视线也会被摄像机和工作人员挡住。在俱乐部里，服务生不得不绕行以避免出现在镜头中。

远程节目制作为音频工作人员提出了特别的挑战。他们可能会在为合唱团安置麦克风和对观众收音时遇到困难。在俱乐部里，服务生、顾客、收银员制造了大量的噪音，公共扩音系统和扩音器增加了这些噪音的级别，这些都需要考虑到。压低这些噪音可能需要改变俱乐部的运作方式。线缆的摆放位置也需要进行考虑，既为了安全也为了美观。节目制作公司在抵达外景地之前必须弄清楚任何潜在的问题。远程操作中还有一个特别重要、但不易显露的问题，即表演者可能会走下舞台与观众互动，因此需要为这种场合准备一个后备方案。

让我们看一场地方喜剧俱乐部的业余爱好者之夜。同样的问题可能出现在大学娱乐室、青年会(YMCA)等类似场合进行的表演活动中。某种程度上说这样的活动对导演来说很简单，这里会有麦克风，运气好的时候表演者还能拥有一个高出地面的舞台。

最低程度的报道应包含下列设备：

1. 聚焦于舞台中央表演者的摄像机，在摆放时应高过现场穿行的服务生和去厕所的观众的头顶。因为所有的行动都发生在地面，不受欢迎的穿行者总是会出现，导演只能期望这些穿行的人们不会在镜头前停下来聊天或是在表演最精彩的时候挡在镜头前。基本上，用这台摄像机拍摄涵盖镜头。
2. 另一台摄像机以反向角度放置，用来捕捉观众欢笑、鼓掌的画面，也可用于拍摄表演者的侧面像。如果表演者真的走到观众中，这台摄像机也要承担这类镜头的拍摄。

3. 如果还放置了第三台摄像机，那么它最安全的位置是放在主摄像机附近，用它拍摄与主摄像机不同的镜头。这台摄像机可以放置在三脚架上或手持。当主摄像机的涵盖镜头画面受到干扰时，这台摄像机的独立信号就可以替换上去。
4. 最好还有一台手持摄像机在场地中拍摄。这台摄像机将会在恰当的时刻用来拍摄观众或表演者的反应，比如，表演者可以对着它的镜头讲话，如同对某个人讲话。

灯光和声音

灯光和声音是两个最常出现的问题，也是大多数学生节目制作的苦恼。灯光方面需要做以下考虑：

- 必须保证有足够的灯光给表演者和观众，并且当表演者走到观众中去时有追光。
- 根据播出需要，给观众的灯光亮度应由电视工作人员控制。这是因为在俱乐部里，给观众的灯光亮度通常很低，实际上他们常常处于黑暗之中。有时也用带遮光板的灯照向观众来解决这个问题。

声音需要考虑以下几点：

- 收音响度必须经过调整，使得麦克风能排除掉大部分喜剧俱乐部或夜总会的环境噪音，比如点餐的声音、收银台或计算机的敲击声、客人的说话声等。
- 需要用其他话筒来收集观众的回应。
- 音乐家现场表演者时，需额外设置麦克风。
- 室内中央扩音系统最好由电视工作人员控制，以保证声音响度与转播需求保持一致性。
- 如果来自表演的声音响度特别大，可能还需要准备特殊的头戴式耳机。

如果可能的话，在录制整场活动的现场剪切镜头的同时，最好也把整场活动广角镜头的独立信号录制下来。如果所有摄像机都是独立的，同时也有现场剪切镜头，那么整场活动在后期制作时可以重新编辑和混合。

流行音乐节目：摇滚乐、乡村音乐和爵士乐

假设我们将要制作一档有线电视网的特别节目，要在体育馆进行转播，导演无法拿到这类演出的乐谱。部分内容与演播室摄制是一样的。最好用一到两台摄像机拍摄主唱歌手或表演者。由于大部分吉他手和贝斯手都是右撇子，所以通常需要在左侧位

置再安排一台摄像机。

远程拍摄和演播室拍摄最大的区别在于时间框架。远程制作之前可能需要做长时间的大规模安装工作，这一切仅仅为了一场表演而已，比如奥运会开幕式的例子。有时可能会把两场或两场以上的表演录制下来并编辑进一场表演的播出。正式播出之前可能会有多日的排练和最全面的彩排演出。对于巡回演出而言，导演没有被提供"带摄像机"排练的机会，但通常在正式拍摄之前会有足够的时间供导演观看演出录像或单机录像带。

除非这是一场直播的表演，大部分材料在后期制作中都会被重新编辑，只要所有的摄像机信号和现场剪切信号都能被录制下来。部分观众会被特别突显出来，尤其是一些很上镜的观众，出于拍摄需要会被策略性地放入节目中。

与表演者以及他们的管理团队间的合作要考虑到很多方面。音乐活动的DVD销售和营销能力以及节目播出的公关价值，既会带来非常合作的态度，也会带来潜在的干扰。如果某些外部资源希望使其视觉形象出现在节目中，那么一个强势的制片人就尤为必要了。

前期准备

因为大部分远程制作只给导演一次拍摄的机会，所以前期准备特别重要。当然，导演在没有任何前期准备的情况下就开始拍摄的情况也是有的。我曾经在没有看过任何平面图、节目规程、设备清单、工作人员名单，甚至没有表演者名单的情况下就被要求拍摄为期三天的乡村音乐节。事后我了解到这个节目还是很成功的，但我觉得自己像是在拍摄马拉松式电视节目，拍摄这种节目时"安全"与"创新"相比总是更好的选择。

假设一组拍摄团队提前很长时间就被雇来拍摄一位流行歌星的全国巡回演唱会。通常情况下，导演应该会比较熟悉这位艺术家的作品，但仍会想尽早与这位艺术家及巡回演出经理联系。导演希望能提前看到一些表演，并想实地查看演唱会将要举行的场地。与演播室制作一样，导演提前安排一群工作人员负责人观看演出和查看场地，对节目是很有帮助的。

灯光指导

巡回演出节目有其自己的灯光指导和工作人员团队。节目制作团队的灯光指导需要和艺术家的灯光指导一起工作，以确保灯光符合电视播出的需求。通常情况是要让在家里观看演出的观众能够体验到音乐会现场的感觉，这就要求保持舞台灯光的一致性。通常，巡回演出的灯光会被完好地保留下来，一般已足够满足播出需求。然而，播出团队很可能希望增加额外的照明设备来照亮观众和场地的外围。

资深音频人员

巡回演出节目有其自己的资深音频技师和工作人员团队。资深音频技师需要和这场演出的音频工作人员一起工作，保障播出信号，保持艺术家音频效果的一致性。很多时候，节目的电视播出，需要从艺术家的音频输出信号中获取一个输入信号，于是这一音频输入信号经过声音处理车传送到电视转播车。声音处理车把这个独立的音频信号输入到一个多音轨录音器，然后再把全部音轨输入到电视转播车，或者把一个适合播出的经过后续环节优化的"混合"音轨输入到电视转播车。音频工作，不管是现场演出音频还是播出音频，都需要做好以下事项：

- 节目音频——混音的或未混音的。
- 音乐家的监听系统，通过扬声器或头戴式耳机把歌手的声音放大并反馈给音乐家。
- "室内音频"(公共扩音系统)，提供给观众。
- 内部通讯系统，提供给摄像师、舞台经理、灯光和其他与节目播出有关的人员
- 内部通讯系统必须在音乐声和工作人员的嘈杂中还能被听清楚。
- 最后，有时需要电话线路。

电视外景经理

电视外景经理很可能是制片人中的一员。他/她的任务是负责监督这一特别节目所需的所有技术性元素，比如能够把所有工作人员聚拢到一起的移动设备、通讯、电话线路、内部通话系统，以及录制和转播设备等。这就要求这个人不仅要熟悉所需的设备和工作人员，而且要熟悉节目预算。

导演

总的来说，任何事件的导演都想知道与时间有关的何人、何事、何地、何时。这些问题与艺术家和场地都有关系。

1. 需要拍谁？
    - 涉及此事的艺术家是哪些人？
    - 他们要表演什么节目？
    - 节目流程是怎样？
    - 要表演多少场？顺序是怎样的？(这需要演出流程来回答)

- 表演者站或坐的相对位置是怎样的？(这需要平面图来回答)
- 其他：表演者会走到观众中去吗？有需要被拍到的特殊入场口和退场口吗？

2. 事件在哪里举行？
   - 哪个场地？位置在哪里？
   - 场地有什么问题，有什么局限和特点？
   - 表演活动发生在舞台上、球场中，还是在游泳池中？
   - 是怎样的舞台、球场或游泳池？
   - 发生在舞台的某一端或者中央？
   - 球场或游泳池的尺寸？
   - 如何把机会最大化并将局限最小化？

3. 什么时候开始拍摄？基本上，这就是时间线。
   - 我什么时候能见到表演者？
   - 我什么时候能见到并讨论场地问题？
   - 什么时候举行排练？带有什么设施？
   - 什么时候是带设备的排练？
   - 什么时候拍摄？白天？傍晚？还是深夜？
   - 什么时候我能拍一些插入材料或者花絮？(如果可能的话)

4. 还有什么是我需要知道的？
   - 在表演期间会有烟火、烟雾或任何别的特效吗？何时何地？我如何了解这些以便及时拍到它们？

5. 杂项问题：
   - 有需要被整合在一起的输入信号吗？什么内容？时长多少？如何处理？
   - 有需要滚动播出的内容吗？什么内容？市场多少？如何处理？
   - 有其他合同上的考虑吗？什么内容？将如何解决？

最后，以下两点必须回答：

1. 这个外景地的表演有什么特点，如何利用它提供的特殊机会将节目最大程度地呈现出来？
2. 我还有什么遗漏的地方？

导演在前期制作阶段面临的最重要的问题是如何最大化拍摄表演者以及如何最大化利用这个外景地本身。外景地和观众(如果有的话)，相当于布景和设置的关系。如果是在一个体育馆，那么这个体育馆和观众必须在电视节目中融为一体，就像在实际生活中一样。两者的紧密性在喜剧俱乐部里也一样，这里场地区域更小、观众也更少，都必须成为电视表演的一部分。

为了制定拍摄计划，导演必须在实际电视拍摄之前看过表演或者同表演者一起工作。以下是一些基础性工具：

1. 场地的平面图，也许更重要的是艺术家舞台区域的平面图。包括乐器和扬声器的摆放位置
2. 对表演的感知……音乐、喜剧、舞蹈等
3. 事件的流程

有时实地现场图和表演流程可能都无法获得。这时表演者的巡回演出团队成员所画的草图也是够用的，这个草图的缺陷是可能会遗漏某些在画图者看来是无关的但却重要的信息。基于这一章的目的，让我们假设这位导演比较了解某个摇滚乐队的工作方式，我们会把这个乐队表演节目作为我们讲解的模型。一份平面图、一份大概的节目流程和一些以前演唱会的录像带是能够获得的。也许乐队上台后，节目流程会有一些更改，但任何有关节目的指示信息和内容顺序对导演来说都是有帮助的。它帮助导演和灯光指导确立灯光和拍摄的"基调"，帮助他们决定要用怎样的灯光或其他特效。

我们也假设这位导演已经去过将要举办演出的场地，并且在正式拍摄之前看过前几场巡回演出。现在距离演出开始和节目拍摄还有几周的时间。导演在知道了"拍何人、拍何事、在何时拍、在何地拍"等问题后，如何着手准备呢？

普遍来讲，导演会把自己的感受作为整个团队的出发点，并考虑如何最好地呈现它。用什么样的风格和方式拍摄取决于具体的音乐类型。乡村音乐通常与摇滚乐看起来很不一样，而摇滚乐又和爵士乐、古典音乐不一样。摇滚演出通常充满了烟火、烟雾、视频等令人兴奋的舞台设备。荷兰角度镜头、大量移动的手持拍摄镜头以及非常快速的剪切，都适用于摄制摇滚节目。即便如此，不同的摇滚乐队有时也有不同的需求。大部分情况下，用摇滚演出的视觉处理方式摄制古典音乐会的话，既不利于观众欣赏，也不利于音乐表现。

场地的情况也会对拍摄方式产生影响。不管是古典音乐还是摇滚乐，如果在体育场举行，使用小型飞艇拍摄是非常不错的。导演有时也要考虑使用车载升降台拍摄、水下拍摄或直升机拍摄等手段。

后期制作

拍摄完成后，节目就进入后期制作阶段。如果是一个重要的节目，所有或大部分摄像机都会单独录制，现场剪切信号也会录制下来成为最终混合视频的一部分。不仅如此，表演可能不止一次且互不相同，也可能是在不同城市录制的，这些资料都会是最终呈现的节目的一部分。编辑前的准备工作与演播室制作相同。

录像资料在后期制作前已经做好了日志和注释，这项工作有时是由导演完成的，

有时是由导演和制片人一起完成的,有时则是由编辑进行预览和做日志,创建出"精选带"(selected reel)。在实际编辑之前,制片人,或者制片人与导演一起会与表演者及其经纪人一起交流他们对于节目制作的想法。当剪辑工作最终完成时,音频也已经被录制成带有时间编码的24BIT数码格式,再进行音频优化。优化环节中,音乐被重新混音并置入最终的节目中。

我询问E娱乐(E! Entertainment)的国际事务主管艾瑞克·费德(Eric Feder),假如要在肯尼迪中心录制一期节目,需要用到的技术装置有哪些。以下是他的回答:

这完全取决于有多少台摄像机,也就是说预算是多少。你说它是一个要进行后期制作的实况节目,那么我会假设它需要剪辑是考虑到时间限制原因。这种情况下,制片人必须提前决定哪些内容可以很轻易地被剪掉并对节目没有影响(比如事先录好的录像合辑或现场音乐)。这种情况下,假如有八台摄像机,我假设会有两台摄像机分别在室内后方和观众中间或后方,并在摄像机下方各放置一台讲词提示器。然后我会加上一两台摇臂摄像机,两台在走廊里拍摄观众反应的手持摄像机,还有两台摄像机放在台上拍摄演出和表演者出入场。肯尼迪中心荣誉奖颁奖礼会用到比这更多的摄像机,不过前面说的是这类有歌舞表演和观众的演出的最低配置。为了之后的剪辑,我会选择把两台主摄像机都录制下来,再将领奖和获奖感言的片段剪短(也是为了以后别人使用着想,这些片段可以在屏幕上不加图形字幕的情况下被用于以后的节目中);我也会把用来拍摄音乐表演的两台手持摄像机都录制下来,再剪短它们。至于两台观众摄像机和摇臂摄像机,它们的镜头对时间的影响不大;它们拍摄的镜头可以与类似节目中的镜头互相借用,很少人会发觉。对这几台摄像机,以及其他摄像机,我会用一个副切换器或路由器单独录一段录像,这样导演和制片人(甚至技术指导)可以随便切换,在演出过程中随时把一些好的片段扔进录像里。

古典音乐节目

从某种意义上说古典音乐节目非常好拍摄。演奏者们通常是坐着的,并且你会拿到乐谱,知道什么时候哪种乐器会领奏。经过了充分的前期制作阶段,分析完乐谱,很少会再有意外状况发生。拍摄手法和演播室拍摄一样,不管在室内还是露天舞台,乐器和乐谱都是相同的。给指挥者和首席小提琴的关键镜头,以及广角镜头,也都是一样的。然而,在室内通常有充足的可移动摄像机围绕管弦乐队拍摄的区域,然而在露天舞台却常常不是这样。你可以将摄像机放置得距离某些乐器、演奏者的脸、乐谱和演奏者的手很近，但通常不可能把摄像机放在舞台一侧或者后台。露天舞台是抬高的，放置在观众中的摄像机会被迫拍到上仰的镜头，并可能漏掉一些演奏者。虽然如此，露天交响乐还是可以进行电视播出的，场地自身也会提供独具特色的拍摄机会。一个在远程地点的典型的交响乐团多机位拍摄设置是这样设计的：

1号摄像机：放置在左侧，最好放置在带轮子的三脚架上。带有电子现场制作(Electronic Field Production, EFP)系统，即该摄像机的取景器是一个内置的小型监视器，推拉变焦和聚焦按钮都在摄像机的把手上。该摄像机主要拍摄以下内容：

1. 从首席小提琴手的角度拍摄指挥者
2. 如果可能的话，在乐队背后越过定音鼓上方拍摄指挥者，以及拍摄观众
3. 正面拍摄或侧面拍摄定音鼓
4. 坐在舞台左侧的管乐器演奏者(用右边的摄像机拍摄)
5. 观众
6. 侧面或水平视角拍摄小提琴手

2号摄像机：放置在管弦乐队前方可移动的升降机或摇臂上。这台摄像机的取景，通常在升降机的后面或基座上进行远程操作，可以推拉变焦和聚焦。

1. 任何表演者的主镜头
2. 经过指挥者的镜头，这样拍摄的问题是会阻挡观众的视线

3号摄像机：就算是在观众席俯视舞台的场馆，也需要为摄像机搭建一个工作平台。通常来讲，工作平台会安排在场地中心或后部的某个地方，平台上放置三脚架，三脚架上架设摄像机。该摄像机带有传统的EFP系统，配备长焦镜头以便拍到表演者的肩部以上特写镜头，至少胸部以上镜头。在最广角的设置下，它承担着为导演拍摄第二个乐团正面镜头的任务，观众会出现在画面的前景中。

1. 广角镜头
2. 指挥者在指挥时的背面和手臂镜头
3. 选定乐器组的正面镜头或四分之三镜头
4. 观众们的镜头——观众们在欣赏和鼓掌时的侧面镜头和过顶镜头

4号摄像机：带有"电子新闻采集"(electronic news gathering, ENG)系统的手持摄像机。这个摄像机的变焦和聚焦按钮在镜头部位，摄像师通过摄像机上的目镜观察场景。理想状态下，这台摄像机最好是架设在一个能够快速装卸的三脚架上，置于场地右侧。

1. 演奏者的近距离特写，小提琴的正面特写，号和铜管乐器组的侧面镜头
2. 荷兰角度——摄像机倾斜，使取景框底线与水平轴线偏离，这样的画面看起来一边高一边低。可以用来拍摄场地的入口或周围环境，比如公园、体育馆门前等。

5号摄像机：放置在三脚架上，带有EFP系统，置于场地右侧。本质上，它与4号摄像机所拍到的镜头是一样的，但它可以和4号摄像机在小提琴正面镜头的部分做交叉拍摄。它放置在固定三脚架上，因此在通常情况下它用来拍摄特写镜头，而4号摄像机拍摄荷兰角度镜头、广角镜头或其他用固定三脚架不好拍的镜头。

体育赛事：最真实的节目

没有一个特别法则来指导所有体育赛事的转播拍摄，每项体育赛事都各不相同，然而还是可以对体育赛事的拍摄进行大致的总结。大部分人把体育赛事分为团队项目或个人项目，有时又分为接触性体育赛事和非接触性体育赛事。电视导演对此有不同的见解：他们根据拍摄要求把体育赛事分成三类：

1. **线性赛事，或前后移动赛事**：包括篮球、橄榄球、足球、曲棍球、网球等体育赛事，是电视转播的主要项目，还包括羽毛球、草地曲棍球、长曲棍球、马球、水球和个人项目(比如击剑)等，宽泛地讲还包括单方向体育赛事，比如射箭、保龄球、手球、回力球、美式壁球，以及台球和掷马蹄铁等。
2. **环形或圆圈赛事**：包括棒球、赛马和径赛等。
3. **场地赛事**：包括体操、滑冰、田径场上举行的田赛项目，以及马术表演、狗类竞技等。

当然，这里还可以列出很多其他项目。也许扑克也应该被包括其中，而拳击可能既是环形赛事(因为它的场地是环形)，也是前后移动体育赛事(拳手之间是180°的角度)。尽管还有一些体育赛事(比如竞技性搬圆木赛事)很难轻易归入某个分类，导演们根据线性、环形、场地的分类而对体育赛事采取相应展示规则的历史，则与电视媒体的历史同样久远。

180度法则

首先需要考虑的是"180度线"。为了让观众理解参赛者的对抗关系，必须假设有

一条直线穿过选手们，而摄像机需摆在这条线的一边。为了达到这样的效果，主摄像机的位置必须在假想线的一边，一旦越轴就会引起混乱。当然，也有一些例外，在某些体育赛事中(比如棒球体育赛事)，超过这条假想线是很平常的事。我们从场地中央的摄像机里看到一次投球，当球被击中后，视角马上转向跑步的人，虽然左右颠倒了，但我们很容易就能接受。在纳斯卡(NASCAR)汽车赛或其他类似的比赛中，镜头的运用非常丰富，包括架在车上的摄像机，它让观看的人丧失方向感；在这样的赛事中，经常切入一个足够广角的镜头使观众明白谁领先就变得十分重要。在足球、篮球或任何线性体育赛事中，我们可以接受一些深入到休息区、教练区的镜头或可能会让观众丧失方向感的特写镜头，但这样的镜头只能在比赛进行的间歇使用。

交叉拍摄

线性体育赛事的主镜头常常拍摄的是运动员的侧面，然后在很多场合我们希望能够看到运动员的正脸，那就只能通过交叉拍摄的方式来拍摄对攻的两队。场地左侧远端设置1号摄像机，拍摄从右向左进攻的队伍。3号摄像机(或其他任何在场地右侧远端的摄像机)拍摄从左向右进攻的运动员。

摄像机的位置

线性赛事、环形赛事或场地赛事的摄像机位置取决于体育赛事本身的需要、可以使用的硬件设施以及制作公司被允许使用的位置(见图11.10)。

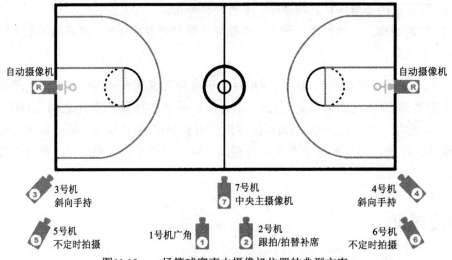

图11.10　一场篮球赛事中摄像机位置的典型方案

注：这一设置方案被用于转播NBA洛杉矶湖人队主场的比赛。

线性体育赛事

在线性赛事中，有两个关键机位被设置在场馆的高空中央：一台摄像机拍摄广角镜头，另一台拍摄稍近些的镜头。另外两台摄像机被安置在场地中进行如下工作：

1. 从场外斜拍，例如在篮球比赛中
2. 在中线位置向两侧底线方向移动拍摄，哪侧有活动就向哪侧移动，例如在美式橄榄球比赛中
3. 从中线附近的运动员一侧，面对运动员拍摄，例如在网球比赛中

在网球比赛中，主摄像机并非安排在球场中线的球网上方，而是设置在某侧场地外面足够高的地方，正对球网，能够拍摄到球场的近端和远端，如图11.11所示。

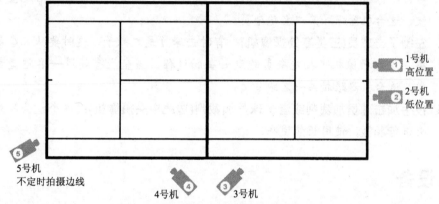

图11.11 网球赛事中摄像机机位的典型安排

环形体育赛事

任何一种形式的环形赛事——赛车、赛马、滑冰或其他赛道比赛——都要有一台能够拍摄整场比赛广角镜头的摄像机。然而，所有能看到整个赛场比赛的广角镜头都会让所有运动员变成一个个只能看清颜色的小点。因此，我们也需要有近景镜头，把摄像机放置在跑道周围，暂时抛弃画面的连续性。观众被连续不断的比赛路线搞得晕头转向，因此，还需要对比赛提供各种交切镜头，包括车载摄像机提供的点视镜头，也包括图形和动画材料。比赛过程中，还要有中景镜头，以便让观众看清楚比赛中的实际位次。最后，作为比赛的结尾，"越过终点线"的镜头也很关键。

棒球当然是最热门的多回合体育赛事之一。它需要你有大量的前期准备，并且要熟悉那些既定的惯例。让我们来看看一场棒球赛的转播是如何制作的：在外出拍摄前，导演会开一个关于摄像机分配的会议，制定一个比赛拍摄方案，当然更大可能的

是对已有的比赛拍摄方案进行修改。这个方案可以帮助导演在需要某些镜头时直接喊编号，而不必跟工作人员说如何去拍。比赛开始后就没有时间再分配镜头，只能按照方案执行。这个方案与电脑的工作模式一样："如果……，就执行……。"如果是右撇子投手和右撇子击球员，就用这套摄像机分工方案拍摄。如果是右撇子投手和左撇子击球员，就用那套摄像机分工方案拍摄。比赛开始后，导演只能依赖于之前按照各种情境设定的摄像机分工方案，并期望在需要这些镜头时它们能就位。

一个典型的棒球拍摄方案至少需要以下镜头：

1. **投手(本垒高处摄像机)**：通常从捕手后面的高处拍摄。这台摄像机跟踪拍摄球进入场内的过程，保持广角，作为涵盖镜头。
2. **右撇子击球员(一垒高处摄像机)**：从一垒高处拍摄右撇子击球员。当球击出后，摄像机跟踪拍摄接到球(或错过球)的野手。当垒上有超过一名跑垒员的时候，这台机器跟拍第二名跑垒员。
3. **左撇子击球员(三类高处摄像机)**：有时击球员是左撇子，这时要从三垒高处拍摄。这台摄像机跟拍跑垒员跑到一垒的过程。当垒上有超过一名跑垒员的时候，这台机器跟拍第一名跑垒员。
4. **投手加击球员加裁判或者击球员加裁判(边线中央摄像机)**：这个镜头从场地中央进行拍摄，使用长焦镜头。

硬件设备

硬件设备已经变得比过去好了很多，种类更多，更便宜，而且有了更多功能。实际上，从这方面可以很清楚地判断一个节目"行"还是"不行"。一个大学或高中的多机位摄制团队可能只有两到三台用来拍摄的摄像机。而一支重要的棒球联赛球队，比如洛杉矶道奇队可能会有12台或者更多有操作人员的摄像机、2台或更多的自动摄像机以及4台或更多的静态储存或即时回放设备来进行拍摄。他们还会有2台或3台制作图形和动画的专用视频源；并且拥有大量声频设备，用以收录比赛、播音员、商业广告、内部通话的声音等。

工作人员

除了比赛规则和硬件设备以外就是工作人员。这些工作人员必须非常负责，应当是专业领域里最好的，至少是最好的之一，超过了最早设定专业规则的先驱们。在成长期，他们每天来得很早，走得很晚，需要做一些没人愿意做的事。随着职业生涯继续向前，他们仍然来得很早并且辛勤工作，这个行业里所有人的工作状态都是如此，但不久之后他们便在自己的领域里有所成就。

另外，自由职业工作人员也在很多远程制作的节目中工作，因此他们会把技术设备从一个节目带到另一个节目。针对一个体育赛事拍摄过程中出现的问题(比如说图形或动画的处理问题)的解决方法会被带到一个音乐活动或现场颁奖礼的拍摄中。在一些晚间新闻节目中运用的图形擦除手法和动画技巧与最早出现在体育报道内容包中的模板是类似的。

总之，无论在高中节目还是大型电视网中，在工作团队中地位很高的人就是那些不管发生什么问题都能维持技术设备正常运转的人。

导演

一场棒球赛开打之后，导演就会需要那些在之前的会上分配好的镜头。这些都经过了精密安排，能应对所有可能发生的情况。导演在比赛期间不会下达"指示"，因为根本就没有时间。导演只是呼叫镜头或者插入图形模板："6号机。键入X、键入Y。取消X和Y。4号机。1号机"。技术指导、摄像机和视频的操作人员会参与每一个指令。图形操作员必须随时准备键控X和Y。不需要任何人告诉图形操作员要做什么，他会一直更新信息，实时跟踪球的运行轨迹、击球、出局、攻防转换和得分的情况。不管屏幕上发生了什么，他都会立刻键入这些更新的信息。

制片人

制片人手里有一大堆需要在每次投球的间隙插入的事项和材料，他要求导演在恰当的时刻播出这些内容。因此，我们可以看到一些预先做好的统计数据、之前比赛的回放、统计图形以及合同上的约定事项，比如小型飞艇拍到的镜头和球场上的广告镜头等。

场地体育赛事

在场地体育赛事中，如体操、花样滑冰、马术表演等，拍摄方法与拍摄有剧本的电视剧一样。越过180度线可能会引起观众观看的混乱，有可能的话你应当进行交叉拍摄。在拍摄时需要时刻注意背景的位置，这使动作效果得以加强，也不容易引起观看混乱。也就是说，这种节目的拍摄不仅仅只要求记录赛事，还要求有美感和视觉冲击力。花样滑冰是一个很好的例子，导演既需要表现出选手的优雅，也需要表现选手的速度。选手的形体在冰的白色背景下会显得更好看，通过飞速掠过的观众人脸能展示

出选手的速度。导演必须挑选时机切换镜头,采取一种方法让观众出现在镜头中。做出这样的选择主要依赖于以下几点:

- 滑冰选手:他们的长处和弱点
- 运动路线:快或慢,现代还是古典
- 电视摄制设备:
  什么型号
  有多少
  放置位置
  工作人员

如果是体操或马术表演,还会有同样的要求,但是它们没有由一大片冰造成的隔离感。白色的冰和孤独的滑冰者相映衬会产生强烈的戏剧效果。所以体操或马术表演的导演必须自己在周围环境中找出一些因素来突出表演效果。对体操来说,可以借助灯光或者是运动员沿着运动路线行进时体现出的巨大空间感。导演的工作是找出一种讲故事的方法,把它用一种有视觉吸引力又合乎时宜的方式表达出来。

所有体育赛事都有剧情。一个网球选手的脸部特写,一个体操教练的脸部和身体语言,所有球类体育赛事教练的面部神情,其他竞争者的神色,以及现场观众的一举一动都在诉说着赛事戏剧性的一面。任何体育赛事的导演都要捕捉比赛当中这种戏剧性的时刻,以增加赛事的精彩程度。

比赛规则

不可避免地,比赛规则也已经成为观众观看体育赛事的一部分,这与足球赛事中出现的混乱局面、某项赛事节奏的抑扬顿挫(如网球赛事中回合之间的短暂休整)一样。为了填补这些时间间隙,我们希望看到一些即时回放、图形战术解析和围绕这些时刻的精彩对话。

总的来说,前期制作对于远程节目制作的重要性比在演播室制作要大。因为你再也没有随时可以顶上去的素材了,换句话说,你没有"Gimmies"了。你拥有的只有你带在身边的东西。

新闻和纪录性事件

所有的新闻事件——这里指所有的电视转播事件——可以分成两类:一类是你预

知事件地点和事件内容的,另一类则是未知的。

　　1972年美国总统尼克松访华之旅的新闻节目,是早期大型远程制作节目之一,该新闻节目组的总工程师曾被人问起,哥伦比亚广播公司为这次节目播报准备了多长时间,他回答说:"六个月。"然后他又被问道,1963年肯尼迪暗杀事件,哥伦比亚广播公司准备好装备了多久。他回答说是一个半小时;并解释说,为了那个事件,当时哥伦比亚广播公司的所有器材都用上了,或者都已准备好使用了。

　　关于"事件"节目制作,我们首先讨论一些重要新闻事件的前期准备和制作过程,比如政党全国大会、选举活动、宣誓就职仪式、NASA航天飞机发射以及葬礼、自然灾害等实时事件。这些节目类型的前期准备和制作过程与摄制毕业典礼、大型开幕式或其他类似公共事件很相似。

　　有一些新闻事件是不可避免的,电视台们都为这类时刻储备有自己的"末日"资料库。比如说,教皇约翰·保罗二世去世时已经84岁了,并且在之前的很多年健康状况一直不好。为了保险起见,电视台准备了相当多有关他的生平材料,以供他逝世之后立即播报。其他事件,比如"9·11"事件,则需要动用尽可能多的人员和设备进行报道,此时此刻没有任何指导手册可以参考。

　　在一个可预期的新闻事件中,制片人的工作就是确保该事件需要被报道到的内容都可获得。通常会有两个或两个以上的制片人出现在远程播报现场。其中一位制片人与事件现场工作人员合作,比如美国民主党的新闻联络人、NASA的新闻联络人等;另一位制片人负责技术领域的工作,在公共设施管理部门、大会中心、酒店宴会厅、航天器发射台等与节目工作人员、节目所需设备之间充当联络人。他们还要与工程部门一起工作,设置安装一些必要的电话和转播线路设备。他们将负责事件的技术手册的制作和维护。

　　即使是在最小型的节目制作中,制片人也必须同事件相关人员一起工作,同节目播报所需的工作人员和设备一起工作。有些事件的发生是没有预警的,电视台只能尽最大努力进行报道。新闻编辑部变成中央指挥部。外勤工作人员被派到现场。导演和制片人,或者很多制片人一起,按照他们熟悉的方式合作制作新闻播报。他们明白必须要先制作一个节目流程——就算只是在纸上草草手写——这会帮助其他人员,比如图形操作员、音频操作员和嘉宾们了解节目需求以及接下来要发生什么。随着节目进行,越来越多的工作人员来到事件现场和演播控制区,这时就可以有组织地进行节目制作。但是在节目的最初时刻,谁有时间谁就接手工作,每个工作区域都应该借助所有可用资源尽力做到最好。

前期制作

当事件属于预知事先时,新闻主管/转播制片人会联系事件的制造者、比如某个政党,以及场地的工作人员,随后约定时间考察外景地,也许是某个会议中心。考察队还会包括非转播方参与者的代表:

1. 该政党的媒体主管或其助手
2. 场地主管、运营主管或其助手
3. 工作人员负责人或舞台工作人员代表,以及其他在该场地工作的与节目播报相关的人员
4. 来自负责处理信号传输、电话线路、卫星上传等事务的各组织的代表

考察队伍当然也要包括转播团队的代表:

1. 在最开始和后来的考察中负责编写技术手册的转播制片人和技术制片人。考察人员还包括:
   a. 导演
   b. 总工程师
   c. 一位音频技术人员
   d. 灯光指导
   e. 舞台工作人员负责人

需要考虑的问题是全方位的,并应基于所要完成的目标。如果是一档大学节目的制作,在事件协调人员和制作团队之间的会议主要是讨论节目播报的细节。而如果是政党大会,主要的问题有:那里有没有控制室?需要建一个吗?是否有限制必须选用某个电视网信号传送(在总统竞选辩论中可能会遇到)?所有电视台都要带自己的设备和工作团队吗?

这些问题的答案有时令人沮丧,限制了节目所能达到的水平。这个事件持续多久?一个全国性政治会议的时间要比宣誓就职典礼的长。在场地有多长的准备时间?如果只有一个星期,那就会限制设施的建设。是否有入场时间的限制?是24小时都能进入吗?哪些工作任务可以在其他无关事件正在举行时完成?比如一个展销会正在占用会议中心的场地,线缆能安装进去吗?哪些线缆可以安装——音频、视频或者灯光?它们可以在什么时候装在哪里?在大学毕业典礼上,上述问题可能就变成了体育场馆或跑道的进入问题,但本质是一样的。

电视网进行节目制作时，导演会理所当然地认为，音频、视频和合适的灯光效果会被传送到舞台、直播记者以及总控制室，同时内部对讲系统即使在鼎沸人声中也可畅通无阻，导演会在停在场地附近的转播车队里工作。因此，下列问题成为关键问题：

1. 需要多少台摄像机？
2. 能够获得几台？
3. 摄像机能够放在哪儿？
4. 音频方面有什么需求？怎样满足这些需求？

在观众中搭建平台设置摄像机基座这个环节经常出现问题。摄像机基座会占据观众的位置，从而引起观众和节目制作人员之间的冲突。每一家电视网、有线电视运营商和国际电视台都希望自己的要求能够得到满足，每个人都想占据那个最重要的机位。尽管每个转播方都会设计候补方案以应对机位出现问题的情况，很多事件主办方仍然可能会提供一些可共用的视频信号。

在政治性大会、航天发射、国葬、皇室加冕仪式或者大学毕业典礼中，关键镜头是不同的。本章并不打算介绍每种事件类型的程序，因为每种事件都有自身特殊的要求。接下来要讲述的内容类似于导演在拍摄政治性大会时最少需要安排的镜头，如果知道会有共用视频信号的话。

下面的配置适用于拍摄一场毕业典礼，也类似于拍摄政治性大会：

1. 主席台的特写镜头
2. 主席台的中景特写镜头
3. 主席台的广角镜头

导演至少需要主席台的两个正面镜头，也许一个腰部镜头和一个胸部镜头，以便能够从一个视角切换到另一个视角。每台摄像机信号应当单独传送，这对未来的编辑工作非常有帮助。

4. 越过主席台反向拍摄观众席的镜头或侧面镜头，以及一个过肩双人镜头拍摄毕业生被授予学位的情景
5. 拍摄观众席的镜头，以及一个过肩双人镜头拍摄主持人宣读学位名单的情景。

还包括：

6. 用于拍摄评论人员的机位
7. 用于拍摄采访和介绍的机位，比如"这是来自俄亥俄州的代表团"或"参加今天典礼的还有……"

要认识清楚任何事情都有可能随时发生变化，因此导演和制片人需要制定囊括整

个事件的计划。他们应当仔细研究事件流程和座位图并做好笔记，记录下到时谁会讲话以及讲话顺序，记录下谁会坐在观众席里、坐在哪些位置，要筛选出可能会影响节目录制的事项：需要拍摄州或者国家标识吗？如果是大学毕业典礼，那么学校的标识和吉祥物图案能拿到么？如果提供给转播车？要用哪种叠印图案作为身份标识符呢？也许这整场活动都不会被播出，但至少是一份历史的记录。

制作

在节目制作过程中，导演总是在处理下一个镜头。他一定会被告知接下来的事件发展："总统会在东部时间明天晚上8点讲话"或"大会大概晚上10点结束"或"不久我们会让电视台把镜头切走。"但那些临时出现的问题，就像在新闻节目制作中经常发生的那样，都是突然出现的。具体点说，就是在直播已经开始，或者马上就要开始时又发生了新的变故，谁都无能为力。那么接下来怎么办？导演只能依赖制片人和制片人工作团队及时地提供所有相关材料。这些变故，在到达导演之前应已得到处理；制片人应当清楚，一旦某些信息没有及时传达至正确的人那里并留足时间供其应对变故而产生的后果。

后期制作

对这种直播节目来说，并不存在真正的后期制作。然而，这些资料可能对于新闻或纪录片部门非常重要——有可能出于公共关系的目的，也可能是历史存档的需要。因此，为这些材料做好日志很重要。重要发言人讲话或者事件的起止时间要用便条记上时间编码或时间线，这些便条或副本要跟录像带、光盘、文件一起存放。所有的制作笔记也要与存档材料一起保存。

本章小结

主要的远程节目格式为：

1. 表演节目：音乐会、戏剧、歌剧等
2. 体育赛事
3. 新闻和纪录性事件：
   - 一些电视制作惯例，比如180度线以及涉及交叉拍摄等的规则，不管对于演播室制作还是外景地拍摄都非常重要。

远程摄像机位置安排取决于：

1. 事件需要
2. 可以使用的硬件设施
3. 制片公司被允许使用的位置
   - 不同类型不同配置的摇臂和升降机是导演的重要工具。
   - 所有远程节目的前期策划都包括一本"技术手册"(有时也叫制片手册)，上面列出了所有相关人员、设备，以及录制或传输要求。

技术手册回答下列问题：

1. 场地：地址、电话号码、地图、方向等
2. 工作人员：地址、电话号码、电子邮件地址等
3. 设备：包含哪些设备，怎样使用、何时何地使用
4. 录制或传输要求
5. 排练和录制的时间表

所有远程节目制作中最常出现的两个问题：

1. 灯光
2. 音频

表演节目

1. 可能需要灯光设备增强可用光线
2. 音频工作，不管是现场演出音频还是播出音频，都需要做好以下事项：
   - 节目音频——混音的或未混音的
   - "监听系统"，通过扬声器或头戴式耳机把歌手的声音放大并传递给音乐家
   - "室内音频"(公共扩音系统)，提供给观众
   - 内部通讯系统，提供给摄像师、舞台经理、灯光和其他与节目播出有关的人员
   - 电话线路——有时需要
3. 总的来说，任何事件的导演都想知道与时间有关的何人、何事、何地、何时。

一个导演必备的工具是：

1. 场地平面图和艺术家舞台区域平面图，标有乐器和扩音器摆放位置
2. 事件流程
3. 关于远程节目制作的知识：表演、体育赛事或新闻事件

体育赛事

体育赛事的导演根据拍摄要求把体育赛事分为三类：

1. 线性赛事
2. 环形赛事
3. 场地赛事
   - 前期制作包括正式开拍前进行摄像机分工，使导演对摄像机和图形的指令减少到最低程度。

新闻和纪录性事件

所有的新闻事件——这里指所有的电视转播事件——可以分成两类：

1. 你知道将要发生的事件
   - 在一个可预期的新闻事件中，制片人的工作就是确保该事件需要被报道到的内容都可获得。
2. 未知的
   - 有些事件的发生是没有预警的，电视台只能尽最大努力进行报道。

为新闻和纪录性事件制作日志是很重要的：

1. 重要发言人讲话或者事件的起止时间要用便条记上时间编码或时间线，这些便条或副本要跟录像带、光盘、文件一起存放。
2. 所有的制作笔记也要与存档材料一起保存。

附录 1

脚本格式化

　　下面所介绍的铅笔练习的例子是使用剧本编写软件FinalDraft 8和 FinalDraft AV的来进行格式化的。其中一些台词的行在长度上有所增加,以显示不同的格式中如何处理它们。每一种脚本的布局——无论是舞台剧、屏幕剧、日间连续剧、情景剧,还是视听材料——都有特定的格式安排。正确的格式旨在满足各种不同节目制作的特殊需求。格式对于电视制作尤其重要;通常在脚本的右侧会留有很大的页边空白,这样可以使写下来的提示内容易于辨认和明确,这种形式得到普遍认可。隐含于舞台屏幕格式化背后的意义也十分重要。脚本中整页遍布的舞台指导内容,就有很多种格式。屏幕格式化举足轻重,是因为一旦它是被正确格式化的,每一页的脚本内容正好占据一分钟的屏幕时间。视听材料的脚本是写成两栏列表的格式,一目了然。

舞台格式

铅笔练习——第一幕

  场景：你想让它是哪里都行

      男孩(穿行到女孩处)

我在找我的铅笔。我在找我的铅笔。我在找我的铅笔。

      女孩

哦。

      男孩(穿行到吧台)

我把它弄丢了。

      女孩

哦。

      男孩(穿行回女孩处)

你见过它吗？你见过它吗？你见过它吗？

      女孩

没有。

      男孩(身体倾向女孩)

我觉得我把它落在这儿了。

      女孩(拿出别在男孩耳后的铅笔)

没有。

                  灯光暗下。

电影剧本格式

铅笔练习——第一幕

场景:你想让它是哪里都行

                    淡入:

男孩穿行到女孩处

        男孩

   我在找我的铅笔。

   我在找我的铅笔。

   我在找我的铅笔。

        女孩

   哦。

男孩走向吧台

        男孩

   我把它弄丢了。

        女孩

   哦。

男孩穿行回女孩处

        男孩

  你见过它吗?你见过它吗?你见过它吗?

        女孩

   没有。

男孩身体倾向女孩

        男孩

   我觉得我把它落在这儿了。

        女孩

   女孩拿出别在男孩耳后的铅笔

   没有。

                    渐暗。

日间连续剧—情景剧格式：

铅笔练习——第一幕

场景：你想让它是哪里都行

淡入：

      男孩

我在找我的铅笔。我在找我的铅笔。我在找我的铅笔。

      女孩

哦。

      男孩

我把它弄丢了。

      女孩

哦。

      男孩

你见过它吗？你见过它吗？你见过它吗？

      女孩

没有。

      男孩

我觉得我把它落在这儿了。

      女孩

(女孩拿出别在男孩耳后的铅笔)

没有。

渐暗。

视听材料或商业广告

机构		剧作	
客户		制片人	
项目	铅笔练习	导演	
标题		艺术指导	
主题		介质	
工作#		联系人	
代码#		起草人	

视频	音频
场景：你想让它是哪里都行 淡入：	
男孩入，穿行到女孩处，在她的课桌旁停下	<u>男孩：</u> 我在找我的铅笔。我在找我的铅笔。我在找我的铅笔。 <u>女孩：</u> 哦。
男孩走向吧台	<u>男孩：</u> 我把它弄丢了。 <u>女孩：</u> 哦。
男孩穿行回女孩处	<u>男孩：</u> 你见过它吗？你见过它吗？你见过它吗？ <u>女孩：</u> 没有。
男孩身体倾向女孩	<u>男孩：</u> 我觉得我把它落在这儿了。
女孩拿出别在男孩耳后的铅笔 **渐黑**	<u>女孩：</u> 没有。

附录 2

资源和求职

行会、工会、协会及其网站

AAAA: American Association of Advertising Agencies; *aaaa.org* 美国广告代理协会
Art Directors Guild: *artdirectors.org* 美术指导工会
AFM: American Federation of Musicians; *afm.org* 美国音乐家联合会
AICE: Association of Creative Editors; *aice.org* 创意编辑协会
AICP: Association of Commercial Producers; *aicp.com* 广告制作人协会
AFTRA: The American Federation of Television and Radio Artists; *aftra.org* 美国广播电视艺人联合会
AMPAS: The Academy of Motion Picture Arts and Sciences; *Oscars.org* 电影艺术与科学研究院
AMPTP: The Alliance of Motion Picture and Television Producers; *amptp.org* 电影电视制作人协会
ATAS: The Academy of Television Arts and Sciences; *emmys.org* 电视艺术与科学学院
CAB: Cable Television Advertising Bureau; *thecab.tv* 有线广告电视局
DGA: Directors Guild of America; *dga.org* 美国导演协会
ESTA: Entertainment Services and Technology Association; *ESTA.org* 娱乐服务与技术协会
IATAS: International Television Academy of Arts and Sciences; *iemmys.tv* 国际电视艺术和科学协会
MVPA: Music Video Producers Association; *mvpa.com* 音乐录像片制作人协会

NATAS: National Academy of Television Arts and Sciences; *emmyonline.org* 全国电视艺术与科学学会

NATPE: National Association of Television Program Executives; *natpe.org* 全美电视节目专业委员会

NCTA: National Cable Television Association; *ncta.com* 国际有线电视协会

Nielsen Media Research: *nielsen.com* 尼尔森媒体研究

PGA: Producers Guild of America; *producersguild.org* 美国制片人工会

SAG: Screen Actors Guild; *sag.org* 屏幕演员工会

SMPTE: Society of Motion Picture and Television Engineers; *smpte.org* 美国电影电视工程师协会

资源

下面这些是年度目录，不断更新关于电影委员会、制片厂和舞台、设备、道具、照明、服装来源的信息，也会提供大多数节目制作工作的人员名单。他们也同样提供协会、工会和联合会的信息，就如同影视和广告行业的"黄页"。

- Creative Industry Handbook: *creativehandbook.com*
- Debbies Book: *thesourcebookonline.com*
- Hollywood 911: *hollywood-911.com*
- Hollywood Creative Directory: *hacdonline.com*
  其中包括好莱坞创意目录、表演目录、分销目录、音乐目录和节目制作蓝皮书目录。
- Motion Picture TV and Theater Directory: *mpe.net*
- Producers Master Guide: *producers.masterguide.com*

美国大多数州的电影委员会发布的资源列表会对当地外景摄制有所帮助。可以通过互联网或州电影委员会找到这些资料。它们也被Producers Master Guide列入其中了。

求职

谈到求职，学生、应届毕业生和曾经或正在职场里工作过的人面临的任务是不同的。教师和其他学生组成直接的人际关系网，而人际关系网有可能是获得工作或跳槽的最好方式。然而，最重要的通常是，你在这个领域里活跃了足够长的时间，自己建立起足够大的人际交往圈。对学生而言，踏进行业门槛和步入关系网的最有利方式就是争取一个实习机会。实习过程中，制作公司可以让大学生无偿工作。实习的学生可以借机证明自己是很有价值的；万一出现任何问题，如果他或她起反作用的话，也可以很容易被遣散。对机构或制作公司来说，责任风险会降低或根本不存在。学生可以获得学校学分和许多关于组织如何运作的知识。最起码，实习时和专业人士组建关系网的机会大量存在。实习过程中，学生可以逐渐知道组织的复印机在哪里，制片人Joe躲在哪里，剧作家Felicia去哪里逛街，组织里谁是谁，以及大量有关组织如何运作的信息。当组织需要雇佣人的时候，实习生是最令人舒服的选择，因为他或她已为人所知，且有好运气在正确时间出现在正确地点。

为了寻找实习机会，列一张你所在区域的组织清单。打电话并解释你想去他们公司实习。查清楚你应该向谁申请。写一封详细明确的求职信，并附上包括你任何类型工作经历的简历。没人会期待一个大学生会拥有大量引人注目的工作历史。

为了获得如何写简历的帮助，你可以在网上登录Google并输入关键词"简历"。你会找到数百万和简历有关的网址。一些提供免费模板，求职信样本也会提供。你应该去读一下鲍利斯(Bolles)写的《你的降落伞是什么颜色》(*What Color Is Your Parachute?*)这本书。这是一本标准求职参考书。仔细检查一切内容的拼写。大多数教师都会乐于帮你审看你的简历和求职信。

下面是学生求职信模板，确保其包括了你的名字、地址、电话号码和邮箱地址。

尊敬的_____：
　　我是_____的学生，我希望能够在_____获得实习机会。我对电视制作领域的工作特别感兴趣，我已经并且正在尽我所能地学习相关领域的课程。我非常乐意能在贵公司任何一个领域实习，我也意识到充分理解贵公司的运作模式对我来说多重要。
　　我附上了一份简历，在未来几天里我会打电话给您，跟您详细谈一下我的资历问题。如果您有关于寻找实习机会的建议，我会非常感激。
　　谨上
　　姓名落款

找工作经常是数字游戏。越多联系，你就越有成功的可能。每天至少寄出5封信，并且留心它们。你寄信后五天，就可以打电话给公司。如果可能的话，安排一次面试，除非被拒绝。当被拒绝时，则转移到清单里的下一家公司。如果你一个月以后都没能有足够运气找到实习的话，就一切从头开始，解释你和许多人联系过，但对那个职位依然感兴趣。那时候公司的情况有可能改变了，他们对你的请求可能会更容易接受。一旦得到面试机会，在面试之前，尽可能找到和公司有关的信息。如果你对公司了解并能提出有效的问题的话，你会留下一个好印象。最起码，他们会尊重你花时间调查和熟识这个领域的事实。当然，这并不能保证你就会得到这个工作，但是这个对许多学生都管用。

模板

尊敬的_____：

　　我最近刚从_____毕业，非常希望到(制作公司的名字)工作。我对电视制作的工作非常感兴趣，而且我已经_____(我的专业是_____或学了很多电视制作的课程，或在相关领域学习了尽可能多的课程。)(插入你获得的任何重要奖项和认可的句子，或能够突显你优秀的任何内容。)我非常乐意在贵公司任何领域工作，因为我意识到这个经历对我来说有多重要。

　　我附上了我的简历，几天后我会给您打电话。我希望能和您见面并讨论在贵公司(公司名称)工作的事宜，或者您也许能给我提供在电视制作领域求职的建议。

　　谨上，

　　姓名落款

　　我听过的最好的关于成功实习的建议来自于洛杉矶第五频道晚间新闻的年轻导演，"比普通人做得好一点。早来，晚走。做没人想做的事情。"她是一个有创造力、聪明、灵敏和坚持不懈的人。她后来还提到，她认为好的时间管理技巧也非常重要。

专业术语和词汇表

许多术语在不同国家文化背景下有着不同的含义。这个索引解释了本书所涉及的专业术语，并提供了由肯·霍尔[1]所整理的它们所对应的英美名称。

180度规则(180 degree rule) 见"越轴"(crossing the line)。

一加一模式(1+1) 一个主持人加一个嘉宾。

二加四模式(2+4) 两位主持人加四位嘉宾。

四线(4-wire) 双向通讯线。

5.1环绕声系统(5.1 sound-surround sound system) 美国高清电视环绕声系统标准之一。

A/D 将模拟信号转为数字信号。

现实事件(actuality event) 任何存在于自己的时间尺度而非特别出现于电视场景中的现实事件。

加色(additive colors) 将有色光线混合在一起以制造出光谱中各种各样色彩的色彩系统。

即兴拍摄(ad-lib shooting) 即兴的未经排练的拍摄。在美国又称为"抓拍"。

AES/EBU(美国工程师学会/欧洲广播联盟)标准[AES/EBU (American Engineering Society/European Broadcasting Union) Standards] 这些组织在众多规范中选择认定了一种数字端口行业标准。见SMPTE(美)。

算法(algorithms) 应用于定于数码压缩的复杂数学公式。

走样(aliasing) 输入频率超过采样率的一半而造成的错误采样。

交流电(alternating current) 电子流动从阴极到阳极，再由阳极到阴极，并以常规频率循环的电路。

安培(amperes) 测定电流的单位。

---

1. 肯·霍尔(Ken Hall)，1901—1994，澳大利亚著名电影导演，译注。

振幅(amplitude) 波形或信号的最大值。

模拟信号(analog signal) 以幅度和/或频率的形式模拟原始声光资源的电子脉冲。

主播(anchor) 新闻或时事节目中的主要播报人员。

视角(angle-of-view) 观看某个特定焦距的水平夹角。

光圈校正/孔径校正(aperture correction) 对于摄像机、扫描光圈等多表面系统所致失真的一种电子补偿。

美国标准协会(American Standards Association，ASA) 测量胶片感光度的方法。被国际标准化组织ISO或曝光指数EI所替代。

导演录制(as-directed) 由导演完全控制的未经排练的拍摄。

实况录制(as-live) 形同直播节目的连续录制。

宽高比(aspect ratio) 图像的宽度与高度的比例，如4:3，16:9。

汇编(assemble edit) 按次序将视频、音频和时间代码录入空白磁带的录制过程。

阿斯顿(英)[Aston (UK)] 文本或字幕生成器的通用名称。

衰减(attenuation) 信号电平下降。

音频板或调音台(美)[audio board or audio console (US)] 一种可以将若干音源整合在一起的音频设备，它可以让你从中选择音源，将它们混合在一起，通过均衡器(EQ)进行修正、测量强度以及监听。

混音器(英)[audio mixer (UK)] 一种可以将若干音源整合在一起的音频设备，它可以让你从中选择音源，将它们混合在一起，通过均衡器(EQ)进行修正、测量强度以及监听。

音视频切换器(audio-follows-video switcher) 对音频、视频源进行一键式切换的设备。

音量推子(美)[audio pot (US)] 调节音频电平的设备。

autocue(英) 英国的讲词提示器制造商，见"讲词提示器"(teleprompter)。

自动增益(auto-gain) 自动调整音频录制电平将其保持在规定限值内的电路。有时称为自动增益控制(AGC)。

自动光圈(auto-iris) 根据对象亮度而自动调整光圈。

后焦(美)[back focus (US)] 见"背焦"(flange-back)。

后肩(back porch) 扫描波形的一部分，在新的视频行开始之前表示行消隐。

背光源(backlight) 用于将拍摄对象从背景中分离出来的光源，使用轮廓光从背后照射拍摄对象。

后退计时(back timing) 结尾音乐的操作方法，开始播放时音量为零，在合适的时机音量逐渐增强，以确保音乐刚好在节目结束时播放完毕；某些情况下也用于结尾节目组人员表的播放。

平衡(balance)　音频或视频信号源之间的相对电平。

平衡线(balanced line)　将路径不同的两个音频信号连接在一起的装置。

频带宽度(bandwidth)　音频(20 kHz)或电视(PAL制式，5.5MHz)成功传输所要求的频率范围。

遮光板(barndoors)　灯光术语：置于设备前用来控制光线的铰链式金属光板。

条(bars)　见"彩条"(color bars)。

低音(bass)　音频频谱的低端。

电池灯(battery light)　常安装于摄像机顶部的电池供电的小型灯。

betacam　12.5毫米视频卡式磁带格式，将亮度信号(Y)和包括压缩的时分复用色差信号(R-Y和B-Y)的色度信号录制在两个在相邻的视频磁头上。

大特写(big close-up，BCU)　对准人脸进行摄像时的尺寸说明，包括下巴到前额中部。

比特(bit)　二进位代码的单位。

BITC　(发音为"bitsey")烧录到视频图像上的时间码，屏幕上永远可见。用于磁带的线下编辑。

比特流(bitstream)　二进制数字系列。

黑平衡(black balance)　对于相机黑色水平的自动调节。

黑场同步(black burst)　来自同步信号发生器的信号，包括多摄像机系统中的所有普通消隐和视频摄像机以及同步播放机。

黑场发生器(black burst generator)　一种产生同步脉冲到同步视频设备中的装置。它提供信号以助维持均匀的视频电平和色彩信息。

黑电平(black level)　代表图像最黑暗部分的电视视频信号幅度。

黑色铝箔(black wrap)　用来控制溢光或改变光束形状的黑色氧化铝箔。

消隐(blanking)　电子枪电压降低以回到一个新的扫描行或场的起点的这段时间。这段过程在屏幕上不可见。

消隐脉冲(blanking pulses)　来自同步发生器的信号，以使各摄像机的电子枪同步消隐。

黄头灯(blonde)　一种2000瓦的便携灯。

蓝屏(blue screen)　用于分色叠加的色度键控背景，现在基本已被绿屏背景所替代。

同轴电缆连接器(BNC)　经常用于监视器视频电缆的扭锁式电缆连接器。

收音杆移动器(美)[boom (or arm) mover (US)]　收音杆摇动器的另一种称呼。

换轨(bouncing)　把音频从一条音轨转录到另一条音轨的方法。也可称呼从硬光源中获取软光源的方法。

延长臂(英)[boom (UK)]　见"摇臂"(jib)。

B卷(美)[B-Roll (US)]　辅助编辑和解释某故事细节的报道性视频。

断路器按钮(breaker button)　当检测到电子设备过载时自动切断电流供应的按钮。

明亮(brightness)　与黑暗相反，描述主观效果，常常被误用为表示光亮度(luminance)。

总线(bus)　声音控制板中大量信号的连接点。

总线控制区(bus row)　切换器上的一排按钮，可以让操作者在系统内的多种视频源之间切换。

蝶形框架(butterfly)　布光用具，用于撑起网、丝织品或是黑布的大型框架，尺寸有6×6英尺，12×12英尺以及20×20英尺。

字节(byte)　电脑储存的最小单位，可以用来区分信息的大小，由一组比特构成。

摄像机角度(camera angle)　拍摄时摄像机与被拍摄主体的相对位置。

摄像机控制器(camera control unit，CCU)　演播室摄像机的基站。通过它(或通过一个远程控制台)可以调节所有摄像机以及诸多工程设置。

摄像机左侧(camera left)　取景框左侧，而不是面对摄像机的演员的左侧。

摄像机右侧(camera right)　取景框右侧，而不是面对摄像机的演员的左侧。

坎德拉(candela)　灯的光亮强度的测量单位。

倾斜摄像机(canting the camera)　使摄像机倾斜成一定角度，使水平线与取景框底线不平行。有时候被称为"荷兰角度"(Dutch angle)。

字幕生成器(英)[capgen (UK)]　用来在屏幕上制作文本的字幕发生装置，产生两种信号，视频信号和键控信号。

绞盘舵机(capstan servo)　见"纵向锁式系统"(vertical lock)。

字幕发生器(caption generator)　一种可以通过键盘操作在屏幕上创建和操作文本的电子装置。

电荷耦合装置(charge-coupled device，CCD)　用于替代显像管的模拟固态元件，可以将光线图像转化成电子模拟信号。

色度(chroma)　色彩饱和度的另称。监视器的常见控制项，也是电视信号的色彩信息。

色度键控(chroma-key)　将视频素材插入背景图像的过程，通常是把一位艺术家(前景)插入背景图像。在BBC也被称为"分色叠加"(CSO)。它也指将视频源压缩进色度键窗口的电子效果。

色度(chrominance)　显示色调和饱和度的信号的色彩部分。

清洁信号(clean feed)　提供给节目参加者的包含所有音频信号的音频源，唯独排除参加者自身的声音。

通过/清空(clear or clearance)　下达给摄像师的指令，给其移动至下一个位置；或是当一系列片段拍完时下达给舞台经理的指令。

特写(close-up, CU)　一种拍摄人面部时的镜头尺寸。取景框顶部约略微高过头顶，取景框底端根据不同地方标准截取到胸部或肩膀。

C型接口(c-mount)　标准摄像机镜头接口。

同轴电缆(coaxial cable)　中央导线周围环绕着屏蔽层的电缆，用于传输视频信号。

同步话筒对儿(coincident pair)　两个麦克风置于同一垂直面以拾取立体声。

着色(coloration)　声音短时间滞后重复的不良效果，常出现于两个麦克风拾取同一个声音源时。

色彩平衡(color balance)　见"白平衡"(white balance)。

色条(color bars)　彩色电视中用于匹配显示器的测试信号。

色差分量视频(color difference component video)　使用RGB信号中绿色通道的亮度(Y)、移除另两种色彩通道中的亮度(R-Y和B-Y)来节省带宽的视频系统。

分色叠加(color separation overlay, CSO)　BBC常用术语，插入视频源的电子过程。

色温(color temperature)　描述光源颜色的方法，将光源颜色与黑体热辐射颜色相匹配，单位开尔文(K)，得名于其发明者开尔文男爵。

互补色(complementary color)　添加于原来色彩中以造出白色的第二种色彩。

分量视频(component video)　从红、蓝、绿和亮度视频信号中提取的单一信号或不同信号。

分量视频切换器(component switcher)　并非切换复合视频信号，而是切换由各分量信号(红、绿和蓝)构成的视频的切换器。

复合信号(composite)　将亮度信号与同步信息编码成一体的彩色信号。

压缩(compression)　(1)为保持原始信号质量并使信号通过较窄信道，而减少信号数据量的过程。也是防止音频过度调变的方法。(2)发生在单一视频帧内的空间视频压缩，用于减少整体带宽。(3)发生于连续视频帧之间的时域视频压缩，帮助减少整体带宽需求。

电容式麦克风(condenser)　使用带电荷的金属极板将声压变化转换成电子信号的麦克风。

连接器(英)[connector (UK)]　信号电缆两端的插头和插座。

调音台(console)　音频信号或光信号的混合设备。在英国，单指音频。

连续拍摄(英)[continuous shooting (UK)]　按照观看顺序对节目进行的连续拍摄。

对比度(contrast ratio)　对象的最亮部分和最暗部分的比率。

控制声道(control track) 记录于视频磁带中用于识别视频信号和磁带速度的规则脉冲。

控制室(美)[control room (US)] 节目制作控制室,包括室内照明、视频、声音控制装置和附属操作设备。见"控制室"(gallery)。

会聚(convergence) 将电视三原色(RGB)聚合成单个光栅的能力。

剪影板(美)[cookie or cucoloris (US)] 分解光束以创造出斑点或柔和阴影效果的多孔板。

侧航(crabbing) 把轮子锁定在同一方向后将摄像机基座进行360度转动。

急速变焦(crash zoom) 以最大速度变焦或是突发情况下快速变焦以重新构图拍摄。

槽卡(英)[crib card (UK)] 在摄像机一侧附着的描述预设镜头和与该摄像机相关的节目制作信息的卡片。

串音(cross-talk) 从相邻的音频信号电缆内获取的或是从一个音轨获取到另一个音轨的不良信号。

越轴(crossing the line) 当拍摄完被摄对象后,将摄像机移动到连接两个或多个被摄主体的假想轴线的另一侧,造成被摄对象脸部朝向取景框同一方向,给人一种被摄对象们并没有相互交谈的感觉。

分色叠加(CSO) 见"色度键控"(chroma-key)。

CTDM 时分复用压缩的色度录制。是Betacam录制方法的一部分。

提示(cue) 特殊光照或是行动开始的提示,用来指示演员开始表演或是光照开始改变。

游标(cursor) 摄像师拍摄时在取景框中可以找到的用以提示精确取景位置或检查垂直水平视觉元素的垂直或水平线。

铺垫(美)[curtains (US)] 导入和导出新闻故事的内容。

播出剪辑(cut to line) 被选中作为混合视频输出信号的视频源。

旁跳镜头(cutaway camera) 穿插入拍摄序列以掩盖摄像机运动的镜头,或维持镜头间连续性的方法。

切割器(cutter) 照明术语。类似于挡光布,长且窄,常用于切割出光束的边缘。

天幕(cyclorama) 中性色彩的背景布,光线投射到上面作为镜头的背景。

数字模拟转换器(D to A converter,DAC) 将数字视频或音频信号转换成模拟信号的装置。

DAT 数字音频带。

每日事件簿[daybook (US)] 新闻编辑部的每日事件记录。

动态对比度控制(dynamic contrast control,DCC) 压缩图像最亮部分以使录制下更高的对比度。

分贝(decibel，dB) 声音强度变化的对数比率，反映了耳朵对声音强度变化的反应。

密度(density) 过滤镜传输光线的测量单位。

景深(depth of field) 构成清晰影像的物距范围。

分色镜(dichroic block) 可以让一些色彩通过并反射掉其他色彩的混合玻璃层。用于摄像机对光线分色以分离出主要颜色。

分色滤光镜(dichroic filter) 不同折射率的混合玻璃层，可用来反射掉一种色彩而让其他色彩通过。

漫射器(diffuser) 散射光线以创造出柔和轻光源的材料。

数码数据(digital data) 反映连续变量值的二进制数据(0或1)流。

数字编码比率(digital encoding ratio) 反映亮度(Y)和色度(B-Y和R-Y)之间关系的比率。数字信号包含的信息，比如4:2:2或4:1:1。

调光器(dimmer) 控制光源输出光线的电子设备。通常是通过晶闸管或可控硅整流器，最新发展技术也包括了晶体管调光。它可以改变光线设备的色温。

直流电(direct current) 电流只向一个方向移动的电子系统，也是许多系统的电力供应标准。

总监(director) 负责对即将播出或录播以稍后播出的图像进行选取的人。

放电装置(discharge light source) 通过电离气泡中的气体以产生闪电效果的封套。

不连续拍摄(英)[discontinuous shooting (UK)] 节目按照地点和便利顺序进行拍摄而非按照最终观看顺序进行拍摄。

溶解(dissolve) 两个镜头之间进行混合的术语。

失真(distortion) 改变正常状态。常常用于反映对模拟信号造成的不可预料的损伤，可能使系统输出的信号与原始信号不同。

杜比降噪系统(Dolby noise reduction process) 用于音频录制和播放。

朝向舞台前部(down stage) 朝摄像机或观众方向移动。

丢帧(drop frame) 当设置为"丢帧"模式的时候，SMPTE时间码会在播放序列中跳过一些帧。时间码在每秒内计数30帧，而实际视频每秒为29.97帧，因此有必要"丢帧"以让时间码和时钟实际时间保持一致。

信号丢失(dropout) 由于磁头同磁带错误接触或者磁带缺陷而引起的短暂信号缺失。

冷场(dry) 一个演员无法记住或者继续其表演。

配音/转录(dubbing) 把电子信号从一个磁带复制到另一个磁带的过程。

荷兰角度(美)/荷兰镜头(英)[Dutch Angle (US) or Dutch shot (UK)] 倾斜的摄像机

所拍摄出来的镜头，地平线与取景框底部不平行。

动态范围(dynamic range) 一个信号中的声音强度或图像亮度的最低值和最高值之间的差。

欧洲广播联盟(European Broadcasting Union，EBU) 欧洲广播电视业的咨询和监管组织。

最终版本(edited master) 可供观众欣赏的编辑完毕的最终版本。

编辑决策清单(EDL) 用来确定一个编辑序列中的剪辑点的决策清单。

特效[Effects (fX) or (eFx)] 视频或音频效果。

电子现场制作(electronic field production，EFP) 用来形容除新闻之外的单机位外景摄像节目的术语。

电子快门(electronic shutter) 调节CCD曝光时间的电子方法。可以用来改善动作中的慢动作再现。

编码(encode) 把亮度信号和色彩信息结合在一起的技术。

电子新闻采集(electronic news gathering，ENG) 新闻事件的单机位视频录制。

均衡(equalization) 提高或降低选中的音频电平。

定场镜头(establishing shot) 关于拍摄主题的提供最大信息量的初始镜头。

增强垂直清晰度系统(enhanced vertical definition system，EVDS) 减少运动模糊的方法。

扩展镜头(extender) 可以从内部调整主镜头和变焦镜头的焦距范围的额外镜头。

视线(eyeline) 取景框内被摄对象的视线方向。

面部色调(face tones) 来自于面部色调的信号，典型(欧洲脸部的平均值)为0.5V。

演播设施(美)[facility (US)] 电视演播室全套设备。

推子/调节器/衰减器(fader) 调节音视频信号电平的控制器。同样，灯光调节器可以控制一台或数台灯具。

输入信号(feed) 视频信号或者携带信号的光缆。

扫描场(field one) 对图像从顶部到底部进行扫描的扫描线之一。两个扫描场可以组成一帧。

补光灯(fill light) 用来增加阴影透明度的光源，降低对比度。

滤光片轮(filter wheels) 用于安装色彩校正、中和光线强度或特效滤镜的滤光片支架，处于摄像机内部，可以通过转动旋钮快速选择。

第一版(first generation) 视频信号第一次被录制时所获得的节目载体。

挡光板(美)[flag (US)] 放置在金属线框中的金属片、硬纸板或软黑布，设置在灯具前，为光束切出清晰边界。

后焦(英)[flange-back (UK)] 镜头后表面与图像传感器靶面之间的距离，通常也称为背焦。

旅行工具包(flight kit) 打包在一个紧凑容器内的便携式灯具和支架套装，方便运输。

光圈值(f-number) 也叫F-stop，用来显示进入镜头光圈的光线数量的方法。

焦距(focal length) 指从组合透镜的光心到被摄对象聚焦点的距离，这段距离能够形成清晰的图像。

拉开焦点(focus pull) 把聚焦点移动到另一个被摄对象的过程。

监听(foldback) 让表演者通过地面扬声器或头戴式耳机听到筛选过的声音的输入信号。

英尺烛光(foot candle) 英制照度单位。1流明/平方英尺=1英尺烛光。

格式(format) 用来录制图像的视频介质，比如DVCPRO、S-VHS；Betacam等。

帧锁定(frame lock) 稳定磁带回放的方法，将磁带回放的偶数扫描场与来自同步信号发生器的奇数扫描场相匹配，将磁带回放的奇数场与来自同步信号发生器的偶数场相匹配。

帧(frame) 一个完整电视画面由两个交错扫描场组成或单个视频画面组成。美国每个画面为2×262.5=525行，英国每个画面为2×312.5=625行。

帧频(frame rate) 磁带每秒钟录制的画面数或帧数。美国帧频为29.97(被称为丢帧)或30FPS，英国为25FPS。

帧存储器(frame store) 用于储存每个视频帧的电子装置。

帧存储同步器(帧同步器)(frame store synchronizer) 将非同步视频信号与主系统锁定的装置。

自由运行/空转(free run) 帧识别信息中的时间码，通常设定为录制时的实际时间。

频率(frequency) 每秒的循环数或赫兹的值。

频率响应(frequency response) 在未失真的情况下，一台特定机器所能重现的频率范围。

菲涅尔透镜(Fresnel) 灯光设备中所使用的阶梯透镜，以法国物理学家奥古斯汀·菲涅尔的名字命名。他在1922年发明了这种透镜。

前肩(front porch) 扫描波形的一部分，代表视频行结束时的水平消隐扫。

基频/基波(fundamental) 一个复杂信号的初始频率或最低频率。

灯光指导(美)[Gaffer (US)] 首席灯光师。

增益(gain) 视频或音频信号以dB为校准单位时的放大量。比如，视频增益+6dB就相当于镜头光圈开大一级。

控制室(英)[Gallery (UK)] 节目制作控制室。

伽马(Gamma) 信号和输出信号之间的关系,系统特性转换的规律。
GEO 地球同步轨道卫星,旋转速度与地球相同,相对于地球表面静止。
Gimmie(美) 在演播室制作设中随时可找到的制作工具部件,但远程制作必须提前领用。
阴影模板(gobo) 一种模板,通常由不锈钢制成,通过轮廓投影机创造出阴影效果,例如:窗户、抽象图案或月亮。
Grads缩写词 指在镜头前逐渐应用滤光板,为图像进行逐步滤色或上色。
经纬线(graticule) 波形监视器和矢量示波器前面刻上的校准尺。
灯栅(grid) 演播室地面上方的大面积照明悬挂结构。
灯光夹具(美)[grip (US)] 灯光或摄像设备的辅助设备。同时,也是负责灯光夹具设备的技术人员的称呼,比如摄像车、推车等。
全景(general view,GV) 被摄对象的远距离镜头。
陀螺仪时基误差(gyroscopic time base error) 录像带磁头垂直于磁鼓旋转平面移动时,时基误差便会产生。
手持操作(handheld) 在没有摄像机基座的情况下操作便携式摄像机。
硬光(hard light) 通常由透镜系统产生的能够投射出明确阴影的任何光源。
谐波(harmonic) 构成复杂波形的数倍于基波的频率范围。
高清晰度多媒体接口(High-Definition Multimedia Interface,HDMI) 传输未压缩的音频、视频数字数据信号的接口。
螺旋式录制(helical) 视频信息与磁带运行方向成斜角的一种录制方法,也称为倾斜磁轨录制。
赫兹(Hertz) 频率单位,1赫兹=1周期/秒。
高角度(high angle) 任何高于视线的镜头。
高调色调(high key) 光线明亮、影子浅淡的画面。最初,高调色调是指来自于高处灯架的光线。
水平消隐(horizontal blanking) 电子枪在一行结束时变为低电压,直到重新开始另一行为止;这种时间称为水平消隐。
水平锁定(horizontal lock) 稳定录像带回放的方法,即把回放信号的水平同步脉冲与来自于同步信号发生器的水平脉冲相匹配。
水平同步(horizontal sync) 来自于同步信号发生器的信号,使电子枪回到屏幕的另一端,开启新的一行。
终端盘头(美)[hot head (US)] 通常处于摇臂延长臂末端的被远程控制的摄像机云台。
色调(hue) 主波长,或者形容我们所看到的颜色,比如,红色。

IFB中断返送(interrupt foldback，IFB) 一种声音信号(比如提供给外场主持人的节目的干净声音信号)或某些人(比如导演或制片人)可以插入指令声音的"遥控"信号，一般通过按切换开关或按钮来实现。这是一种可以通过耳塞式耳机与主持人通话的简便方法。

照度(illuminance) 入射光的光测量单位，1流明/平方米=1勒克斯。

图像尺寸(image size) 镜头在图像传感器(CCD)表面所形成的图像。

电阻抗(impedance) 衡量两个或更多电路能否很好地相互作用的计量方法，单位为欧姆。

插入编辑(insert edit) 在序列之外添加视频、音频或时间码。

插入点(insert point) 系统的输入、输出点，使系统与其他设备相连接。

照明装置/灯具(美)[instrument (US)] 一套灯光装置的名称，即光源加上其外壳。

内部通话系统(美)[intercom (US)] 导演与制片人员之间的通信系统。

隔行扫描(interlace) 以两个扫描场分别扫描图像的不同部分的方法，以减少传输所需的带宽。

交错扫描(interlace scanning) 把奇数扫描线形成的扫描场和偶数扫描线形成的扫描场组合起来以形成一个完整视频帧的过程。

平方反比律(inverse square law) 光线和声音的基本定律，光线和声音强度与距离的平方成反比。

不可见的技术(invisible technique) 强调镜头内容而不是制作技巧的制作方法。

光圈值(Iris) 摄像机里控制曝光量的光圈数值，以单位F进行计算。

综合业务数字网(integrated services digital network，ISDN) 允许音频和其他数据通过电话线传输的系统

单独录制(美)[isoed (US)] 录制一台摄像机的独立输出信号，或者在主录制之外额外录制多机位摄像。

摇臂(美)/延长臂(英)[jib (US)/boom (UK)] 臂上安装摄像机的基座，可以让摄像机在从低到高的不同高度拍摄。

联合图像专家小组(joint photographic experts group，JPEG) 静态图像的数据压缩标准。

开尔文[kelvin (K)] 测量热度的单位，用来描述颜色。

键控(key) 从图形发生器或其他信号源进行色度键控操作时产生的键控信号。

色调(key) 一张图片的色调，高亮色调或暗色调。

主光源(keylight or key) 照亮物体的主要光源。

侧光(美)[kicker (US)] 来自舞台后部的与眼睛水平的光线，照亮表演者头部的一侧。

拐点(knee) 摄像机调整信号传输属性时压缩高光的一种功能。

灯泡(英)[lamp (UK)] 照明仪器里产生光的玻璃泡。

电平(level) 视频或音频信号的量。光或声音的量。

线性编辑(linear editing) 传统的磁带编辑方法，场景逐个录制在磁带上。

线性键控(linear keys) 键控孔没有完全穿透背景视频，可以通过键控叠加层看到背景视频。

线路电平(line level) 测量值为1000赫兹的参考音频电平。

追踪灯(美)[liko (US)] 用来照亮明确光照区域的硬边灯具或光源。

直播(live) 在事件发生时进行的转播。

锁定(locked-off) 给摄像机云台上锁，以确保摄像机的设置保持在预先选择的位置上。

长焦镜头(long lens) 拥有大的焦距的镜头，可推进缩小视角。

低角度(low angle) 镜头高度低于眼睛高度。

低调色调(low key) 以暗色调和强阴影为主的图像。

远景镜头(long shot，LS) 画面包含人体全身像时拍摄的镜头。

纵向时间码(longitudinal time code，LTC) 在磁带预定轨道上用固定磁头录制的时间码。

流明(lumen) 每秒光线流量的单位，通过明视曲线测量。

光源(英)[luminaire (UK)] 一套完整照明设备的名称，即光源加上其外壳。

亮度(luminance) 视频信号的单色或黑白部分。

照度(luminance，L) 任何表面投射的光的度量法。1流明/平方米的光通量为1阿熙提(亮度单位)(英制度量单位中1流明/平方英尺=1英尺朗伯)。也指图像的相对亮度值。

亮度键控(luminance keys) 根据视频源的亮度决定键控孔的范围。

发光强度(luminous intensity) 一盏灯发光能力的度量法，度量单位为坎德拉(旧术语为烛光)。

勒克斯(Lux) 照度单位，1流明/平方米=1勒克斯。此外，也是用于描述某个特定地点接收光的量的度量单位。

微距(macro) 镜头里的切换装置，可以对那些与镜头距离小于正常最小值的物体进行对焦。见MOD。

主镜头(master shot) 同establishing shot。

混成电路(matrix) 用于导出混合信号的电路，例如合成来自RGB信号的不同颜色信号和亮度信号的电路。

遮光斗(matte box) 镜头前的滤光镜托架以及控制眩光的外沿延伸部分。

遮罩键控(matte key) 亮度键控时键控孔内的颜色是来自切换器的人造颜色。

中景特写镜头(medium close-up，MCU) 通常指取景时从胸部口袋位置截取人像的镜头。

中景镜头(medium shot，MS) 取景时从腰部位置截取人像的镜头。

兆赫(Megahertz，MHz) 每秒钟一百万个周期。

金属微粒(metal particle) 录像带涂层，可以用更宽的频率来记录视频，与氧化涂层的磁带相比，信噪比得到提高。

毫秒(millisecond) 千分之一秒。

迈尔德(mired) 逆标色温，微倒数度量值，用于计算色温滤光片和色温变化之间的关系。

混音减信号[mix minus (also known as program clean feed)] 去掉了现场外播信号的节目音频输出信号。

最近摄距(minimum object distance，MOD) 镜头能够聚焦的物体到镜片的最近距离。

造型(modeling) 用光线突显物体轮廓和质地的行动过程。

显示器终端电阻(monitor termination) 安装在显示器背面的可切换电阻(通常是75欧姆)，连接视频电缆终端，以防止信号反射。

单色的/黑白的(monochrome) 单一颜色图像，比如黑白图像。

单脚架(monopod) 用于支撑摄像机的一只脚的设备，也被称为独脚架。

运动模糊(movement blur) 在单张图片的曝光过程中，因对象运动的速度而导致的图像质量下降。

运动图像专家组2(Moving Picture Experts Group 2，MPEG2) 标示压缩程度的标准。

多代复制版(multigeneration) 原始录像经过多次复制后的版本。

全国广播协会(National Association of Broadcasters，NAB) 美国广播电视领域的专业贸易协会，促进联邦政府、业界和公共事务成员的利益，提高广播质量和盈利能力，鼓励内容和技术创新，突显电视台在服务社区方面的重要性和独特性。

镜头窄端(narrow end of the lens) 镜头变焦范围中所能选择的最远焦距。

中性密度滤光镜(neutral density filter) 在不改变色温的情况下减少光线透过量的滤光镜。

镍镉充电电池(Ni-Cad) 可充电电池的组成部分，广泛运用于为电视摄像机和便携摄像设备提供电力。

回应镜头[nodders (US) or noddies (UK)] 访谈后为了编辑目的而拍摄的一些旁跳

镜头,展示采访者倾听并回应被访者的言论。

降噪(noise reduction)　降低模拟音频信号的录制或传输过程中的噪音的方法。

非线性编辑(nonlinear editing)　编辑视频信息的方法。

NTSC　美国和世界上部分地区所使用的彩色电视制式。这种制式使用每秒525扫描行、60场和30帧(场和帧率被四舍五入)。这个词是国家电视系统委员会的首字母缩写词,该委员会的一批行业专家在50年代早期开发出并向联邦通信委员会提交了这种制式。

外场转播(outside broadcast,OB)　通常是在非演播室场地使用移动控制室进行的多机位制作,在美国被称为远程转播。

外场转播车(英)[OB van (UK)]　在外场转播中使用的移动转播设备。

OFCOM(英)　英国通讯办公室,广播、电视、电信行业的独立的管制机构。

线下编辑(off-line editing)　用于制作编辑列表的低画质图像,或非转播使用的编辑指导磁带。

线下镜头(off-shot)　视频控制台未选用进入播出线的摄像机的输出信号。

线上编辑(on-line editing)　产出最终的达到播出质量的编辑版本的系统。

线上镜头(on-shot)　视频控制台选用进入播出线的摄像机的输出信号。

阻光度(opacity)　胶片、滤光片不允许光线透过的程度。

开放式架构(open architecture)　使用带高级专门化程序的电脑去取代传统专用设备的理念。因此,一台电脑可以集时基校正器、编辑控制器、视频转换器、数字特效单元和图形发生器于一身。

振荡器(oscillator)　产生用于校正系统的纯音调(正弦波)的器件。

示波器(oscilloscope)　可视化展示视频信号情况的阴极射线显示器。

过扫描(overscanning)　电视机切掉画面边缘的情况。相对现象是欠扫描(underscanning),后者显示的完整画面小于显示器边框。

氧化物磁带(oxide tape)　在第一代beta格式摄像机中使用的磁带涂层。

PAD　用于降低或衰减信号电平的电路。

逐行倒相制式(phase alternate lines,PAL)　德国设计的彩色电视标准,克服了NTSC制式中的一些问题。在西欧和世界其他很多区域使用。

PAL-M　与PAL制式类似的彩色电视制式,用于交流电源频率为60赫兹的国家,每秒有60场和30帧。

全景电位器(panoramic potentiometer,pan-pot)　又称声像移动制式,是一种立体声录音制式,可对立体声像的原始位置进行调整。

峰值表(peak program meter,PPM)　测量指定时段内声音强度峰值平均值的方法,可以迅速响应高电平瞬时峰值,通常校验范围为0至PPM 7。

白色信号峰值(peak white) 一个100%的视频信号电平，或一个60%反射率的中性灰度表面。

基座(pedestal，ped) 摄像机台座。

基座(pedestal) 视频摄像机的黑色电平；也指电视屏幕上的图像的黑色部分或区域。

透视(perspective) 图像中的声音与音源位置的明显契合；也指用于评估或构建图像深度的光学方法。

衰减前监听(PFL) (预监听)在音频信号播出前进行监听的一种方式；音频工程人员用以检查音频源是否存在。

幻象电源(phantom power) 使用信号电缆对某些类型的电容式麦克风提供的直流电源。

相位(phase) 两个信号之间的时间延迟程度。实际时间延迟随频率的不同而变化。

拾取镜头(pickups) 在任何时间录制的额外镜头或系列镜头，得到干净的素材以便编辑无缝拼接的系列镜头。通过使用拾取镜头，可以不必从一系列动作的开头开始剪辑或者从正在进行的动作中移开。

图像监视器(picture monitor) 输入分量视频信号的高质量图像监视器，但没有射频和声音信号。

粉红噪声(pink noise) 出现在人耳中的包含各种频率的随机声音信号。

吊杆(美)[pipe (US)] 吊挂灯具的金属杆。在英国称为lighting bar或barrel。

握把(pistol grip) 安装在摄像机上的控制推拉运动的把手。

像素(picture cell，Pixel) 图像能被细分的最小组成部分。

策划会(planning meetings) 某些制片人员参加的会议，针对未来的节目进行信息交换并制定决策。

播放(playback) 回放 重放已经录制的镜头或系列镜头或音频。

图像校准信号发生器(英)[picture line-up generating equipment，PLUGE (UK)] 用来调整图像监视器的对比度和亮度的测试信号。

视角镜头(point-of-view shot，POV) 摄像机摆在被摄物体位置拍摄的镜头，以复制屏幕上被摄物体的视角。

操作杆(美)[polecat (US)] 拥有橡胶支脚的可调节的弹簧式铝管，可垂直或水平使用以挂载轻型灯具。

杆操作系统(pole-operation) 在演播室内使用操作杆远程调节灯具的平移或倾斜、直射或散射等的系统。

杆端灯(英)[polestar (UK)] 能够通过一个操作杆控制其光束的发散、平移或倾斜的灯具。

后期制作(postproduction) 在预先录制的录像带上进行编辑和其他工作。

实用物品(practical) 在镜头前需要实际工作的一切事物，比如一个光源灯，一个可以工作的水龙头或即将在屏幕前被打碎的鸡蛋。

预览监视器(英)[preview monitor (UK)] 控制室内用于显示即将播出的下个镜头的图像监视器。

原色[primary colors (television)] 红色、绿色和蓝色。

定焦镜头(prime lens) 固定焦距的镜头镜片。

复制(print-through) 把磁带某一涂层上的磁信息转移到另一磁带。

制片助理(美)[production assistant，PA (US)] 主要有两种类型：跑腿人和控制室助理。跑腿人就如同跟班，为制作中的各种差事和制片人跑腿。控制室助理在录制过程中负责记录日志。

制片助理(英)[production assistant (UK)] 在电视演播室的走廊或控制室工作，在电视节目拍摄期间将导演的镜头选择传达给摄像师和其他工作人员，为节目的开播和结束进行倒数计时。

制作控制室(production control room) 外播节目的制作区域(见scanner)。位于制片人员、灯光师、音频师所在的演播室的旁边。

制片工作室(英)[production house (UK)] 为了制作节目而雇用的独立工作室。

制片切换器(美)[production switcher (US)] 视频切换器。

讲词提示器(prompters) 提词器放置在镜头前面，在镜头下方通过一个显示器来显示文本。

PSA(public service announcement)(美) 公共服务广告。

PSB(public service broadcast)(英) 公共服务广播。

便携式单摄像机(portable single camera，PSC) 使用便携式单摄像机录制素材的制作方法。

拉宽(英)[pull out (UK)] 见"拉宽"(widen out)。

脉冲编码调制(pulse coded modulation，PCM) 数字音频编码系统。

纯度(purity) 显示器内红色射线枪击中红色荧光粉的能力，以此类推。

1/4英尺比例尺(美)[quarter-inch scale (US)] 用于在纸上绘制演播室平面图的比例尺(1/4英寸=1英尺，或1:48)，近似于欧洲公制比例尺(2厘米=1米，或1:50)。

量化(quantize) 动词，在数字系统中编码之前的"样本"配置。

量化(quantizing) 名词，把一个视频信息样本转换成数字脉冲的过程。

移焦(racking focus or rocking focus) 在被选物体的前面或后面移动聚焦区域。

无线话筒(英)[radio mic (UK)] 不使用线缆的麦克风，通过无线电或无线频率信号，将音频传输到音频控制台的接收器上。

预备镜头(美)[readies (US)]　当前镜头之后即将播出的镜头。
实际时间(real time)　事件实际运行的时间，与屏幕时间相对。通过编辑可以实现时间的压缩。
实际时间(real time)　随着每天实际时间变化的时间码。
踩点(recces)　制片人员对某一地点的检查，评估其适合该节目制作的可行性。
接口(美)[receptacle (US)]　见"连接器"(connector)。
实况录制(recorded-as-live)　没有停顿的持续录制。
记录运行(record-run)　当相机拍摄时，只记录帧标识的时间码。
红头灯(英)[redhead (UK)]　800W便携式轻型灯具。
冗余(redundancy)　信号压缩时，能由已接收到的信号判定而不需要被接受的部分。
反射器(reflector)　任何可以用来反射光线的白色或镀银的表面。
远程(美)[remote (US)]　通常指在非摄影棚的场地，多台机器的拍摄制作。
远程工作车(美)[remote truck (US)]　用在远程多机器拍摄的视觉和声音综合的大型设备。
设备租赁(美)[rental facility (US)]　按天、周、月或者系列的摄影棚租借。
回响(reverberation)　反射声音的逐步的延迟。
视角反转(reverse angle)　应用于一个标准的两人场景，相机针对眼前的镜头进行180度重置，得到一个事物相反的互补拍摄。
射频话筒[RF mic (US)]　无线电遥控、电池供电的麦克风，与传输器和接收器一起使用。
均方根(root mean square，RMS)　测量音频信号有效值的方法。
机器头(美)[robotic (US)]　摄像机的一个安装头，可以远程控制其平移/倾斜，变焦，聚焦。并且所有的机器头行动中还包括随意移动。
室内色调(美)[room tone (US)]　拍摄地点的环境背景。
规程(美)[routine (US)]　节目运行顺序。
三分法(rule of thirds)　画面构图的方法，将4：3的屏幕分成9个格子，摄像师将画面的主要元素大致放置在格子内。
流程(美)[rundown (US)]　节目运行顺序。
索尼飞利浦数码界面(S/PDIF)　由索尼和飞利浦公司出品的消费者版本的数码界面。
采样率(sample rate)　一段时间内测量点的数量，以测量一个不断变化的信号。
抽样(sampling)　抓取一段模拟视频信息的过程，使得信息被量化并转化为零和一的二进制代码。
饱和度(saturation)　对颜色纯度的测量，比如淡红色和深红色。

泛光灯(scoop)　柔和的光线或漫射光线。

scope(英)　见"望远镜"(telescope)。

标清数字电视(standard definition digital television，SDTV)　相当于模拟彩色标准的数字标准。

顺序传送彩色与存储(sequential couleur a memoire，SECAM)　法国开发的给颜色编码的方法。

二次色(secondary colors)　即"间色"，混合两种原色(红、绿、蓝)得到的颜色，如青色，品红和黄色。

自填键控(self-fill key)　使用键源图像填充键孔的亮度键控。

摄像箱(shot box)　摄像机上的预置控制，用来记忆一定范围的镜头拍摄和移动轨迹。

镜头编号(shot number)　摄像脚本或摄像排练中分配给某一特定镜头的号码。

分镜头清单(美)[shot sheets (US)]　附在摄像机上的卡片，列出与这台摄像机有关的规划好的镜头和制作信息。

拍摄比例(shooting ratio)　拍摄的素材底片长度与节目影片长度之间的比例。

速览(shuttling)　快速浏览录像带来决定内容或剪辑点。

信噪比(signal to noise ratio)　信号和固有的背景系统噪音之间的差异，单位为分贝。

简单逐行倒相制(simple PAL)　一种可以让眼睛找出颜色误差的监视器模式，不使用延迟扫描线。同时也能发现相位错误。

单机摄像技术(single shot technique)　使用一台摄像机不连续地记录大量镜头，之后在后期制作中进行编辑。

情景喜剧[sitcom（"situation comedy"）]　通常在现场观众面前进行表演的小型戏剧(通常每集大约30分钟)。

慢动作重放(slo-mo replay)　以较慢的速度重放事先录制好的素材。

档位(slug)　插入胶片或视频中的空白影片，代表此处以后要加进的部分。这个档位的长度即是以后要出现的影片长度，以与最后的作品吻合。

电影与电视工程师协会(Society of Motion Picture and Television Engineers，SMPTE)　致力于电影和广播技术的电子工程师专业组织。见AES/EBU(英)。

卫星新闻采集(satellite news gathering，SNG)　通过卫星中继站将外景地新闻报道或者新闻材料传输至基地电视台的技术。

肥皂剧(英)[soaps (UK)]　指的是日间电视剧(比如：《伦敦东区》、《加冕街》、《爱玛镇》)。

柔光(soft light)　产生软边阴影的光源。

SOT(sound on tape)　有声音的磁带。
音频板、调音台(美)[sound board (US)]　音频混合工作台。
SOVT(sound on videotape)　有声音的录像带。
声压级(SPL)　相对于听觉阈值的以分贝表示的声压等级。
现场音效(spot effects)　与短促动作有关的声音，通常在视线内，像敲门声、枪声、电话铃声等。
舞台左侧(stage left)　在场景内时演出人员的左侧。
舞台监督(美)[stage manager (US)]　对导演负责，管理制片问题、摄影棚里的问题等。
舞台右侧(stage right)　在场景内时演出人员的右侧。
星形四线扭绞(star quad)　用于减少不想出现的电磁声音拾取而设计的四芯声音线缆。
电视台输出信号(station out)　被传送到转播器、卫星、或有线分发系统的节目信号。
立体声(stereo)　用两个音道产生空间声像的系统。
光圈档位(stop)　镜头光圈上的f值。
自由记者(美)[stringer (US)]　视频自由记者是从事视频新闻的自由职业者，主要在电视台职员人手缺乏的晚间工作，他们收听警方或者消防部门的通信并去报道这些事件。英国称为freelancer。
演播室经理(studio manager)　负责处理演播室事务或者管理事务的人。
演播室输出信号(studio out)　视频混合面板的输出信号。
叠印、叠加(super)　"Superimpose"的缩写。键控一个视频源叠加到背景视频上。
切换器(美)[switcher (US)]　演播室控制室内的视频控制工作台，用来挑选和操作录制好的或者要播出的镜头或图像。
同步信号发生器(sync generator)　提供各种同步信号(起动脉冲，消隐脉冲和同步脉冲)的设备，用以确保一个视频系统内的所有设备一起工作。
同步脉冲(sync pulse)　同步信号发生器发出的信号，使电子枪回到一个新的视频扫描线或场的开始位置。
同步(synchronous)　可以在播出时使用的视频源，其每个扫描场跟其他信号源同时开始。
演出人员(美)[talent (US)]　在摄像机前面工作的任何人。
轮梯(talescope)　安装在带轮子的框架上的竖梯，用于给演播室灯光吊架上固定的灯具调焦。
对讲系统(talkback)　通过麦克风和耳机在电视操控室和其他操作区域之间进行沟

通的内部通信设备。

头部特写(talking heads) 小组访谈节目中演出人员相互交谈的特写镜头。

播出信号灯(tally light) 当摄像机被切换播出时，视频混合器向设备传回简单信号，提示它正在播出。

电话平衡装置(telephone balance unit，TBU) 与电话线相连的设备，使节目主持人可以在播出过程中与场外进行电话交流。

技术手册(美)[tech book (US)] 每个节目专有的制片手册或文件夹。

技术指导(美)[technical director (US)] 视频板的操作员，同时监视画面质量。

讲词提示器(美)或自动提示器(英)[teleprompter (US) or autocue (UK)] 以电子可视化的脚本文本提示人讲话的显示装置。与提示卡片类似。

终端电阻(termination) 安装在传输链条末端的视频线缆上的75欧姆电阻器。端接75欧姆电阻，以确保没有能量反射和信号电平正确。

紧进/紧出(tight in/out) 剪辑影片时，如果切入点与切出点之间的空间或时间非常小，那么这个剪辑点就被称为紧进/紧出。

紧镜头(tight lens) 主镜头或变焦镜头的长焦距设置。

时基误差(time base error) 因设备不能以磁带的录制速度精确播放而导致的录像带播放信号的不稳定性。

时间码(time code) 为录制下的每一帧画面计数的工具。

T值(T-number) 又称为T制光圈(T-stop)。表示在特定光圈设置下透镜传递的光的数量。与F值不同的是，不同镜头上标出的同一个T值将传递同样数量的光，与镜头设计无关。

T型三通接头(T-piece) 使视频连接器实现三通的同轴电缆连接器，可将两条视频线缆连接到一个视频插座上。

变压器(transformer) 两个线圈缠绕在铁芯上构成的装置，能够被磁化，以隔绝信号或改变信号电压。

瞬态响应(transient response) 设备对电平的迅速改变做出反应的能力。

瞬变信号(transient) 变化迅速的信号。

半透明质(translucent) 半透明，通常用来构成某些类型的光漫射器。

移动摄影车[trucking (US) or dollying (UK)] 摄像机基座朝向或离开演出人员的运动。

钨丝(tungsten filament) 灯泡中通过发热产生光的物质。

海龟(turtle) 非常低调的照明，表示灯具在最低水平工作。

微调(tweak) 对灯光控制或操作设置做出微小改动，比如微调黑电平或光圈设置。

TX(transmission) 播送。

单脚架(美)[unipod (US)]　monopod的另一个名称。

朝向舞台后部(upstage)　朝远离摄像机或观众的方向移动。

用户比特ID(user-bit ID)　一种系统,能够用户ID转换成十六进制代码,并将其录制到每一帧图像中。

用户比特代码(user-bit-code)　由摄像机用户设定的识别代码,可作为时间码的一部分录制到每一帧视频中。

矢量示波器(vectorscope)　特殊设计的示波器,能够通过简单可辨识的方式显示色彩信息,即色度和饱和度

垂直同步信号(vertical sync)　同步发生器发出的信号,指示电子束回到屏幕顶端,以开始新的视频扫描场。

垂直消隐(vertical blanking)　电子束从已完成的视频扫描场底端折返至新的视频扫描场顶端的时间段。

垂直间隔(vertical interval)　电子束处于垂直消隐状态的时间段。

垂直间隔切换器(vertical interval switcher)　一种切换器,能够延迟视频源之间的剪切操作,直到整个系统处于垂直消隐状态。

垂直锁定(vertical lock)　用来稳定视频播放的方法,使播放信号的控制轨道脉冲信号与同步发生器机发出的垂直同步信号相匹配。又称capstan servo。

VGA(voltage controlled amplifier)　电压控制放大器。

视频管(美)[video barrel (US)]　小型内嵌适配器,以连接两个同轴电缆视频源。

视频板(美)[video board (US)]　能够挑选视频信号并将其输送至一个输出口的设备。

视频压缩(video compression)　能够将数字视频信息压缩到更小空间的技术,以减少传递和储存信息时对带宽和存储空间的需求。

视频对比度范围(video contrast range)　屏幕中最亮部分与最暗部分的关系。

视频操作(美)[video operator (US)]　在多机位节目录制过程中,负责调适镜头曝光、色彩、灰度等参数的人员。同时还指执行这项工作的工作区域。

视频自由记者(美)[video stringers (US)]　独立完成工作并向电视网售卖自己制作的消息的视频新闻工作者。

视频墙(video wall)　多个独立的电视屏幕排列组成的矩形大屏幕,用来播放相同的、不同的或合成的视频画面。

晕映(vignette)　画面边缘的阴影渐变。

虚拟现实(virtual reality)　一种色度键控系统,画面背景由电脑生成,背景的尺寸和位置由前景摄像机的运动进行控制。

影像控制(英)[vision control (UK)]　多机位节目录制过程中,负责调适镜头曝光、

色彩、灰度等参数的人员。同时还指执行这项工作的工作区域。

影像混合(英)[vision mixer (UK)] 切换不同视频源的操作人员。同时还指操作人员执行这项工作的设备。

垂直间隔时间码(vertical interval time code，VITC) 记录在电视信号中一个或多个未被使用的扫描线中的时间码。当磁带处于静态帧状态时可读。

画外音(voice-over，VO) 与音效或音乐混合在一起的旁白,是音轨的一部分。

VOVT 录有画外音的视频磁带。

民众声音(vox populi，vox pops) 民众的声音,通常包括经过编辑的一系列现场画面,反映了街头民众对某一问题的即兴回答。在美国表述为Man on the street。

VTR(videotape recorder) 录像机。

音量表(VU meter) 音量单位表,显示声音的平均电平。

波形监视器(waveform monitor) 具有适当时基的示波器,能够显示电视波形。通常包括一个能够显示同步电平、黑色电平、白色峰值和百分率信号电平的平面坐标。

波长(wavelength) 信号相邻波峰的间距。

白平衡(white balance) 界定被特定色温光源照亮的基准白色的电子过程。

白噪声(white noise) 含有相同电平音频频谱的随机噪音。

广角(wide angle) 水平视角大于40度的镜头。

广角拍摄(wide shot，WS) 包含有比人物尺寸大的物体在内的拍摄尺寸,即为广角拍摄。

拉宽(美)、拉出(英)[widen out (US) or pull out (UK)] 不移动摄像机基座的情况下镜头缩放的运动。

遥控摄像(working behind the camera) 通过与镜头摇杆相连接的镜头遥控装置和和非单眼取景器来操作摄像机。

实况录制(working-as-live) 持续地录制,期间没有间断或重拍。

抖晃和颤动(wow and flutter) 机械系统的速度变化,作为一种频率波动可以在模拟录制中被听到。抖晃是颤动的低频形式。

卡侬连接器(英)[XLR connectors (UK)] 麦克风的连接器类型。

斑马纹曝光指示(zebra exposure indicator) 拍摄画面时在取景器中显示的黑白条纹图案,与事先设定的视频电平相吻合,是手动曝光时的辅助工具。

零电平电压(zero-level voltage) 标准基准音频信号,频率为1000赫兹,电压为0.775伏,用来校准音频设备。

变焦(zoom) 通过移动镜头内部原件以实现焦距变化。

变焦比(zoom ratio) 特定变焦摄像机能达到的最长焦距与最短焦距之比。

变焦追踪(zoom tracking) 在后焦点(即背焦点)调整正确的前提下,镜头对一个远距离物体进行预先对焦后,无论怎样前后变焦,都能保证镜头继续对焦于该物体。